LA CONQUISTA Y LOS HOMBRES DE DIOS

ERANDIQUE
COLECCIÓN

LA CONQUISTA Y LOS HOMBRES DE DIOS
Frailes Bartolomé de las Casas, Pané, Toribio y Francisco

©Colección Erandique
Supervisión Editorial: Óscar Flores López
Diseño de portada: Andrea Rodríguez
Administración: Tesla Rodas—Jessica Cordero
Director Ejecutivo: José Azcona Bocock
Primera Edición
Tegucigalpa, Honduras—Diciembre de 2025

CONTENIDO

EL PAPEL DE LA IGLESIA Y LOS FRAILES EN LA CONQUISTA DE AMÉRICA 1

RELACIÓN ACERCA DE LAS ANTIGÜEDADES DE LOS INDIOS POR FRAY RAMÓN PANÉ 11

INTRODUCCIÓN 13

CAPÍTULO I: DE DÓNDE PROCEDEN LOS INDIOS Y DE QUÉ MANERA 13

CAPÍTULO II: CÓMO FUE HECHO EL MAR, SEGÚN LOS INDIOS 16

CAPÍTULO III: CÓMO HACEN Y GUARDAN LOS CEMÍES DE MADERA O DE PIEDRA 23

CAPÍTULO IV: LA FORTALEZA QUE CONSTRUYÓ COLÓN 27

ITINERARIO DE LA ARMADA DE GRIJALVA (1518) POR EL PRESBÍTERO JUAN DÍAZ 33

CAPÍTULO I: SONIDO DE TAMBORES 35

CAPÍTULO II: LA NOCHE DE LA VIGILIA Y EL COMBATE 39

CAPÍTULO III: SOBRE EL CARÁCTER DE AQUELLA GENTE Y LA NEGATIVA DEL CAPITÁN 46

BREVÍSIMA RELACIÓN DE LA DESTRUCCIÓN DE LAS INDIAS POR FRAY BARTOLOMÉ DE LAS CASAS 51

INTRODUCCIÓN 53

PRÓLOGO DEL OBISPO DON FRAY BARTOLOMÉ DE LAS CASAS 55

LA CAUSA DE TANTA DESTRUCCIÓN 59

LOS REINOS QUE HABÍA EN LA ISLA ESPAÑOLA 62

DE LA PROVINCIA DE NICARAGUA 74

RELACIÓN BREVE DE LA CONQUISTA DE LA NUEVA ESPAÑA (1571) POR FRAY FRANCISCO DE AGUILAR..... 91

EL REY MOTECSUMA 93

CORTÉS ANDA CON PRISA 101

PEDRO DE ALVARADO 110

CRISTÓTBAL DE OLID EN YUCATÁN 120

HISTORIA DE LOS INDIOS DE LA NUEVA ESPAÑA (1490-1569): POR BENAVENTE, TORIBIO DE "MOTOLINIA" . 131

EPÍSTOLA PROEMIAL 133

CAPÍTULO I: DE CÓMO Y CUÁNDO PARTIERON LOS PRIMEROS FRAILES QUE FUERON EN AQUEL VIAJE. 145

CAPÍTULO II: DE LO MUCHO QUE LOS FRAILES AYUDARON EN LA CONVERSIÓN DE LOS INDIOS 151

CAPÍTULO III: LA DEVOCIÓN QUE LOS INDIOS TOMARON CON LA SEÑAL DE LA CRUZ, Y CÓMO SE COMENZÓ A USAR 154

CAPÍTULO IV: DE CÓMO COMENZARON ALGUNOS DE LOS INDIOS A VENIR AL BAUTISMO 158

CAPÍTULO V: DE LA MANERA QUE TENÍAN EN CONTAR LOS AÑOS, Y DE LA CEREMONIA QUE LOS INDIOS HACÍAN 165

CAPÍTULO VI: CÓMO SACABAN LOS CORAZONES Y LOS OFRECÍAN, Y DESPUÉS COMÍAN LOS QUE SACRIFICABAN 169

CAPÍTULO VII: CRUELDADES QUE SE HACÍAN EL DÍA DEL DIOS DEL FUEGO Y DEL DIOS DEL AGUA 171

CAPÍTULO VI: HUEYTOZOZTLI. TITITL. 175

CAPÍTULO IX: DE UNA MUY GRAN FIESTA QUE HACÍAN EN TLAXCALLÁN, DE MUCHAS CEREMONÍAS Y SACRIFICIOS 178

CAPÍTULO XII: DE LA FORMA Y MANERA DE LOS TEOCALLIS, Y DE SU MUCHEDUMBRE, Y DE UNO QUE HABÍA MÁS PRINCIPAL.. 190

CAPÍTULO XIII: DE CÓMO CELEBRAN LAS PASCUAS Y LAS OTRAS FIESTAS DEL AÑO, Y DE DIVERSAS CEREMONIAS QUE TIENEN. 195

CAPÍTULO XIV: DE LA OFRENDA QUE HACEN LOS TLAXCALTECAS EL DÍA DE PASCUA DE RESURRECCIÓN 200

CAPÍTULO XV: DE LAS FIESTAS DE CORPUS CHRISTI Y SAN JUAN QUE CELEBRARON EN TLAXCALLÁN EN EL AÑO DE 1538 205

TRATADO SEGUNDO... 225

CAPÍTULO I: EN QUE DICE CÓMO COMENZARON LOS MEXICANOS Y LOS DE COATLICHÁN A VENIR AL BAUTISMO Y A LA DOCTRINA CRISTIANA 226

CAPÍTULO II: DE LA GANA CON QUE LOS INDIOS VIENEN A BAUTIZARSE 231

CAPÍTULO IV: DE LOS DIVERSOS PARECERES QUE HUBO SOBRE EL ADMINISTRAR EL SACRAMENTO DEL BAUTISMO... 235

CAPÍTULO V: DE DÓNDE COMENZÓ EN LA NUEVA ESPAÑA EL SACRAMENTO DEL MATRIMONIO 249

CAPÍTULO VI: DE ALGUNOS ESPAÑOLES QUE HAN TRATADO MAL A LOS INDIOS, Y DEL FIN QUE HAN TENIDO 263

CAPÍTULO VII: DE LOS FRAILES QUE HAN MUERTO EN LA CONVERSIÓN DE LOS INDIOS DE LA NUEVA ESPAÑA 270

CAPÍTULO VIII: DEL MUCHO TRABAJO EN QUE SE VIERON HASTA QUITAR A LOS INDIOS LAS MUCHAS MUJERES QUE TENÍAN 285

CAPÍTULO IX: DE CÓMO FRAY MARTÍN DE VALENCIA PROCURÓ DE PASAR ADELANTE EN CONVERTIR NUEVAS GENTES 293

CAPÍTULO X: DEL ESTADO Y GRANDEZA DEL SEÑOR DE MÉXICO, LLAMADO MOTEUCZOMA. 304

CAPÍTULO XI: DEL TIEMPO EN QUE MÉXICO SE FUNDÓ, Y DE LA GRAN RIQUEZA QUE HAY EN SUS MONTES Y COMARCA 310

CAPÍTULO XII: QUE CUENTA DEL BUEN INGENIO Y GRANDE HABILIDAD QUE TIENEN LOS INDIOS EN APRENDER 332

CAPÍTULO XIII: DE LA AYUDA QUE LOS NIÑOS HICIERON PARA LA CONVERSIÓN DE LOS INDIOS, Y DE CÓMO SE RECOGIERON LAS NIÑAS INDIAS 347

CAPÍTULO XIV: DE CÓMO Y POR QUIÉN SE FUNDÓ LA CIUDAD DE LOS ÁNGELES. 354

CAPÍTULO XV: DE CÓMO SE HAN ACABADO LOS ÍDOLOS, Y LAS FIESTAS QUE LOS INDIOS SOLÍAN HACER 368

EL PAPEL DE LA IGLESIA Y LOS FRAILES EN LA CONQUISTA DE AMÉRICA

Antes de leer los testimonios de cuatro frailes que presenciaron la conquista de América, lea este resumen para comprender el contexto en el que ocurrieron los hechos.

1. JUSTIFICACIÓN IDEOLÓGICA DE LA CONQUISTA

La Corona española y portuguesa se presentaban como "monarquías católicas": su misión declarada era llevar la fe cristiana a los pueblos "infieles".

Bulas papales como Inter caetera (1493) y todo el imaginario de la "evangelización de los indios" sirvieron para legitimar la ocupación, la guerra y el dominio político: se conquistaba "para salvar almas".

En la práctica, la conversión religiosa era parte del paquete: conquista militar + dominio económico + evangelización.

2. EVANGELIZADORES EN PRIMERA LÍNEA: LOS FRAILES

Los grandes protagonistas del primer siglo no fueron tanto los obispos como los frailes de órdenes mendicantes:

Franciscanos, dominicos, agustinos y, después, jesuitas.

Ellos fundaron misiones, doctrinas, pueblos de indios y colegios. Allí: catequizaban y bautizaban, enseñaban castellano (aunque muchos aprendieron lenguas indígenas), introdujeron nuevas formas de trabajo, calendario, moral y organización social.

En muchos sitios fueron la cara visible de la conquista: aunque no llevaban espada, sus cruces y sermones iban en el avance de los ejércitos.

3. DESTRUCCIÓN DE RELIGIONES INDÍGENAS... Y CREACIÓN DE UNA NUEVA RELIGIOSIDAD

Los frailes:

Derribaron templos, destruyeron ídolos, prohibieron rituales y sacrificios (como Motolinia y tantos otros cuentan).

Levantaron iglesias y ermitas sobre antiguos centros sagrados, resignificando el espacio.

Introdujeron procesiones, cofradías, devociones a santos y a la Virgen, que muchas comunidades indígenas reinterpretaron y mezclaron con sus propias tradiciones (sincretismo).

Así, fueron motores de una transformación cultural masiva: cambio de calendario festivo, normas de sexualidad, matrimonio, autoridad, etc.

4. DEFENSORES (A VECES) DE LOS PUEBLOS INDÍGENAS

Aquí viene la parte más ambigua e interesante:

Algunos frailes se convirtieron en críticos feroces de los abusos coloniales: el dominico Bartolomé de las Casas, el propio Motolinia, Vitoria, etcétera, que discutieron la esclavitud y las guerras de conquista en debates como el de Valladolid.

Frailes como de las Casas y Motolinia denunciaron: trabajos forzados, matanzas, explotación en encomiendas y minas, destrucción de comunidades.

Sus denuncias influyeron en leyes nuevas (como las Leyes Nuevas de 1542), aunque se aplicaron con mucha resistencia y de forma desigual.

Pero ojo: incluso los "defensores" seguían queriendo la conversión total y la integración en el orden cristiano-español. Defendían a los indígenas... para que pudieran ser "buenos cristianos vasallos del rey".

5. ADMINISTRACIÓN Y CONTROL SOCIAL

La Iglesia no fue solo espiritual:

Llevaba registros de bautismo, matrimonio y defunción, lo que daba a la Corona una especie de censo.

A través de doctrinas y parroquias se organizaba: el cobro de diezmos, el control de la moral, la educación básica (catecismo, obediencia, trabajo).

Muchas misiones jesuíticas y reducciones (como en Paraguay) funcionaban casi como mini-estados teocráticos, con economía, policía interna y justicia propias, siempre bajo el paraguas de la Corona.

6. PRODUCTORES DE CONOCIMIENTO... Y DE PROPAGANDA

Los frailes también fueron: cronistas y etnógrafos: Sahagún, Motolinia, Las Casas, Durán, etc., escribieron sobre lenguas, creencias, historia y costumbres indígenas.

Gracias a ellos sabemos muchísimo sobre las culturas prehispánicas... aunque todo filtrado por su mirada cristiana.

Sus textos sirvieron a la vez como: defensa de los indios, y justificación de la misión civilizadora de España.

7. ¿ENTONCES, EN RESUMEN?

La Iglesia y los frailes: legitimaron la conquista como empresa cristiana. Evangelizaron y transformaron profundamente las culturas indígenas.

Colaboraron con el poder colonial en la administración y el control.

Denunciaron abusos y defendieron (parcialmente) a las poblaciones indígenas.

Documentaron y, a la vez, reinterpretaron las culturas americanas.

Fueron a la vez instrumento del imperio, motor de cambios culturales, mediadores, y críticos internos. No se puede hablar de la conquista de América sin poner a la Iglesia y a los frailes en el centro del escenario.

FRAILES QUE SE "HICIERON DE LA VISTA GORDA" O COLABORARON CON LOS CONQUISTADORES

Algunos franciscanos aliados de Cortés. No todos, pero varios franciscanos que llegaron con la primera oleada (después de los "Doce") desarrollaron una relación muy estrecha con el poder colonial.

Ejemplos:

Fray Toribio de Benavente "Motolinia"

Aunque era austero y evangelizador sincero, defendió públicamente a Hernán Cortés y justificó muchos abusos en su Carta al Emperador (como acabas de revisar).

Acusó a Las Casas de exagerado y defendió la conquista minimizando la explotación indígena.

Apoyó las encomiendas "moderadas".

Fray Juan de Tecto y Fray Pedro de Gante: Muy queridos por los indígenas por su labor educativa. Sin embargo, tuvieron una posición más indulgente con los conquistadores, evitando confrontaciones fuertes con ellos.

2. FRAILES QUE ACTUARON COMO LEGITIMADORES DEL SISTEMA COLONIAL

Muchos franciscanos y agustinos, sin necesidad de "corromperse", de manera práctica se volvieron: mediadores administrativos, promotores de pueblos de indios (que centralizaban el control), defensores del rey y del orden colonial, proveedores de mano de obra "cristianizada" para las encomiendas.

Fray Andrés de Olmos, misionero brillante, también fue muy pragmático con los encomenderos.

3. ALGUNOS DOMINICOS FUERA DEL CÍRCULO DE LAS CASAS

Los dominicos son famosos por su defensa de los indígenas, pero:

En Guatemala y Chiapa, algunos frailes se callaron ante los abusos de encomenderos locales.

En Yucatán, ciertos dominicos colaboraron con las autoridades para "pacificar" a los mayas rebeldes.

No se conocen los nombres de todos, pero hay casos documentados de pasividad interesada.

4. FRAILES AGUSTINOS CON FAMA DE ACOMODO AL PODER

En la segunda mitad del siglo XVI:

Varios agustinos administraron doctrinas muy ricas y aceptaron regalos, tierras y tributos.

Su labor evangelizadora fue eficaz, pero muchos cronistas los presentan como menos combativos contra los abusos que los dominicos.

5. ALGUNOS JESUITAS EN EL NORTE DE MÉXICO Y PARAGUAY

Los jesuitas suelen tener fama de protectores, pero:

En regiones como Sinaloa, Sonora y Nueva Vizcaya hubo jesuitas que dependían del financiamiento y armas de los encomenderos y militares, y a veces miraban hacia otro lado frente a malos tratos.

En Paraguay, aunque las reducciones protegían a los guaraníes, la orden toleró formas de trabajo obligatorio y recibió acusaciones de controlar la economía indígena para beneficio interno.

6. ¿POR QUÉ ALGUNOS FRAILES SE ALIARON O CALLARON?

Necesitaban protección de los conquistadores. Sin soldados, eran vulnerables. Creían que la evangelización era más importante que denunciar.

"No molestar al encomendero", significaba mantener acceso a la comunidad indígena.

Veían a Cortés como un "instrumento de Dios" (esta es la posición de Motolinia).

Recibían recursos materiales de los encomenderos.

Para construir conventos, iglesias y escuelas.

Falta de formación teológica o jurídica para cuestionar el sistema.

Miedo real a represalias.

Hubo frailes expulsados, perseguidos y hasta asesinados por denunciar abusos.

EN RESUMEN

No hubo una conspiración organizada, pero sí una complicidad estructural: algunos frailes fueron abiertamente pro-conquistadores (Motolinia es el caso más emblemático); otros callaron por conveniencia o miedo; y otros, incluso sin mala intención, terminaron sosteniendo el sistema colonial con su silencio o su colaboración administrativa.

A la vez, hubo frailes extremadamente críticos que pagaron caro su postura. La Iglesia no fue homogénea: dentro hubo todas las posturas posibles.

LOS FRAILES EN HONDURAS

BARTOLOMÉ DE LAS CASAS

Fray Bartolomé de las Casas (Dominico). Llegó a Honduras en 1545–1546, cuando venía camino a asumir el obispado de Chiapas.

Encomendó misioneros a la zona de Gracias a Dios, Trujillo y regiones de la Mosquitia.

Denunció abusos de conquistadores en Honduras, especialmente contra los pueblos lencas, pech (paya), tolupanes y misquitos.

Consideraba a Honduras una de las zonas más castigadas por la esclavitud y el maltrato español.

Documentó extensamente la brutalidad en las minas y la captura de indígenas para ser vendidos en las Antillas.

Es el fraile más importante que tuvo relación directa con Honduras.

FRAILES DOMINICOS ANÓNIMOS LIGADOS A LAS CASAS

Los acompañantes de su proyecto de "pacificación evangélica" también llegaron a Honduras: Fray Tomás Casillas, Fray Pedro Ramírez, Fray Domingo de Betanzos (su presencia fue breve, pero dejó influencia doctrinal)

Todos ellos denunciaron abusos, confiaban en la predicación sin guerra y se opusieron a la esclavización de indígenas hondureños.

FRAILES DE "ZONA GRIS" O COLABORACIONISTAS QUE TUVIERON RELACIÓN CON HONDURAS

(Franciscanos tempranos enviados desde Guatemala).

Aunque Motolinía nunca estuvo físicamente en Honduras, la ideología franciscana que él defendía sí llegó a la región a través de:

Fray Jerónimo de Corella, Fray Alonso de Escobar, Fray Alonso de Orduña (en Trujillo), Fray Juan de San Francisco

Estos frailes: Evangelizaron rápidamente sin cuestionar mucho el sistema colonial.

Se adaptaron al manejo español de las encomiendas.

En algunos casos, legitimaron la presencia militar para "pacificar" zonas rebeldes.

Por ello, aunque no fueron tan extremos como Motolinía, sí encajan en la categoría de:

"No denunciaron; colaboraron en silencio con el orden colonial."

FRAILES PROTECTORES DE LOS INDÍGENAS EN HONDURAS

Mercedarios: Fray Juan de Zepeda, Fray Gaspar de Solís. Su labor: Denunciaron la esclavización de los indígenas de la Montaña de la Flor y de Olancho. Intervinieron en disputas entre españoles que querían someter a los pueblos lencas.

JESUITAS (SIGLO XVII): NO DURANTE LA CONQUISTA INICIAL, PERO LUEGO:

Fray Alonso de Sandoval (influencia indirecta), Fray Juan de Ureña, Fray Juan de ZúñigA. Ayudaron a: Fundar reducciones en Olancho y Agalteca. Defender a indígenas esclavizados ilegalmente. Evitar abusos en plantaciones y haciendas.

RESUMEN

Frailes mencionados que sí estuvieron en Honduras:

Fray Bartolomé de las Casas (Estancia breve, pero altamente influyente).

Frailes dominicos asociados a Las Casas (Casillas, Ramírez, Betanzos en misión). Varios franciscanos enviados desde Guatemala (no denunciaron mucho). Mercedarios protectores de indígenas como Juan de Zepeda y Gaspar de Solís

RELACIÓN ACERCA DE LAS ANTIGÜEDADES DE LOS INDIOS POR FRAY RAMÓN PANÉ

INTRODUCCIÓN

Relación de fray Ramón acerca de las antiguas creencias de los indios, las cuales, con diligencia —como hombre que conoce su lengua— recogió por mandato del Almirante.

Yo, fray Ramón, humilde ermitaño de la Orden de San Jerónimo, por mandato del ilustre señor Almirante, Virrey y Gobernador de las islas y de la tierra firme de las Indias, escribo lo que he podido averiguar acerca de las creencias y la idolatría de los indios, y de la manera en que veneran a sus dioses. De ello trataré en la presente relación.

Cada uno, al adorar los ídolos que guardan en su casa —los cuales llaman cemíes—, sigue un modo particular y supersticioso. Creen que en el cielo existe un ser inmortal, invisible a todos y que tiene madre, aunque no tiene principio. A este ser lo llaman Yocahú Vagua Maorocotí, y a su madre la llaman Atabex, Iermaoguacar, Apito y Zuimaco, cinco nombres para la misma deidad.

De estos indios de quienes escribo son los de la isla Española, pues de las demás islas nada sé, ya que no las he visto.

También dicen saber de qué parte vinieron, cuál fue el origen del sol y de la luna, cómo se formó el mar y a dónde van los muertos. Creen que los difuntos aparecen en los caminos cuando alguien va solo, pero nunca cuando caminan en compañía. Todo esto lo creen porque así se lo dijeron sus antepasados, pues no saben leer ni contar más allá de diez.

CAPÍTULO I: DE DÓNDE PROCEDEN LOS INDIOS Y DE QUÉ MANERA

En la isla Española hay una provincia llamada Caonao, donde existe una montaña nombrada Canta. En ella hay dos grutas: Cacibayagua y Amayauba. De Cacibayagua salió la mayor parte del pueblo que pobló la isla.

Cuando vivían dentro de aquella gruta, ponían guardia de noche, encargo que se confiaba a un hombre llamado Marocael. Un día, dicen que tardó en acudir a la puerta, y el sol lo arrebató. Y viendo que el sol se lo había llevado por su descuido, cerraron la entrada y Marocael quedó convertido en piedra, cerca de la puerta.

Cuentan también que otros, que habían salido a pescar, fueron tomados por el sol y convertidos en árboles llamados jobos o mirobalanos.

El motivo por el cual Marocael velaba era para vigilar hacia dónde se enviaría o repartiría la gente. No parece sino que su tardanza fue causa de su desgracia.

CÓMO SE SEPARARON LOS HOMBRES DE LAS MUJERES

Sucedió que un hombre llamado Guahayona[1] dijo a otro, de nombre Yadruvava, que fuera a coger una hierba llamada digo, con la cual se limpian el cuerpo antes de bañarse. Yadruvava salió, pero el sol lo arrebató en el camino y lo convirtió en un pájaro que canta por la mañana, semejante al ruiseñor, llamado Yahuva Bayael.

Guahayona, viendo que no regresaba, decidió salir de la gruta Cacibayagua.

Entonces Guahayona, indignado al ver que no volvían aquellos que había enviado por el digo, dijo a las mujeres:

"Dejad a vuestros maridos; vámonos a otras tierras y llevemos mucho digo. Dejad también a vuestros hijos; después volveremos por ellos".

Guahayona salió con todas las mujeres. Recorrió diversas tierras y llegó a Matinino, donde pronto dejó a las mujeres y continuó hacia otra región llamada Guanín.

Los niños pequeños habían quedado junto a un arroyo. Cuando el hambre los apretó, lloraban llamando a sus madres. Los padres no podían consolarlos, pues los pequeños lloraban pidiendo alimento — decían "mamá", undoubtedly demandando la leche.

---

[1] Es un personaje mítico de la tradición taína, recogido por fray Ramón Pané a fines del siglo XV. Guahayona aparece en los relatos como:
Un líder cultural o héroe mítico taíno. Protagonista de un ciclo de mitos sobre el origen de los hombres, las mujeres y ciertos elementos del mundo.
Personaje que abandona la cueva primigenia Cacibayagua.
Figura asociada a viajes, engaños y transformaciones.

Llorando así, repitiendo too, too, fueron transformados en pequeños animales semejantes a ranas, llamados tona, por la súplica que hacían al pedir la teta. De este modo quedaron los hombres sin mujeres.

Los indios, al no tener escrituras ni letras, no pueden dar noticias muy ordenadas de sus antepasados; por eso sus relatos no concuerdan y es difícil escribirlos con orden.

Cuando Guahayona se marchó llevándose a todas las mujeres, también se fueron con él las mujeres de su cacique Anacacuya, a quien engañó igual que a los demás. También se fue con él un cuñado de Guahayona llamado Anacacuya, quien entró al mar. Y estando ambos en la canoa, dijo Guahayona a su cuñado: "Mira qué hermoso caracol (cobo) hay en el agua".

Cuando Anacacuya se inclinó para verlo, Guahayona lo tomó por los pies y lo arrojó al mar. Luego se quedó con todas las mujeres y dejó las de Matinino, donde hoy, según dicen, solo hay mujeres. Después se fue a la isla llamada Guanín, así nombrada por lo que se llevó cuando llegó allí.

Dicen que, estando Guahayona en aquella tierra, vio que había dejado en el mar a una mujer, lo cual le causó gran alegría. Pronto buscó muchos lavatorios para limpiarse, pues estaba lleno de llagas que nosotros llamamos mal francés. Lo pusieron en una guanara, que quiere decir lugar apartado, y allí sanó.

Después pidió permiso para continuar su camino, y ella —llamada Guabonito— se lo concedió.

Guahayona cambió entonces su nombre por Biberoci Guahayona.

La señora Guabonito le dio muchos guanines y cibas, adornos que los indios llevaban colgados de los brazos y del cuello. Los guanines son piezas de metal semejantes al florín, y se los colocan en las orejas desde pequeños. El origen de estos guanines, dicen, provino de Guabonito, Albeborael, Guahayona y el padre de Albeborael.

Guahayona permaneció en aquella tierra con su padre, llamado Yauna. Su hijo por parte de padre se llamaba Hia Guaili Guanin, es decir, "hijo de Yauna", y después tomó el nombre de Guanin, que aún conserva.

Como los indios no tienen letras, no saben relatar bien estas fábulas, ni yo puedo escribirlas con total exactitud. Creo que habré puesto unas cosas antes y otras después, pero así como me las contaron las refiero.

Cuentan que un día los hombres fueron a bañarse. Llovía recio y sentían gran deseo de tener mujeres. Muchas veces habían buscado sus huellas durante la lluvia, sin encontrar rastro alguno.

Ese día, mientras se bañaban, vieron caer desde las ramas de algunos árboles unas formas humanas que no eran ni hombres ni mujeres, pues no tenían sexo. Intentaron cogerlas, pero se les escurrían como anguilas.

Por orden del cacique llamaron a varios hombres que tenían las manos ásperas —a quienes llamaban caracaracol, porque sufrían una enfermedad semejante a la roña— para que pudieran sujetarlas.

Había cuatro de aquellas criaturas, y llevaron cuatro hombres ásperos para atraparlas.

Luego deliberaron cómo podrían convertirlas en mujeres, ya que no tenían sexo alguno.

Buscaron un pájaro llamado inriri —o antiguamente inrire cahuvayal—, que vive en los árboles y en nuestro idioma se llama pico.

Ataron de pies y manos a aquellas formas humanas y les sujetaron el pájaro al cuerpo. El pájaro, creyendo que eran troncos, comenzó su labor, picando y agujereando en el lugar donde debe estar la naturaleza de las mujeres.

Así, dicen los indios, obtuvieron mujeres, según contaban los más viejos.

Escribo con premura y no tengo papel suficiente; por eso quizá no puse todo en el orden más debido, pero no me equivoco en lo que refiero, pues así lo creen ellos.

CAPÍTULO II: CÓMO FUE HECHO EL MAR, SEGÚN LOS INDIOS

Hubo un hombre llamado Yaya, cuyo verdadero nombre ignoran. Su hijo se llamó Yayael, "hijo de Yaya".

Queriendo Yayael matar a su padre, éste lo desterró por cuatro meses; después lo mató, puso sus huesos en una calabaza y la colgó del techo.

Un día, deseoso de ver los huesos de su hijo, Yaya dijo a su mujer que quería contemplarlos. Ella tomó la calabaza y la volcó; de ella salieron muchos peces grandes y pequeños, pues los huesos se habían transformado en peces.

Dicen que un día, mientras Yaya estaba en sus conucos —sus posesiones o heredades—, llegaron cuatro hijos de una mujer llamada Itiba Yauvava, todos nacidos de un mismo parto. La madre murió dando a luz, y al abrirla sacaron los cuatro hijos. El primero se llamó Caracaracol, "lleno de roña"; los otros no tenían nombre.

Los cuatro hijos fueron juntos a tomar la calabaza de Yaya, donde estaban los peces en que se había convertido Yayael. Ninguno se atrevió a bajarla sino Dimivan Caracaracol, que la descolgó; y todos comieron peces.

Mientras comían, sintieron que Yaya regresaba de sus tierras, y quisieron colgar la calabaza, pero no la aseguraron bien; cayó y se rompió.

Dicen que tanta agua salió de ella que llenó toda la tierra, y así se formó el mar.

Al salir de allí encontraron a un hombre mudo al que llamaron Conel.

Llegaron a la casa de Bayamanaco, quien llevaba cazabí —pan de yuca—. Le dijeron: Ayacavo Guarocoel, "conozcamos a nuestro abuelo".

Dimivan Caracaracol entró a su casa para pedir cazabí. Bayamanaco se llevó la mano a la nariz y le arrojó sobre la espalda una mucosidad llena de cohoba, un polvo que ellos inhalan para purgarse y por otros efectos. Lo aspiran con una caña del largo de medio brazo.

A causa de aquella mucosidad, Caracaracol regresó adolorido junto a sus hermanos. La espalda se le hinchó tanto que estuvo a punto de morir, por lo cual intentaron cortarla sin éxito. Tomaron finalmente una hacha de piedra, abrieron la hinchazón y de ella salió una tortuga viva, hembra.

Construyeron una casa para guardarla allí.

Cuentan además que el sol y la luna salieron de una gruta del cacique Maucia Tivuel, llamada Yobovaba, la cual veneran mucho.

La tienen pintada con follajes y figuras diversas. Allí había dos cemíes de piedra, del tamaño de medio brazo, con las manos atadas y en actitud de sudar. Los estiman en gran manera; cuando faltaba lluvia los visitaban, y dicen que pronto venía el agua.

A uno de estos cemíes lo llamaban Boinayol, y al otro Maroya.

Creen que hay un lugar al que van los muertos, llamado Coaibai, que está en un extremo de la isla, en una parte llamada Soraya. El primero que, según dicen, estuvo en Coaibai fue uno llamado Maquetaurie Guayaba, que era señor de Coaibai, casa y morada de los muertos.

Dicen que durante el día los muertos están recluidos; por la noche salen a recrearse y comen cierto fruto que se llama guabaza[2], de tamaño semejante al de un melocotón. Cuentan que de día permanecen encerrados y que, llegada la noche, se convierten en esa fruta, disfrutan de su recreo y andan juntamente con los vivos.

Para reconocer a los muertos tienen este modo: les tocan el vientre con la mano y, si no les encuentran el ombligo, dicen que es operito, que quiere decir "muerto", pues aseguran que los muertos no tienen ombligo. Y así se engañan algunas veces, porque, sin reparar en ello, yacen con alguna mujer del Coaibai y, cuando creen abrazarla, no sienten nada, porque desaparece de repente. Tal es lo que creen hasta hoy en este punto.

Mientras vive una persona, llaman al alma goeiz, y después de muerta la llaman opia. Dicen que el goeiz se aparece muchas veces, ya en forma de hombre, ya de mujer. Aseguran que hubo hombre que se atrevió a pelear con un goeiz y que, queriendo abrazarlo, éste desaparecía, de modo que el indio metía los brazos más allá, por encima de algunos árboles, y quedaba colgado de ellos.

Esto lo creen todos en general, tanto los pequeños como los mayores. También creen que se les aparecen los muertos en figura de padre, madre, hermanos, parientes o de otras formas. Los muertos no

---

[2] La guabaza es un fruto del Caribe precolombino mencionado en los relatos taínos. Aparece en la Relación de fray Ramón Pané cuando describe lo que, según los indios, comen los muertos por la noche. No hay una identificación totalmente segura.

se les aparecen de día, sino siempre de noche; por eso, no sin gran miedo se atreve algún indio a ir solo en la oscuridad.

Entre ellos hay algunos hombres que ejercen oficio, llamados bohutis o buhitihus, que hacen muchos engaños —como más adelante diremos— para hacerles creer que hablan con los muertos. Por esto saben los hechos y los secretos de los indios, y cuando están enfermos les quitan, según dicen, la causa del mal, y así los engañan.

De parte de estas cosas yo mismo he sido testigo con mis ojos; de otras sólo cuento lo que he oído a muchos, especialmente a los principales, con los cuales he tratado más que con los demás. Estos creen tales fábulas con mayor certeza que otros, porque, lo mismo que los moros, tienen su ley dispuesta en antiguas canciones por las que se gobiernan, así como los moros por su escritura.

Cuando quieren cantar sus canciones, tañen cierto instrumento llamado mayohavau, de madera, cóncavo, fuerte y muy delgado, de la longitud de un brazo y ancho como medio brazo. La parte donde se toca tiene figura de tenazas de herrero, y la otra parte es semejante a una maza, de modo que parece una calabaza con cuello largo.

Este instrumento hace tanto ruido que se oye a distancia de una legua y media. Al son de él cantan sus canciones, que saben de memoria. Lo tocan los hombres principales, que aprenden desde niños a manejarlo y a cantar según su costumbre.

Pasemos ahora a tratar de otras muchas cosas acerca de las ceremonias y costumbres de estos gentiles.

De las prácticas de estos indios buhitihus; cómo ejercen la medicina, enseñan a los indios y, en sus curas, muchas veces se engañan

Todos, o la mayor parte de los indios de la isla Española, tienen muchos cemíes de diversos géneros. En algunos guardan los huesos de sus padres, madres, parientes y otros antepasados. Estos cemíes están hechos de piedra o de madera, y de ambas clases poseen muchos.

Dicen que algunos cemíes hablan; otros hacen nacer los alimentos; otros hacen llover; otros hacen correr los vientos. Todo esto lo creen aquellos sencillos e ignorantes, atribuyéndolo a los ídolos, o —para hablar con más propiedad— al demonio, pues no tienen conocimiento de nuestra Santa Fe.

Cuando alguno está enfermo, llaman al buhitihu, que es el médico. Éste está obligado a guardar dieta, lo mismo que el enfermo, y a mostrar rostro de doliente, lo cual hacen por la razón que ahora se sabrá.

Es necesario que el médico se purgue también, como el enfermo; para ello toma cierto polvo llamado cohoba, aspirándolo por la nariz. Este polvo los embriaga de tal manera que luego no saben lo que hacen; en ese estado dicen muchas cosas fuera de juicio, afirmando que hablan con los cemíes, y que éstos les han revelado de dónde provino la enfermedad.

Cuando van a visitar a algún enfermo, antes de salir de su casa toman hollín de los pucheros o carbón molido y se ennegrecen toda la cara, para hacer creer al enfermo lo que quieran acerca de su dolencia.

Luego toman unos huesecillos y un poco de carne y, envolviéndolos para que no se caigan, se los meten en la boca antes de llegar a la casa del enfermo, que ya está purgado con el polvo de cohoba.

Entrado el médico en casa del doliente, se sienta, y todos callan. Si hay niños allí, los echan fuera para que no interrumpan el oficio del buhitihu, y sólo quedan uno o dos de los más principales.

Ya estando solos, toman algunas hojas de una planta llamada gueyo, anchas, y otra hierba envuelta en una hoja de cebolla, de algo menos de un palmo de larga. Con las hojas de gueyo hacen lo que suelen hacer todos: las amasan con la mano hasta reducirlas a pasta y luego se la ponen en la boca por la noche, para vomitar lo que han comido y que no les haga daño.

Entonces comienzan a entonar el canto mencionado y, tomando una antorcha, beben el jugo de aquellas hierbas.

Hecho esto primero, pasado poco tiempo se levanta el buhitihu, se acerca al enfermo —que está solo en medio de la casa— y le da dos vueltas, a su parecer. Después se le pone delante, lo toma por las piernas, le palpa los muslos y de allí hasta los pies; luego tira de él fuertemente, como si quisiera arrancar algo.

Va a la puerta de la casa, la cierra y dice en voz alta: "Vete luego a la montaña, o al mar, o donde quieras", y sopla como quien despide una paja. Vuelve de nuevo, junta las manos, cierra la boca; le tiemblan las manos como si tuviera frío; se las sopla; aspira el aliento del enfermo como quien chupa la médula de un hueso, y lo sorbe por el cuello, el estómago, la espalda, las mejillas, el pecho, el vientre y otras partes del cuerpo.

Hecho esto, comienza a toser y a poner mala cara, como si hubiera comido algo muy amargo; escupe en la mano y saca aquello que se había puesto en la boca en su casa o por el camino, ya sea piedra, hueso o carne.

Si es cosa de comer, dice al enfermo: "Has de saber que comiste algo que te produjo el mal que padeces; mira cómo te lo he sacado del cuerpo, donde tu cemí te lo había puesto porque no le hiciste oración, ni le edificaste templo, ni le diste heredad".

Si es piedra, le dice: "Guárdala muy bien". A veces, por estar cierto de que estas piedras son buenas para ayudar a parir a las mujeres, las tienen muy custodiadas, envueltas en algodón y puestas en cestillas, y les dan de comer lo mismo que a ellos. Otro tanto hacen con los cemíes que tienen en casa.

Si algún día solemne llevan abundantes comidas —peces, carne, pan o cualquier otra cosa—, las ponen primero en la casa del cemí, para que el ídolo coma de ellas. Al día siguiente llevan toda esta provisión a sus casas, como si el cemí ya hubiese comido.

Y así les ayuda Dios como el cemí come de aquello, pues el cemí es obra muerta, hecha de piedra o de madera.

Cuando, después de haber hecho todo lo mencionado, el enfermo muere, si el difunto tiene muchos parientes, o es señor de un pueblo, y éstos pueden hacer frente al buhitihu —porque los que poco pueden no se atreven a disputar con estos médicos—, aquel que quiere vengarse procede así:

Para saber si el enfermo murió por culpa del médico o porque no guardó la dieta que éste le mandó, toman una hierba llamada gueyo, cuyas hojas son semejantes al basílicon (albahaca), gruesas y largas, y por otro nombre zacón. Sacan el jugo de la hoja, cortan al muerto las uñas y los cabellos de la frente, los reducen a polvo entre dos piedras y mezclan todo con el jugo de dicha hierba.

Esto se lo dan a beber al muerto por la boca o se lo introducen por la nariz, y mientras lo hacen le preguntan si el médico fue causa de su muerte y si guardó o no la dieta. Se lo preguntan muchas veces, hasta que al fin —dicen ellos— habla tan claramente como si estuviera vivo, respondiendo todo lo que se le demanda, y diciendo que el buhitihu no observó la dieta y que por eso murió.

Añaden que el médico le pregunta si está vivo y cómo puede hablar tan claramente, y el muerto responde que está muerto.

Después que han sabido lo que querían, lo devuelven al sepulcro de donde lo sacaron.

Hacen también otras ceremonias para saber lo que desean: toman al muerto, encienden una gran hoguera, como las de los carboneros cuando hacen carbón, y cuando los leños se han vuelto ascuas, echan al muerto en aquel fuego y luego lo cubren de tierra, como el carbonero cubre el carbón. Allí lo dejan el tiempo que quieren y, entretanto, le preguntan, como en el caso anterior.

El muerto responde que nada sabe. Lo interrogan diez veces, y después de esas diez ya no vuelve a hablar más. Le preguntan si está muerto, pero sólo habla hasta esas diez respuestas.

Se juntan un día los parientes del muerto, esperan al buhitihu y le dan tantos palos que le rompen las piernas, los brazos y la cabeza, de modo que lo dejan molido, creyéndolo muerto.

Dicen que por la noche van muchas sierpes de diversas clases, blancas, negras, verdes y de otros colores, las cuales lamen la cara y todo el cuerpo del médico que dejaron por muerto.

Permanece así dos o tres noches, y en este tiempo —según ellos— los huesos de las piernas y de los brazos vuelven a juntarse y soldarse, de modo que al fin se levanta, camina despacio y regresa a su casa.

Los que lo ven le preguntan: "¿No estabas muerto?". Él responde que los cemíes vinieron en su auxilio en forma de culebras.

Los parientes del difunto, muy airados —pues creían haber vengado la muerte de su deudo—, al verlo vivo se desesperan y procuran tenerlo a su alcance para matarlo de nuevo. Si logran cogerlo otra vez, le sacan los ojos y le rompen los testículos, porque dicen que ninguno de estos médicos puede morir a palos y golpes, por muchos que reciba, si antes no le arrancan los testículos.

Cuando descubren el fuego, el humo que se levanta sube hacia lo alto hasta perderse de vista y hace ruido al salir del horno. Luego, dicen que vuelve abajo, entra en casa del médico buhitihu y éste, de repente, enferma si no observó la dieta.

Se llena de úlceras y se le pela todo el cuerpo; así tienen prueba de que no guardó la dieta y de que por eso murió el enfermo. Por tal motivo procuran matarlo, como ya se dijo. Estas son las hechicerías que suelen hacer.

CAPÍTULO III: CÓMO HACEN Y GUARDAN LOS CEMÍES DE MADERA O DE PIEDRA

Los cemíes de madera se hacen de esta manera: cuando alguno va de camino y le parece ver que un árbol se mueve desde la raíz, aquel hombre se detiene asustado y le pregunta quién es. El árbol responde: "Trae aquí un buhitihu; él te dirá quién soy".

El indio va entonces al médico y le cuenta lo que ha visto. El hechicero o brujo va a ver el árbol de que le han hablado, se sienta junto a él y hace la cohoba, como dijimos en la historia de los cuatro hermanos.

Hecha la cohoba, se levanta y le dice todos sus títulos, como si hablara con un gran señor: "Dime quién eres, qué haces aquí, qué quieres de mí y por qué me han hecho llamarte; dime si quieres que te corte, o que te lleve conmigo, y cómo quieres que te lleve. Yo te construiré una casa con una heredad".

Entonces aquel árbol, ya tenido por cemí o ídolo, le responde diciendo la forma en que quiere que lo hagan. El brujo lo corta y lo labra del modo que se le ha mandado, le edifica su casa con una posesión, y muchas veces al año le hace la cohoba; con esta cohoba le tributa oración, lo complace, le pide riquezas y le consulta cosas buenas o malas.

Cuando quieren saber si alcanzarán victoria contra sus enemigos, entran en una casa donde no puede entrar nadie más que los hombres principales. Su señor es el primero que comienza a hacer la cohoba y toca un instrumento. Mientras él la hace, ninguno de los presentes habla, hasta que termina.

Después de acabar su discurso, permanece un rato con la cabeza baja y los brazos apoyados en las rodillas; luego alza la cabeza, mira al cielo y habla. Entonces todos responden a un tiempo en voz alta; tras esto, le dan las gracias y él les cuenta la visión que tuvo, embriagado con la cohoba que tomó por la nariz y se le subió a la cabeza.

Dice que habló con los cemíes y que éstos anunciaron victoria para los indios; que sus enemigos huirán; que habrá gran mortandad, guerras, hambres u otras cosas semejantes, según quiera decir el que está borracho.

Júzguese cómo tendrán el cerebro, pues aseguran que han visto las casas con los cimientos hacia arriba y a los hombres caminar con los pies mirando al cielo.

Esta cohoba se la hacen no solo a los cemíes de piedra y de madera, sino también a los cuerpos de los muertos, como ya se dijo.

Los cemíes de piedra tienen diversas hechuras. Algunos se suponen sacados por los médicos del cuerpo de los enfermos; guardan con especial cuidado aquellos que, según creen, ayudan a las mujeres en el parto.

Hay otros que "hablan", de figura semejante a un gran nabo, con las hojas extendidas por tierra y largas como las de las alcaparras. Estas hojas se parecen en general a las del olmo. Otros tienen tres puntas y creen que hacen crecer la yuca; su raíz es semejante al rábano, y la hoja suele tener seis o siete puntas. Yo no sé con qué compararla, porque no he visto planta semejante en España ni en otro país.

El tallo de la yuca tiene la altura de un hombre.

Digamos ahora de la fe que tienen en lo que se refiere a sus ídolos y cemíes, y de los grandes engaños que de éstos reciben.

Del cemí Buyayba, del que dicen que, cuando hubo guerras, lo quemaron y, después, lavándolo con jugo de yuca, le crecieron los brazos, le nacieron de nuevo los ojos y creció de cuerpo

La yuca era pequeña, y la lavaron con el agua y el jugo mencionado para que fuese grande.

Afirman que este cemí da enfermedades a quienes lo hicieron, por no haberle llevado yuca para comer. Este cemí era llamado Vaibrama.

Cuando alguno enfermaba, llamaban al buhitihu y le preguntaban de qué procedía su dolencia. Él respondía que Vaibrama se la había enviado porque no le habían enviado de comer a quienes cuidaban de su casa.

Esto decía el buhitihu, asegurando que así se lo había revelado el cemí Vaibrama.

Dicen que, cuando hicieron la casa de Guamorete, que era un hombre principal, pusieron allí un cemí sobre ella, llamado Corocote.

Cuentan que después el cemí se levantó y se fue hasta la orilla del agua, a distancia de un tiro de ballesta. Añaden que, cuando estaba sobre la casa, bajaba de noche y yacía con las mujeres, y que, después de morir Guamorete, dicho cemí se fue a la casa de otro cacique, donde también dormía con las mujeres.

Dicen además que en la cabeza le nacieron dos coronas, por lo cual solía decirse: "Pues tiene dos coronas, ciertamente es hijo de Corocote". Así lo tenían por cosa muy cierta.

Este cemí lo tuvo luego otro cacique llamado Guatabanex, cuyo pueblo se llamaba Yacaba.

De otro cemí que se llamaba Opiyelguoviran, que lo tenía un hombre principal llamado Cavavaniovava, con muchos vasallos a su mando

Del cemí Opiyelguoviran dicen que tiene cuatro pies, como de perro; es de madera. Cuentan que muchas veces, de noche, salía de la casa y se escondía en la selva. Entonces iban a buscarlo y, cuando lo encontraban, lo llevaban de vuelta a casa y lo ataban con cuerdas, pero él regresaba otra vez al monte.

Cuando los cristianos llegaron a la isla Española, dicen que este cemí huyó y se fue a una laguna; lo siguieron por sus huellas, pero no volvieron a verlo, ni saben nada más de él.

Como lo compré, así lo vendo.

El cemí Guabancex estaba en las tierras de un gran cacique principal, llamado Aumatex. Este cemí es mujer, y dicen que hay otros dos en su compañía: uno es anunciador, y el otro, recogedor y gobernador de las aguas.

Cuando Guabancex se encoleriza, dicen que hace correr el viento y el agua, derriba todas las cosas y arranca los árboles. Este cemí, que tienen por mujer, está hecho de piedras del país.

Los otros dos cemíes que están en su compañía se llaman Guatauva y Coatrisquie. Guatauva es el pregonero y heraldo, que por mandato de Guabancex ordena que todos los otros cemíes de aquella provincia ayuden a que sople el viento y caiga la lluvia.

Coatrisquie, dicen, recoge las aguas en los valles entre las montañas y después las deja correr para que destruyan la tierra. Así lo tienen por cosa cierta.

Este cemí pertenece a un cacique principal de la isla Española; es un ídolo al que se le dan varios nombres. Fue hallado de la siguiente manera:

Dicen que un día, en tiempos pasados —antes de que la isla fuese descubierta, no saben cuánto—, yendo unos de caza hallaron cierto animal, que, al ser perseguido, se arrojó a una fosa. Al mirar dentro, vieron un madero que parecía cosa viva.

El cazador, notando esto, fue a su señor —que era cacique y padre de Guarayonel— y le contó lo ocurrido. Luego fueron allá y vieron que era tal como había dicho el cazador, por lo que edificaron una casa junto a aquel tronco.

Dicen que el cemí salía de aquella casa muchas veces y se iba al lugar de donde lo habían traído, aunque no al mismo sitio, sino cerca. Por esto, el mencionado señor, o su hijo Guarayonel, mandó buscarlo y lo hallaron escondido; lo ataron de nuevo y lo metieron en un saco. Sin embargo, aun atado, seguía moviéndose como antes.

Así lo tiene por cierto aquella gente ignorante.

De las cosas que afirman haber dicho dos caciques principales de la isla Española: uno, Cacivaquel, padre del mencionado Guarionex; el otro, Gamanacoal

El gran Señor que dicen morar en el cielo —según está escrito al principio de este libro— mandó a Cacivaquel hacer el ayuno que observan comúnmente todos ellos: se recluyen cinco o seis días sin comer cosa alguna, excepto jugos de hierbas con que se lavan. Pasado este tiempo, comienzan a comer algunas cosas que les dan sustento.

Mientras están sin comer, por la debilidad que sienten en el cuerpo y en la cabeza, dicen que han visto algunas cosas, quizá por ellos deseadas, pues todos hacen aquel ayuno en honor de los cemíes que tienen, para saber si alcanzarán victoria sobre sus enemigos, si lograrán riquezas o cualquier otra cosa que desean.

Dicen que este cacique afirmó haber hablado con Yiocavugama, quien le anunció que los que viviesen después de su muerte gozarían poco de su señorío, porque llegaría a la tierra una gente vestida que los dominaría y mataría, y morirían de hambre.

Al principio pensaron que se trataba de los caníbales; pero, considerando después que los caníbales sólo robaban y se marchaban, creyeron que sería otra gente aquella de la que hablaba el cemí. Por eso creen ahora que se trataba del Almirante y de los hombres que él trajo consigo.

Ahora contaré lo que yo he visto y pasado cuando yo y otros hermanos estuvimos en la isla Española.

CAPÍTULO IV: LA FORTALEZA QUE CONSTRUYÓ COLÓN

Yo, fray Ramón, pobre ermitaño, me quedé y fui a la Magdalena, una fortaleza que mandó construir don Cristóbal Colón, Almirante, Virrey y Gobernador de las islas y tierra firme de las Indias, por mandato del rey don Fernando y de la reina doña Isabel, nuestros señores.

Estando yo en aquella fortaleza en compañía de Arteaga, su capitán, por mandato del mencionado gobernador don Cristóbal Colón, quiso Dios iluminar con la luz de la Santa Fe católica toda una casa de los principales de la fortaleza de la Magdalena, cuya provincia se llamaba Marcorix, y el señor de ella Guavaoconel, que quiere decir "hijo de Guavaenequín".

En dicha casa estaban sus servidores y favoritos, llamados yahu naboriu, y eran en total dieciséis personas, todos parientes, entre los cuales había cinco hermanos varones. De éstos, uno murió, y los otros cuatro recibieron el agua del santo bautismo.

Creo que murieron mártires, por lo que se vio en su perseverancia y en su muerte. El primero que recibió la muerte, es decir, el agua del santo bautismo, fue un indio llamado Guaticava, que después recibió el nombre de Juan. Éste fue el primer cristiano que sufrió muerte cruel, y tengo por cierto que fue muerte de mártir, porque, según he oído de algunos que estuvieron presentes cuando murió, decía:

Dios naboria daca, Dios naboria daca, que quiere decir: "Yo soy siervo de Dios".

Así murió también su hermano Antonio, y con él otro, diciendo lo mismo que aquél. Los de esta casa siempre estuvieron conformes en hacer cuanto me agradaba.

Todos los que quedaron vivos —y aún viven hoy— son cristianos, por obra del mencionado don Cristóbal Colón, Virrey y Gobernador de las Indias. Ahora hay muchos más cristianos por la gracia de Dios.

Diremos ahora lo que sucedió en la fortaleza de la Magdalena.

Hallándome en la mencionada Magdalena, fue el señor Almirante en socorro de Arteaga y de algunos cristianos asediados por sus enemigos, vasallos de un cacique principal llamado Caonabó.

Entonces el señor Almirante me dijo que la provincia de Macorix, donde estaba la Magdalena, tenía lengua distinta de la de las demás partes, y que su idioma no se usaba en toda la isla. Por esto me mandó ir a vivir con otro cacique principal llamado Guarionex, señor de muchos vasallos, cuya lengua se entendía en todo el país.

Así, por su mandato, me fui a vivir con Guarionex. Es verdad que dije al señor gobernador don Cristóbal Colón:

—Señor, ¿cómo quiere vuestra señoría que yo vaya a estar con Guarionex si no sé más lengua que la de Macorix? Déme vuestra señoría licencia para que venga conmigo alguno de los de Nuhuirci, que después fueron cristianos y sabían las dos lenguas.

Me lo concedió y dijo que llevase a quien quisiera. Dios, por su bondad, me dio por compañía al mejor de los indios, el más instruido en la Santa Fe católica; después me lo quitó: alabado sea Dios que me lo dio y luego me lo arrebató. Verdaderamente yo lo tenía por buen hijo y hermano. Éste era Guaicavanu, que después fue cristiano y se llamó Juan.

De las cosas que allí nos acontecieron, yo, pobre ermitaño, diré alguna.

Salimos Guaicavanu y yo hacia la Isabela, y allí esperamos al señor Almirante hasta que volvió del socorro que había dado a la Magdalena. Tan pronto como llegó, nos fuimos al lugar donde el señor gobernador nos había mandado, en compañía de un hombre llamado Juan de Ayala, que tuvo a su cargo una fortaleza que dicho gobernador don Cristóbal Colón mandó edificar, media legua del sitio donde nosotros habíamos de residir.

El señor Almirante mandó a dicho Juan de Ayala que nos diera de comer de todo lo que hubiese en la fortaleza, llamada la Concepción.

Estuvimos con el cacique Guarionex casi dos años, enseñándole siempre nuestra Santa Fe y las costumbres de los cristianos. Al principio mostró buen deseo y dio esperanza de que haría cuanto nosotros quisiésemos y de que sería cristiano, pues decía que le enseñásemos el Padrenuestro, el Ave María, el Credo y todas las demás oraciones y cosas que son propias de un cristiano.

Aprendió el Pater noster, el Ave María y el Credo; lo mismo hicieron muchos de los suyos. Cada mañana decía sus oraciones y hacía que los de su casa las rezasen dos veces.

Pero después se enojó y abandonó su buen propósito por culpa de otros principales del país, que lo reprendían porque obedecía la ley cristiana, siendo así —decían— que los cristianos eran crueles y se habían apoderado de sus tierras por la fuerza.

Por eso le aconsejaban que no se ocupara más de las cosas de los cristianos, sino que se concertase y conjurase con los otros para matarlos, porque no podían contentarlos y habían resuelto no seguir en modo alguno sus costumbres.

Por esto se apartó de su buen propósito, y nosotros, viendo que se separaba de lo que le habíamos enseñado, resolvimos marcharnos e ir donde se pudiese hacer más fruto, enseñando y doctrinando a los indios en las cosas de la Santa Fe.

Así, nos fuimos a otro cacique principal, que mostraba buena voluntad y decía que quería ser cristiano; éste se llamaba Maviatúe.

Cómo salimos para ir al país de Maviatúe: yo, fray Ramón Pané, pobre ermitaño; fray Juan de Borgoña, de la Orden de San Francisco; y Juan Mateo, el primero que recibió el agua del santo bautismo en la isla Española

Al día siguiente de salir del pueblo y morada de Guarionex para ir a ver al cacique Maviatúe, la gente de Guarionex construía una casa junto a la de oración. En esta casa de oración habíamos dejado algunas imágenes, ante las cuales se arrodillaban y rezaban los catecúmenos: la madre, los hermanos y los parientes del mencionado Juan Mateo, el primer cristiano, junto con otros siete más.

Después, todos los de su casa se hicieron cristianos y perseveraron en su buen propósito según nuestra fe, de modo que toda la familia quedó encargada de guardar la casa de oración y algunas posesiones que yo había labrado o mandado labrar.

Habiendo quedado ellos como custodios de la casa, al segundo día de nuestra partida a Maviatúe llegaron seis hombres a la casa de oración que estos catecúmenos tenían a su cargo, y, por mandato de Guarionex, les dijeron que tomasen aquellas imágenes que yo les había dejado y las rompiesen y destrozasen, pues fray Ramón y sus compañeros se habían marchado y no sabrían quién lo había hecho.

Los seis criados de Guarionex que fueron allí encontraron a los seis muchachos que custodiaban la casa de oración, los cuales, temiendo lo que después ocurrió, se opusieron a que entrasen; pero ellos penetraron a la fuerza, tomaron las imágenes y se las llevaron.

Salidos los indios de la casa de oración, tiraron las imágenes al suelo, las cubrieron con tierra y después las pisaron, diciendo: "Ahora serán buenos y grandes tus frutos".

Esto lo decían porque las habían sepultado en un campo de labor, pensando que el fruto que allí naciera sería bueno por causa de aquello, todo ello en señal de burla y desprecio.

Cuando los muchachos que guardaban la casa de oración por mandato de los catecúmenos vieron lo sucedido, fueron a buscar a sus mayores, que se hallaban en sus posesiones, y les contaron cómo la gente de Guarionex había destrozado y escarnecido las imágenes.

Tan pronto como lo supieron, dejaron lo que estaban haciendo y corrieron, gritando, a contárselo a don Bartolomé Colón, que tenía el gobierno por el Almirante, su hermano, mientras éste estaba en Castilla.

Don Bartolomé, como lugarteniente del Virrey y Gobernador de las islas, abrió proceso contra los culpables y, sabida la verdad, mandó quemarlos públicamente.

Sin embargo, Guarionex y sus vasallos no se apartaron del mal propósito que tenían de matar a los cristianos en un día determinado, cuando habían de llevar el tributo de oro que pagaban. Pero esta conjuración fue descubierta y luego fueron apresados el mismo día en que pensaban ejecutarla.

Continuando en su perverso designio, llegaron a matar a cuatro hombres y a Juan Mateo, escribano mayor, y a su hermano Antonio, ambos bautizados; después corrieron al lugar donde estaban enterradas las imágenes y las hicieron pedazos.

Pasados algunos días, el dueño de aquel campo fue a sacar ajes, que son ciertas raíces semejantes a nabos y rábanos; en el lugar donde las imágenes habían sido enterradas habían nacido dos o tres ajes, como si los hubiesen plantado uno sobre otro en forma de cruz.

No era probable que alguien hallase tal cruz, y, sin embargo, la encontró la madre de Guarionex, la mujer más mala que yo conocí en aquellas tierras. Ella juzgó que aquello era un gran milagro y dijo al castellano de la fortaleza de la Concepción:

"Este prodigio ha mostrado Dios donde fueron halladas las imágenes. Dios sabe para qué."

Digamos ahora cómo se hicieron cristianos los primeros que recibieron el santo bautismo, y lo que es necesario hacer para que todos lleguen a ser cristianos.

Verdaderamente, la isla necesita mucha gente que castigue a los señores cuando no son dignos, y que enseñe a los indios las cosas de la santa fe católica y los doctrinen en ella, porque ellos no pueden ni saben oponerse. Yo puedo decirlo con verdad, pues me he fatigado para saber todo esto, y tengo certeza de que se habrá entendido por lo que hasta ahora llevo escrito; y al buen entendedor, pocas palabras bastan.

Los primeros cristianos que hubo en la isla Española fueron los que ya hemos mencionado, a saber: Yavauvariu, en cuya casa había diecisiete personas que se hicieron cristianas solamente con darles a conocer que hay un Dios que ha hecho todas las cosas y creó el cielo y la tierra, sin que se les hablara de otra cosa ni se les diese más a entender, porque eran muy inclinados a la fe.

Pero con los otros se necesita fuerza y buen ingenio, porque no todos son de la misma condición. Algunos tienen buen principio y mejor fin; otros, que comienzan bien, luego se ríen de lo que se les ha enseñado. Para éstos hacen falta la fuerza y el castigo.

El primero que recibió el bautismo en la isla Española fue Juan Mateo, que se bautizó el día del evangelista San Mateo, en el año de 1496; después se bautizó toda su casa, donde hubo muchos cristianos.

Se adelantaría mucho más si hubiese quien los instruyese y enseñase la fe católica, y gente que los refrenase. Si alguno me pregunta por qué creo tan fácil este negocio, responderé que lo he visto por experiencia, especialmente en un cacique principal llamado

Mahuviativire, el cual hace ya tres años persevera en la buena voluntad de ser cristiano, y no tiene más que una mujer, aunque suelen tener dos o tres, y los principales, hasta diez, quince y veinte.

Esto es lo que yo he podido entender y saber acerca de las costumbres y ritos de los indios de la Española, por la diligencia que puse. En ello no pretendo utilidad espiritual ni temporal alguna. Plazca a nuestro Señor que todo se convierta en alabanza y servicio suyo, y en darme gracia de perseverar; y, si ha de ser de otra manera, que me quite el entendimiento.

Fin de la obra del pobre ermitaño Ramón Pané.

ITINERARIO DE LA ARMADA DE GRIJALVA (1518) POR EL PRESBÍTERO JUAN DÍAZ

CAPÍTULO I: SONIDO DE TAMBORES

Desde la salida de Cuba hasta la observación de la gran torre y el estrépito de tambores en Cozumel

Sábado, primer día del mes de mayo del año 1518, el capitán de la armada salió de la isla Fernandina (Cuba), desde donde emprendimos la marcha para continuar nuestro viaje.

El lunes siguiente, a tres días del mes de mayo, avistamos tierra. Al acercarnos vimos, en una punta, una casa blanca y otras cubiertas de paja, y una pequeña laguna que el mar formaba hacia dentro de la tierra.

Y porque era día de la Santa Cruz, así llamamos a aquella tierra.

Notamos que por esa parte todo parecía lleno de bancos de arena y escollos, por lo que nos arrimamos a la otra costa, desde donde pudimos ver más claramente la casa mencionada. Era una pequeña torre, del largo de una casa de ocho palmos y de la altura de un hombre. Allí ancló la armada, a casi seis millas de tierra.

Poco después llegaron dos barcas que los indios llaman canoas, y en cada una venían tres hombres que las gobernaban. Se acercaron a los navíos hasta distancia de tiro de bombarda, pero no quisieron aproximarse más, ni pudimos hablarles ni saber cosa alguna de ellos. Sólo por señas nos dieron a entender que al día siguiente vendría a los navíos el cacique, que en su lengua quiere decir "señor del lugar".

A la mañana siguiente hicimos vela para reconocer un cabo que se divisaba, y el piloto dijo que era la isla de Yucatán.

Entre aquella punta y la punta de Cozumel, donde estábamos, descubrimos un golfo y entramos en él, llegando cerca de la ribera de la isla de Cozumel, cuya costa seguimos. Desde la primera torre que vimos, descubrimos otras catorce de la misma forma.

Antes de separarnos de la primera, volvieron las dos canoas, en las que venía el señor del lugar, llamado cacique. Entró en la nao capitana y, hablando por intérprete, dijo que tendría gran gusto en que el capitán fuese a su pueblo, donde sería muy honrado.

Nuestros hombres le preguntaron por las noticias de los cristianos que Francisco Fernández, capitán de la primera armada, había dejado en Yucatán. El cacique respondió que uno vivía y el otro había muerto.

El capitán le dio algunas camisas españolas y otras cosas, y los indios se volvieron a su pueblo.

Nosotros hicimos vela y seguimos la costa, buscando al cristiano que había quedado allí con un compañero para informarse de la naturaleza y condición de la tierra. Navegábamos a la distancia de un tiro de piedra de la costa, pues el mar tenía mucho fondo.

La tierra nos pareció muy deleitosa. Desde la mencionada punta contamos catorce torres de la forma ya dicha.

Y casi al ponerse el sol, vimos una torre blanca que parecía muy grande. Nos acercamos y vimos junto a ella muchos indios, hombres y mujeres, que nos miraban, y permanecieron allí hasta que la armada se detuvo a tiro de ballesta de la torre. Esta nos pareció ser muy grande.

De entre los indios se oía un grandísimo estruendo de tambores, causado por la mucha gente que habitaba aquella isla.

Jueves, 6 de mayo. El capitán mandó que se armasen y apercibiesen cien hombres, los cuales entraron en las chalupas y saltaron en tierra, llevando consigo un clérigo. Creían que muchos indios saldrían a su encuentro; pero, así apercibidos y en buena formación, llegaron a la torre y no hallaron gente alguna, ni vieron a nadie por aquellos alrededores.

El capitán subió a la torre junto con el alférez, que llevaba la bandera en la mano. Ésta fue puesta en el lugar que convenía al servicio del rey católico. Allí tomó posesión en nombre de Su Alteza y pidió testimonio de ello; y, en fe de la posesión, quedó fijado un escrito del capitán en uno de los frentes de la torre.

La torre tenía dieciocho escalones de altura, con base maciza, y en derredor medía ciento ochenta pies. Encima tenía una torrecilla del alto de dos hombres puestos uno sobre otro; dentro había figuras, huesos y cenís, que son los ídolos que ellos adoraban, lo cual mostraba evidentemente su idolatría.

Mientras el capitán y muchos de los nuestros estaban sobre la torre, entró un indio acompañado de otros tres, que quedaron guardando la puerta. El primero puso dentro un tiesto con perfumes muy olorosos, semejantes al estoraque. Era hombre anciano y tenía cortados los dedos de los pies. Incensaba largamente a los ídolos, diciendo en voz alta un canto de tono monótono. Por lo que pudimos entender, llamaba e invocaba a sus dioses.

Dieron al capitán y a otros de los nuestros unas cañas largas, de un palmo, que al quemarse despedían un olor muy suave.

Luego se dispuso un altar en la torre y se dijo misa. Terminada ésta, mandó el capitán que inmediatamente se publicasen ciertos capítulos convenientes al servicio de Su Alteza.

Enseguida llegó el mismo indio —que parecía sacerdote de los demás— y con él otros ocho indios, que traían gallinas, miel y ciertas raíces con que hacen pan, a las que llaman maíz. El capitán les dijo que no deseaba sino oro, que en su lengua llaman taquín, y les hizo entender que daría en cambio mercancías de las que traíamos.

Los indios llevaron al capitán, y a otros diez o doce de los nuestros, y les dieron de comer en un cenáculo cercado de piedra y cubierto de paja. Delante de ese lugar había un pozo de donde bebió toda la gente. Y a las nueve de la mañana —que son como las quince en Italia— ya no quedaba indio alguno en el lugar; de esta manera nos dejaron solos.

Entramos entonces en el mismo pueblo, cuyas casas eran todas de piedra; entre ellas había cinco con torres encima, muy bien labradas, excepto tres que estaban deterioradas. Las bases de estas torres ocupaban gran espacio, eran macizas y terminaban en un punto estrecho. Parecían edificios antiguos, aunque también había otros nuevos.

El pueblo tenía las calles empedradas en forma cóncava: alzadas por ambos lados y con una hondonada al centro, donde el empedrado era de piedras grandes. A lo largo de esas calles había muchas casas cuyos cimientos eran de piedra y lodo hasta la mitad de las paredes, y luego cubiertas de paja.

Esta gente, por sus edificios y casas, mostraba ser de gran ingenio; y si no fuera porque algunas construcciones parecían nuevas, se hubiera podido pensar que eran edificios hechos por españoles.

La isla me pareció muy buena. Diez millas antes de llegar a ella ya se percibían olores suavísimos. Además, se encuentran en ella muchos mantenimientos: abundantes colmenas, mucha cera y miel.

Las colmenas son como las de España, aunque más pequeñas. Según dicen, no hay otras riquezas en esta isla.

Entramos diez hombres tres o cuatro millas tierra adentro y vimos pueblos y estancias separadas unas de otras, muy bien ordenadas. Hay aquí unos árboles llamados jarales, de los cuales se alimentan las abejas. También hay liebres, conejos, y dicen los indios que hay puercos, ciervos y muchos otros animales monteses. Así en esta isla de Cozumel —que ahora llamamos de Santa Cruz— como en la isla de Yucatán, adonde pasamos al día siguiente.

Viernes, 7 de mayo. Comenzó a descubrirse la isla de Yucatán. Ese día salimos de Santa Cruz y cruzamos quince millas de golfo hasta alcanzar la costa de Yucatán. Vimos tres pueblos grandes, separados unos de otros cerca de dos millas, con muchas casas de piedra, torres muy grandes y numerosas casas de paja.

Quisimos entrar en esos lugares, si el capitán lo hubiera permitido; pero, como no lo quiso, seguimos costeando durante el día y la noche. Al día siguiente, cerca de ponerse el sol, vimos a lo lejos un pueblo o aldea tan grande que la ciudad de Sevilla no podría parecer mayor ni más hermosamente edificada. En ella se veía una torre grandísima.

Por la costa andaban muchos indios, alzando y bajando dos banderas, haciéndonos señas para que nos acercáramos; pero el capitán no quiso.

Aquel día llegamos a una playa junto a una torre —la más alta que habíamos visto— y se divisaba allí un pueblo muy grande. Por la tierra corrían muchos ríos. Descubrimos una entrada ancha, cercada con maderos, hecha por pescadores, donde bajó a tierra el capitán; pero en toda aquella zona no encontramos paso para seguir la costa ni seguir adelante. Por ello hicimos vela y regresamos por donde habíamos entrado.

Domingo siguiente. Seguimos costeando hasta reconocer nuevamente la isla de Santa Cruz, donde volvimos a desembarcar en el mismo lugar en que antes habíamos estado, porque nos faltaba agua.

Desembarcados, no hallamos a nadie. Tomamos agua de un pozo, pues no la había de río. Allí nos proveímos de managí, frutos del tamaño y sabor de melones; también de ajes, raíces semejantes a zanahorias; y de ungias, animales que en Italia llaman schirati.

Permanecimos allí hasta el martes; luego hicimos vela y regresamos a la isla de Yucatán por la banda del Norte. Navegando por la costa, encontramos una hermosa torre en una punta, de la cual se decía que estaba habitada por mujeres que vivían sin hombres; creíase que serían de raza de Amazonas. Cerca de allí se veían otras torres con sus pueblos; pero el capitán no permitió que desembarcáramos.

En esa costa se veía mucha gente y humaredas una tras otra. Seguimos buscando al cacique o señor Lázaro, quien había honrado en gran manera a Francisco Fernández, capitán de la otra armada que primero descubrió esta isla.

Dentro del pueblo de este cacique pasa un río llamado río de Lagartos. Y como teníamos gran necesidad de agua, el capitán ordenó que bajáramos para buscarla; pero no hallamos, aunque sí reconocimos bien la tierra.

Nos pareció que estábamos cerca del cacique, y seguimos por la costa hasta llegar a él. Surgimos a dos millas de una torre situada en el mar, a una milla del pueblo del cacique. El capitán mandó armar cien hombres, con cinco tiros y algunos arcabuces, para saltar en tierra.

CAPÍTULO II: LA NOCHE DE LA VIGILIA Y EL COMBATE

Aquella noche, y aun durante la madrugada, sonaban muchos tambores en tierra, y se oían grandes gritos, como de gente que vela y guarda. Antes del alba saltamos en tierra y nos arrimamos a la torre, donde colocamos la artillería; la gente quedó a su pie. Los espías de los indios estaban cerca, observándonos.

Las barcas regresaron por el resto de nuestra gente —otros cien hombres— y, clareando el día, vino un escuadrón de indios. El capitán mandó silencio y ordenó al intérprete que les dijera que no queríamos guerra, sino sólo tomar agua y leña, y que luego nos marcharíamos.

Fueron y vinieron mensajeros, pero comenzamos a sospechar del intérprete, porque era natural de esta isla; como veía que le hacíamos guardia y no podía huir, lloraba, y esto nos causó mayor recelo.

Por fin seguimos en orden hacia otra torre. Los indios nos dijeron que no avanzáramos, sino que retrocediéramos a tomar agua de una peña donde había poca y no se podía coger. Seguimos adelante, mientras ellos procuraban detenernos cuanto podían.

Llegamos a un pozo donde Francisco Fernández había tomado agua en su primer viaje. Allí los indios trajeron al capitán una gallina cocida y otras crudas. El capitán les preguntó si tenían oro para cambiar por mercancías, y ellos trajeron una máscara de madera dorada y dos piezas semejantes a patenas, de oro de poco valor. Dijeron que nos fuéramos y que no querían que tomáramos agua.

Al oscurecer volvieron los indios con regalos: maíz —la raíz de que hacen el pan— y algunos panecillos. Aun así, rogaban que nos fuésemos. Toda la noche tuvieron buena guardia.

A la mañana siguiente salieron en tres escuadrones, con muchas flechas y arcos; iban vestidos de colores. Vinieron un hermano y un hijo del cacique a decirnos que nos marcháramos. El intérprete respondió que al día siguiente lo haríamos, y que no queríamos guerra; y así nos quedamos.

Por la tarde volvieron los indios a la vista de nuestro ejército. Nuestra gente estaba desesperada porque el capitán no permitía pelear. Esa noche hicieron también buena guarda.

Al día siguiente, apercibidos, volvieron a decirnos que nos fuéramos. Pusieron en medio del campo un tiesto con sahumerio, diciendo que saliéramos antes de que se consumiese; de no hacerlo, habría guerra. Cuando se apagó el sahumerio, comenzaron a tirarnos flechas.

El capitán mandó disparar la artillería: murieron tres indios, y los nuestros avanzaron persiguiéndolos hasta que huyeron al pueblo. Quemamos tres casas de paja, y los ballesteros mataron a algunos indios.

Ocurrió un grave accidente: algunos siguieron el estandarte y otros al capitán; y, estando entre muchos, resultaron heridos cuarenta cristianos, y uno murió. Según la determinación de los indios, si no fuera por la artillería, nos hubieran hecho gran daño.

Nos retiramos al real, donde se curaron los heridos. No volvió a aparecer indio alguno.

Ya tarde vino uno trayendo una máscara de oro, diciendo que los indios querían paz. Rogamos todos al capitán que nos dejara vengar la muerte del cristiano; mas no quiso: nos hizo embarcar aquella misma noche.

Una vez embarcados, no vimos más indios, salvo uno solo, que había venido antes de la batalla. Era esclavo del cacique, según dijo. Nos dio noticias de un paraje con muchas islas donde había carabelas y hombres como nosotros, aunque de orejas grandes, con espadas y rodelas, y dijo que había muchas provincias. Propuso venir con nosotros, pero el capitán no quiso recibirlo, de lo cual quedamos descontentos.

La tierra que recorrimos hasta el 29 de mayo, cuando salimos del pueblo del cacique Lázaro, era muy baja y no nos agradó; mejor era la isla de Cozumel, llamada de Santa Cruz.

De allí reconocimos hasta Champotón, donde Francisco Fernández había dejado gente que fue luego asesinada. Está a unas treinta y seis millas de aquel cacique. Por esta tierra vimos muchas sierras y muchas canoas con indios que parecían querer darnos guerra. Al acercarse a un navío se les tiraron dos tiros de artillería, lo que les causó tal temor que huyeron.

Desde las naves vimos casas de piedra y, en la orilla del mar, una torre blanca donde el capitán no nos permitió desembarcar.

30 de mayo. El último día de mayo encontramos por fin un puerto muy bueno, al que llamamos Puerto Deseado, porque hasta entonces no habíamos hallado ninguno. Allí fondeamos y toda la gente salió a tierra; hicimos una enramada y algunos pozos de donde se sacaba muy buena agua. En este puerto reparamos una nave, la carenamos, y estuvimos allí doce días, porque el lugar era muy deleitoso y tenía abundancia de pescado.

El pescado del puerto era todo de una misma especie; se llama jurel, y es muy buen pescado. En esta tierra encontramos conejos, liebres y ciervos. Junto al puerto pasa un brazo de mar por el que navegan los indios en sus barcas, que llaman canoas; desde esta isla pasan a rescatar en la tierra firme de la India —según dijeron tres indios que el general de Diego Velázquez había tomado—, los cuales afirmaron todo lo dicho.

Los pilotos declararon que aquí se separaba la isla de Yucatán de otra isla rica, llamada Valor, que nosotros descubrimos. En este lugar tomamos agua y leña y, siguiendo nuestro viaje, fuimos a descubrir otra tierra llamada Mulua y a acabar de reconocerla.

Comenzamos el 8 de junio. Iba la armada por la costa, a unas seis millas apartada de tierra, cuando vimos una corriente de agua muy grande que salía de un río principal, el cual arrojaba agua dulce hasta cosa de seis millas mar adentro. Por causa de esta corriente no pudimos entrar en el río, al que pusimos por nombre río de Grijalva.

Nos seguían más de dos mil indios, que nos hacían señales de guerra. En este puerto, apenas llegamos, se echó un perro al agua; cuando lo vieron los indios, creyeron hacer gran hazaña y fueron tras él hasta matarlo. También a nosotros nos tiraron muchas flechas, por lo cual disparamos un tiro de artillería y matamos a un indio.

Al día siguiente pasaron, de la otra banda hacia nosotros, más de cien canoas o barcas, en las que habría unos tres mil indios. Mandaron una de aquellas canoas para saber qué queríamos. El intérprete les respondió que buscábamos oro y que, si lo tenían y querían darlo, les daríamos buen rescate por ello.

Los nuestros dieron a los indios de la canoa ciertos vasos y otros objetos de los navíos, para agradarlos, pues eran hombres bien dispuestos. Uno de los indios que se habían tomado en la canoa del Puerto Deseado fue reconocido por algunos de los que ahora venían, y éstos trajeron algo de oro y se lo dieron al capitán.

Al otro día por la mañana vino el cacique o señor en una canoa, y dijo al capitán que entrase en ella. Así lo hizo, y el cacique ordenó a uno de los indios que llevaba consigo que "vistiese" al capitán. El indio le puso un coselete y unos brazaletes de oro, borceguíes hasta media pierna con adornos de oro, y en la cabeza le colocó una corona de oro, aunque hecha de hojas muy delgadas.

El capitán mandó a los suyos que también vistiesen al cacique: le pusieron un jubón de terciopelo verde, calzas rosadas, un sayo, unas alpargatas y una gorra de terciopelo.

Luego el cacique pidió que se le entregase el indio que traía el capitán; éste no quiso. Entonces el cacique le dijo que lo guardase hasta el día siguiente, que lo pagaría en oro; pero el capitán no quiso esperar.

Este río viene de unas sierras muy altas, y toda esta tierra parece ser la mejor que el sol alumbra. Si se ha de poblar más, es preciso que aquí se haga un pueblo muy principal. La provincia se llama Potonchán.

La gente es muy lucida, tiene muchos arcos y flechas, y usa espadas y rodelas. Aquí trajeron al capitán varios calderos pequeños de oro, manillas y brazaletes también de oro. Todos querían entrar en las tierras de aquel cacique, porque creían sacar de allí más de mil pesos de oro, pero el capitán no quiso.

De aquí se partió la armada y fuimos costeando hasta encontrar un río con dos bocas, del cual salía agua dulce. Se le puso por nombre San Bernabé, porque llegamos a aquel lugar el día de San Bernabé.

Esta tierra es muy alta hacia el interior, y se presume que en este río haya mucho oro. Costeando vimos muchas humaredas una tras otra, puestas a manera de señales, y más adelante se divisaba un pueblo. Un bergantín que iba registrando la costa dijo haber visto allí muchos indios, tan cerca de la mar que desde el barco se descubrían; iban siguiendo la nave y traían arcos, flechas y rodelas que relucían como oro, y las mujeres llevaban brazaletes, campanillas y collares de oro.

La tierra junto al mar es baja, y hacia dentro, alta y montuosa. Anduvimos todo el día costeando para descubrir algún cabo y no lo pudimos hallar.

Al llegar cerca de los montes encontramos el principio o cabo de una isleta que estaba en medio de ellos, distante unas tres millas. Fondeamos y todos saltamos en tierra en aquella islita, a la que llamamos Isla de los Sacrificios. Es pequeña, tendrá unas seis millas de contorno.

Hallamos en ella algunos edificios de cal y arena, muy grandes, y un trozo de edificio de la misma materia, semejante a la fábrica de un arco antiguo de Mérida, y otros edificios con cimientos de la altura de dos hombres, diez pies de ancho y muy largos. Había también una construcción de forma de torre, redonda, de quince pasos de ancho, y encima un mármol como los de Castilla. Sobre ese mármol estaba un animal en figura de león, hecho también de mármol, con un agujero en la cabeza donde ponían los perfumes. El león tenía la lengua fuera de la boca, y cerca de él había un vaso de piedra con sangre, de unos ocho días.

Había allí dos postes de la altura de un hombre; entre ambos colgaban algunas ropas labradas de seda a la manera morisca, de las que llaman almaizares. Al otro lado había un ídolo con una pluma en la cabeza, con el rostro vuelto hacia la piedra donde estaba el león. Detrás del ídolo se alzaba un montón de piedras grandes.

Entre los postes, cerca del ídolo, estaban muertos dos indios jóvenes, envueltos en una manta pintada; y detrás de las ropas había otros dos indios muertos, que parecía llevaban tres días difuntos; los primeros, al parecer, tendrían veinte días de muertos.

Cerca de aquellos cuerpos y del ídolo había muchas calaveras y huesos humanos, además de numerosos haces de pino y algunas piedras anchas sobre las que, según se entendía, mataban a los indios. Había allí también una higuera y otro árbol llamado zuara, que da fruto.

Visto todo por el capitán y la gente, quiso informarse si aquello se hacía por sacrificio. Mandó a las naves por un indio de aquella provincia; cuando venía hacia donde estaba el capitán, cayó de repente desmayado en el camino, pensando que lo traían para matarlo.

Llegado a la torre, el capitán le preguntó por qué se hacía tal cosa allí, y el indio respondió que aquello se hacía en forma de sacrificio. Según se entendió, degollaban a los sacrificados sobre aquella piedra ancha y echaban la sangre en la pila; les abrían el pecho, les sacaban el corazón, lo quemaban y lo ofrecían al ídolo. Les cortaban la carne de los brazos y de las piernas y se la comían. Esto hacían con los enemigos con quienes tenían guerra.

Mientras el capitán hablaba, un cristiano desenterró dos jarros de alabastro, dignos de ser presentados al Emperador, llenos de piedras de muchas clases.

Hallamos allí muchas frutas, todas comestibles. Al día siguiente, por la mañana, vimos muchas banderas y gente en la tierra firme; el general mandó al capitán Francisco de Montejo, en una barca con un indio de aquella provincia, a saber qué querían.

Al llegar, los indios le dieron muchas mantas de colores, de varias hechuras y muy hermosas. Francisco de Montejo les preguntó si tenían oro, pues se lo rescataríamos; ellos respondieron que lo traerían por la tarde, y con esto él volvió a las naves.

Por la tarde llegó una canoa con tres indios que traían mantas semejantes a las anteriores y dijeron que al día siguiente traerían más oro; y así se fueron.

A la mañana siguiente aparecieron en la playa con algunas banderas blancas y comenzaron a llamar al capitán. Éste saltó en tierra con cierta gente, y los indios les llevaron muchos ramos verdes para que se sentaran; así lo hicieron todos, incluso el capitán.

Al punto le dieron unos cañutos con ciertos perfumes, semejantes al estoraque y al benjuí, y luego le ofrecieron abundante maíz molido —esas raíces de que hacen el pan—, además de tortas y pasteles de gallina muy bien hechos; por ser viernes, no se comieron. A continuación trajeron muchas mantas de algodón, muy bien pintadas de diversos colores.

Permanecimos allí diez días. Los indios, todas las mañanas antes del alba, estaban en la playa haciendo enramadas para que nos pusiésemos a la sombra; y si no acudíamos pronto, se enojaban, porque nos tenían gran cariño. Nos abrazaban y hacían muchas fiestas. A uno de ellos, llamado Ovando, lo hicimos cacique, dándole autoridad sobre los demás, y él nos mostraba tanto amor que era cosa de admiración.

El capitán les dijo que no deseábamos otra cosa que oro; ellos respondieron que lo traerían. Al día siguiente llevaron oro fundido en barras, y el capitán les pidió que trajeran más de aquella hechura.

Al otro día llegaron con una máscara de oro muy hermosa, una figurilla de hombre con mascarilla de oro, una corona de cuentas de oro y otras joyas y piedras de diversos colores. Los nuestros les pidieron oro de fundición, y ellos se lo mostraron, diciendo que salía del pie de aquella sierra, pues se hallaba en los ríos que nacían de ella.

Contaron que un indio solía partir de allí y llegar al río a mediodía; hasta la noche tenía tiempo de llenar un cañuto del grosor de un dedo. Para recogerlo se metía al fondo del agua y sacaba las manos llenas de arena, buscando luego en ella los granos de oro, que guardaba en la boca. Por esto se cree que en aquella tierra hay mucho oro.

Los indios lo fundían en una cazuela, dondequiera que lo hallaban; para fundirlo usaban cañutos de caña a modo de fuelles, con los que avivaban el fuego. Así lo vimos hacer en nuestra presencia.

El cacique llevó de regalo a nuestro capitán un muchacho de unos veintidós años, y el capitán no quiso recibirlo.

CAPÍTULO III: SOBRE EL CARÁCTER DE AQUELLA GENTE Y LA NEGATIVA DEL CAPITÁN

Esta gente tiene gran respeto a su señor, pues delante de nosotros, cuando no les disponían pronto las enramadas para dar sombra, el cacique los golpeaba. Nuestro capitán los defendía y nos prohibía cambiar nuestras mercancías por sus mantas.

Por eso los indios venían en secreto a nosotros, sin temor alguno. Uno de ellos se acercaba sin recelo a diez cristianos, trayéndonos oro y mantas excelentes. Nosotros tomábamos las mantas y dábamos el oro al capitán.

Había allí un río muy principal donde estaba asentado el real. Los nuestros, viendo la calidad de la tierra, tenían intención de poblarla por fuerza, lo cual pesó mucho al capitán. Y él fue el que más perdió, porque le faltó ventura para señorear tan buena tierra, donde se tiene por cierto que en seis meses no habría quien encontrase menos de dos mil castellanos de oro; y el rey tendría aún más. Cada castellano vale un ducado y un cuarto.

Así partimos de aquel lugar muy descontentos por la negativa del capitán.

Al tiempo de partirnos, los indios nos abrazaban y lloraban por nosotros. Trajeron al capitán una india tan bien vestida que ni en brocado pudiera estar más rica. Creemos que esta tierra es la más rica y abundante del mundo en piedras preciosas, de las cuales se trajeron muchas muestras; en especial una que se llevó para Diego Velázquez, la cual, según su factura, valdría más de dos mil castellanos.

De esta gente no sé qué más decir, porque aun quitando mucho de lo que se vio, apenas puede creerse.

Partida hacia Almería y encuentros posteriores
De allí hicimos vela para ver si al fin de aquella sierra terminaba la isla. La corriente del agua era muy fuerte.

Navegamos hacia un lugar asentado bajo la sierra, al que llamamos Almería, por semejarse a la otra que tiene mucho ramaje. De este lugar salieron cuatro canoas que se allegaron al bergantín y rogaron a su gente, casi llorando, que prosiguieran su viaje, pues se alegraban de nuestra venida. Mas, por causa de la nao capitana y las otras naves que venían atrás, nada se hizo y no llegamos a ellos.

Más adelante encontramos gente más fiera. Al ver nuestros navíos salieron doce canoas de un gran pueblo que, visto desde el mar, no parecía menor que Sevilla, tanto por sus casas de piedra como por sus torres y su grandeza.

Los indios salieron contra nosotros con muchas flechas y arcos, y vinieron directamente a atacarnos, con intención de hacernos prisioneros, creyéndose suficientes para ello. Pero, al llegar y ver que los navíos eran tan grandes, se alejaron y comenzaron a tirarnos flechas.

Visto esto, el capitán mandó descargar la artillería y ballestas. Murieron cuatro indios y se hundió una canoa. Entonces, sin atreverse a más, huyeron. Nosotros queríamos entrar en el pueblo, pero el capitán no quiso.

EL PRODIGIO DE LA ESTRELLA

Ese día, ya tarde, vimos un gran prodigio: apareció una estrella encima de la nao, después de puesto el sol. Iba despedazando continuamente rayos de luz hasta que se puso sobre aquel gran pueblo, y dejó un rastro en el aire que duró más de tres horas.

Vimos además otras señales claras, por lo cual entendimos que Dios quería, para su servicio, que poblásemos esta tierra.

Llegamos hasta el pueblo, pero la corriente del agua era tan grande que los pilotos no osaron avanzar más. Determinaron volver atrás, y así dimos la vuelta.

El tiempo no era bueno y la corriente muy fuerte; el piloto mayor puso entonces la proa al mar.

Después de virar, pensamos pasar delante del pueblo de San Juan, donde estaba el cacique Ovando, pero se nos rompió una entena de una nave. Aun así seguimos por el mar hasta arribar a tomar agua.

En quince días no avanzamos sino unas ciento veinte millas desde que comenzamos a reconocer la tierra del río de Grijalva. Descubrimos otro puerto, al que pusimos por nombre San Antonio, porque entramos en él en busca de agua para la despensa.

Allí estuvimos ocho días, aderezando la entena rota y tomando agua.

PUERTO DE SAN ANTONIO: HALLAZGOS Y PELIGROS

En este puerto encontramos un pueblo que se veía a lo lejos, pero el capitán no nos dejó ir a él. Una noche ocho navíos garrearon y chocaron entre sí, rompiéndose varios aparejos. Queríamos permanecer allí, pero el capitán no quiso.

Al salir del puerto, la nao capitana dio en un banco y se le abrió una tabla. Viendo que se anegaba, desembarcamos una barcada de treinta hombres. Apenas puestos en tierra, vimos unos diez indios al otro lado; traían treinta y tres hachuelas y llamaron a los cristianos, haciéndoles señas de paz. Según su costumbre, se sangraban la lengua y escupían al suelo en señal de concordia. Dos de los nuestros fueron hacia ellos; los indios les dieron aquellas hachuelas de cobre de buena voluntad.

Como la nave estaba rota, fue necesario desembarcar todo lo que tenía dentro y la gente también. En ese puerto hicimos casas de paja, que nos fueron de gran provecho por el mal tiempo. Permanecimos quince días reparando la nave.

Los esclavos que traíamos de Cuba anduvieron por la tierra y hallaron muchas frutas de diversas suertes, todas comestibles. Los indios de aquellos lugares traían mantas de algodón y gallinas, y dos veces trajeron oro; pero no osaban venir con seguridad, temerosos de los cristianos. Nuestros esclavos, sin embargo, iban y venían por los pueblos sin temor.

Cerca de un río vimos una canoa de indios que había pasado a la otra banda; llevaban un muchacho, le sacaron el corazón y lo degollaron ante un ídolo.

Después, pasando el batel de la nao capitana a la otra parte, vieron una sepultura en la arena. Cavando, hallaron un muchacho y una muchacha que parecían muertos hacía poco. Tenían al cuello unas cadenillas de unos cien castellanos de peso, con sus pendientes, y estaban envueltos en mantas de algodón.

Cuatro de nuestros esclavos fueron al pueblo de los indios; éstos los recibieron bien, les dieron de comer gallinas, los hospedaron y les mostraron cargas de mantas y mucho oro, diciendo por señas que al día siguiente lo llevarían al capitán.

Ya tarde les dieron dos gallinas a cada uno para que regresaran a las naves.

Si hubiésemos tenido un capitán como debiera, habríamos sacado de allí más de dos mil castellanos. Pero por él no pudimos trocar nuestras mercancías, ni poblar la tierra, ni hacer trato de provecho.

RUMBO A CHAMPOTÓN Y REGRESO

Aderezada la nave, dejamos el puerto y salimos al mar. Se rompió el árbol mayor de otra nave y fue menester remediarlo. El capitán dijo que no tuviésemos cuidado y, aunque estábamos flacos por la mala navegación y poca comida, declaró que deseaba llevarnos a Champotón, donde los indios habían matado a los cristianos de Francisco Fernández.

Con buen ánimo aparejamos las armas y artillería. Estábamos a más de cuatro millas del pueblo y desembarcamos cien hombres. Llegamos a una torre muy alta a tiro de ballesta del mar, donde esperamos el día.

Había muchos indios en la torre; al vernos dieron un grito y se embarcaron en sus canoas, rodeando los bateles. Los nuestros les tiraron algunos tiros, y los indios huyeron a tierra, dejando la torre, que nosotros ocupamos.

Al llegar las barcas con el resto de la gente, todos saltaron a tierra. El capitán pidió parecer, y todos deseaban vengar la muerte de los cristianos y quemar el pueblo. Mas luego se decidió no entrar, y volvimos a embarcarnos.

Nos dirigimos al pueblo de Lázaro, donde tomamos agua, leña y mucho maíz —la raíz ya dicha con que hacen el pan— y tuvimos bastante para toda la travesía.

Atravesamos la isla e hicimos rumbo al puerto de San Cristóbal. Allí encontramos otro navío enviado contra nosotros por Diego Velázquez, pensando que habíamos poblado algún lugar. No nos halló, aunque llevaba siete navíos más y hacía doce días que nos buscaba.

Cuando supo que no habíamos poblado, tuvo pena de ello. Mandó a la gente que no pasase de aquella provincia y la proveyó de todo lo necesario para la vida, y dispuso que, en siendo Dios servido, fuésemos tras los otros.

HALLAZGOS EN LA ISLA DE ULÚA

Tras este viaje, escribió el capitán al rey católico que había descubierto otra isla llamada Ulúa, donde encontraron gente vestida con ropas de algodón, de harta policía. Habitan en casas de piedra y tienen leyes, ordenanzas y lugares públicos para administrar justicia.

Adoran una cruz grande de mármol blanco, que encima tiene una corona de oro. Dicen que en ella murió uno más lúcido y resplandeciente que el sol.

Es gente muy ingeniosa, como se ve en ciertos vasos de oro y en finísimas mantas de algodón con figuras de pájaros y animales. Estas cosas dieron al capitán, quien envió muchas de ellas al rey. Todos comúnmente las tuvieron por obras de gran ingenio.

Es de saberse que todos los indios de esa isla están circuncidados; por ello se sospecha que cerca habiten moros y judíos. Afirman los indios que allí cerca hay gentes que usan naves, vestidos y armas como los españoles. Una canoa llega en diez días, lo cual puede ser viaje de unas trescientas millas.

Aquí acaba el Itinerario de la isla de Yucatán, descubierta por Juan de Grijalva, capitán de la armada del rey de España.

Lo escribió su capellán.

BREVÍSIMA RELACIÓN DE LA DESTRUCCIÓN DE LAS INDIAS POR FRAY BARTOLOMÉ DE LAS CASAS

INTRODUCCIÓN

Todas las cosas que han acontecido en las Indias, desde su maravilloso descubrimiento; y desde que los españoles pusieron en ellas pie para estar algún tiempo, y luego en todo lo sucedido hasta nuestros días, han sido tan admirables y tan poco creíbles —para quien no las vio— que parecen haber oscurecido y puesto en silencio, y aun hecho olvidar, todas cuantas hazañas extraordinarias se vieron y oyeron en los siglos pasados del mundo.

Entre estas cosas sobresalen las matanzas y estragos de gentes inocentes, y las despoblaciones de pueblos, provincias y reinos que allí se cometieron, no menos espantosas que las maravillas del descubrimiento.

Sobre unas y otras solía hablar el obispo don fray Bartolomé de las Casas, refiriéndolas a diversas personas que las ignoraban, cuando vino a la corte —ya siendo fraile— para informar al Emperador, nuestro señor, como quien todas las había visto. Y causando a los oyentes una suerte de asombro y suspensión del ánimo con tales relatos, fue rogado e importunado para que pusiese por escrito, aunque brevemente, algunas de esas sucesos terribles.

Él lo hizo; y viendo, algunos años después, que muchos hombres insensibles —a quienes la codicia y la ambición habían hecho degenerar de su ser, y cuyas obras criminales los tenían en estado de reprobación—, no contentos con las traiciones y maldades que habían cometido, despoblando aquel orbe con exquisitas especies de crueldad, insistían en pedir al Rey licencia y autoridad para volver a cometerlas, y otras mayores si posible fuesen, resolvió presentar este compendio de aquello que ya había escrito al Príncipe, nuestro señor, para que Su Alteza entendiese cuán justo era negarles tales peticiones.

Y parecióle conveniente ponerlo en molde para que Su Alteza lo leyese con más facilidad.

Ésta es la razón del presente epítome, o brevísima relación.

PRÓLOGO DEL OBISPO DON FRAY BARTOLOMÉ DE LAS CASAS

(AL MUY ALTO Y MUY PODEROSO SEÑOR EL PRÍNCIPE DE LAS ESPAÑAS, DON FELIPE, NUESTRO SEÑOR).

Muy alto y muy poderoso Señor:
Como la divina Providencia ordenó en el mundo que para la dirección y utilidad común del linaje humano hubiese reyes en los pueblos y reinos —padres y pastores, como los llama Homero— y fuesen los más nobles y generosos miembros de las repúblicas, ninguna duda debe tenerse, ni con razón puede tenerse, acerca de la rectitud de sus ánimos reales.

Porque, si algunos defectos, daños o males se padecen en los reinos, no suele ser otra la causa sino que los reyes carecen de noticia de ellos. Si les constaran, con sumo estudio y vigilante diligencia los extirparían. Esto parece advertir la divina Escritura en los Proverbios de Salomón: Rex qui sedet in solio iudicii, dissipat omne malum intuitu suo[3]: el rey que se sienta en el trono del juicio disipa todo mal con solo mirarlo.

De la virtud innata del rey se supone, pues, que basta conocer un mal en su reino para deshacerlo, y que ni por un instante querrá tolerarlo en cuanto de él dependa.

Considerando yo, entonces, muy poderoso Señor, los males, daños, perdición y ruina —jamás imaginados como posibles de ser hechos por hombres— que han padecido aquellos grandísimos reinos, o mejor dicho, aquel vasto y nuevo mundo de las Indias, encomendado por Dios y por su Iglesia a los reyes de Castilla para que lo rigiesen, gobernasen, convirtiesen y prosperasen temporal y espiritualmente, y considerando que por más de cincuenta años de presencia en aquellas tierras los he visto cometer:

---

[3] "El rey que se sienta en el trono del juicio disipa todo mal con solo mirar." (Proverbios 20,8).

Pensé que, si a Vuestra Alteza le constaran algunas particulares atrocidades de ellos, no podría contenerse de suplicar con instancia vehemente a Su Majestad que no permitiera, ni concediera jamás, aquello que los tiranos inventaron, prosiguieron y cometieron —y llaman conquistas—; porque, si se consienten, han de volver a hacerse, pues contra aquellas gentes indianas, pacíficas, humildes y mansas, que a nadie ofenden, tales conquistas son intrínsecamente inicuas, tiránicas y condenadas por toda ley divina, natural y humana.

Por ello, para no ser reo de silencio frente a la perdición de innumerables almas y cuerpos que los tales perpetrarán, decidí poner en molde algunas —muy pocas— de las cosas que en días pasados recopilé, pudiendo con verdad referir innumerables más, para que Vuestra Alteza las pueda leer con mayor facilidad.

Y aunque el arzobispo de Toledo, maestro de Vuestra Alteza, cuando era obispo de Cartagena, ya las pidió y presentó a Vuestra Alteza, puede ser que por los largos caminos y frecuentes ocupaciones reales no haya llegado Vuestra Alteza a leerlas, o que ya las tenga olvidadas.

Entre tanto, la temeraria e irracional ansia de aquellos que estiman en nada derramar tan inmensa copia de sangre humana, despoblar aquellas tierras de sus naturales moradores —matando millones de personas— y robar tesoros incomparables, crece cada día. Importunan por diversas vías y con múltiples pretextos fingidos que se les concedan las dichas conquistas; las cuales no podrían concedérseles sin violar la ley natural y la divina, incurriendo en gravísimos pecados mortales dignos de terribles y eternos suplicios.

Por todo ello tuve por conveniente servir a Vuestra Alteza con este breve sumario de la larguísima historia que podría y debería componerse sobre los estragos y perdiciones ocurridos.

Suplico a Vuestra Alteza lo reciba y lea con la clemencia y real benignidad que acostumbra dispensar a las obras de sus servidores, quienes únicamente desean servir —de puro corazón— al bien público y a la prosperidad del estado real.

Y visto, finalmente, y entendida la deformidad e injusticia que se hace a aquellas gentes inocentes —destruyéndolas y despedazándolas sin causa ni razón justa, sino solo por la codicia y ambición de quienes pretenden ejecutar tan nefarias obras— tenga Vuestra Alteza a bien suplicar con eficacia a Su Majestad que niegue tales empresas a quien las solicite, y que imponga sobre esta demanda infernal un silencio perpetuo, con tal severidad que ninguno se atreva de allí en adelante ni aun a nombrarlas.

Cosa es ésta, muy alto Señor, conveniente y necesaria para que todo el estado de la corona real de Castilla, espiritual y temporalmente, Dios lo prospere, conserve y haga bienaventurado. Amén.

BREVÍSIMA RELACIÓN DE LA DESTRUCCIÓN DE LAS INDIAS

Las Indias fueron descubiertas en el año de 1492. Fueron pobladas al año siguiente por cristianos españoles. Así que hace cuarenta y nueve años que llegaron españoles en cantidad a aquellas tierras.

La primera donde entraron para poblarla fue la grande y felicísima isla Española, que tiene seiscientas leguas de contorno. Hay alrededor de ella muchísimas otras islas, grandes e innumerables, todas pobladas entonces —y las más de ellas las vimos— tan llenas de gentes naturales que quizá no había en el mundo tierra más poblada.

La tierra firme, que dista de esta isla unas doscientas cincuenta leguas, tiene de costa descubierta más de diez mil leguas, y cada día se descubren más. Todas tan llenas de gente como colmena de abejas, en todo lo descubierto hasta el año de cuarenta y uno. Parece que Dios puso allí la mayor concentración del linaje humano.

Todas estas innumerables gentes creó Dios, en general, las más simples y limpias de maldad, sin dobleces; obedientísimas, fidelísimas a sus señores naturales y a los cristianos a quienes sirven; humildes, pacientes, pacíficas y quietas; sin rencillas, sin bulla, sin inclinación a riñas, pleitos, odios o venganzas.

Son asimismo gentes delicadas y tiernas de complexión, que menos pueden sufrir trabajos y más fácilmente mueren de cualquier enfermedad; tanto, que ni hijos de príncipes criados en regalo son más delicados que ellos, aun siendo del linaje de labradores entre ellos.

Son paupérrimos, sin deseo de bienes temporales, y por eso no soberbios, no ambiciosos, no codiciosos. Su comida es tan frugal que la de los santos padres en el desierto no parece más austera.

Sus vestidos son usualmente solo un taparrabo; y a lo sumo se cubren con una manta de algodón de vara y media o dos. Duermen sobre esteras, o en redes colgadas —hamacas— como se llaman en la Española.

Son limpios, desocupados, de entendimiento vivo, muy capaces y dóciles para toda buena doctrina, aptísimos para recibir nuestra santa fe católica y ser dotados de virtuosas costumbres. Ninguna nación del mundo tiene menos impedimentos para ello. Y son tan importunos, una vez conocen algo de la fe, en desear aprenderla y ejercitar los sacramentos y el culto divino, que bien requieren los religiosos un don señalado de paciencia para tratarlos.

He oído decir a muchos españoles seglares, por largos años y muchas veces, sin poder negar la bondad que ven en ellos:

"Cierto, estas gentes serían las más bienaventuradas del mundo si conocieran a Dios".

En estas ovejas mansas, así dotadas por su Hacedor, entraron los españoles, luego que las conocieron, como lobos, tigres y leones crudelísimos, hambrientos de muchos días.

Y no han hecho otra cosa en cuarenta años —hasta hoy— sino despedazarlas, matarlas, atormentarlas, y destruirlas con nuevas, extrañas y jamás oídas maneras de crueldad, de las cuales se referirán algunas pocas después.

Tanto ha sido el estrago, que habiendo en la isla Española más de tres millones de almas —que nosotros vimos— no hay hoy de los naturales de ella doscientas personas.

La isla de Cuba, casi tan larga como de Valladolid a Roma, está hoy casi toda despoblada. La isla de San Juan y la de Jamaica —muy grandes, felices y hermosas— se hallan ambas asoladas.

Las islas de los Lucayos, vecinas a la Española y a Cuba, más de sesenta, junto con las llamadas de los Gigantes y otras muchas, grandes y pequeñas —la peor de las cuales es más fértil y graciosa que la Huerta del Rey de Sevilla— estaban llenas de más de quinientas mil almas, y hoy no queda una sola criatura. Todas murieron al llevarlas, o por llevarlas, a la Española, cuando ya faltaban allí naturales.

Un navío anduvo tres años buscándolas, movido su dueño por piedad para convertir a los que hallase; y no encontró sino once personas, las cuales yo vi.

Más de treinta islas vecinas a San Juan están despobladas por la misma causa. Todas juntas tienen más de dos mil leguas de tierra, y están vacías y desiertas.

De la gran tierra firme sabemos con certeza que los españoles, por sus crueldades, han despoblado y destruido más de diez reinos mayores que toda España. Y más tierra que la que hay de Sevilla a Jerusalén dos veces —más de dos mil leguas—.

Podemos dar por cuenta muy cierta y verdadera que en cuarenta años han muerto injustamente, por tiranías infernales de los cristianos, más de doce millones de almas —hombres, mujeres y niños—; y en verdad creo, sin temor de engañarme, que han sido más de quince millones.

LA CAUSA DE TANTA DESTRUCCIÓN

La única causa por la cual los cristianos han muerto y exterminado tantas y tan grandes multitudes de almas ha sido tener por fin último el oro, y henchirse de riquezas en muy breves días, y subir a estados muy altos sin proporción con sus personas.

Esto procede de insaciable codicia y ambición, las mayores que en el mundo pudieron ser, pues aquellas tierras son felicísimas y riquísimas, y las gentes tan humildes, tan pacientes y tan fáciles de sujetar.

No las han estimado —hablo con verdad, por lo que he visto y sabido todo este tiempo—, no digo como a bestias, que pluguiera a Dios que como bestias las hubieran tratado, sino como algo menor que el estiércol de las plazas.

Así han cuidado de sus vidas y de sus almas; por esto todos aquellos números y "cuentos" de gentes han muerto sin fe y sin sacramentos.

Y esta verdad es tan notoria y averiguada que aun los mismos tiranos y matadores la saben y la confiesan:

nunca los indios de todas las Indias hicieron mal alguno a los cristianos, sino que antes los tuvieron por venidos del cielo, hasta que muchas veces ellos mismos o sus vecinos recibieron de los cristianos innumerables males, robos, muertes, violencias y vejaciones.

DE LA ISLA ESPAÑOLA

La isla Española fue la primera donde entraron cristianos y comenzaron los grandes estragos y perdiciones de aquellas gentes, la primera que destruyeron y despoblaron.

Los cristianos comenzaron a tomar las mujeres e hijos de los indios para servirse de ellos, para maltratarlos y consumir las comidas que con su sudor y trabajo producían. No se contentaban con lo que los indios les daban de su grado, conforme a la facultad que cada uno tenía —que siempre era poca, porque no suelen tener más de lo necesario—.

Lo que bastaría para tres casas de diez personas cada una por un mes, come un cristiano y destruye en un solo día.

A esto añadían muchas otras fuerzas, violencias y vejaciones. Entonces comenzaron los indios a entender que aquellos hombres no venían del cielo. Algunos escondían sus comidas; otros, a sus mujeres e hijos; otros huían a los montes para apartarse de gente tan dura y terrible.

Los cristianos les daban bofetadas y palos, incluso a los señores de los pueblos. Llegó la temeridad y desvergüenza a tanto que un capitán cristiano violó por fuerza a la mujer del mayor rey de toda la isla.

LOS INDIOS INTENTAN DEFENDERSE

Desde entonces comenzaron los indios a buscar maneras de echar a los cristianos de sus tierras.

Se pusieron en armas, aunque eran armas flacas, casi de juego de niños.

Los cristianos, con caballos, espadas y lanzas, hicieron matanzas y crueldades extrañas.

Entraban en los pueblos y no dejaban niños, viejos ni mujeres preñadas o paridas que no desbarrigasen y hiciesen pedazos, como si dieran en corderos encerrados.

Hacían apuestas sobre quién, de una cuchillada, abría un hombre por medio, o le cortaba la cabeza de un tajo, o le descubría las entrañas.

Arrancaban criaturas del pecho de sus madres y, tomándolas por las piernas, estrellaban sus cabezas contra las peñas.

Otros las arrojaban al río, riendo y burlando; y viendo a las criaturas agitarse en el agua decían:

"¿Bullís, cuerpo de tal?"

A otras las pasaban a espada junto con sus madres y con todos los que delante hallaban.

TORTURAS Y TORMENTOS

Hacían horcas largas —con los pies casi tocando la tierra—, y de trece en trece, en honor y reverencia de nuestro Redentor y de los doce apóstoles, les ponían leña y fuego y los quemaban vivos.

A otros los envolvían en paja seca y así los quemaban.

A los pocos que querían tomar vivos, les cortaban ambas manos y se las dejaban colgando, diciéndoles:

"Andad con cartas", es decir: "Llevad las nuevas a los que están huidos en los montes".

A los señores y nobles los mataban poniendo parrillas de varas sobre horquetas, atándolos encima y encendiendo fuego manso por debajo, para que murieran poco a poco.

Yo vi, una vez, cómo tenían quemándose cuatro o cinco señores principales; y aun había otras parrillas donde quemaban más. Como daban grandes gritos que impedían el sueño del capitán, mandó que los ahogasen; pero el alguacil —peor que verdugo— no quiso. Les metió palos en la boca para que callasen y avivó el fuego hasta asarlos despacio, como él quiso.

TESTIMONIO DEL AUTOR

Yo vi con mis propios ojos todo lo que arriba digo, y otras cosas infinitas. Y porque los indios que podían huir se encerraban en los montes, enseñaron y amaestraron perros lebreles, bravísimos, que, al ver un indio, lo despedazaban en un credo y lo comían con mayor ansia que si fuera puerco.

Estos perros hicieron grandes estragos y matanzas.

Y porque algunas veces —raras y pocas— los indios mataban a algún cristiano, con justa razón y santa justicia, establecieron los cristianos entre sí esta ley: por cada cristiano muerto, habían de matar cien indios.

LOS REINOS QUE HABÍA EN LA ISLA ESPAÑOLA

Había en esta isla Española cinco reinos muy grandes y principales, y cinco reyes muy poderosos, a quienes obedecían casi todos los demás señores —los cuales eran innumerables—, aunque algunos caciques de provincias apartadas no reconocían superior alguno.

I. EL REINO DE MAGUÁ

El primer reino se llamaba Maguá (con acento en la última sílaba), que quiere decir el reino de la Vega.

Esta vega es una de las cosas más insignes y admirables del mundo: se extiende ochenta leguas desde la mar del Sur hasta la del Norte, y tiene de ancho cinco, ocho y aún diez leguas, entre tierras altísimas a un lado y al otro.

Entran en ella más de treinta mil ríos y arroyos, entre los cuales hay doce tan grandes como el Ebro, el Duero y el Guadalquivir. Todos los ríos que bajan de la sierra del poniente —que son muchos miles— son riquísimos en oro. En esa sierra estaba la provincia de Cibao, de donde procede el oro fino y elevado en quilates que tanta fama tiene.

El rey de este señorío se llamaba Guarionex. Tenía vasallos tan poderosos que uno solo podía juntar dieciséis mil hombres de pelea para servirle; yo conocí a varios de ellos.

Guarionex era obediente, virtuoso, pacífico y devoto de los reyes de Castilla. Mandó cierto tiempo que cada cabeza de casa diese lo hueco de un cascabel lleno de oro. Como no pudieron llenarlo, se lo cortaron por la mitad, y dieron llena aquella mitad, pues los indios tenían poca industria para sacar oro de las minas.

Este cacique ofreció servir al rey de Castilla con una gran labranza, desde La Isabela —la primera población de los cristianos—

hasta Santo Domingo, distantes cincuenta leguas, con tal de que no le pidiesen oro. Decía con verdad que sus vasallos no sabían recogerlo.

Yo sé que podía hacerlo, y con gran alegría; y sé que aquella labranza valdría cada año más de tres millones de castellanos, y hubiera causado que hoy hubiese en la isla más de cincuenta ciudades tan grandes como Sevilla.

El pago que dieron a este gran rey fue deshonrarlo por su mujer, pues un capitán mal cristiano la violó.

Guarionex, pudiendo juntar su gente y vengarse, decidió huir solo y morir desterrado, refugiándose en la provincia de los Ciguayos, donde un gran señor suyo lo acogió.

Los cristianos, al notar su ausencia, fueron allá y hicieron guerra al señor que lo protegía, causando grandes matanzas, hasta hallarlo y prenderlo. Lo cargaron de cadenas y grillos, y lo embarcaron para traerlo a Castilla.

Pero la nao se perdió en la mar, y con él murieron muchos cristianos y gran cantidad de oro, entre lo cual pereció un famoso "grano" grande como una hogaza, que pesaba tres mil seiscientos castellanos, en justa venganza de Dios por tan enormes injusticias.

II. EL REINO DEL MARIÉN

El segundo reino era Marién, en la región donde ahora está el Puerto Real, al cabo de La Vega, hacia el norte.

Era más grande que Portugal, mucho más fértil y digno de ser poblado, lleno de sierras grandes y minas de oro y de cobre muy rico. Su rey se llamaba Guacanagarí (aguda).

Bajo él había muchos y muy grandes señores, muchos de los cuales yo conocí.

A esta tierra llegó primero el Almirante viejo, descubridor de las Indias.

Guacanagarí lo recibió con tanta humanidad, caridad y suavidad, que ni en su patria ni entre los suyos hubiera sido mejor recibido. Esto lo supe por palabras del mismo Almirante.

Este rey murió huyendo de las matanzas y crueldades de los cristianos, despojado de su estado y perdido por los montes. Todos los señores sujetos a él murieron también en la tiranía que más adelante describiré.

III. El reino de la Maguana

El tercer reino se llamó Maguana, tierra admirable, sanísima y fertilísima, donde hoy se hace la mejor azúcar de la isla.

Su rey se llamaba Caonabó, quien en esfuerzo, estado, gravedad y ceremonias de servicio excedía a todos los demás.

A Caonabó lo prendieron con gran sutileza y maldad, estando seguro en su casa. Lo embarcaron para traerlo a Castilla, pero Dios, queriendo mostrar cuán injusta era aquella prisión, envió una tormenta que hundió los seis navíos del puerto, ahogando a todos los cristianos y al propio Caonabó, cargado de cadenas.

Sus tres o cuatro hermanos, varoniles y esforzados como él, al saber la prisión y muerte de su señor, y viendo las matanzas que los cristianos hacían en los otros reinos, se alzaron en armas para vengarse.

Los cristianos fueron contra ellos con jinetes —el arma más perniciosa entre indios— y causaron tantos estragos y matanzas que asolaron y despoblaron la mitad de todo aquel reino.

IV. EL REINO DE JARAGUÁ

El cuarto reino era Jaraguá, que era como el meollo o la corte de toda la isla.

En lengua, policía, crianza, nobleza y hermosura de la gente excedía a todos los demás.

Su rey se llamaba Behechio. Su hermana era Anacaona.

Ambos hicieron grandes servicios y beneficios a los reyes de Castilla, librando a los cristianos de muchos peligros de muerte.

Tras la muerte de Behechio, quedó Anacaona como señora del reino.

Un gobernador llegó allí con sesenta de caballo y más de trescientos peones —los de caballo bastaban por sí solos para asolar la isla—, y mandó llamar a más de trescientos señores que acudieron confiados.

A los más principales los hizo meter en una gran casa de paja y los quemó vivos.

A los otros los alancearon y degollaron junto con el pueblo entero.

A Anacaona, por "honra", la ahorcaron.

Cristianos había que, por piedad o por codicia, tomaban niños a las ancas del caballo para salvarlos; otro español venía detrás y los atravesaba con la lanza.

Si el niño estaba en el suelo, le cortaban las piernas.

Algunos que huyeron a una isla pequeña cercana fueron condenados como esclavos "por haber huido de la carnicería".

V. EL REINO DE HIGÜEY

El quinto reino era Higüey, gobernado por una reina anciana llamada Higuanamá.

A ella la ahorcaron, y fueron infinitas las personas que yo vi quemar vivas, despedazar y atormentar por diversas maneras.

A todos los que tomaron vivos los hicieron esclavos.

CONCLUSIÓN DE LAS GUERRAS

Las particularidades de estas matanzas son tantas que no cabrían en mucha escritura; y aun así, por más que dijera, no podría explicar ni la milésima parte.

Solo afirmo —en Dios y en mi conciencia— que los indios no dieron más causa para todas estas injusticias y maldades que un convento de buenos religiosos para robarlos y matarlos.

Hasta que casi todos murieron, no cometieron contra los cristianos un solo pecado mortal punible por hombres.

Y los pecados reservados a Dios —deseos de venganza, odio, rencor— apenas cayeron en algunos pocos indios, pues eran gentes más suaves que niños de diez o doce años.

Sé por ciencia cierta que los indios siempre tuvieron justísima guerra contra los cristianos, y que los cristianos jamás tuvieron una sola guerra justa contra ellos, antes todas fueron diabólicas e injustísimas.

DESPUÉS DE LAS GUERRAS

Después de muertas las gentes en las guerras, quedando solo muchachos, mujeres y niños, se repartieron entre los cristianos: a uno treinta, a otro cuarenta, a otro cien o doscientos, según la gracia del gobernador.

A cada cristiano se le daba su reparto con esta ficción: que los enseñase en la fe católica.

Pero todos ellos eran hombres ignorantes, crueles, codiciosos y viciosos.

La "cura de almas" que tuvieron fue enviar a los hombres a las minas, trabajo intolerable, y a las mujeres a las estancias a cavar y cultivar la tierra, labor propia de hombres fuertes.

No les daban comida suficiente; a las mujeres se les secaba la leche y morían las criaturas; los hombres morían en las minas, las mujeres en las estancias.

Así acabaron tantas y tan grandes multitudes, como podrían haberse acabado todas las del mundo.

Les cargaban tres y cuatro arrobas, llevándolos por cien y doscientas leguas.

Los cristianos se hacían llevar en hamacas a cuestas de indios, tratándolos siempre como bestias de carga.

Tenían los hombros abiertos y las espaldas en carne viva.

De los azotes, palos, bofetadas, puñadas, maldiciones y mil tormentos que padecían no podría escribirse sin espantar a los hombres.

Y es de notar que la perdición destas islas y tierras se comenzaron a perder y destruir desde que allá se supo la muerte de la serenísima reina doña Isabel, que fue el año de mil y quinientos y cuatro, porque hasta entonces solo en esta isla se habían destruido algunas provincias por guerras injustas, pero no del todo. Y éstas por la mayor parte y cuasi todas se le encubrieron a la Reina, porque la Reina, que haya santa gloria, tenía grandísimo cuidado y admirable celo a la salvación y prosperidad de aquellas gentes, como sabemos los que lo vimos y palpamos con nuestros ojos y manos los ejemplos desto. Débese de notar otra regla en esto: que en todas las partes de las Indias donde han ido y pasado cristianos siempre hicieron en los indios todas las crueldades susodichas y matanzas y tiranías y opresiones abominables en aquellas inocentes gentes, y añidían muchas más y mayores y más nuevas maneras de tormentos, y más crueles siempre fueron, porque los dejaba Dios más de golpe caer y derrocarse en reprobado juicio o sentimiento.

DE LAS DOS ISLAS DE SAN JUAN Y JAMAICA

Pasaron a la isla de San Juan y a la de Jamaica (que eran unas huertas y unas colmenas) el año de mil y quinientos y nueve los españoles, con el fin y propósito que fueron a la Española, los cuales hicieron y cometieron los grandes insultos y pecados susodichos, y añidieron muchas señaladas y grandísimas crueldades más, matando y quemando y asando y echando a perros bravos, y después oprimiendo y atormentando y vejando en las minas y en los otros trabajos hasta consumir y acabar todos aquellos infelices inocentes, que había en las dichas dos islas más de seiscientas mil ánimas, y creo que más de un cuento, y no hay hoy en cada una docientas personas, todas perecidas sin fe y sin sacramentos.

DE LA ISLA DE CUBA

En el año de mil quinientos once pasaron a la isla de Cuba, que es, como dije, tan larga como de Valladolid a Roma, donde había grandes provincias de gentes.

Comenzaron y acabaron allí de las mismas maneras susodichas, y aún más cruelmente.

Aquí sucedieron cosas muy señaladas.

Un cacique y señor muy principal, llamado Hatuey, se había pasado de la isla Española a Cuba con mucha de su gente, huyendo de las calamidades e inhumanas obras de los cristianos.

Estando ya en la isla de Cuba, le dieron nuevas ciertos indios que habían pasado con los cristianos. Entonces reunió mucha, o casi toda su gente, y les dijo:

«Ya sabéis cómo se dice que los cristianos pasan acá, y tenéis experiencia de lo que les ha sucedido a los señores fulano, fulano y fulano, y a aquellas gentes de Haití (que es la Española).

Lo mismo vienen a hacer aquí.

¿Sabéis quizá por qué lo hacen?».

Ellos respondieron:

«No, sino porque son, por su naturaleza, crueles y malos».

Hatuey les dijo:

«No lo hacen solo por eso, sino porque tienen un dios al que adoran y quieren mucho, y por tener de nosotros ese dios que adoran, trabajan por sojuzgarnos y nos matan».

Tenía junto a sí una cestilla llena de oro en joyas, y dijo:

«Veis aquí el dios de los cristianos.

Hagámosle, si os parece, areítos (que son bailes y danzas), y quizá lo agradaremos y les mandará que no nos hagan mal».

Todos respondieron a voces:

«Bien es, bien es».

Bailaron delante de aquel oro hasta cansarse. Después añadió Hatuey:

«Mirad: comoquiera que sea, si lo guardamos, al fin nos matarán por quitárnoslo.

Echémoslo en este río».

Todos votaron que así se hiciese, y así lo arrojaron a un río grande que allí estaba.

Este cacique y señor anduvo siempre huyendo de los cristianos desde que llegaron a la isla de Cuba, como quien bien los conocía. Se defendía cuando los encontraba, hasta que al fin lo prendieron.

Y solamente porque huía de gente tan inicua y cruel, y se defendía de quienes querían matarlo y oprimirlo hasta la muerte a él, a su gente y a toda su generación, lo condenaron a ser quemado vivo.

Atado al palo, un religioso de San Francisco —santo varón que allí estaba— le habló de Dios y de nuestra fe (que él jamás había oído), en lo poco de tiempo que los verdugos le concedían. Le dijo que, si quería creer lo que le enseñaba, iría al cielo, donde hay gloria y eterno descanso, y que, si no, iría al infierno a padecer tormentos perpetuos.

Hatuey, pensando un poco, preguntó al fraile si iban cristianos al cielo.

El religioso respondió que sí, pero que solo iban los buenos.

Entonces el cacique, sin más reflexión, dijo que no quería ir allá, sino al infierno, por no estar donde estuviesen los cristianos ni ver gente tan cruel.

Ésta es la fama y honra que Dios y nuestra fe han ganado con los cristianos que han ido a las Indias.

Una vez, saliéndonos a recibir con mantenimientos y regalos, a diez leguas de un gran pueblo, y ya llegados allí, nos dieron gran cantidad de pescado, pan y comida, y todo cuanto pudieron.

De súbito se les revistió el diablo a los cristianos, y pasaron a cuchillo en mi presencia —sin motivo ni causa que tuviesen— más de tres mil almas que estaban sentadas delante de nosotros: hombres, mujeres y niños.

Allí vi tan grandes crueldades que nunca los vivos vieron ni pensaron ver semejantes.

Pocos días después, envié yo mensajeros a todos los señores de la provincia de La Habana, asegurándoles que no temiesen y que no se ausentasen, sino que nos saliesen a recibir, que no se les haría mal alguno. Tenían por oídas de mí buen crédito, pues toda la tierra estaba espantada por las matanzas anteriores.

HICE ESTO CON PARECER DEL CAPITÁN

Llegados a la provincia, salieron a recibirnos veintiún señores y caciques, y luego el capitán los mandó prender, quebrantando el seguro que yo les había dado. Quiso quemarlos vivos al día siguiente, diciendo que estaba bien, porque aquellos señores algún día podrían hacer algún mal.

Me vi en grandísimo trabajo para librarlos de la hoguera, pero al fin se escaparon.

Después que todos los indios de la isla fueron reducidos a la servidumbre y calamidad de los de la Española, y viéndose morir sin remedio, comenzaron muchos a huir a los montes, y otros a ahorcarse de desesperación. Maridos y mujeres se ahorcaban, y ahorcaban también a sus hijos.

Por las crueldades de un español muy tirano, que yo conocí, se ahorcaron más de doscientos indios. Pereció así infinita gente.

Hubo en esta isla un oficial del rey al que le dieron, de repartimiento, trescientos indios. A cabo de tres meses, en los trabajos de las minas habían muerto doscientos setenta, de modo que solo le quedaron treinta, que fue el diezmo. Luego le dieron otros tantos y más, y también los mató; y cuanto más le daban, más mataba, hasta que se murió y el diablo le llevó el alma.

En tres o cuatro meses, estando yo presente, murieron de hambre más de siete mil niños, porque sus padres y madres eran llevados a las minas. Otras cosas vi espantables.

Después, acordaron salir a "montear" indios por los montes, como quien caza animales. Allí hicieron estragos admirables —es decir, espantosos—, y así asolaron y despoblaron toda aquella isla, que vimos hace poco; es gran lástima y compasión verla hoy yermada y hecha toda una soledad.

DE LA TIERRA FIRME

En el año de mil quinientos catorce pasó a la Tierra Firme un desdichado gobernador, crudelísimo tirano, sin piedad ni prudencia, como instrumento del furor divino, muy de propósito para poblar aquella tierra con mucha gente de españoles.

Algunos tiranos habían ido antes a la Tierra Firme, y habían robado, matado y escandalizado mucha gente, pero siempre a la costa del mar, salteando y robando cuanto podían.

Mas éste excedió a todos los otros que antes de él habían ido, y a los de todas las islas, y sus hechos nefarios superaron todas las abominaciones pasadas.

No solo asoló la costa, sino que despobló grandes tierras y reinos, echando a los infiernos las innumerables gentes que en ellos había.

Destruyó desde muchas leguas arriba del Darién hasta el reino y provincias de Nicaragua, inclusive: más de quinientas leguas de la mejor, más feliz y más poblada tierra que se cree haber en el mundo, donde había muchos grandes señores, infinitas y grandes poblaciones, y grandísimas riquezas de oro.

Hasta entonces no se había visto en parte alguna sobre la tierra tanto oro junto, porque aunque de la isla Española se había casi henchido España de oro muy fino, ese oro se había sacado con los indios de las entrañas de las minas, donde, como se dijo, murieron tantos.

Este gobernador y su gente inventaron nuevas maneras de crueldades y tormentos para obligar a los indios a descubrir y entregar oro.

Un capitán suyo, en una campaña que hizo por mandato del gobernador para robar y extirpar gentes, mató a más de cuarenta mil personas, según vio con sus propios ojos un religioso de San Francisco que lo acompañaba, llamado fray Francisco de San Román:

los mataban a espada, los quemaban vivos, los echaban a perros bravos y los atormentaban con diversos suplicios.

Por la ceguera perniciosísima que hasta hoy han tenido los que han regido las Indias en lo que toca a ordenar la conversión y salvación de aquellas gentes —ceguera que siempre han pospuesto el bien espiritual en la práctica, aunque de palabra hayan fingido otra cosa—, llegaron al extremo de imaginar, mandar y practicar que se hicieran a los indios ciertos "requerimientos" para que viniesen a la fe y diesen obediencia a los reyes de Castilla; y que, si no lo hacían, se les haría guerra a fuego y sangre, y se les mataría y cautivaría, etc.

Como si el Hijo de Dios, que murió por cada uno de ellos, hubiera mandado en su ley —cuando dijo «Euntes, docete omnes gentes» ("Id y enseñad a todas las gentes")— que se hiciesen tales requerimientos a los infieles pacíficos y quietos que viven en sus tierras propias; y si no la recibiesen de inmediato, sin predicación ni doctrina, y sin darse voluntariamente al señorío de un rey que nunca oyeron ni vieron —y cuya gente y mensajeros son tan crueles y tan tiranos—, perdiesen, por el mero hecho de no someterse, sus bienes, sus tierras, su libertad, sus mujeres e hijos y sus vidas.

Cosa tan absurda y necia es ésta, que merece todo vituperio, escarnio e infierno.

Como el tal triste y malaventurado gobernador llevaba instrucción de hacer esos requerimientos, para "justificarse" más —siendo ellos, en sí mismos, absurdos, irracionales e injustísimos— mandaba, o lo hacían los ladrones que enviaba, lo siguiente:

Cuando pensaban saltear y robar algún pueblo del que tenían noticia de que había oro, y estando los indios en sus casas seguros, se iban de noche los españoles salteadores hasta media legua del pueblo. Allí, esa noche, entre ellos mismos, pregonaban o leían el requerimiento diciendo:

«Caciques e indios de la Tierra Firme de tal pueblo, hacemos saber que hay un Dios, un Papa y un rey de Castilla que es señor de estas tierras.

Venid luego a darle obediencia, etc.

Y si no, sabed que os haremos guerra, os mataremos y cautivaremos, etc.».

Y al cuarto del alba, cuando los inocentes dormían con sus mujeres e hijos, caían sobre el pueblo, poniendo fuego a las casas —que eran de paja—; quemaban vivos a los niños y mujeres, y a muchos otros antes de que despertasen.

Mataban a quienes querían, y a los que tomaban vivos los torturaban para que delatasen otros pueblos con oro, o más oro del hallado. Los que quedaban, los marcaban con hierro como esclavos.

Después, apagado el fuego, iban a rebuscar el oro en las casas.

En estas obras se ocupó aquel hombre perdido, con todos los malos cristianos que llevó, desde el año catorce hasta el año de veinte y uno o veinte y dos, enviando en aquellas entradas cuatro, cinco y más capitanes. A cambio, le daban tantas partes —además de la que le cabía como capitán general— de todo el oro, perlas, joyas y esclavos que robaban.

Lo mismo hacían los oficiales del rey, enviando cuantos mozos y criados podían; y el primer obispo de aquel reino también enviaba sus criados, para tener parte en aquella granjería.

En ese tiempo robaron, según puedo juzgar, más de un millón de castellanos en oro —y creo que me quedo corto—, y no se hallará que hayan enviado al rey sino tres mil castellanos de todo aquel botín.

En cambio, destruyeron más de ochocientas mil almas.

Los otros gobernadores tiranos que le sucedieron hasta el año de treinta y tres mataron, o consintieron que se matase, a los que quedaban, con la tiránica servidumbre que siguió a aquellas guerras.

Entre las infinitas maldades que éste hizo y consintió, está la siguiente:

Un cacique o señor le dio de su voluntad, o por miedo (como es más verdad), nueve mil castellanos. No contentos con eso, lo prendieron, lo ataron a un palo, sentado en el suelo, y extendiéndole los pies le pusieron fuego para que diese más oro.

Él envió a su casa y trajeron otros tres mil castellanos. Volvieron a atormentarlo, y, como no diese más oro —porque no lo tenía o porque no quiso darlo—, lo tuvieron así hasta que le salieron los tuétanos por las plantas de los pies, y así murió.

Y casos como éste, de señores quemados, atormentados y muertos por sacarles oro, fueron infinitos.

Otra vez, yendo cierta capitanía de españoles a saltear, llegaron a un monte donde estaba recogida y escondida mucha gente que huía de las pestilenciales obras de los cristianos. Dando sobre ellos de improviso, tomaron setenta u ochenta doncellas y mujeres y mataron a cuantos pudieron.

Al día siguiente se juntaron muchos indios y fueron tras los cristianos peleando, por el dolor de sus mujeres e hijas. Viéndose los cristianos apretados, no quisieron soltar la cabalgada, sino que pasaron con las espadas los vientres de las jóvenes y mujeres, de modo que no dejaron una sola viva.

Los indios, con las entrañas rasgadas de dolor, gritaban:

«¡Oh, malos hombres, crueles cristianos,
¿a las iras matáis?».

Iras llaman en aquella tierra a las mujeres, como si dijeran: «Matar mujeres es señal de hombres abominables, crueles y bestiales».

A diez o quince leguas de Panamá había un gran señor llamado Paris, muy rico en oro. Fueron allá los cristianos, y él los recibió como a hermanos, y de buena voluntad presentó al capitán cincuenta mil castellanos.

A los cristianos les pareció que quien daba tanta cantidad por gracia debía de tener gran tesoro, que era el fin y consuelo de sus trabajos. Disimularon, dijeron que se querían partir y, al cuarto del alba, volvieron de improviso sobre el pueblo, lo quemaron, mataron y abrasaron mucha gente y robaron otros cincuenta o sesenta mil castellanos. El cacique logró escapar.

Reunió la mayor gente que pudo y, a los dos o tres días, alcanzó a los cristianos, que llevaban ya sus ciento treinta o cuarenta mil castellanos. Cayó sobre ellos varonilmente, mató a cincuenta cristianos y les tomó todo el oro, escapando los demás malheridos y huyendo.

Después volvieron muchos cristianos contra ese cacique, lo destruyeron a él y a infinita parte de su gente, y a los que quedaron los sometieron y mataron en la servidumbre ordinaria.

De manera que no queda hoy vestigio ni señal de que allí hubiera pueblo ni hombre nacido, habiendo habido antes treinta leguas llenas de gente de señorío.

De este género de matanzas y perdiciones que aquel mísero hombre, con su compañía, hizo en esos reinos que despobló, no hay número.

DE LA PROVINCIA DE NICARAGUA

En el año de mil quinientos veintidós o veintitrés pasó este tirano a sojuzgar la felicísima provincia de Nicaragua, en la cual entró en triste hora.

De esta provincia, ¿quién podrá encarecer su felicidad, sanidad, amenidad, prosperidad y la frecuencia y población de su gente? Era cosa verdaderamente admirable ver cuán poblada estaba de pueblos que casi duraban tres y cuatro leguas de largo, llenos de frutales maravillosos, por lo que la multitud de gente era inmensa.

A estas gentes, como la tierra era llana y rasa —de modo que no podían esconderse en los montes—, y tan deleitosa que con mucha angustia y dificultad osaban dejarla (por lo cual sufrían y sufrieron grandes persecuciones y, cuanto les era posible, toleraban las tiranías y servidumbre de los cristianos), y porque, de su naturaleza, eran gentes muy mansas y pacíficas, les hizo aquel tirano, con sus compañeros tiranos que fueron con él (todos los que en el otro reino le habían ayudado a destruir), tantos daños, tantas matanzas, tantas crueldades, tantos cautiverios e injusticias, que lengua humana no lo podría decir.

Enviaba cincuenta de a caballo y hacía alancear toda una provincia mayor que el condado de Rosellón, sin dejar hombre, mujer, viejo ni niño con vida, por cualquier cosa liviana: como que no viniesen tan pronto a su llamado, o que no le trajesen tantas cargas de maíz (que es el trigo de allá), o tantos indios para que sirviesen a él o a alguno de su compañía.

Y como la tierra era llana, ninguno podía huir de los caballos, ni de su ira infernal.

Enviaba españoles a hacer entradas, que es ir a saltear indios a otras provincias, y dejaba a los salteadores llevar cuantos indios quisiesen de los pueblos pacíficos y que les servían. A estos los echaban en cadenas, para que no soltaran las cargas de tres arrobas que les ponían a cuestas.

Aconteció muchas veces que, de cuatro mil indios así llevados, no volvían a sus casas seis vivos: dejaban a todos muertos por los caminos. Y cuando algunos se cansaban, se despeaban de las grandes cargas o enfermaban de hambre, trabajo y flaqueza, para no desensartarlos de las cadenas les cortaban la cabeza a la altura del collar, y caía la cabeza a un lado y el cuerpo a otro. Véase qué sentirían los otros.

Así, cuando se ordenaban semejantes romerías, como los indios tenían experiencia de que ninguno volvía, iban saliendo ya llorando y suspirando, diciendo:

«Estos son los caminos por donde antes íbamos a servir a los cristianos y, aunque trabajábamos mucho, al cabo de algún tiempo volvíamos a nuestras casas y a nuestras mujeres e hijos;

pero ahora vamos sin esperanza de jamás volver ni verlos, ni de tener más vida».

Una vez, porque quiso hacer nuevo repartimiento de los indios, solo porque se le antojó (y aun dicen que por quitar los indios a quien no quería bien, y darlos a quien le parecía), fue causa de que los indios no sembrasen una sementera.

Como no hubo pan, los cristianos tomaron a los indios todo el maíz que tenían para mantener a sí y a sus hijos, por lo cual murieron de hambre más de veinte o treinta mil almas, y llegó a suceder que una mujer matase a su hijo para comérselo, de hambre.

Como los pueblos que tenían eran cada uno una graciosa huerta, como se dijo, se aposentaron en ellos los cristianos, cada cual en el pueblo que le repartían o, como ellos dicen, le "encomendaban", e hicieron allí sus labranzas, manteniéndose de las pobres comidas de los indios. De este modo les tomaron sus tierras particulares y heredades, de las que se mantenían.

Por manera que los españoles tenían dentro de sus mismas casas a todos los indios: señores, viejos, mujeres y niños, y a todos hacían que les sirviesen noche y día, sin descanso. A los niños, desde que podían tenerse en los pies, los ocupaban en cuanto cada uno podía hacer, y aun más de lo que podía.

Así los han consumido, y consumen hoy los pocos que han quedado, sin tener ni dejarles tener casa ni cosa propia, en lo cual aún exceden las injusticias que en este género se hacían en la Española.

Han fatigado y oprimido, y han sido causa de la acelerada muerte de muchas gentes de esta provincia, haciéndoles llevar tablas y maderas treinta leguas hasta el puerto, para hacer navíos, y enviándolos a buscar miel y cera por los montes, donde los tigres se los comían.

Han cargado y cargan hoy a las mujeres preñadas y paridas como a bestias.

La pestilencia más horrible que principalmente ha asolado aquella provincia ha sido la licencia que aquel gobernador dio a los españoles para pedir esclavos a los caciques y señores de los pueblos.

Cada cuatro o cinco meses (o cada vez que alguno alcanzaba la gracia o licencia de dicho gobernador) pedía al cacique cincuenta esclavos, con amenazas de que, si no se los daba, lo quemaría vivo o lo echaría a los perros bravos.

Como los indios comúnmente no tenían esclavos —cuando mucho un cacique tenía dos, tres o cuatro—, iban los señores por su pueblo y tomaban primero todos los huérfanos; después pedían a quien tenía dos hijos, uno; y a quien tenía tres, dos. De esta manera el cacique cumplía el número que el tirano le pedía, con grandes alaridos y llantos en todo el pueblo, porque son gentes que más que ninguna parecen amar a sus hijos.

Como esto se hizo tantas veces, asolaron, desde el año veintitrés hasta el año treinta y tres, todo aquel reino. Durante seis o siete años estuvieron cinco o seis navíos dedicados al trato, llevando aquellas muchedumbres de indios a vender por esclavos a Panamá y al Perú, donde todos son muertos.

Está averiguado y experimentado millares de veces que, sacando a los indios de sus tierras naturales, mueren más fácilmente, porque nunca les dan de comer lo necesario, ni les quitan nada de los trabajos, ya que no los venden ni los compran sino para trabajar.

De esta manera han sacado de aquella provincia, hechos esclavos siendo tan libres como yo, más de quinientas mil almas.

Por las guerras infernales que los españoles les han hecho, y por el cautiverio horrible en que los pusieron, han muerto además otras quinientas o seiscientas mil personas hasta hoy, y hoy los matan.

En obra de catorce años se han hecho todos estos estragos. Habrá hoy, en toda la dicha provincia de Nicaragua, cosa de cuatro o cinco mil personas, a las cuales matan cada día con los servicios y opresiones cotidianas y personales, siendo —como se dijo— una de las más pobladas del mundo.

DE LA NUEVA ESPAÑA

En el año de mil quinientos diecisiete se descubrió la Nueva España. En el descubrimiento se hicieron ya grandes escándalos entre los indios y algunas muertes por los que la descubrieron.

En el año de mil quinientos dieciocho fueron a robar y matar los que se llaman cristianos, aunque ellos dicen que van a poblar.

Y desde este año de dieciocho hasta el día de hoy, que estamos en el año de mil quinientos cuarenta y dos, ha rebosado y llegado a su colmo toda la iniquidad, toda la injusticia, toda la violencia y tiranía que los cristianos han hecho en las Indias. Han perdido del todo el temor de Dios y del rey, y se han olvidado de sí mismos.

Son tantos y tales los estragos y crueldades, matanzas y destrucciones, despoblaciones, robos, violencias y tiranías, en tantos y tales reinos de la gran tierra firme, que todas las cosas que hemos dicho hasta aquí son nada en comparación de las que allí se hicieron.

Y aunque lo dijéramos todo —que son infinitas las que dejamos de decir—, no serían comparables, ni en número ni en gravedad, a las que desde el dicho año de mil quinientos dieciocho se han perpetrado hasta este día y año de mil quinientos cuarenta y dos; y hoy, en este día del mes de septiembre, se hacen y cometen las más graves y abominables, para que sea verdad la regla que arriba pusimos: que desde el principio siempre han ido creciendo en mayores desafueros y obras infernales.

Así pues, desde la entrada en la Nueva España —que fue a dieciocho de abril de dicho año dieciocho— hasta el año treinta, que son doce años enteros, duraron las matanzas y estragos que las sangrientas y crueles manos y espadas de los españoles hicieron continuamente en cuatrocientas cincuenta leguas en torno, casi en círculo, de la ciudad de México y sus alrededores, donde cabrían cuatro o cinco reinos muy grandes, tan grandes y mucho más felices que España.

Todas estas tierras eran más pobladas y llenas de gentes que Toledo, Sevilla, Valladolid y Zaragoza juntamente con Barcelona, porque nunca hubo en estas ciudades, en su mayor población, tanta gente como la que Dios puso en todas estas leguas, que para andarlas en torno hay que caminar más de mil ochocientas leguas.

En esos doce años, dentro de las dichas cuatrocientas cincuenta leguas, han muerto los españoles, a cuchillo y a lanzadas, quemándolos vivos —mujeres, niños, mozos y viejos—, más de cuatro cuentos de almas, mientras duraron —como hemos dicho— lo que ellos llaman "conquistas": siendo en verdad invasiones violentas de crueles tiranos, condenadas no solo por la ley de Dios, sino por todas las leyes humanas, y aún peores que las que hace el turco para destruir la Iglesia cristiana.

Y esto sin contar los que han muerto, y se matan cada día, en la susodicha tiránica servidumbre, vejaciones y opresiones cotidianas.

Particularmente, no bastarían lengua, noticia ni industria humana para referir los hechos espantables que, en distintas partes a un mismo tiempo, o juntos en una sola, han hecho esos hostes públicos y capitales enemigos del linaje humano dentro de aquel circuito.

Algunos hechos, por las circunstancias y calidades que los agravan, en verdad que apenas podrían explicarse cumplidamente aunque se emplease mucha diligencia, mucho tiempo y mucha escritura.

Con todo, diré algo de algunas partes, con protesta y juramento de que no pienso explicar ni una de mil partes de lo sucedido.

DE LA MATANZA DE CHOLULA

Entre otras matanzas hicieron ésta en una ciudad grande, de más de treinta mil vecinos, que se llama Cholula.

Saliendo a recibir a los españoles todos los señores de la tierra y comarca, y primero todos los sacerdotes con el sacerdote mayor, en procesión y con gran acatamiento y reverencia, los llevaron en medio y los aposentaron en la ciudad, en las casas de hospedaje de los principales señores.

Los españoles acordaron entonces hacer allí una matanza, o "castigo" como ellos dicen, para poner y sembrar su temor y braveza en todos los rincones de aquellas tierras. Siempre fue esta su determinación en todas las tierras donde han entrado los españoles: hacer una cruel y señalada matanza para que tremolen de miedo aquellas ovejas mansas.

Así que, primero enviaron a llamar a todos los señores y nobles de la ciudad y de los lugares sujetos a ella, con el señor principal. Y así como venían y entraban a hablar con el capitán de los españoles, eran luego presos, sin que nadie lo percibiese ni pudiese llevar nuevas.

Habían pedido además cinco o seis mil indios que les llevasen las cargas. Vinieron todos y los metieron en el patio de las casas.

Ver a estos indios, cuando se aparejan para llevar las cargas de los españoles, es cosa de gran compasión y lástima: vienen desnudos, en cueros, con solo las vergüenzas cubiertas, y con unas redecillas al hombro llevando su pobre comida. Se ponen todos en cuclillas, como corderos muy mansos, todos juntos en el patio, con otras gentes que se mezclaban entre ellos.

Pusieron a las puertas del patio españoles armados para guardar, y todos los demás echaron mano a sus espadas y, con espadas y lanzas, fueron metiendo a muerte a todas aquellas ovejas, sin que uno solo escapase que no fuese trucidado.

A los dos o tres días comenzaron a salir muchos indios vivos, llenos de sangre, que se habían escondido y amparado debajo de los muertos —como eran tantos—, y fueron llorando ante los españoles pidiendo misericordia, que no los matasen. De ellos no tuvieron compasión ni misericordia, antes, así como salían, los hacían pedazos.

A todos los señores, que eran más de ciento y estaban atados, mandó el capitán sacarlos y quemarlos vivos, en palos hincados en la tierra.

Pero un señor —y quizá era el principal y rey de aquella tierra— pudo soltarse y recoger consigo otros veinte, treinta o cuarenta hombres en el templo grande que allí tenían, el cual era como una fortaleza, que llamaban cuu. Allí se defendió gran rato del día.

Pero los españoles, a quienes nada se resiste, especialmente en estas gentes desarmadas, pusieron fuego al templo y allí los quemaron, dando ellos voces:

«¡Oh, malos hombres! ¿Qué os hemos hecho?
¿Por qué nos matáis?
Andad, que a México iréis,
donde nuestro universal señor Motecuzoma
de vosotros nos hará venganza».

Dícese que, mientras estaban metiendo a espada los cinco o seis mil hombres del patio, el capitán de los españoles estaba cantando:

Mira Nero de Tarpeya
a Roma cómo se ardía.
Gritos dan niños y viejos
y él de nada se dolía.

Otra gran matanza hicieron en la ciudad de Tepeaca, que era mucho mayor y de más vecinos y gente que la dicha Cholula, donde mataron a espada infinita gente, con grandes particularidades de crueldad.

De Cholula caminaron hacia México. El gran rey Motecuzoma les enviaba en el camino millares de presentes, señores y gentes, y hacía fiestas a lo largo del recorrido.

A la entrada de la calzada de México, que está a dos leguas, les envió a su propio hermano, acompañado de muchos grandes señores y grandes presentes de oro, plata y ropas.

Y a la entrada misma de la ciudad, saliendo él en persona en unas andas de oro, con toda su gran corte a recibirlos, y acompañándolos hasta los palacios en que los había mandado aposentar, aquel mismo día, según me dijeron algunos que allí se hallaron, con cierta disimulación, estando el rey seguro, prendieron al gran Motecuzoma y pusieron ochenta hombres a que lo guardasen.

Después le echaron grillos.

Pero, dejando todo esto, en lo cual había grandes y muchas cosas que contar, solo quiero decir una señalada que allí hicieron aquellos tiranos.

Yéndose el capitán de los españoles al puerto de la mar, a prender a cierto otro capitán que venía contra él, y dejando a cargo de la guarda del rey Motenzuma a otro capitán, con ciento hombres, o poco más, acordaron estos españoles cometer otra cosa muy señalada, para acrecentar su terror en toda la tierra: industria, como dije, de la que muchas veces han usado.

Los indios, la gente y los señores de toda la ciudad y corte de Motenzuma no se ocupaban en otra cosa sino en dar placer a su señor preso. Entre otras fiestas que le hacían, estaba la de que, por las tardes, en todos los barrios y plazas de la ciudad se ejecutaban los bailes y danzas que acostumbran, y que ellos llaman mitotes, como en las islas llaman areítos; en ellos sacan todas sus galas y riquezas, y se empluman de las plumas más ricas, porque es la principal forma de fiesta y regocijo suyos.

Los más nobles, caballeros y de sangre real, según sus grados, hacían sus bailes y fiestas lo más cerca posible de las casas donde estaba preso su señor. En la parte más próxima a los dichos palacios estaban más de dos mil hijos de señores: era toda la flor y nata de la nobleza de todo el imperio de Motenzuma.

A estos fue el capitán de los españoles con una cuadrilla de soldados, y envió otras cuadrillas a las demás partes de la ciudad donde se hacían las dichas fiestas, disimulando que iban solo a verlas. Mandó que, a cierta hora, todos diesen en ellos.

Fue él, y, estando los indios embebidos y seguros en sus bailes, dijo: «¡Santiago, y a ellos!». Entonces comienzan, con las espadas desnudas, a abrir aquellos cuerpos desnudos y delicados y a derramar aquella generosa sangre, sin dejar uno solo con vida. Lo mismo hicieron las otras cuadrillas en las demás plazas.

Fue esto cosa que puso en pasmo, angustia y luto a todos aquellos reinos y gentes, y los llenó de amargura y dolor. Y desde entonces, hasta que se acabe el mundo o ellos del todo se acaben, no dejarán de lamentar y cantar en sus areítos y bailes —como acá en romances— aquella calamidad y pérdida de la sucesión de toda su nobleza, de la cual se preciaban desde tantos siglos atrás.

Vista por los indios cosa tan injusta y crueldad tan jamás vista, perpetrada en tantos inocentes sin culpa, aquellos que habían sufrido con paciencia la prisión —no menos injusta— de su universal señor (porque él mismo les mandaba que no acometiesen ni guerrearan a los cristianos), entonces se ponen en armas todos los de la ciudad y vienen sobre ellos, y, heridos muchos españoles, apenas pudieron escapar.

Ponen un puñal al pecho del preso Motenzuma para que saliese a los corredores y mandase que los indios no combatiesen la casa, sino que se pusiesen en paz. Ellos, entonces, no cuidaron ya de obedecerle en nada; antes trataban de elegir otro señor y capitán que guiase sus batallas.

Y porque ya volvía el capitán que había ido al puerto, con victoria y mucha más gente de cristianos, y venía cerca, cesaron el combate cosa de tres o cuatro días, hasta que entró en la ciudad.

El capitán, ya entrado, y ayuntada infinita gente de toda la tierra, combaten de tal manera, y tantos días seguidos, que, temiendo los cristianos morir todos, acordaron una noche salir de la ciudad.

Sabido esto por los indios, mataron gran cantidad de cristianos en las puentes de la laguna, con justísima y santa guerra, por las muy justas causas que tuvieron, como dicho es, las cuales cualquiera hombre razonable y justo aprobaría.

Sucedió después el nuevo combate por la ciudad, ya reformados los cristianos, donde hicieron estragos en los indios admirables y extraños, matando infinitas gentes y quemando vivos a muchos y grandes señores.

Después de las tiranías grandísimas y abominables que estos cometieron en la ciudad de México, y en las muchas ciudades y tierras que están alrededor —en contorno de diez, quince y veinte leguas de México—, donde fueron muertas infinitas gentes, pasó adelante esta pestilencia tiránica, y fue a cundir, inficionar y asolar la provincia de Pánuco, cuya multitud de gentes era cosa admirable, así como los estragos y matanzas que allí hicieron.

Después destruyeron, por la misma manera, la provincia de Tututepeque; luego la provincia de Ipilcingo, y después la de Colima, que cada una es más tierra que el reino de León, y que el de Castilla. Contar los estragos, muertes y crueldades que en cada una hicieron sería, sin duda, cosa dificilísima e imposible de decir, y trabajosa de escuchar.

Aquí es de notar el título con que entraban, y el pretexto por el cual comenzaban a destruir a todos aquellos inocentes y despoblar aquellas tierras, que tanta alegría y gozo debieran causar a quienes fuesen verdaderos cristianos, por su tan grande e infinita población.

Decían a los indios que viniesen a sujetarse y obedecer al rey de España; y, si no lo hacían, que los habían de matar y hacer esclavos.

A los que no venían tan presto a cumplir tan irracionales y necios mensajes, y a ponerse en manos de hombres tan inicuos, crueles y bestiales, los llamaban "rebeldes" y "alzados" contra el servicio de Su Majestad, y así lo escribían acá al rey, nuestro señor.

Y la ceguedad de los que regían las Indias no alcanzaba ni entendía lo que en las leyes del mismo rey está expreso y más claro que cualquiera de sus primeros principios: conviene a saber, que ninguno es ni puede ser llamado rebelde si primero no es súbdito.

Considérense, por los cristianos que algo saben de Dios, de razón y aun de leyes humanas, en qué pueden parar los corazones de cualquier gente que vive segura en sus tierras, no sabiendo que deba nada a nadie, y que tiene sus naturales señores, cuando, de súbito, se les dice:

«Daos a obedecer a un rey extraño, que nunca visteis ni oísteis; y, si no, sabed que luego os hemos de hacer pedazos»;

Y lo que es aún más espantable: que a los que de hecho obedecen los ponen en áspera y durísima servidumbre, donde, con increíbles trabajos y tormentos, más largos y más penosos que los de la espada, al cabo perecen ellos, sus mujeres, sus hijos y toda su generación.

Y ya que, con tales temores y amenazas, aquellas gentes, o cualesquiera otras del mundo, vengan a obedecer y reconocer el señorío de un rey extraño, ¿no ven los ciegos, turbados de ambición y de diabólica codicia, que no por eso adquieren un ápice de derecho aquellos que así los fuerzan? Porque, según el derecho natural, humano y divino, todo lo que así se hace no es más que aire; no deja sino el reato y obligación a los fuegos infernales por tales injusticias.

Y aun añaden ofensa y daño a los mismos reyes de Castilla, destruyéndoles sus reinos nuevos y aniquilándoles —en cuanto de ellos depende— todo el derecho que tienen a todas las Indias. Y estos son, y no otros, los "servicios" que los españoles han hecho, y hoy hacen, a los dichos señores reyes en aquellas tierras.

Con este título tan justo y aprobado —según ellos decían— envió este capitán tirano a otros dos tiranos capitanes, muy más crueles y feroces, peores y de menos piedad y misericordia que él, a dos grandes, florentísimos y felicísimos reinos, llenos de gentes y plenísimamente poblados: conviene a saber, el reino de Guatimala[4], que está a la mar del Sur, y el reino de Naco y Honduras, o Guaimura, que está a la mar del Norte, frontero el uno del otro, y que confinaban y partían términos ambos a dos, a unas trescientas leguas de México.

Al uno despachó por tierra; al otro, en navíos por la mar, cada uno con mucha gente de caballo y de pie.

Digo verdad que, de lo que ambos hicieron en mal —y señaladamente del que fue al reino de Guatimala, porque el otro presto mala muerte murió—, podría recoger y narrar tantas maldades, tantos estragos, tantas muertes, tantas despoblaciones y tantas fieras injusticias, que espantarían a los siglos presentes y venideros, y se llenaría con ellas un gran libro.

Porque este excedió a todos los pasados, y es igual a todos los que hoy hay, tanto por la cantidad y número de abominaciones que cometió, como por las gentes que destruyó y las tierras que dejó desiertas, que fueron verdaderamente infinitas.

El que fue por la mar, en navíos, hizo grandes robos, escándalos y aventamientos de gentes en los pueblos de la costa. Algunos salían a recibirlo con presentes en el reino de Yucatán, que está en el camino del reino susodicho de Naco y Honduras, donde iba.

Después de llegado allá, envió capitanes con mucha gente por toda aquella tierra, que robaban, mataban y destruían cuantos pueblos y gentes hallaban.

---

[4] Es la forma histórica original que usan Las Casas y muchos textos del XVI. Mantenerla conserva el sabor de época y recuerda que estamos leyendo un testimonio del Siglo de Oro, no una crónica moderna.

Especialmente uno de ellos, que se alzó con trescientos hombres y se metió tierra adentro hacia Guatimala, fue destruyendo y quemando cuantos pueblos encontraba, robando y matando a sus moradores.

Hacía esto de intento, más de ciento veinte leguas, para que, si enviaban tras él, hallasen los que fuesen la tierra despoblada y levantada contra los españoles, y los indios los matasen en venganza de los daños y destrucciones que dejaban hechos.

A pocos días mataron al capitán principal que lo había enviado, y al cual éste se alzó, y después sucedieron otros muchos tiranos crudelísimos que, con matanzas y crueldades espantosas, haciendo esclavos y vendiéndolos a los navíos que les traían vino, vestidos y otras cosas, y con la tiránica servidumbre ordinaria, desde el año de mil quinientos veinticuatro hasta el de mil quinientos treinta y cinco, asolaron aquellas provincias y reino de Naco y Honduras.

Verdaderamente parecían antes un paraíso de deleites, y estaban más poblados que la más frecuentada y poblada tierra que pueda ser en el mundo.

Y ahora, habiendo pasado por ellas y viéndolas, las hallamos tan despobladas y destruidas que a cualquiera persona, por dura que fuese, se le abrirían las entrañas de dolor.

Más de dos cuentos de almas han muerto en estos once años; y no han dejado, en más de cien leguas en cuadro, dos mil personas, y a estas las matan cada día con la dicha servidumbre.

Volviendo la pluma a hablar del gran tirano capitán que fue a los reinos de Guatimala —el cual, como está dicho, excedió a todos los pasados y se iguala con todos los presentes—, desde las provincias comarcanas a México hasta el reino de Guatimala, que, según él mismo escribió en una carta al principal que le envió, está a cuatrocientas leguas, fue haciendo matanzas y robos por el camino, quemando, saqueando y destruyendo toda la tierra donde llegaba.

Todo esto con el título ya dicho, conviene a saber: diciendo a las gentes que se sujetasen a ellos, hombres tan inhumanos, injustos y crueles, en nombre del rey de España, incógnito y nunca hasta entonces oído por ellos.

Y como tenían por más injusto y cruel a aquel rey a cuyo nombre venían —viendo lo que sus mensajeros hacían—, y como, además, apenas les dejaban deliberar, pues casi tan pronto como llegaba el mensaje, llegaban ellos mismos matando y quemando, así fueron hechos todos estos estragos.

Llegado al dicho reino, hizo a su entrada gran matanza de gente. No obstante ello, salió a recibirlo en andas, con trompetas, atabales y muchas fiestas, el señor principal con otros muchos nobles de la ciudad de Utatlán, cabeza de todo el reino. Le sirvieron con cuanto tenían, dándole comida abundante y cuantas cosas pudieron.

Aquella noche los españoles no quisieron aposentarse dentro de la ciudad, por parecerles fuerte y temer algún peligro; acamparon, pues, fuera de ella.

Al día siguiente, el capitán llamó al señor principal y a otros muchos señores, los cuales acudieron como mansas ovejas. Apenas entraron, los prendió a todos y les exigió que le entregasen gran cantidad de oro. Ellos respondieron que no lo tenían, porque aquella tierra no era de minas. Entonces mandó quemarlos vivos, sin otra culpa, proceso ni sentencia.

Cuando los señores de las provincias vieron que habían quemado a su señor universal y a los demás nobles sólo por no dar oro, huyeron con presteza, escondiéndose en los montes. Ordenaron a su gente que se entregase a los españoles y los sirviese como a señores, pero que no dijesen dónde estaban ellos.

Así, toda la gente de la tierra acudía diciendo que querían ser suyos y servirles. Respondía este piadoso capitán —de nombre y no de obras— que no los quería recibir, sino que mataría a todos si no descubrían dónde estaban sus señores.

Los indios repetían que no lo sabían, pero que podían servirse dellos, de sus mujeres e hijos, y que los matasen o hiciesen de ellos lo que quisiesen; que en sus casas los hallarían siempre. Esto dijeron e hicieron muchas veces.

Fue cosa admirable que, yendo los españoles a los pueblos donde hallaban a las pobres gentes en sus oficios, con sus mujeres e hijos seguros, allí mismo los alanceaban y despedazaban. Llegaron a un pueblo muy grande y poderoso, cuyos habitantes, confiados en su inocencia, estaban descuidados más que otros. Los españoles entraron en él y, en apenas dos horas, casi lo asolaron, pasando a espada a los niños, mujeres, viejos y a todos cuantos no lograban escapar.

Viéndose los indios sin esperanza —pues tanta humildad, ofrendas, paciencia y sufrimiento no bastaban para ablandar corazones tan inhumanos y bestiales—, y sabiendo que, de un modo o de otro, habían de morir, acordaron juntarse y morir en la guerra, vengándose como pudiesen de tan crueles enemigos. Sabían bien que, estando desnudos, desarmados y flacos, no podían prevalecer contra gente feroz y armada a caballo; pero al menos morirían peleando.

Inventaron entonces unos hoyos en los caminos donde cayesen los caballos, llenos de estacas agudas y tostadas, cubiertos por encima de céspedes y yerbas. Una o dos veces cayeron caballos, no más; mas aun esto bastó para que los españoles, para vengarse, hicieran ley entre sí: que todos los indios que tomasen a vida, de cualquier edad o condición, los echasen dentro de los hoyos. Así, mujeres preñadas y paridas, niños, viejos y cuantos apresaban, los arrojaban hasta llenar los hoyos, traspasados por las estacas. Era grande lástima ver aquello, especialmente las mujeres con sus niños.

A todos los demás los mataban a lanzadas y cuchilladas; echaban a los perros bravíos que los despedazasen y comiesen; y cuando apresaban a algún señor, por "honra", lo quemaban vivo.

Estuvieron en estas inhumanas carnicerías cerca de siete años, desde 1524 hasta 1530 o 1531. Júzguese cuánta gente podrían consumir en tanto tiempo.

Entre las infinitas obras horribles que este malaventurado tirano hizo en Guatemala y sus provincias —junto con sus hermanos, que eran sus capitanes, no menos infelices ni insensibles—, fue muy notable una que ejecutó en la provincia de Cuzcatán, donde hoy está la villa de San Salvador. Es tierra felicísima, y toda la costa del Mar del Sur dura cuarenta o cincuenta leguas.

En la ciudad de Cuzcatán, cabeza de la provincia, le hicieron grandísimo recibimiento, y sobre veinte o treinta mil indios esperaban cargados de gallinas, comida y regalos. Recibido el presente, mandó que cada español tomase cuantos indios quisiese, para servirse dellos durante los días que allí estuviesen, y que fuesen los indios quienes les llevasen cuanto menester tuviesen. Cada uno tomó cien, o cincuenta, o los que le parecieron bastantes; y los inocentes corderos sufrieron la división y sirvieron con todas sus fuerzas.

Mientras tanto, el capitán pidió a los señores mucho oro, diciendo que a eso venían. Los indios respondieron que darían todo cuanto tenían, y juntaron gran cantidad de hachas de cobre dorado, que a veces parece oro. Mándales poner el toque y, viendo que era cobre, dijo a los españoles:

—Dad al diablo tal tierra. Vámonos, pues no hay oro; y cada uno eche en cadena a los indios que tiene, que yo mandaré herrarlos por esclavos.

Y así lo hicieron: los herraron con el hierro del rey. Yo mesmo vi al hijo del señor principal de aquella ciudad herrado como esclavo.

Vista la gran maldad, los indios que se soltaron y los restantes de la tierra comenzaron a juntarse y ponerse en armas. Los españoles hicieron en ellos grandes estragos y matanzas, y volvieron a Guatemala, donde edificaron una ciudad que luego, con justo juicio divinal, fue destruida por tres diluvios juntos: uno de agua, otro de tierra y otro de piedras más grandes que diez o veinte bueyes.

Muertos los señores y cuantos podían hacer guerra, pusieron a todos los demás en la sobredicha servidumbre infernal. Pidieron esclavos como tributo, y dado que los indios no tenían esclavos, daban sus propios hijos e hijas. Los españoles enviaban navíos cargados de ellos a vender al Perú. Con estas y otras matanzas destruyeron y asolaron un reino de cien leguas en cuadro y más, uno de los más fértiles y poblados del mundo.

Este tirano mesmo escribió que era más poblado que el reino de México —y dijo verdad—. Más ha muerto él y sus hermanos, con los demás, de cuatro o cinco millones de almas en quince o dieciséis años, desde 1524 hasta 1540. Y aún hoy matan y destruyen los pocos que quedan; y así morirán todos.

Tenía este capitán una costumbre espantosa: cuando iba a hacer guerra a algunos pueblos, llevaba consigo cuantos indios de los ya sojuzgados podía. Y como no les daba de comer a los diez o veinte mil que llevaba, consentía que comiesen a los indios que capturaban. En su real había solemne carnicería de carne humana: en su presencia mataban niños y los asaban; mataban hombres para comer sólo las manos y los pies, que tenían por bocados delicados.

Con tales inhumanidades, las gentes de otras tierras, al oírlas, no sabían dónde meterse de espanto.

Mató infinitas gentes en la construcción de navíos: llevaba desde la mar del Norte a la del Sur, por más de ciento treinta leguas, a indios cargados con anclas de tres y cuatro quintales, cuyas uñas se les metían por las espaldas. Muchos vi yo, cargados de artillería, angustiados por los caminos.

Descasaba y dejaba viudos a los casados, tomando a las mujeres e hijas y dándolas a marineros y soldados para contentarlos y llevarlos en sus armadas. Henchía los navíos de indios, donde todos perecían de sed y hambre.

Y en verdad te digo que, si hubiese de referir en particular todas sus crueldades, haría un gran libro que espantara al mundo. Dos armadas hizo de muchos navíos, con las cuales abrasó, como si fuera fuego del cielo, todas aquellas tierras.

¡Oh, cuántos huérfanos hizo, cuántos dejó sin padres, cuántos privó de sus mujeres, cuántos adulterios, violencias y estupros causó! Cuántos privó de su libertad, cuántas angustias y calamidades padecieron muchas gentes por él; cuántas lágrimas derramaron, cuántos suspiros, cuántos gemidos; cuántas soledades en esta vida, y cuántos —¡ay!— condenación eterna en la otra, no sólo los indios, que fueron infinitos, sino los infelices cristianos cuyo consorcio él corrompió en tan inmensos pecados y abominaciones.

Y plega a Dios haber tenido misericordia dél, y contentarse con tan mala muerte como al cabo le dio.

RELACIÓN BREVE DE LA CONQUISTA DE LA NUEVA ESPAÑA (1571) POR FRAY FRANCISCO DE AGUILAR

Fray Francisco de Aguilar, fraile profeso de la Orden de Predicadores, conquistador de los primeros que pasaron con Hernando Cortés a esta tierra, y de más de ochenta años cuando escribió esto —a petición e insistencia de ciertos religiosos que se lo rogaron diciéndole que, ya estando al final de su vida, dejara escrito lo que en la conquista de esta Nueva España había sucedido y cómo fue tomada y conquistada—, lo relató como testigo presencial y con brevedad, sin rodeos ni circunloquios.

Y si, por ventura, el estilo y el modo de decir no resultan tan amenos ni dan al lector el deleite que yo quisiera, al menos le contarán la verdad de lo acontecido en este negocio. Esa verdad, como fin principal, será siempre lo que guíe lo que aquí exponga, siguiendo las jornadas que realizamos en la conquista.

EL REY MOTECSUMA

Por mandato de don Diego Colón, almirante que descubrió Santo Domingo, fue enviado a la isla de Cuba Diego Velázquez, adelantado y caballero noble, quien la descubrió y pobló. Fue éste enviado luego ante el rey don Fernando y la reina doña Isabel para tratar sobre dicho descubrimiento y población.

Considerando los reyes su industria, sagacidad y trabajos, y cuán buena maña se había dado en la toma y población de Cuba, acordaron recompensarlo y pagar su servicio nombrándolo gobernador de la isla, dándole además facultad para descubrir y poblar en tierra firme.

Deseando usar de esa facultad, hizo una armada de cinco navíos con doscientos soldados, buena gente, y puso al mando a Juan de Grijalva, hombre valeroso y de noble linaje.

Navegando con tiempo próspero llegó a Yucatán y entró por un río que después se llamó Grijalva. En su desembocadura había una gran población de indios. Tras amarrar y asegurar las naves, desembarcó con buen orden, y luego de pedir agua y bastimentos para su gente —que no sólo no le quisieron dar—, le hicieron una guerra tan cruda que le mataron un hombre. Viéndose forzado, volvió a embarcarse y retornó a Cuba, donde Diego Velázquez, al ver el mal resultado, le quitó la armada.

Para evitar que las naves se le fuesen y la gente desertara, llamó a Hernando Cortés —entonces alcalde ordinario, hidalgo y persona noble— y le rogó que tomara la armada a su cargo. Cortés aceptó sin tardanza, y Velázquez se la entregó.

Cortés, hombre diligente y sagaz, buscó dinero prestado entre sus amigos e incorporó hasta doscientos hombres más. También reunió bastimentos en abundancia.

Sin embargo, el adelantado Velázquez, arrepentido, quiso quitarle la armada. Fue al puerto con gente para desposeerlo, pero Cortés —como hombre astuto—, viendo que era ya tarde y hacía buen tiempo, levantó anclas, izó velas y partió.

Iban con Cortés personas muy nobles: don Pedro de Alvarado, don Pedro Puerto Carrero, hermano del conde de Medellín, Diego Velázquez, sobrino del adelantado, Gonzalo de Sandoval, Cristóbal de Olid, y otros.

Había también venecianos, griegos, sicilianos, italianos, vizcaínos, montañeses, asturianos, portugueses, andaluces y extremeños.

Ya embarcados, las personas principales alzaron a Cortés como capitán no por mandado de Velázquez, sino por el rey. Luego nombró a sus capitanes: don Pedro de Alvarado, Jorge de Alvarado, Gonzalo de Sandoval, Cristóbal de Olid, Andrés de Tapia, todos nobles y valerosos.

Costeando llegaron a la isla de Cozumel. Allí recogieron a un cristiano llamado Hernando de Aguilar, que había quedado cautivo años atrás.

Siguieron navegando hasta llegar al río de Grijalva. Cortés mandó desembarcar caballos, ballesteros, escopeteros y peones. Allí los indios los atacaron con un ejército que parecía de cuarenta mil hombres. Los tiros, las ballestas y los caballos —cosa nueva para ellos— los atemorizaron y huyeron. Al día siguiente volvieron de paz, se declararon vasallos del emperador y trajeron bastimentos. Llevaron también un presente de mantas y ocho mujeres, entre ellas Marina, luego llamada Malinche, quien hablaba la lengua mexicana y entendía la de Aguilar. Esto causó gran alegría en el real.

Luego siguieron costeando hasta San Juan de Ulúa. Los naturales, maravillados por la novedad de los españoles, se dieron de paz y trajeron comida y presentes.

Entre ellos enviaron un sol de oro, una luna de plata y collares, objetos que se remitieron al emperador.

Cerca había una gran provincia llamada Quetlaxtla, de más de cuarenta mil casas, y otras muchas poblaciones poderosas.

El rey Motecsuma, sabiendo de nuestra llegada, nos llamó theules —dioses—, creyéndonos inmortales. Y luego el dicho rey envió sus embajadores con muchos presentes de oro y collares al dicho Hernando Cortés y a su gente, y esto muy muchas veces. El dicho Hernando Cortés mandó a la gente que se embarcasen unos por mar y otros por tierra, en donde los que veníamos por tierra llegamos a un pueblo que se llama Senpoal, el cual estaba metido en una gran llanada y puesto y situado entre dos ríos, pueblos de mucha arboleda y frutales y de mucho pescado, en donde el dicho capitán Hernando Cortés y su gente fueron muy bien recibidos de los naturales, gente muy buena y muy amiga de los españoles, y siempre les fueron leales.

Contáronse en aquel pueblo pasadas de veinte mil casas, de donde se partieron y fueron más adelante a buscar otro puerto en otro pueblo, que después se llamó la Vera Cruz, donde los españoles se aposentaron en un caserío junto al mar. Y como, por medio de la lengua de Marina y de Aguilar, los españoles fuesen sabiendo tantas noticias sobre la grandeza de la tierra adentro, muchos hidalgos y personas nobles comenzaron a desear volver. Decíase que unos querían hacerlo por miedo y otros para dar relación de la tierra al adelantado don Diego Velázquez, lo cual causó gran alteración.

Considerando esto Hernando Cortés, se reunió con ciertos extremeños amigos suyos; pero sin darles a entender del todo lo que tenía determinado, mandó llamar secretamente a un compadre suyo, maestre de un navío, muy amigo suyo, y le rogó que esa misma noche entrase en los navíos y los barrenara todos, habiendo antes mandado a la gente bajar a tierra. El maestre lo hizo en secreto, sin que nadie lo advirtiera ni sospechara lo que iba a suceder, y así barrenó todos los navíos; y a la mañana siguiente amanecieron todos hundidos y al través, salvo una carabela que quedó a flote.

Al ver esto los españoles quedaron espantados y admirados; pero, al fin, hicieron de tripas corazón y disimularon el negocio, aunque no tanto que no se sintiera el descontento. Juan Escudero, Diego de Ordaz —personas nobles— y un tercero llamado Umbría conspiraron para tomar la carabela e ir a dar nuevas de todo al adelantado Velázquez. Llegada esta noticia a oídos de Cortés, los mandó llamar y, preguntándoles si era verdad, ellos confesaron que sí, que querían ir a informar a Velázquez. Cortés mandó ahorcar a Juan Escudero sin guardar consideración a su hidalguía; pero a Ordaz, por ser hombre de buen consejo y tener muchos intercesores entre los capitanes, le perdonó la vida. Así, este hecho, junto con el echar los navíos a fondo, puso gran temor y espanto entre los españoles.

Pasados pocos días, Cortés mandó fundar allí una villa y dejó poblados en ella cuarenta o cincuenta españoles con un capitán llamado Escalante, que quedaba también como teniente.

Hecho esto, envió a don Pedro de Alvarado con ciento cincuenta hombres por la vía de México; y él, con otros tantos, partió también. Se juntaron luego en el despoblado y, caminando por él, llegaron a grandes poblaciones sujetas a Motecsuma, que los recibieron de paz y les dieron bastimentos. Más adelante llegaron a la vista de una gran provincia llamada Taxcala. Desde lejos se divisaban sus poblaciones y torres, extendidas unas siete u ocho leguas de llanura. Allí encontraron gente de guerra innumerable, bien armada a su modo: con ichcahuipiles de algodón, macanas, espadas de obsidiana y abundante arquería. Muchos llevaban banderas y rodelas de oro y diversas insignias ceñidas a la espalda, lo que les daba un aspecto fiero. Venían tiznados, haciendo malos gestos y visajes, dando grandes saltos y emitiendo alaridos y voces que causaron enorme temor entre los españoles, tanto que muchos pidieron confesión.

Pero el capitán Hernando Cortés se mostró muy magnánimo y de fuerte corazón. Dirigió un razonamiento alentando a los soldados, lo cual fue causa de que se les quitase parte del temor que habían cobrado. Ordenó con gran concierto a la gente de a pie y de a caballo para entrar en batalla. Siguiendo el camino ancho y bueno, llegaron a la salida de un monte que estaba cerrado con sogas de esparto, a manera de cerca, cortándoles el paso.

Entonces salió Cristóbal de Olid, con otro jinete, como hombre esforzado, para embestir contra la gente de guerra. Pero al correr los caballos con sus cascabeles y al sonar los tiros, los indios, espantados por ver cosa tan nueva, se detuvieron un poco. Solo dos de ellos aguardaron a los jinetes: uno a un lado del camino, otro al otro. El primero, de un tajo, cortó todo el pescuezo del caballo de Cristóbal de Olid, que cayó muerto al instante. El otro indio hizo otro tajo a otro caballo, cortándole la cuartilla, y el caballo cayó igualmente muerto.

Visto aquel atrevimiento, los del ejército quedaron espantados; mas no por eso dejaron de seguir peleando. Hubo muchos reencuentros, y cercados de todas partes, los españoles se defendieron con gran ánimo. Allí mostró Cortés ser muy valiente, peleando y animando a la gente. Los jinetes que quedaban, once en total con la artillería, se defendieron poco a poco hasta llegar a un cerro redondo, en cuya cima había una población y una iglesia a su manera. Allí se aposentaron e hicieron fuerte, como si Nuestro Señor hubiese dispuesto aquel cerro para nuestra defensa.

Estuvimos quince días alojados allí, combatiendo cada día contra los indios, que nos atacaban por todas partes. Como el cerro era redondo y la tierra llana, salían los caballos, escopeteros y ballesteros, y tirando la artillería causaban mucho daño a los indios, que llenaban toda la tierra alrededor. Lo que comíamos era lo que se hallaba: algún maíz y melones, y el agua de unos jagüeyes de lluvia, muy mala, donde pasamos mucho trabajo.

Los indios venían al alba y al cuarto del alba a dar guerra, siempre saliendo ellos heridos o muertos, y sin que de los nuestros muriera ninguno —cosa que parecía milagro—. Duró, como he dicho, esta batalla catorce o quince días con sus noches. Nos tenían ya por dioses inmortales al ver que no caía ni un solo cristiano. Muchos dejaban el campo y se venían al real con manzanas y pan. Venían armados, y parecía, por lo que después se supo, que venían a observar nuestro modo de pelear. Presentaban al capitán lo que traían y callaban, mirando solamente el lugar por donde podrían entrar.

Venían también de noche. Entonces el capitán les mandó decir, por medio de la lengua, que no viniesen a esas horas porque los caballos y los hombres los matarían; y también les hizo decir que dijeran a sus compañeros por qué daban guerra, pues él no quería dársela, sino que iba de camino a ver a Motecsuma, rogándoles que cesaran.

Cortés, con sus capitanes y gente, se mantuvo siempre animoso, nunca desfalleciendo pese a verse cercados. Se tuvo gran vigilancia de noche y día para guardarse de los contrarios. Pero como los indios seguían viniendo a medianoche y al cuarto del alba, los centinelas —ya irritadas por su atrevimiento— los capturaban. Y como ya se les había avisado que no viniesen, Cortés, al verlos rebeldes, mandó cortarles las narices y colgárselas al cuello, enviándolos así atemorizados sin matar a ninguno.

Viendo los indios que tantos días llevaba la guerra sin que mataran a un solo cristiano, se retiraron un buen espacio del cerro, ya cansados, y no daban combates tan recios como antes. Cortés, solícito y animoso, vio desde su aposento, como a una legua de allí, grandes humadas que indicaban que allí había mucha gente de guerra. Y así determinó, como los indios ya aflojaban, tomar una noche con algunos soldados y seis jinetes, e ir allá a medianoche con unos cien hombres.

Concertado esto, llegada la noche señalada, el capitán y sus soldados comenzaron a marchar en gran silencio. Pero al poco de andar, de repente, el caballo en que iba Hernando Cortés empezó a temblar y cayó desvanecido en el suelo. Él, con ánimo invencible, sin mostrar turbación, no por eso dejó de caminar, sino que se apresuró a seguir a pie con los demás. Algunos le dijeron:

—Señor, esto nos parece mala señal; volvamos.

A lo que él respondió:

—Yo la tengo por buena. Adelante.

Y caminando un poco más, cayó otro caballo del mismo modo. Los soldados insistieron en que era mejor volver; pero el capitán, magnánimo y esforzado, dijo:

«Adelante, que Dios es con nosotros».

Y de esta manera cayeron todos los caballos que quedaban. Con todo esto, Hernando Cortés, como capitán valeroso, los animó a seguir adelante, pues no habían de parar hasta llegar a los indios y a los lugares de donde salían los humos. A poca hora de haber sucedido aquello, el mozo que había quedado con el caballo del capitán trajo el animal bueno y sano, y en él subió Cortés. Del mismo modo trajeron los otros cinco caballos, también sanos y sin daño alguno. Visto aquello por los que iban con él, recibieron gran alegría y contento. Así llegaron al lugar donde se habían hecho aquellas humadas: era una gran población llamada Zumpanchinco.

Como íbamos con mucho silencio, los tomamos a todos durmiendo y descuidados de nuestra venida. Viendo esto, Hernando Cortés mandó que nadie tocase a ningún indio ni hiriese a persona alguna, ni les hiciese mal de ninguna suerte, ni se les tomase maíz ni cosa alguna, so pena grave. Ordenó solamente cercar los aposentos donde dormían, no para matarlos, sino para que no se saliesen. Luego entró dentro, donde halló mucha gente de guerra taxcalteca durmiendo, y con algún ruido empezaron a despertar.

Al amanecer, viendo los capitanes y la gente que allí estaba que no se les había hecho daño alguno, mandó Cortés llamarlos ante sí. Muchos vinieron, y por medio de Malinche y Aguilar les habló, diciéndoles que ya habían visto que él se había defendido de todos ellos y que, aunque muchos indios habían muerto, ninguno de los suyos había fallecido; que él no había querido hacerles daño, sino que ellos mismos le habían estorbado el camino y habían sido causa de su propio mal.

«Así —les dijo—, podéis ver la verdad: os hemos tomado durmiendo y no os hemos querido matar ni hacer agravio alguno. Y para que comprobéis esto, salid por vuestro real y mirad si algo se ha hecho; y si hallaseis algún daño, yo mismo lo mandaré reparar. Solo os ruego que deis algún bastimento para mis soldados».

Los indios salieron fuera y lo miraron todo, y viendo que no había daño alguno ni persona muerta, agradecieron mucho aquel proceder. Y así, viendo el buen tratamiento que Cortés les hacía, trajeron abundante maíz y aves, suficiente para todo el real, donde ya Cortés había regresado. Los españoles se alegraron mucho y saciaron el hambre.

Aquellos indios y capitanes, advirtiendo el buen tratamiento recibido, se fueron a Taxcala y contaron a los señores todo lo sucedido, diciendo que no se les había hecho mal alguno. Recibieron los señores gran contentamiento y determinaron ir a ver a Cortés y a su gente. Llevaron consigo bastimentos, pan y frutas de su tierra, y se presentaron ante el capitán, dándole la bienvenida. Hablaron todos a una voz, diciendo que ellos no le habían dado guerra, excusándose del hecho pasado y culpando a los chichimecas y otomíes —sus vasallos—, gente desordenada que había peleado sin su consentimiento.

El capitán les agradeció mucho y les dio unos collares de cuentas, con lo cual se alegraron grandemente. Le rogaron de parte de los señores de Taxcala que fuese con ellos a su ciudad para descansar. Él lo agradeció y determinó hacerlo. Había hasta la ciudad unas cinco leguas, y todo el camino estaba lleno de gente y poblado, cosa que maravilló mucho a los españoles.

La ciudad tendría unas cien mil casas. Antes de entrar, salieron los señores con muchos presentes de ropa y comida: a cada caballo daban una gallina y pan, y lo mismo a los perros y a los artilleros. Fue muy grande el regocijo con nuestra venida. Nos aposentaron en palacios hermosos, y cada día daban para todo el ejército gallinas, aves, frutas y pan de la tierra, con mucha alegría.

Cortés les habló en una plática muy alta y buena, agradeciendo la buena voluntad y diciéndoles que venía de parte de un gran rey cristianísimo para favorecerlos y ayudarlos. Y entre las conversaciones que tuvieron, dijeron que se daban por vasallos de Su Majestad y que lo obedecerían en todo. Y así fue verdad, pues cumplieron siempre y hasta hoy se mantienen leales: en todos los combates que hubo con los mexicanos, los taxcaltecas ayudaron a los cristianos hasta poner muchas veces la vida en peligro. Por ello merecieron mucho y el rey nuestro señor debía tenerlos siempre en gran honra y libertad.

Estuvimos en aquella ciudad algunos días, descansando del trabajo pasado.

Motecsuma, señor y emperador de la tierra, sabida la guerra que con los taxcaltecas había durado catorce o quince días, cobró miedo y espanto al ver que el capitán seguía camino a su ciudad. Por eso enviaba continuamente embajadores y señores principales con presentes de collares y oro, rogándole que no fuese a México, porque la ciudad estaba en una laguna y los caballos se hundirían, persuadiéndole siempre a que no entrara. Además, según nos dijeron, tenía puestos en los caminos muchos ejércitos, aunque no los vimos directamente.

Magiscacin, señor de Taxcala, y otros nobles, sabiendo que nuestra derrota era hacia México, dijeron al capitán:

—Señor, no entréis en México. Sabed que el señor de allá es traidor y os matará; ya lo tiene determinado. Si mandáis, os daremos un gran ejército para que entréis.

El capitán respondió que lo agradecía mucho y que aquello era gran servicio al rey, pero que no quería llevar mucha gente, sino poca, y solo deseaba que le enseñasen el camino. Y así, ciertos señores y capitanes partieron con él.

CORTÉS ANDA CON PRISA

Salió Hernando Cortés con su ejército de Taxcala, caminando hacia la ciudad de Cholula, grande y aliada de Motecsuma, que podría tener entonces cincuenta o sesenta mil casas, muy juntas, con buenas azoteas. La ciudad estaba asentada en un llano muy grande, con un río que la pasaba por delante. Tenía muchas torres espesas de sus templos, lo cual causó admiración por su grandeza.

En medio de la ciudad había un edificio de adobes, puestos todos a mano, que parecía una gran sierra; arriba había una casa de sacrificios, entonces derribada. Las casas tenían pozos de agua dulce. La ciudad estaba rodeada de sembradíos y era tan guerrera que no temía a los taxcaltecas.

Al entrar, salieron sacerdotes vestidos a su manera, incensándonos sin decir palabra. Viendo esto los señores de Taxcala, dijeron a Cortés:

—Señor, esta manera de recibimiento es mala; da a entender que están de guerra y quieren sacrificaros o mataros. Estad apercibido; nosotros os ayudaremos.

Entramos en la ciudad y nos aposentaron en aposentos grandes de unas de sus iglesias. No nos dieron nada de comer, salvo cántaros de agua y leña; los taxcaltecas, en cambio, proveían al ejército en lo que podían. La ciudad estaba medio despoblada; parecía que era por miedo o porque estaban en guerra.

El capitán, viendo la mala acogida y la falta de mantenimientos, mandó llamar a unos indios de los que traían agua y leña, y por las lenguas les dijo que se maravillaba de que no le diesen alimentos para su gente; que él no venía a darles guerra, sino que iba derecho a ver a Motecsuma; que si no daban lo necesario, se vería obligado a buscarlo por las casas y tomarlo por fuerza.

Les insistió cinco días, pero no dieron nada.

Viendo esto los capitanes y nobles del ejército, pidieron a Cortés darles guerra o buscar el sustento de otra manera. Él respondió que esperasen algunos días más, pero fue tan importunado que finalmente mandó matar a aquellos indios que traían agua y leña; serían hasta dos mil, poco más o menos. Algunos vieron mal este mandato, porque bien se pudiera disimular.

Después de esto, Cortés y su gente se partieron de Cholula camino de México para ver a Motecsuma. Magiscacin y otros señores le avisaron que no entrase, pues la ciudad estaba en una laguna y su señor era cauteloso y traicionero; además, cerca de allí estaba un gran ejército de Motecsuma para matarlos. Pero Cortés, como hombre de valiente ánimo, determinó seguir su jornada.

Partido el capitán Hernando Cortés con su gente, deseoso de verse en aquella gran ciudad con Motecsuma, se dio mucha prisa a andar. Yendo por su camino, encontró con embajadores del dicho Motecsuma, que le dijeron que venían a guiarlo, mostrarle el camino e ir con él. El capitán los recibió con buen talante y los llevó consigo.

Caminando una jornada, los señores de Taxcala lo volvieron a avisar, porque los embajadores lo guiaban por un camino áspero, de una montaña muy fragosa, en cuyas concavidades y fosos estaba encubierto un ejército para matarlos. Le dijeron que en ninguna manera fuese por allí, sino por otro camino llano que ellos le enseñarían. Así, el dicho capitán determinó dormir allí, y al otro día por la mañana mandó llamar a los embajadores de Motecsuma y les dijo que estaba informado de que aquel camino por donde lo guiaban no era bueno para sus caballos; que quería enviar algunos españoles con ellos para ver el dicho camino. Y así se fueron a verlo.

Por otra parte, el capitán envió a Diego de Ordaz y a otros con ciertos principales de Taxcala a ver el camino que los dichos señores le habían dicho que era bueno. Volvieron primero los que habían ido con los embajadores y dijeron al capitán que el camino era muy malo y fragoso, y que los caballos no podían pasar. Luego, al otro día, vino el dicho Ordaz, el cual dijo que venía espantado de lo que había visto.

Preguntándole qué había visto, respondió que había visto otro nuevo mundo: grandes poblaciones y torres, una mar, y dentro de ella una ciudad muy grande edificada; que, a la verdad, al parecer ponía temor y espanto.

El capitán, no atemorizado por lo que oyó, sino con gran ánimo, se partió con los suyos con el mejor concierto que pudo, caminando poco a poco. En el camino, en los pueblos, les daban el mantenimiento necesario, de manera que ningún soldado ni otra persona se atrevía a desmandarse tomando algo por fuerza, ni a hacer desaguisado alguno, sin ser luego castigado. En esto el capitán puso mucha diligencia, llevando a sus soldados muy disciplinados. Era cosa de ver cómo todos, a una mano, estaban tan hermanados que no había rencillas ni motines ni desvergüenza, antes tanta hermandad que nada parecía propio: los bienes de unos eran de los otros.

De esta forma, con todo buen concierto, llegamos a la orilla de la laguna grande, a un pueblo donde, mucho antes de llegar, no había hombre que pudiese poner el pie en el suelo sin ensuciarse en suciedad humana, de donde colegimos —según se dijo— que allí había estado un muy gran ejército de Motecsuma para matarnos.

Partidos de allí con los embajadores de Motecsuma, llegamos a un pueblo que se llama Cutlavac, asentado en una parte de la laguna, en medio de ella. Para entrar en él íbamos por una calzada angosta, por la cual apenas podían pasar dos caballos juntos, toda con puentes levadizas. En este pueblo se supo cómo Motecsuma había mandado que, en los patios y torres donde tenían sus templos y casas grandes, hubiese mucha cantidad de comida —aves, patos, frutas y mucho pan y maíz— y que, cuando los españoles se apeasen a comer, alzasen las puentes y les diesen guerra. Si así lo hubieran hecho, sin necesidad de combate todos los españoles hubieran muerto aislados, por no tener por dónde salir, por ser la laguna honda; y si alguno escapara, sería muerto y clavado por las flechas de los indios, que con muchas canoas tenían cuajada el agua.

Cortés, como hombre astuto, sagaz y valiente, puso en gran concierto a su gente y mandó expresamente, so graves penas, que ningún soldado se atreviese a tomar bastimento alguno, ni se parase a beber, ni a otra cosa, sino que con toda presteza y aceleramiento se diesen a caminar con todo orden. Así, cuando ellos pensasen que estaríamos comiendo, nos hallasen ya de la otra parte. Y así se hizo: con mucha presteza nos pusimos al otro lado y fuimos a dormir a una villa grande llamada Estapalapa, que está junto a la lengua del agua, una legua o legua y media de la ciudad de Tenustitlan, México.

Desde allí comenzamos a entrar por una calzada sobre la laguna, por la cual podían pasar holgadamente tres o cuatro caballos en fondo, y a trechos había puentes de madera levadizas que se podían poner y quitar. La laguna estaba tan llena de canoas cargadas de gente que nos miraban, que ponía espanto ver tanta multitud. Llegando más a la vista de la ciudad, aparecieron grandes torres e iglesias a su modo, palacios y aposentos muy grandes. Aquella ciudad tendría más de cien mil casas, puestas sobre el agua, sobre estacadas de palos, y de casa a casa solo una viga por donde se comunicaban; de manera que cada casa era una fortaleza.

Andando más adelante, a la entrada de la ciudad, el capitán había mandado que los soldados y gente de caballo fuesen en muy buen concierto, armados con sus ichcahuipiles de algodón. Entonces vimos venir dos hileras muy grandes de gente que ocupaban más de dos o tres tiros de arcabuz. Todos eran señores, principales, personas de mucha autoridad; venían bien vestidos a su modo, arrimados a las paredes de las casas, con grandísima compostura de ojos, sin mirar a ningún español ni a persona alguna, sin hablar palabra, guardando profundo silencio. Las azoteas de las casas estaban tan llenas de gente que también causaban admiración.

En medio de aquellas dos grandes procesiones venía el gran rey Motecsuma en una litera cubierta con paños de algodón finos, de modo que no podía verlo cualquiera. Ninguno de los indios que con él iban se atrevía a mirar la litera. La llevaban en hombros señores principales, y delante iba un hombre con una vara de justicia en la mano, alta, representando la grandeza de aquel señor. Detrás y a los lados iban otros grandes señores de cuenta.

Andando más adelante, ya que Cortés estuvo a un tiro de piedra de Motecsuma, se apeó él solo del caballo en que venía. Entonces Motecsuma salió de la litera y echó al cuello del capitán unos collares de oro y piedras; y Cortés le echó al cuello un collar de margaritas. Con toda cortesía le habló, diciéndole que fuese muy bien venido, que a su casa venía. El capitán le dio las gracias por tan buen recibimiento.

Poco a poco fuimos entrando en un gran patio de muy gran circuito, en el cual había aposentos y palacios reales donde podían caber más de doscientos mil hombres, todo de aposentos muy buenos y grandes. En una parte de ellos se aposentaron el capitán y su gente. Allí nos dieron mucha comida de aves, pan y maíz, tanto que bastantemente se proveyó todo el ejército.

Motecsuma se dio por vasallo del emperador, ante escribano, y se asentó que le serviría en todo como a su señor. Dijo que fuésemos muy bien venidos, que a su casa llegábamos, y que de sus antepasados sabían —por lo que les habían dicho— que de donde sale el sol había de venir una gente barbada y armada, a la cual no debían dar guerra, porque habían de ser señores de la tierra. Nos tenían por hombres inmortales y nos llamaban teules, que quiere decir "dioses". Con estas palabras y otras que callo, aquel gran señor se fue a otros palacios y aposentos suyos, de gran circuito, cercados de agua.

Esos palacios eran grandes y dignos de ver: muchos aposentos, cámaras, recámaras, salas muy buenas; camas cercadas, con colchones de mantas grandes, almohadas de cuero con lana de árboles, colchas buenas y pellones blancos admirables; asientos de madera muy bien labrados, esteras finas. Su servicio era grande, como de príncipe poderoso. Este señor se deleitaba en lavarse por la mañana y por la tarde. Su ropa nadie la tocaba con las manos; la envolvían en otras mantas y así la llevaban con gran reverencia.

Al tiempo del lavado, venía un señor con cántaros de agua y se la echaban encima; luego tomaba agua en la boca, metía los dedos y se los fregaba. Después otro le acercaba unas toallas grandes, muy delgadas, que le echaba sobre los brazos y muslos para que se limpiase con mucha autoridad; las tomaba sin que ninguno de ellos se atreviese a mirarle a la cara. Luego se entraba en su sala, donde, frente al lugar donde él se sentaba, estaba un señor, y a uno de los lados su gobernador, que gobernaba la república. Con ellos hablaba.

También en dicha sala estaban sentados, de una parte y de otra, muchos grandes señores, ninguno de los cuales osaba mirarle al rostro, todos con los ojos bajos y gran silencio.

Era aquel rey y señor de mediana estatura, delicado de cuerpo, la cabeza grande y las narices algo recias; crespo, muy astuto, sagaz y prudente, sabio, experimentado, algo áspero en el hablar, muy determinado. A cualquiera de los soldados, o a cualquiera otra persona que hablase recio o le molestase, mandaba luego que saliese y se fuese de allí. Tenía mucha cuenta con los que le honraban, se quitaban la gorra y le hacían reverencia; a éstos daba presentes, joyas y comida a su manera.

Su servicio era muy grande, como príncipe muy poderoso. Aunque estaba preso y detenido en una sala, siempre le traían diversos manjares a su modo, y lo que él comía era poco, siempre caliente sobre sus braseros de carbón. Llenaban toda la sala, en hileras, de distintas aves, cocidas, asadas y guisadas de varias formas; grandes empanadas de aves, gallos y gallinas, en mucha cantidad; codornices, palomas y otras aves de caza. Asimismo, le traían pescado de río y de mar de muchas especies, y muchas frutas, tanto de la tierra caliente cerca de la mar como de la tierra fría.

La manera de pan que traían era de muchas formas, amasado y muy sabroso, que no se echaba de menos el pan de Castilla. Su servicio era en platos y jícaras muy limpias; no se servía en plata ni oro por estar, como estaba, detenido; pero es de creer que tendría gran vajilla de plata y oro, porque yo, andando después en la guerra, abollé platos de oro de follajes, cosa digna de ver. Lo digo porque lo vi con mis ojos, pues tuve cargo de velarlo muchos días. Contar otras grandezas que aquel príncipe tenía sería nunca acabar.

Diego de Ordaz, con otros capitanes, subidos en las azoteas altas, viendo esta ciudad tan grande y fortísima —porque cada casa era una fortaleza, todas con puentes levadizas, y la gran laguna llena de canoas y gentes que ponían espanto—, dijeron al capitán que convenía mucho que aquel rey y gran señor estuviese retraído en un aposento grande donde estaban los españoles. El capitán respondió que no le parecía bien, especialmente habiéndose dado por vasallo de Su Majestad. Por esto fue muchas veces requerido por los capitanes y señores, y no lo quiso hacer.

Luego, otro día, vino una carta de Escalante, teniente que quedaba en la Vera Cruz donde se había hecho la villa, carta que llegó en posta, en la cual decía que los indios le habían dado guerra y le habían matado un hombre. Visto y oído esto por el capitán, dijo a los capitanes que fuesen con él y otros soldados a los palacios donde estaba Motecsuma, bien acompañado de sus soldados y cercado de sus capitanes. Entró donde estaba y, con todo acatamiento, rogó a Motecsuma que se fuese con él al lugar donde los españoles estaban aposentados, asegurándole que no recibiría mal tratamiento. Motecsuma se disculpó y respondió, con mucha desenvoltura y ánimo, que no tenían por qué llevarlo como preso, pues él les había hecho buen recibimiento y se había dado por vasallo del rey.

Entonces el capitán le dijo:

—Conviene que vengáis con nosotros, porque habéis dado guerra —y mandado darla— allá en la mar a los cristianos que dejé en el puerto.

Motecsuma respondió rígida y ásperamente que él nunca había mandado tal cosa:

—Y para que veáis que digo verdad —añadió— quiero enviar ciertos capitanes míos por los culpables para que los traigan presos.

Entonces el capitán dijo:

—Pues yo quiero enviar con ellos otros tres de mis soldados.

Y allí mismo los nombró: Andrés de Tapia, yo, y otro que se llama Valdelamar. Así, al otro día por la mañana nos partimos con los embajadores de Motecsuma y, en el camino —hasta llegar adonde estaba aquel señor que había dado la guerra—, anduvimos unas ochenta leguas, poco más o menos. Vimos y pasamos por grandes pueblos y provincias llenas de mucha gente. Llegados al dicho pueblo, se prendió al señor que había dado la guerra, el cual fue llevado a México y, por su delito, muerto.

Luego el capitán mandó a Motecsuma que se fuese con él a sus aposentos, y así lo hizo. Se prendió por el gran temor que los españoles le tenían, y sin prisión visible lo pusieron en unos aposentos donde él andaba suelto.

Estando las cosas en este estado, con mucho sosiego, quitados de contienda y rebato, sucedió que Narváez, persona noble, llegó al puerto con bien ochocientos hombres, poco más o menos, enviado de Cuba por el adelantado don Diego Velázquez, por capitán de toda la dicha gente. En aquella armada venían muchos caballeros hijosdalgos, señores de indios, que en la isla de Cuba tenían muy buenos repartimientos, y otros que también vinieron de Santo Domingo. Traían muy buena artillería, escopeteros y ballesteros, y venían muy bien armados. Decíase que venían entre ellos ciento de caballo, los cuales estaban aposentados en aquel gran pueblo de Cenpual ya dicho, donde se les hacía todo buen tratamiento, aposentados en un patio cercado todo de cúes, iglesias de los indios.

Y como eran muchos, y tanta gente de caballo, y tanta artillería y munición, el capitán Narváez y los suyos tuvieron en poco al capitán Hernando Cortés y a los que con él estaban; y así, mofando y menospreciándolo, se les soltaban algunas palabras contra el dicho Cortés y los suyos, dando a entender que los habían de maltratar y que todos nosotros habíamos de ser sus criados. Lo cual, sabido por el capitán Cortés y los suyos, les dio ocasión a que contra ellos se indignasen, y con mucha razón, porque, como fuesen los primeros que habían entrado en la tierra y apaciguado tan gran reino y señorío, tenían por cierto que todos habían de ser señores de vasallos y muy honrados.

Visto por el capitán Hernando la gravedad de este negocio, platicólo con sus capitanes y mayores, y determinó de ir él en persona, en la dicha demanda, con la mitad del ejército, que eran trescientos hombres, y llevó ciento y cincuenta hombres que todos, o los más de ellos, éramos mozos, mas empero isleños y usados al trabajo, y sólo el capitán iba a caballo. Partimos, pues, de México, armados todos con unas armas de algodón; llevábamos unas picas largas, tostadas, que había soldado que pasaba una pared de adobes de parte a parte, todos a pie, sin temor ni miedo, con un valiente capitán y soldados muy determinados a morir por la libertad.

El capitán, algunas veces, nos hacía unas pláticas muy buenas, dándonos a entender que cada uno de nosotros había de ser conde, duque y señor de títulos, y con aquello, de corderos nos tornaba leones, e íbamos sin temor ni miedo ninguno con tan gran ejército.

Narváez, capitán del adelantado don Diego Velázquez, supo cómo Cortés venía con poca gente, y así no podía creer sino que se le venía a dar. Y él estaba metido en el dicho patio con su artillería, y solamente había en el patio una puerta por donde habían de entrar, y en ella estaba puesta toda la artillería. De manera que, caminando poco a poco el dicho Cortés con su gente, llegamos a media noche, con mucho silencio y ánimo, allá, donde se trató que, así como los contrarios pusiesen fuego, nos abajásemos todos de presto en el suelo y arremetiésemos a la artillería, porque, tomada ella, todo el campo era ganado.

En el camino, antes que llegásemos, estaba puesta una espía que se llamaba Carrasco, el cual era tan ligero que el dicho capitán Hernando Cortés, a caballo, no le pudo alcanzar, y llegó a su ejército dando voces:

—¡Alarma, alarma!

Las cuales, oídas por los del ejército, todos turbados, no se daban manos. Llegamos, pues, a la puerta donde estaba la artillería, y antes que pusiesen fuego, todos nos echamos en el suelo. Y como la artillería estaba un poco alta, no pudo herir a ninguno, si no fue a uno que se descuidó en abajarse al tiempo de tirar los tiros, al cual llevó un tiro; y lo otro, porque tuvieron descuido los contrarios en no atapar los tiros y se les había mojado la pólvora, porque aquella noche había lloviznado un poco. Y así, de repente, con mucha presteza, ímpetu y ánimo, fuimos señores de la artillería, la cual se puso en cobro y con guarda.

Los demás soldados, andando por el patio, a los que topaban con las picas los derribaban del caballo y se daban. Fue el hecho tan grande que, cuando amaneció, todos los más estaban rendidos. Pero el capitán Narváez, como capitán valeroso, se defendía muy bravamente con un montante en la mano, y aunque los soldados le decían que se diese, no quería, hasta que llegó uno y con una pica lo derribó y le sacó un ojo. De manera que llegó Hernando Cortés, al cual se dio luego.

Con ser aquel hecho tan atrevido y bravo, plugo a Dios nuestro Señor que no murió ninguno, y así fue preso el capitán Narváez, y le echaron unos grillos y lo pusieron a recaudo. Y luego, algunos de a caballo que se habían retirado, y todos los más nobles del ejército de Narváez, se rindieron al capitán Hernando Cortés, el cual los recibió con mucha alegría y placer; y todos nos holgamos, porque nos conocíamos, a los cuales el capitán dio noticia de la gran ciudad de México y sus ciudades.

Estando nosotros en aquel placer y regocijo, Botello, Puerto de Plata, montañés e hijodalgo, llamó y se llegó al capitán Cortés y le dijo estas palabras:

—Señor, no os detengáis mucho, porque sabed que don Pedro de Alvarado, vuestro capitán, que dejasteis en la ciudad de México, está en muy gran peligro, porque le han dado gran guerra y le han muerto un hombre, y le entran con escalas; de manera que os conviene dar prisa.

Todos se espantaron de cómo aquél lo sabía, y decíase que tenía familiar.

PEDRO DE ALVARADO

Visto por Motecsuma, señor y rey de la tierra, la repentina partida del capitán Hernando Cortés para el puerto, dicen que mandó dar guerra a don Pedro de Alvarado, el cual quedaba por capitán con ciento y cincuenta hombres. Estando como estaba detenido, y teniéndolo a su cargo don Pedro de Alvarado, decían algunos que él no lo mandó, sino que los suyos le quisieron sacar de la prisión; y el combate que tuvo don Pedro de Alvarado fue muy grande, porque, como había vaticinado Botello, le entraban ya con las escalas.

De manera que Motecsuma, como astuto y sagaz, envió y supo en breve la victoria que el capitán Hernando Cortés había tenido contra su contrario, y así dejaron el combate y cesaron de darnos guerra. Y en este entretanto, el capitán, con un ejército y otro, caminó para México, con más de ciento de caballo y con mucha artillería, escopetería y ballestería; y así, con mucho concierto, llegamos a vista de México.

Es de saber que, como Hernando Cortés y los pocos soldados que había llevado habían acabado y hecho una hazaña y obra tan grande, más que de romanos, iban todos muy soberbios, no atribuyendo a Dios las gracias, por quien a ellos se les había dado tan gran honra de una victoria tan grande y beneficio. Y así, por esto, como por lo que su divina majestad bien sabe, cuyos secretos son profundísimos, en tanto grado que la capacidad humana no los puede bien penetrar ni comprender, su majestad nos castigó muy severamente, aunque del todo no nos quiso perder, como se verá en lo que se sigue.

Ya que queríamos entrar en México con aquella pujanza, se juntaron ciertos capitanes y otras personas nobles, y, viendo la ciudad tan fortísima y puesta en agua, dijeron al capitán:

—Señor, quedaos aquí en Tlacuba o Coyoacán o en Tescuco, y enviad por don Pedro de Alvarado y por Motecsuma, señor de la tierra; porque, estando en aquellos llanos y tierra firme, si se quisieren alzar los indios, mejor nos defenderemos que no metidos en la laguna.

Aquel consejo fue muy bueno y muy acertado; mas empero el capitán Hernando Cortés, con demasiado ánimo, nunca jamás lo quiso aceptar, sino que había de entrar. Y luego, por la mañana, partidos de Tlacuba, comenzamos a entrar por la calzada de la laguna, con mucho concierto, tirando muchos tiros y escopetas, corriendo los caballos y haciendo mucho estruendo y alegría. El capitán fue aposentado en sus aposentos, donde también todos fuimos aposentados, y de ahí a poco tiempo todo nuestro gozo se convirtió en luto y llanto.

Dos días se pasaron en aquellos regocijos y placer. Aconteció que el capitán escribía a Escalante, su teniente, que estaba en la Vera Cruz, con un hombre de la mar que se llamaba Antón del Río, el cual se ponía en la Vera Cruz en tres días, a pie. Saliendo, pues, aquel correo por los patios para hacer su mensaje y camino, halló y vio que, con grandísimo sosiego y silencio, los naturales de la ciudad estaban quitando las puentes y ahondando las acequias. Él, sospechando lo que podría ser, se maravilló y no quiso pasar adelante, sino que, turbado, dio una carrera y se metió en los patios, adonde contó y dijo lo que había visto.

Y luego, incontinenti, fue tanta la multitud de gente, muy bien armada con sus armas, que acudió a los patios donde nosotros estábamos, que nos pusieron en muy gran alboroto y espanto, dando una guerra muy cruda y brava. Mas, empero, el capitán Hernando Cortés, magnánimo, después de haber dado orden para resistir tan gran canalla de indios, se defendía y nos defendíamos muy valerosamente.

Y es de saber que había unos patios grandes, todos empedrados, y parte de calles donde no había calzada de agua, y por aquí podían correr los caballos y hacer guerra, y no por otra parte ninguna, porque todo lo demás eran calzadas de agua. Allí pasaron quince días, poco más o menos, de guerra cruel y bravosa, que, así como salíamos los españoles a pelear con ellos, a su salvo ellos, fuera de las acequias y subidos encima de las azoteas, era tanta la piedra tirada con honda de una vuelta y flechas y varas a manera de dardos, que no había quien lo pudiese sufrir; tiraban los dardos con tanta fuerza que pasaban un caballo y un hombre, si no estaban armados, y de esta manera los indios nos tenían muy gran ventaja, porque peleaban a su salvo y nosotros a muy gran peligro.

El capitán y sus soldados, como valientes, trabajaban como leones por librarse de tan gran trabajo y prisa; y así, en muchos reencuentros, mataban muy muchos indios y morían pocos españoles, de los cuales eran heridos muchos con varas, flechas y piedras. Trabajaban de día los españoles por ganarles algunas calles y casas fuertes que estaban en el agua, mas empero aprovechaba poco, porque, como venía la noche, se recogían a los palacios donde estaban aposentados, y así daban lugar a los indios a que cobrasen lo perdido y ensanchasen y ahondasen más las acequias.

Recogidos los españoles en sus aposentos, había muchos heridos, y aquí, milagrosamente, nuestro Señor obró, porque dos italianos, con ensalmos y un poco de aceite y lana de Escocia, sanaban en tres o cuatro días; y el que esto escribe pasó por ello, porque, estando muy herido, con aquellos ensalmos fue en breve curado.

Había mucha vigilancia por encima de las azoteas y cantones de ellas, proveyéndolos de mucha guarda y defensa, porque por todas partes nos entraban. Salido, y antes que saliese el sol, era tan grande el estruendo y gritería de los de guerra que ponía mucho espanto y temor; y de noche y de día no entendían en otra cosa sino en echar varas por encima de la cerca de los aposentos y piedras. De manera que por el patio no osábamos andar sino arrimados a las paredes donde no caían; pero todo el patio estaba lleno de piedras y varas, y todavía, con mucho esfuerzo, salía el capitán y su gente a darles guerra en los patios.

Podría durar esto trece o catorce días, con sus noches, y fue Dios servido, por nuestros pecados, que ya no teníamos bastimentos ni agua que beber, si no era de un pozo hediondo de la misma agua salada que dentro del patio había. Lo cual, visto por el capitán Hernando Cortés, fue a hablar con Motecsuma y a decirle que tuviese por bien de rogar a su gente y vasallos que cesasen la guerra, y así respondió:

—Tarde, señor, os habéis acordado, porque ya tienen elegido y hecho señor a mi hermano; mas, empero, yo iré como me lo mandáis.

Y así, el capitán, bien armado con una rodela de cuero, y Cervantes, el comendador, también bien armado y cubierto de una adarga, tomaron a Motecsuma detrás de sí, cubierto muy bien para que no lo pudiesen herir, y así fueron acompañados de ciertos hidalgos y soldados y subieron a la delantera del patio, adonde está ahora aposentado el virrey.

Sucedió que la gente, que era sin cuento, fuese toda forastera y no conociesen al dicho Motecsuma. Era tanta la grita que daban que hundían la ciudad, y tanta la piedra, varas y flechas que tiraban, que parecía llover del cielo tanta piedra, flechas, varas y dardos. Sucedió que, así como descubrió un poco la cara Motecsuma para hablar —lo cual sería a las ocho o nueve del día—, vino, entre otras piedras que venían desmandadas, una redonda como pelota, la cual dio a Motecsuma, estando entre los dos metido, entre las sienes, y cayó.

En este mismo día y a esta misma hora salió don Pedro de Alvarado, capitán, con ciertos principales y con el gobernador que gobernaba la tierra, tío de Motecsuma, con algunos españoles bien armados. Aquel gobernador empezó a hablar y a decirles que cesasen la guerra, y luego, incontinenti, sin más dilación, se inclinaron, sentándose de cuclillas, y le obedecieron sin dar batalla ninguna, de manera que poco aprovechaba nuestra diligencia, porque la guerra por todas partes andaba muy encendida y trabada, y los indios peleaban como valientes y a su salvo, porque nos tenían ya atajados y encerrados para matarnos. Mas no por eso el capitán ni sus soldados perdían el ánimo.

Sucedió un día que Alonso de Ávila, capitán de la guardia del capitán Hernando Cortés, se fue a su aposento cansado y triste, y tenía por compañero a Botello, Puerto de Plata, el cual fue aquel que dijo al marqués en Cempual:

—Señor, daos prisa, porque don Pedro de Alvarado está cercado y le han muerto un hombre.

Y así como entró, lo halló llorando fuertemente, y le dijo estas palabras:

—¡Oh, señor!, ¿ahora es tiempo de llorar?

Respondióle:

—¿Y no os parece que tengo razón? Sabed que esta noche no quedará hombre de nosotros vivo si no se tiene algún medio para poder salir.

Lo cual, oído por Alonso de Ávila, se fue a Hernando Cortés y le contó lo que pasaba; pero, como era magnánimo, le dijo que no le creyese, que debía de ser un hechicero. Y así Alonso de Ávila dio parte del negocio a don Pedro de Alvarado y a otros caballeros capitanes, los cuales todos juntos se fueron al aposento donde estaba el capitán Hernando Cortés y se lo dijeron, de lo cual el capitán hizo muy poco caso. Pero, juntándose todos ellos, y habiendo llamado a otros, tuvieron consejo sobre ello, y se determinaron de salir aquella noche.

Y el modo que tuvieron fue que hicieron una puente levadiza de una viga ancha, y que, con gran silencio, por aquella viga puesta sobre las acequias pasasen. Lo cual era tan imposible como subir al cielo sin escalera, porque era tanta la multitud de gente que, de todas partes, había, que en la ciudad no cabían dentro ni fuera; venían muy hambrientos a comer la carne de los tristes españoles. Y como ya estábamos cercados y acorralados, como hombres ya sujetos y perdidos, no hacían caso de nosotros sino de guardarnos la salida. Por lo cual, por las azoteas y casas, de noche ponían muy muchas lumbreras de fuego y braseros para velarnos y para que no nos saliésemos sin que ellos nos viesen y sin que fuésemos sentidos. Y así no se podía hacer, porque era tanta la claridad que de las lumbreras resultaba, que no parecía sino mediodía.

Con aquella determinación, los capitanes se fueron a Hernando Cortés y le requirieron que se saliese, y que, si no, él se quedase, porque ellos se querían salir e ir y escapar lo que pudiesen. Visto esto por el capitán Cortés, calló, y, concertándose con los suyos y con sus capitanes, dio orden de cómo se hiciese.

Motecsuma, herido en la cabeza, dio el alma a quien era debida, lo cual sería a hora de vísperas. En el aposento donde él estaba había otros muy grandes señores detenidos con él, a los cuales el dicho Cortés, con parecer de los capitanes, mandó matar sin dejar ninguno. A éstos, ya tarde, los sacaron y echaron en los portales donde están ahora las tiendas, y allí los llevaron ciertos indios que habían quedado, que no mataron. Llevados, sucedió la noche.

Venida ésta, allá a las diez, vino tanta multitud de mujeres con hachas encendidas y braseros y lumbres, que ponía espanto. Aquéllas venían a buscar sus maridos y parientes, que en los portales estaban muertos, y al dicho Motecsuma también. Y así como las mujeres conocían a sus deudos y parientes (lo cual veíamos los que velábamos en la azotea, con la mucha claridad), se echaban encima con muy gran lástima y dolor, y comenzaban una grita y llanto tan grande que ponía espanto y temor. Y el que esto escribe, que entonces velaba arriba, dijo a su compañero:

—¿No habéis visto el infierno y el llanto que allá hay? Pues si no lo habéis visto, catadlo aquí.

Y es cierto que nunca en toda la guerra, por trabajos que en ella pasase, tuve tanto temor como el que recibí de ver aquel llanto tan grande.

Hecho esto, venida ya la noche, el capitán Hernando Cortés, con los demás capitanes, dieron orden de cómo todos saliesen con gran silencio; mas, empero, todo esto no bastaba ni era posible salir, porque la claridad de la luna y los braseros de lumbre que había en las calles y azoteas lo estorbaba, y así no se podía hacer sin ser sentidos.

Había muchos enfermos cristianos heridos; diose remedio en que, en algunos caballos, saliesen dos o tres de ellos, de manera que apenas hubo caballos para todos. Estando en esto, ya que anochecía, se levantaron unos remolinos y torbellinos, de manera que, a las nueve o diez de la noche, comenzó a lloviznar y tronar y granizar tan reciamente, que parecía romperse los cielos; cosa cierta, que más parecía milagro que Dios quiso hacer por nosotros para salvarnos que cosa natural, porque era imposible que todos no quedáramos aquella noche allí muertos.

Llevábamos la ya dicha puente levadiza para pasar, la cual, como cargaron sobre ella, se quebró e hizo pedazos. De manera que cinco o seis calzadas y acequias que había de agua, bien de dos estados en ancho, poco más o menos, hondas y llenas de agua, no había cómo pasarse, salvo que proveyó nuestro Señor el fardaje que llevábamos de indios e indias cargados. Aquéllos, metiéndose en la primera acequia, se ahogaron, y el hato y ellos hacían puente por donde pasábamos los de a caballo. De manera que echábamos delante el fardaje, y, por los que allí se ahogaban, salíamos de la otra parte; y esto se hizo en las demás acequias, donde, a revuelta de los indios e indias ahogados, quedaban algunos españoles.

Y ya que habíamos pasado las acequias y salido con gran silencio, al cabo de la calzada estaba un indio en vela, el cual se dejó caer en la acequia y se subió a una azotea que estaba junto al agua, y comenzó a dar grandes voces y a decir:

—¡Oh, valientes hombres de México!, ¿qué hacéis, que los que teníamos encerrados para matar ya se van?

Y esto decía muy muchas veces. Aquel torbellino y granizo que tengo dicho fue causa de que las velas y gente de los dichos indios se metiesen en las casas a dormir y a valerse del agua; mas, empero, los españoles, por salvar las vidas, sufríamos todo trabajo. Y así como aquella vela dio aquellas voces, salieron todos con sus armas a defendernos la salida y a tomarnos el paso, siguiéndonos con mucha furia, tirándonos flechas, varas y piedras, hiriéndonos con sus espadas.

Aquí quedaron muchos españoles tendidos, de ellos muertos y de ellos heridos, y otros, de miedo y espanto, sin herida alguna, desmayados; y como todos íbamos huyendo, no había hombre que ayudase y diese la mano a su compañero, ni aun a su propio padre, ni hermano a su propio hermano.

Sucedió que ciertos caballeros e hidalgos españoles, que serían hasta cuarenta, y todos, los más, de caballo y valientes hombres, traían consigo mucho fardaje, y el mayordomo del capitán traía mucha cantidad, el cual también venía con ellos. Y como venían despacio, la gente mexicana, que eran los más valientes, les atajaron el camino y les hicieron volver a los patios, en donde se combatieron tres días, con sus noches, con ellos, porque, subidos a las torres, se defendían de ellos valientemente; mas, empero, el hambre y la muchedumbre de gente que allí acudió fue ocasión de que todos fuesen hechos pedazos.

De manera que, así como íbamos huyendo, era lástima ver los muertos de los españoles y cómo los indios nos tomaban en brazos y nos llevaban a hacer pedazos. Podrían ser los que nos seguían hasta cinco o seis mil hombres, porque la demás muchedumbre de gente de guerra había quedado embazada y ocupada en robar el fardaje que quedaba en el agua anegado; y así, unos a otros, los mismos indios se cortaban las manos por llevar cada uno más del despojo. De manera que, milagrosamente, nuestro Dios proveyó que el fardaje que llevábamos, y los que lo llevaban a cuestas, y los cuarenta hombres que quedaron atrás, fuesen causa de que todos no fuésemos muertos y despedazados.

Tardamos en llegar a la torre de la Victoria, que habrá hasta allí media legua, digo legua y media, desde donde partimos hasta allá, lo cual anduvimos desde media noche que salimos hasta otro día, ya de noche, que allá llegamos. En donde, otro día por la mañana, hecho alarde de los que quedaban, hallamos que quedaban muertos más de la mitad de los del ejército, y así comenzamos a caminar, con gran dolor y trabajo y muertos de hambre, la vía de Taxcala.

Los indios nos iban siguiendo, aunque no muchos, porque todos se recogían para salirnos al camino para acabarnos a todos. Y así, caminando, llegamos a vista de un cerro y vimos los campos de Guautitlan y Otumba todos llenos de gente de guerra, los cuales nos pusieron gran temor y espanto. Y en aquel mismo cerro, que era pequeño, mandó el capitán que parase la gente, y allí mandó que comiese el que tuviese qué; el cual, aunque llorando, hizo de las tripas corazón y nos hizo una plática y exhortación, esforzando y poniendo ánimo así a los de a pie como a los de a caballo, como valiente capitán.

Éste, subido encima de un caballo, hizo subir a los demás, que serían hasta cuarenta; y viendo tanta multitud de gente, llamó a los capitanes, conviene a saber: a don Pedro de Alvarado, Gonzalo de Sandoval, Cristóbal de Olid, con otros; y a Diego de Ordaz encargó la gente de a pie, y a los de caballo Hernando Cortés repartió y dijo a cada uno que fuesen por su parte a dar en los contrarios.

De artillería y arcabucería no hubo remedio, porque todo quedó perdido, y nuestro Dios y Señor fue servido de aplacar su ira y sernos favorables, porque el dicho Cortés, metido entre los indios, haciendo maravillas y matando a los capitanes de los indios, que iban señalados con rodelas de oro, no curando de gente común, llegó de esta manera, haciendo muy gran destrozo, al lugar donde estaba el capitán general de los indios, y dióle una lanzada de la cual murió.

Dejo de contar cómo, antes que aquí llegase, cayó dos veces en el suelo y se halló después encima del caballo sin saber quién ni quién lo había subido. Los demás capitanes, a caballo, por verse libres de la muerte que tan a ojo tenían, hacían maravillas peleando como valerosos hombres.

En este entretanto, Diego de Ordaz, con la gente de a pie, estábamos todos cercados de indios, que ya nos echaban mano; y como el capitán Hernando Cortés mató al capitán general de los indios, se comenzaron a retirar y a darnos lugar, de manera que muy pocos nos seguían. Y así, caminando con grandísimo trabajo, nos íbamos acercando a la dicha Taxcala.

Visto, pues, por los mexicanos, que así nos habíamos escapado, enviaron embajadores a los señores de Taxcala y a Xicutenca, capitán general de ellos, con muchos presentes y collares de oro y otras joyas de precio, con lo cual les persuadían a que saliesen al camino y nos matasen. Pero nuestro Señor puso en el corazón de Magiscalin, el mayor señor de los de Taxcala, aquel que antes nos había ayudado y dicho que no fuésemos a México. Éste mandó llamar al capitán general y le dijo:

—Dicho me han que has recibido presentes de los de México para que mates a los cristianos; pues sábete que yo, con mi gente, les tengo de favorecer y ayudar, y tú haz lo que quisieres, que delante me hallarás.

De manera que, oído esto por Xicutenca, de miedo no osó ejecutar su mala intención; y el Magiscalin, dando muestras de buen cristiano, salió a recibir al dicho capitán y a su gente, que venían destrozados, heridos, muertos y cansados. Al cual habló y dijo de esta manera:

—Seáis, señor, muy bien venido; ya yo os dije la verdad cuando ibais a México y no me quisisteis creer. A vuestra casa venís, donde descansaréis y holgaréis del trabajo pasado.

Y así mandó proveer de mucho bastimento, gallinas, maíz en gran cantidad y en abundancia, con lo cual los tristes españoles mataron la grande hambre que traían, y así fueron aposentados en sus aposentos y eran proveídos de lo necesario.

Y otro día, dicho Magiscalin vino a ver al capitán y se holgó con él; y tratando y hablando con él le avisó y dijo:

—Señor, en esta ciudad hay cuatro señores, y yo soy el mayor y el más principal; soy vuestro amigo y servidor. Hay otro que se llama Xicutenca, y éste es el capitán general de la provincia, por ser valientísimo hombre; ha sido persuadido de los mexicanos con presentes de oro para que os maten. Estad sobre aviso y velaos, porque yo os tengo de favorecer, y tened por cierto que, si en algo se pudiere, yo os tengo de favorecer.

Y así reposamos quince o veinte días.

Sucedió que llegó un navío al puerto, en el cual venía Juan de Burgos, que traía algunos bastimentos, con que nos regocijamos, y gente, la cual se quedó con el dicho capitán. Sucedió asimismo que ciertos españoles aportaron al puerto, desbaratados de la armada de Ayllón y de la armada de Garay, que era gobernador de Jamaica. De manera que, poco a poco, de estas armadas y gente que venía de las islas, se rehízo de gente y de algunos caballos el capitán, y así se partió a la ciudad de Tepeaca, en donde, sin guerra, se dieron de paz y la obediencia al rey.

Desde aquí el capitán enviaba otros capitanes con gente a apaciguar, y a que dejasen la parcialidad de los mexicanos y tomasen la del rey; y así lo hicieron muchos pueblos, que, sin darles guerra, se daban de paz, y por los dichos capitanes y por el capitán eran bien tratados, los cuales no consentían que nada se les tomase por fuerza, solamente querían que les diesen de comer, y esto ellos lo daban de voluntad. Y de esta manera se apaciguaron muchas provincias y pueblos, dando la obediencia al rey, y otros, que de lejos venían, ni más ni menos se daban de paz.

Viendo el dicho capitán que tenía honestamente ejército para venir a dar guerra a los mexicanos, juntados sus capitanes, se determinó de venir a México; y primero dio orden de que se cortase madera y la llevasen a cuestas a la ciudad de Tescuco, para allí hacer unos bergantines, para poder mejor dar guerra a los mexicanos. Éstos, también, en este tiempo fortalecieron su ciudad, así de bastimentos como de valientes hombres, porque de todas las provincias los recogían y traían para estar apercibidos, porque ya bien sabían lo que hacían los cristianos para darles guerra, y así tenían gran número de gentes.

Y en las calles principales, que eran la de Coyoacán y Tlacuba y Atlatelulco, tenían las acequias hondas y hechas muy grandes albarradas, de esta manera: a la entrada de la calle tenían tres paredes hechas, y entraban a ellas por las esquinas, por lo más angosto, y los indios, armados, por encima de las albarradas peleaban valientemente, de manera que, derribada una pared y los que en ella estaban, quedaban otras dos.

CRISTÓTBAL DE OLID EN YUCATÁN

Habiéndose rehecho el dicho capitán Cortés de gente venida de las islas, como arriba está dicho, caminó con su gente la vía de México y llegó y entró en la gran ciudad de Tescuco, la cual ciudad y señorío casi era tan grande como el señorío de México. Podría tener más de ochenta o cien mil casas, y el dicho capitán y españoles se aposentaron allí en los aposentos grandes y muy hermosos, y patios que en la dicha ciudad había; en la cual se entró sin haber guerra de la una parte ni de la otra. Y fue la causa porque el señor de ella, que se llamaba Quaunacuxtli, y su hermano, capitán general, que se decía Yxtlisuchitli, estaban hechos fuertes en México, y lo mismo los valientes hombres de esta ciudad, a cuya causa no hubo quién diese guerra; y así no se les hizo mal ni daño, ni se les tocó en ninguna cosa de las suyas, sino fue en el bastimento que de su propia voluntad daban.

Y luego mandó que, con gran diligencia, se hiciesen los bergantines para poder vadear la laguna y entrar mejor en México, y así se hizo, que en breve tiempo fueron hechos. En el entretanto, puso el capitán gran diligencia en enviar capitanes a los pueblos que estaban alrededor de la laguna y de la dicha ciudad para atraerlos a que se diesen de paz, y así se dieron, aunque todos los señores y más valientes estaban en México.

Hechos los bergantines, se hizo una acequia honda por un arroyo que iba hasta la laguna, y, puestos en ellos mucha artillería y arcabuceros y ballesteros y marineros que remaban, envió capitanes con ellos, y él se partió por tierra alrededor de la laguna y llegó con alguna gente a la calzada que llaman de Cuyoacán, y en ella se aposentó con casi doscientos hombres, poco más o menos. Y en la calzada del Atlatlelulco puso a Gonzalo de Sandoval, capitán, y en la de Tlacuba puso a don Pedro de Alvarado con copia de gente e indios de Taxcala.

De manera que, puesto el cerco por toda la ciudad a la redonda, con los bergantines, que también ayudaban mucho por la laguna, se comenzó la ciudad de batir y se combatió muy reciamente por agua y por tierra; y, con mucha diligencia y trabajo, se trabajó de quitarles el agua y fuente de Chapultepec, la cual por sus calzadas entraba en la ciudad. La ciudad, por todas partes, se combatía muy bravamente, de manera que de los cristianos herían a algunos, y aun muchos de los indios morían en cantidad a cuchillo y a caballo, y con tiros y arcabuces y ballestas.

Con todo esto, los indios ponían sus albarradas recias y abrían calzadas y acequias y se defendían valerosamente; y en proceso de la guerra mataron algunos españoles y tomaron vivo a Fulano de Guzmán, mayordomo del dicho Cortés.

Acontecío que, yendo huyendo ciertos, cayeron porque los hicieron caer los indios en una acequia en la cual murieron, y el capitán Cortés, como valiente capitán que se halló solo, los socorrió, sacando a los que podía con las manos de las acequias. A la revuelta que allí había acudieron tantos indios que echaron mano al capitán y le metían ya en la acequia para ahogarlo en el agua. Sucedió que salió del agua un soldado valiente que se llamaba Olea, el cual cortó los brazos y manos a los que le habían echado mano, y así le libró y sacó.

De manera que la guerra andaba muy trabada y recia de una parte y de otra, con tener muchos de los taxcaltecas en nuestra ayuda, porque de las azoteas y casas altas nos daban gran batería, haciéndonos unas veces huir y otras tomando nosotros sobre ellos. Los bergantines y capitanes de ellos y su gente trabajaban y combatían reciamente en la laguna, que era placer verlos, porque las canoas cubrían el agua, las cuales, muy osadamente, acometían a los bergantines. Y como los españoles tomaban alguna casa o fuerte, que estaban todas en el agua, luego las aplanaban y derribaban por el suelo, porque a los indios de Taxcala los hacíamos andar y trabajar en aquello, que fue causa de, con más libertad, hacer nuestra batalla. De manera que, peleando valerosamente con los indios, se defendían éstos, matando e hiriendo algunos españoles.

Sucedió que de los mismos indios señores que estaban dentro, visto el peligro en que estaban, y como les iba faltando el bastimento y que no tenían agua, se determinaron a salirse de noche. En especial se salió Yxtlisuchitli, capitán general de Tescuco y hermano de Quaunacuxtli, señor de Tescuco, y se presentó al dicho capitán y se le ofreció con su persona y otros sus aliados y amigos, prometiéndole de ayudarle a él y a los cristianos en la guerra y ser contra sus naturales; de manera que éste, por ser muy valiente, fue gran cuchillo para los suyos.

Juntamente con éste se salió, otra noche, otro señor de Suchimilco, y Cutlavac, y otros de la laguna, que es de creer pesaría mucho a los mexicanos, porque aquéllos después les hicieron crudelísima guerra con sus canoas y fueron causa, o gran parte de ella, para acabarse los mexicanos.

Juntamente con esto fue nuestro Dios servido, estando los cristianos harto fatigados de la guerra, de enviarles viruelas, y entre los indios vino una grande pestilencia, como era tanta la gente que dentro estaban, especialmente mujeres, porque ya no tenían qué comer. Y nos acontecía a los soldados no poder andar por las calles de los indios heridos que había de pestilencia, hambre y también viruelas, todo lo cual fue causa de que aflojasen en la guerra y de que no peleasen tanto.

Mas, empero, aunque se iban retrayendo y se metían en algunas casas fuertes en la laguna, siempre llevábamos lo mejor, y de esta manera hubo lugar de que la gente de paz que nos ayudaba derribase y echase por tierra las casas y edificios, que fue causa de que se ganase toda la ciudad, porque por aquí podían los españoles correr con sus caballos.

Los mexicanos se retrajeron, a manera ya de vencidos, a unas casas fuertes en el agua, y aquí, como había gran cantidad de mujeres, armáronlas a todas y pusiéronlas en las azoteas, en donde, peleando, y espantados los españoles de ver tanta gente de nuevo, matando de ellas los españoles conocieron y vieron cómo eran mujeres, y, dándoles grita y voces, quedaron algo desmayados ellos y ellas.

El capitán Hernando Cortés y Alderete, el primer tesorero del rey, y un Orduña, que venía por escribano, y otros caballeros, se llegaron a la casa fuerte donde se había recogido ya Quautemus, que era señor mancebo de hasta dieciocho años, valeroso y valiente por su persona, al cual le fue dicho que, pues ya no tenía dónde se meter, que se diese, que el rey le perdonaba y que le haría muchas mercedes. El cual respondió con mucha presunción y poca vergüenza:

—No me quiero dar, que primero os tengo de matar a todos.

Y así, de noche, nos volvíamos a reposar al real.

Otro día de mañana, después de lo dicho, comenzaron otra vez de nuevo a pelear, y fue requerido el dicho principal, y tampoco se quiso dar; pero este día en que le fue hecho el requerimiento, y otros dos días antes, las mujeres y niños se venían a entregar y dar a los españoles, viéndose ya perdidos.

Guatemusa se metió en una canoa chiquita con un solo remero, y acaeció que, como era de noche, fue a topar con un bergantín, del cual era capitán García Holguín, el cual lo prendió y se lo presentó al capitán Hernando, que fue causa de que se reconciliase con él, porque no le tenía buena voluntad.

Esto hecho, se tomó y sujetó la casa donde Guatemusa se había hecho fuerte, donde se hallaron mucha cantidad de oro y joyas y otros muchos despojos. De aquí sucedió que los taxcaltecas que nos ayudaban en la guerra, y los que salieron de su ciudad, como sabían las entradas y salidas, se fueron ricos con los despojos que tomaron, a sus casas. Y esta casa se ganó y tomó día de San Hipólito; y así cesó la guerra de la ciudad, y nos salimos y aposentamos en los aposentos reales.

Fue requerido el capitán que poblase en Tlacuba o en Cuyoacán o en Tescuco, y nunca quiso.

Acabada la conquista de México, dio orden el capitán Hernando Cortés en que se quedasen allí, en México, los españoles, en donde en breve tiempo se comenzó a edificar una muy linda y gran ciudad, cual es la de México. Y de ahí a pocos días mandó el capitán a don Pedro de Alvarado, con alguna gente, que fuese a poblar a tierra de Guasaca, en donde pobló una ciudad que se llama Guasaca, y a los soldados les dio repartimientos; y de allí le mandó pasar a tierra de Guatimala, en donde pobló y alcanzó del emperador ser adelantado de ella.

Asimismo envió a Gonzalo de Sandoval, capitán excelente, con cierto número de gente, a poblar la tierra que dicen de Medellín, en donde se dieron bien cien repartimientos; y luego envió otro capitán que se llamaba Villafuerte a poblar a Qacatula con otros ciertos soldados, en donde les dieron repartimientos. Y a los demás españoles que quedaban se dieron repartimientos en México y por su redondela.

Asimismo, el capitán Hernando Cortés, con ciertos soldados y número de gente, se partió a la conquista de Pánuco, la cual ganó, y todos los demás se le dieron de paz, donde dejó poblada una villa y dio repartimientos a los que en ella quedaban.

De ahí a pocos días hizo una armada de ciertos navíos y envió, con cierto número de gente y soldados, por capitán, a Cristóbal de Olid, y mandóle que poblase la tierra de Yucatán, el cual, después de haber ido, se levantó con la tierra y se alzó con ella.

Túvose modo y manera cómo envió Hernando Cortés a ciertos hombres, personas de bien y nobles, y a dos compadres de Cristóbal de Olid, los cuales, estando comiendo con él a la mesa, lo mataron.

El capitán Hernando Cortés, movido con pasión o enojo que le cegó, se determinó de ir por tierra con los mejores soldados, y llevó juntamente consigo los señores de la tierra, de manera que casi no dejó ninguno en la ciudad de México sino pocos, y ésos, mercaderes y hombres que no sabían de guerra. Fue causa de que él casi se perdiera y de que toda la gente que en México quedaba muriera, porque Guatemus, señor de la tierra, astuto, sagaz y valiente, que llevaba consigo, aunque mozo, tenía una noche concertado con todos los suyos de tomar los frenos de los caballos y las lanzas y matarlos. Pero nuestro Señor lo libró, porque se vino a saber la conjuración que estaba hecha, la cual fue descubierta y sabida, y los malhechores fueron castigados y muertos por ello.

Dejó, al tiempo que se partió el capitán Hernando Cortés para Yucatán, a gobernadores en su lugar: al tesorero Alonso de Estrada y al contador Albornoz; y desde Guahaqualco, temiéndose de ellos, envió secretamente al factor Gonzalo de Salazar y a Chirinos, veedor, diciendo que, si por ventura se quisieran alzar el dicho tesorero y contador, tomasen ellos la voz por el capitán Hernando Cortés. Mas, empero, ellos, como bulliciosos, se entrometieron en alzarse por el rey sin que el contador y tesorero hubiesen intentado cosa ninguna, pero ellos queríanse alzar por el rey.

Sucedieron de aquí grandes males, porque a unos ahorcaron y a otros azotaron y a otros afrentaron malamente. En este medio tiempo aconteció que, sabidas por el emperador estas novedades, envió a

Luis Ponce por gobernador o pesquisidor, y traía por su alcalde mayor a Luis Ponce, digo, a Marcos de Aguilar.

También, mientras el capitán Hernando Cortés andaba por allá, Nuño de Guzmán, acá en México, fue gobernador; y como no estaba bien con el dicho Cortés, le quitó muchos indios y los dio a quien él quiso, y en particular le quitó a Cuaunavac y lo dio a Villarreal, el criado de Hernando Cortés. A este Nuño de Guzmán le envió el rey por gobernador a Jalisco y a conquistarla.

El capitán Hernando Cortés se volvió desde Cuba, se tornó a embarcar para esta tierra porque, cuando fue a las Hibueras, fue a portar a Cuba, y así no pudo volver por tierra. Y estando el dicho capitán Cortés en Pánuco, le hizo el emperador gobernador de toda la Nueva España, y así, vuelto a México, la gobernó, donde su majestad le hizo mercedes y marqués del Valle.

Es de saber que la causa principal de esta armada, para la conquista de esa tierra, fue don Diego Velázquez, gobernador y adelantado que era de la isla de Cuba, que residía en la ciudad de Santiago, la cual encomendó a Hernando Cortés y le hizo capitán. Mas, empero, Hernando Cortés puso mucha diligencia y cuidado en buscar dineros prestados entre sus amigos, y buscó y allegó más soldados que el adelantado don Diego Velázquez le había dado, y asimismo buscó bastimentos, tocinos y cazabe, y otra carabela y navíos, con que hizo bien su armada.

El emperador, penitus, ninguna cosa puso ni gastó en esta armada, más de que sus oficiales en Cuba metieron en ella espadas, puñales y otras armas, aceite, vinagre, camisas; por manera que le hicieron mercader, y a los soldados que iban en la dicha armada, si tenían necesidad de espadas, puñales, quesos, bastimentos y de lo demás que había menester, se les vendía por mucho mayores precios que les había costado.

Y el rey se hizo pago de los conquistadores al tiempo que iba a fundir algún oro, porque se lo quitaban todo; por donde digo que el menor de los conquistadores mereció ser muy galardonado, pues que a su costa y mención dieron al rey un mundo tan grande como éste. Así que el menor de todos ellos mereció muy mucho, y todos los más quedaron perdidos.

Hecha relación, en breve, de las cosas que con verdad, en la toma de esta tierra, pasaron y de la muchedumbre de gente que en ella había, contaré de lo mejor de ella, desde Guahaqualco hasta la Vera Cruz, que serán sesenta leguas, y desde allí hasta Pánuco, que es lo que anduve.

Hay en esta costa de la Vera Cruz grandes provincias, de las cuales contaré las mejores y dejaré otros pueblos.

Primeramente, está a siete o seis leguas de la mar una provincia muy grande, la cual se dio a Gonzalo de Sandoval en repartimiento, que vino a poblar esta tierra como segundo capitán. El cual fue informado de indios que era gran señorío, tan grande como Tescuco. Era abundantísima de ropa y cacao, y oro, pescado y otros muchos mantenimientos; podría tener toda ella, a mi parecer, y a lo que los indios me dijeron, ochenta mil casas, poco más o menos, y tiene ahora doscientas casas, y aun no hay tantas.

Cerca de ésta, a ocho o nueve leguas, estaba otra muy grande, casi tan grande como ésta, en la cual, en los sujetos de ella, se dieron veinte repartimientos, poco más o menos, porque los visité yo. Cerca de ella estaba otra grande que se llama Tlatletelco; podría tener más de veinte mil casas y no tiene ahora doscientas.

Adelante de ésta, estaba otra que se llamaba Secotuxco, llena de mucha gente. Más abajo, a la costa, estaba Tlapaniquita Cotaxtla, provincias de mucha gente y de mucho número de casas, y ahora no hay nada. Más adelante está la provincia de Sempuala, ya dicha, que en el casco de ella se hallaron veinte mil casas, y ahora no tiene veinte casas.

Dejo de contar villas, aldeas y otros muchos pueblos arrimados a la sierra, y de ellos puestos en la sierra, de los cuales ha quedado alguna gente por ser tierra templada y fría, pero lo demás de la costa toda está ya despoblado.

De aquí adelante, hasta Pánuco, podrá haber hasta cincuenta leguas. Había, así en la costa como desviados de ella, muy grandes villas, poblaciones y provincias, todas muy llenas de gente, muy pobladas; muy grandes poblaciones y muy lindas al parecer, llenas de frutales, y ahora está todo desierto y con muy poquitos indios.

Lo bueno que hay ahora en la tierra está en tierra fría, como es la provincia de Taxcala, que tiene mucha gente, mas no tanta como solía tener; están en ella poblados algunos cristianos. La ciudad de Chulula tendrá ahora hasta diez o doce mil tributarios; pasaba de más de cien mil. Tepeaca, población muy grande, tiene al presente harta gente, mas, empero, no tanta, con gran parte de la que solía; y así de todas las demás provincias.

La ciudad de Guaxosingo tendrá hasta diez mil tributarios, poco más o menos; solía ser mayor que Cholula. Tescuco, provincia y señorío muy grande por sí, no sujeto a los mexicanos, tenía mucha tierra y mucho sujeto; ha venido en grandísima disminución; en él hay también poblados españoles.

En México han quedado muy poquitos indios, en comparación de los muchos que solía haber. Chalco fue también provincia muy grande, y desde el principio sujeta al rey, y muy amigos de los españoles también. Tlacuba fue también, cuando vinimos a la tierra, señorío por sí, a quien obedecían los otomíes, muy muchos pueblos y provincias buenas. La ciudad de Suchimilco solía ser muy gran provincia, y en el tiempo de ahora, si tiene diez mil casas o doce mil, es mucho. Cuyoacán es buen pueblo y villa grande.

Hay otras muchas villas y poblaciones muy grandes, a quienes el marqués Hernando Cortés pudiera repartir y dar grandes provincias a los que le ayudaron a ganar tanta tierra; la cual, y las cuales provincias, se dieron a muchas personas que nunca oyeron grita ni guerra, porque el menor de los que pasaron con él merecía mucho, porque trabajó mucho y a su costa y mención y no de la del rey.

Quiero contar y decir un poco de lo mucho que vi, de las maneras que esta gente tenía en adorar y reverenciar a sus dioses y sus ritos.

Digo, pues, que yo, desde muchacho y niño, me ocupé en leer y pasar muchas historias y antigüedades persas, griegas, romanas; también he leído los ritos que había en la India de Portugal, y digo cierto que en ninguna de éstas he leído ni visto tan abominable modo y manera de servicio y adoración como era la que éstos hacían al demonio. Y para mí tengo que no hubo reino en el mundo donde Dios Nuestro Señor fuese tan deservido, y adonde más se ofendiese que en esta tierra, y adonde el demonio fuese más reverenciado y honrado.

Tenían estos naturales templos muy grandes, todos cercados con grandes almenas, y en otros tenían aquella cerca de leños, uno sobre otro, todo en circuito, y de allí ponían fuego y sacrificio.

Tenían grandes torres y, encima, una casa de oración, y a la entrada de la puerta, un poco antes, tenían puesta una piedra baja, hasta la rodilla, en donde, a mujeres o a hombres que hacían sacrificio a sus dioses, los echaban de espaldas, y ellos mismos se estaban quedos; adonde salía un sacerdote con un navajón de piedra, que casi no cortaba nada, hecho a manera de hierro de lanza, y luego con aquella navaja le abría por la parte del corazón y se lo sacaba, sin que la persona que era sacrificada dijese palabra.

Y luego, al que o a la que eran así muertos, los arrojaban por las escaleras abajo, y lo tomaban y hacían pedazos, con gran crueldad, y lo asaban en hornillos y lo comían por manjar muy suave; y de esta manera hacían sacrificios a sus dioses.

El dicho sacerdote tomaba el corazón en la mano y entraba en la casa de oración donde estaban puestos ídolos, así de piedra como de madera, con su altar; y de esta manera, con la mano, ensangrentaba a sus ídolos y a las esquinas de la dicha casa de oración. Y luego salía al oriente, donde salía el sol, y hacía lo mismo; volvía también al occidente y septentrión y mediodía, y hacía lo mismo.

Estos sacerdotes hacían grandísima penitencia, porque se sangraban de la lengua y de sus brazos y piernas, y de lo que Dios les dio, hasta desangrarse, y con esta sangre sacrificaban a sus dioses.

Andaban muy sucios, tiznados y muy marchitos y consumidos en los rostros. Traían unos cabellos muy largos hasta abajo, trenzados, que se cubrían con ellos, y así andaban cargados de piojos. No podían llegar a mujeres, porque luego eran muertos por ello.

Andaban de noche, como estantiguas, en romerías, en cerros donde tenían sus cúes e ídolos, y donde había casas de su oración.

Toda la gente, así principal como plebeya, que entraba a hacer oración a sus dioses, antes que entrasen, en los patios se descalzaban los cacles, y a la puerta de las iglesias todos ellos se sentaban de cuclillas, y, con grandísima reverencia, estaban sollozando, llorando y pidiendo perdón de sus pecados.

Las mujeres traían pan, cajetes de carne de aves; traían también frutas, papel de la tierra y, allí, unas pinturas. Tengo para mí que pintaban allí sus pecados. Era tan grande el silencio y el sollozar y llorar, que me ponían espanto y temor.

Y ahora, por nuestros pecados, ya siendo cristianos, vienen a las iglesias casi todos, o muchos de ellos, por fuerza y con muy poca reverencia y temor, parlando y hablando, y al mejor tiempo de la misa saliéndose de ella y del sermón; por manera que en sus tiempos había gran rigor sobre guardar la honra y ceremonias de sus dioses, y ahora no tienen miedo ni temor ni vergüenza.

Pudiera decir muy muchas particularidades y cosas de aquéllos, pero por no ser prolijo, y porque basta lo dicho, dejo de decirlo.

Soli Deo honor et gloria.

HISTORIA DE LOS INDIOS DE LA NUEVA ESPAÑA (1490-1569): POR BENAVENTE, TORIBIO DE "MOTOLINIA"

Epístola proemial de un fraile menor al Ilmo. Señor don Antonio Pimentel, sexto conde de Benavente, sobre la relación de los ritos antiguos, idolatrías y sacrificios de los indios de la Nueva España, y de la maravillosa conversión que Dios en ellos ha obrado.

Declárase en esta epístola el origen de los que poblaron y se enseñorearon de la Nueva España.

Aquí comienza la relación de las cosas, idolatrías, ritos y ceremonias que en la Nueva España hallaron los españoles cuando la ganaron, con otras muchas cosas dignas de notar que en la tierra hallaron.

EPÍSTOLA PROEMIAL

Epístola proemial de un Fraile menor al Ilmo. Señor don Antonio Pimentel, sexto conde de Benavente, sobre la relación de los ritos antiguos, idolatrías y sacrificios de los indios de la Nueva España, y de la maravillosa conversión que Dios en ellos ha obrado.

Declárase en esta epístola el origen de los que poblaron y se enseñorearon de la Nueva España.

La paz del muy alto Señor Dios nuestro sea siempre con su ánima. Amén.

Nuestro Redentor y Maestro Jesucristo, en sus sermones, formaba las materias, parábolas y ejemplos según la capacidad de los oyentes; a cuya imitación digo que los caballeros cuerdos se deben preciar de lo que su Rey y Señor se precia; porque lo contrario sería gran desatino.

Y de aquí es que, cuando en la corte el Emperador se precia de justador, todos los caballeros son justadores; y si el rey se inclina a ser cazador, todos los caballeros se dan a la caza; y el traje que el rey ama y viste, de ese mismo se visten los cortesanos.

Y así, como nuestro verdadero Redentor se preció de la cruz, todos los de su corte se preciaron más de la misma cruz que de otra cosa alguna, como verdaderos cortesanos que entendían que en ello estaba su verdadera salvación.

De aquí es que el hombre de ninguna cosa se precia más que de la razón, que le hace hombre, capaz y merecedor de la gloria, y le distingue de los brutos animales.

Dios se preció tanto de la cruz, que se hizo hombre y por ella determinó redimir al linaje humano. Y pues el Señor se precia del fruto de la cruz —que son las almas que se han de salvar—, creo yo que Vuesa Señoría, como cuerdo y leal siervo de Jesucristo, se gozará en saber y oír la salvación y remedio de los convertidos en este Nuevo Mundo, que ahora se llama Nueva España, adonde, por la gracia y voluntad de Dios, cada día se descubren tantas y tan grandes y ricas tierras, en las cuales Nuestro Señor es nuevamente conocido y su santo nombre ensalzado y glorificado.

Cuya es toda la bondad y virtud que en Vuesa Señoría y en todos los virtuosos príncipes de la tierra resplandece; de lo cual no es menos dotado Vuesa Señoría que lo fueron todos sus antepasados, mayormente vuestro ínclito y verdadero padre don Alonso Pimentel, quinto conde de Benavente, de gloriosa memoria.

Sus pisadas Vuesa Señoría bien imita en su mocedad, mostrando ser no menos generoso que católico señor de la muy afamada casa y excelente dictado de Benavente; razón por la cual todos sus siervos y capellanes debemos estudiar cómo servir y agradecer las mercedes recibidas.

A esta causa suplico a Vuesa Señoría reciba este pequeño servicio, hurtado al sueño algunos ratos, en los cuales he recopilado esta relación que presento. Sé que he quedado corto, y podría ser notado por los prácticos de esta tierra que han visto y entendido mucho de lo que aquí se dirá.

Y porque esta obra no vaya coja de lo que los hombres naturalmente desean saber —y porque buscar y saber secretos es gloria de los señores y príncipes—, declararé brevemente lo que me parezca más conveniente.

Esta tierra de Anáhuac, o Nueva España —llamada así primero por el Emperador nuestro Señor—, según los libros antiguos que estos naturales tenían de caracteres y figuras, que era su escritura...

Y a falta de letras, y siendo la memoria de los hombres flaca, los viejos de esta tierra son varios en declarar las antigüedades; aunque algunas cosas se han colegido por sus figuras tocantes a la antigüedad y sucesión de los señores que gobernaron esta tan grande tierra.

En esto no se tratará de nombres ni personas difíciles de entender o pronunciar; bástele saber a Vuesa Señoría que, en tiempo de la conquista hecha por el buen caballero y venturoso capitán Hernando Cortés, marqués del Valle, era supremo rey uno llamado Moteuczoma —y por título de mayor dictado entre los indios, Moteuczomatzin—.

Había entre estos naturales cinco libros de figuras y caracteres:

El de los años y tiempos.

El de los días y fiestas del año.

El de los sueños, embustes y agüeros.

El del bautismo y nombres que daban a los niños.

El de los ritos, ceremonias y agüeros de matrimonios.

Del primero se puede dar crédito, porque habla verdad: aunque bárbaros y sin letras, tenían mucha orden en contar tiempos, días, semanas, meses, años y fiestas.

También figuraban hazañas e historias de guerras, sucesos de señores, señales del cielo, pestilencias, y todos los principales señores que dominaron la Nueva España hasta la venida de los españoles.

Este libro se llama Libro de la Cuenta de los Años.

Según él, los que poblaron esta tierra fueron tres linajes:

— Chichimecas

— Colhuas

— Mexicanos

De los Chichimecas no se halla más de que ha ochocientos años que moran en esta tierra, aunque se cree ser mucho más antiguos, por no haber tenido manera de escribir.

Vivían como salvajes: sin casas, vestidos ni pan; habitaban en cuevas y montes; comían raíces, venados, liebres, conejos y culebras, crudos o secados al sol. Hoy día aún vive gente semejante.

Estos naturales reconocían a un solo jefe como señor supremo. Tomaban una sola mujer, sin parentesco. No tenían sacrificios ni ídolos, sino que adoraban al sol y le ofrecían aves, culebras y mariposas.

Esto es cuanto se ha podido alcanzar de los Chichimecas.

Los segundos fueron los de Colhua. No se sabe de cierto de adónde vinieron, sino que no fueron naturales, sino que llegaron treinta años después de que los Chichimecas habitaban en la tierra; de manera que hay memoria de ellos de setecientos setenta años. Eran gente de razón, labraron y cultivaron la tierra, comenzaron a edificar y a hacer casas y pueblos, y al cabo comenzaron a comunicarse con los Chichimecas y a contraer matrimonios, casando unos con otros; aunque se sabe que esto no les duró más de ciento ochenta años.

Los terceros, como hice mención, son los Mexicanos, de los cuales se tratará adelante. Algunos quieren entender que son de los mismos de Colhua, y créese que será así, por ser la lengua toda una; aunque se sabe que estos Mexicanos fueron los postreros y que no tuvieron señores principales, sino que se gobernaron por capitanes. Los de Colhua parecieron gente de más cuenta y señores principales.

Los unos y los otros vinieron a la laguna de México. Los de Colhua entraron por la parte de oriente y edificaron un pueblo que se dice Tollantzinco, a diecisiete leguas de México; y de allí fueron a Tollán, doce leguas de México, a la parte del norte, y vinieron poblando hacia Tetzcoco, que está en la orilla del agua de la laguna de México, cinco leguas de travesía y ocho de rodeo. Tetzcoco está a la parte de oriente, y México al occidente, la laguna en medio.

Algunos quieren decir que Tetzcoco se llama Colhua por respecto de éstos que allí poblaron. Después, el señorío de Tetzcoco fue tan grande como el de México. De Tetzcoco vinieron a edificar Coatlichán, que está poco más de una legua de Tetzcoco, a la orilla del agua, entre oriente y mediodía. De allí fueron a Colhuacán, a la parte de mediodía; tiene a México al norte, a dos leguas, por una calzada. Allí, en Colhuacán, asentaron y estuvieron muchos años.

Adonde ahora es la ciudad de México, eran entonces pantanos y cenagales, salvo un poco que estaba enjuto, como isleta. Allí comenzaron los de Colhua a hacer unas pocas casas de paja, aunque siempre el señorío lo tuvieron en Colhuacán, y allí residía el señor principal.

En este medio tiempo vinieron los Mexicanos, y entraron también por el puerto llamado Tollán, que está a la parte del norte respecto a México, y vinieron hacia el poniente, poblando hasta Azcapotzalco, poco más de una legua de México. De allí fueron a Tlacopán y a Chapultepec, donde nace una excelente fuente que entra en México, y de allí poblaron México.

Residiendo los Mexicanos en México, cabeza de señorío, y los de Colhua en Colhuacán, en esta sazón se levantó un principal de los de Colhua y, con ambición de señorear, mató a traición al señor de los de Colhua, el cual era ya décimo tercero señor después que poblaron, y levantóse por señor de toda la tierra.

Como era sagaz, quiso, para reinar sin sospecha, matar a un hijo que había quedado de aquel señor a quien él había muerto. Éste, por industria de su madre, se escapó de la muerte y se fue a México, donde, estando muchos días, creció y vino a ser hombre. Los Mexicanos, vista su buena manera, trataron con él matrimonios, de suerte que casó con veinte mujeres, unas en vida de otras, y todas hijas y parientas de los más principales de los Mexicanos, de las cuales hubo muchos hijos; y de éstos descienden casi todos los principales señores de la comarca de México.

A éste favoreció la fortuna cuanto desfavoreció a su padre, porque vino a ser señor de México, y también de Colhuacán, aunque no de todo el señorío. En vida dio a un hijo el señorío de Colhua, y él quedó ennobleciendo a México, y reinó y señoreó en ella cuarenta y seis años.

Muerto este señor, que se llamaba Acamapitzin, le sucedió un hijo de tanto valor, o más que el padre, porque por su industria sujetó muchos pueblos. A éste sucedió después otro hermano suyo, al cual mataron sus vasallos a traición, aunque no sin gran culpa suya, porque vivía con mucho descuido.

A este tercero señor sucedió otro hermano, llamado Itzcoatzin, que fue muy venturoso, venció muchas batallas, sujetó muchas provincias, hizo muchos templos y engrandeció a México.

A éste sucedió otro señor llamado Huehue Moteuczoma, que quiere decir Moteuczoma el Viejo, que fue nieto del primer señor. Era entre esta gente costumbre que heredasen los señoríos los hermanos, si los había, y a los hermanos sucedía otra vez el hijo del mayor hermano; aunque en algunas partes sucedía el hijo al padre. Pero el suceder los hermanos era lo más general, y en los mayores señoríos, como eran México y Tetzcoco.

Muerto el viejo Moteuczoma sin hijo varón, le sucedió una hija legítima, cuyo marido fue un pariente suyo muy cercano, de quien fue hijo Moteuczomatzin, el cual reinaba en el tiempo en que los españoles vinieron a esta tierra de Anáhuac.

Este Moteuczomatzin reinaba en mayor prosperidad que ninguno de sus pasados, porque fue hombre sabio y supo hacerse acatar y temer; así fue el más temido señor de cuantos en esta tierra reinaron.

Esta dicción tzin, en que terminan los nombres de los señores aquí nombrados, no es propia del nombre, sino que se añade por cortesía y dignidad, como lo requiere esta lengua.

Este Moteuczoma tenía por sus pronósticos y agüeros que su gloria, triunfo y majestad no habían de durar muchos años, y que en su tiempo habían de venir gentes extrañas a señorear esta tierra; y por esta causa vivía triste, conforme a la interpretación de su nombre, porque Moteuczoma quiere decir hombre triste, sañudo, grave y modesto, que se hace temer y acatar; como, de hecho, éste lo tuvo todo.

Estos indios, además de poner por memorias caracteres y figuras de las cosas ya dichas, y en especial del suceso y generación de los señores y linajes principales, y de las cosas notables que en su tiempo acontecían, tenían también entre ellos personas de buena memoria que retenían y sabían contar y relatar todo lo que se les preguntaba.

De éstos yo topé con uno, a mi ver harto hábil y de buena memoria, el cual, sin contradicción de lo dicho, con brevedad me dio noticia y relación del principio y origen de estos naturales, según su opinión y los libros entre ellos más auténticos.

Pues éste dice que estos indios de la Nueva España tienen su principio en un pueblo llamado Chicomoztoc, que en nuestra lengua castellana quiere decir "Siete Cuevas"; y que un señor de ellos tuvo siete hijos, de los cuales el mayor y primogénito pobló Cuauhquechollán y otros muchos pueblos, y su generación vino poblando hasta salir a Tehuacán, Cozcatlán y Teutitlán.

Del segundo hijo, llamado Tenoch, vinieron los Tenochcas, que son los Mexicanos, y así se llama la ciudad de México: Tenochtitlán.

El tercer y cuarto hijos también poblaron muchas provincias y pueblos, hasta donde ahora está edificada la ciudad de los Ángeles, donde tuvieron grandes batallas y reencuentros, según se usaba en aquel tiempo. Poblaron también más adelante, adonde ahora está un pueblo de gran trato, a donde se solían juntar muchos mercaderes de diversas partes y de lejanas tierras, que se llama Xicalanco.

Otro pueblo del mismo nombre me acuerdo haber visto en la provincia de Maxcalzinco, que está cerca del puerto de la Vera Cruz, que poblaron los Xicalancas; y aunque ambos están en la costa, hay mucha distancia del uno al otro.

Del quinto hijo, llamado Mixtecatl, vinieron los Mixtecas. Su tierra se llama ahora Mixtecapán; es un gran reino: desde el primer pueblo hacia la parte de México, que se llama Acatlán, hasta el postrero, que se dice Tototepec, que está en la costa del Mar del Sur, son cerca de ochenta leguas.

En esta Mixteca hay muchas provincias y pueblos, y aunque es tierra de muchas montañas y sierras, va toda poblada. Hace algunas vegas y valles, pero no hay vega en toda ella tan ancha que pase de una legua.

Es tierra muy poblada y rica, donde hay minas de oro y plata, y muchos y muy buenos morales, por lo cual se comenzó aquí primero a criar la seda. Y aunque en esta Nueva España no ha mucho que esta granjería se comenzó, se dice que este año se cogerán más de quince mil libras de seda; y sale tan buena, que dicen los maestros que la tratan que la tonotzi es mejor que la joyante de Granada, y la joyante de esta Nueva España es muy extremada de buena seda.

Es esta tierra muy sana. Todos los pueblos están en alto, en lugares secos. Tiene buena templanza, y es de notar que en todo tiempo del año se cría la seda, sin faltar ningún mes.

Antes de escribir esta carta, en este año de 1541, anduve por esta tierra que digo, más de treinta días; y en el mes de enero vi en muchas partes semilla de seda: una que revivía, y gusanicos negros, y otros blancos de una dormida, y de dos, y de tres, y de cuatro dormidas; y otros gusanos grandes fuera de las panelas, en zarzos; y otros gusanos hilando, y otros en capullo, y palomitas que echaban simiente.

Hay en esto que he dicho tres cosas notables:

la primera, que se puede avivar la semilla sin ponerla en los pechos ni entre ropa, como se hace en España;

la segunda, que en ningún tiempo mueren los gusanos, ni por frío ni por calor;

y la tercera, que en los morales hay hoja verde todo el año, y esto es por la gran templanza de la tierra.

Todo esto oso afirmar porque soy de ello testigo de vista, y digo que se podrá criar seda en cantidad dos veces al año, y poca siempre todo el año, como está dicho.

En el fin de esta tierra de la Mixteca está el rico valle y fertilísimo de Oaxyacac, del cual se intitula el señor marqués, benemérito don Hernando Cortés, en el cual tiene muchos vasallos. Está en el medio de este valle, en una ladera, edificada la ciudad de Antequera, la cual es abundantísima de todo género de ganados y muy proveída de mantenimientos, en especial trigo y maíz. A principios de este año vi vender en ella la fanega de trigo a real, que en esta tierra no se estima tanto un real como en España medio.

Hay en esta ciudad muy buenos membrillos y granados, y muchos y muy buenos higos, que duran casi todo el año, y hácense en la tierra las higueras muy grandes y hermosas.

Del postrero hijo descienden los Otomíes, llamados de su nombre, que se llamaba Otomitl. Es una de las mayores generaciones de la Nueva España. Todo lo alto de las montañas, o la mayor parte, alrededor de México, está lleno de ellos. La cabeza de su señorío creo que es Xilotepec, que es una gran provincia, y las provincias de Tollán y Otompa casi todas son de ellos, sin contar que en lo bueno de la Nueva España hay muchas poblaciones de estos Otomíes, de los cuales proceden los Chichimecas. Y, en verdad, estas dos generaciones son las de más bajo metal y de gente más bárbara de toda la Nueva España; pero hábiles para recibir la fe, y han venido y vienen con gran voluntad a recibir el bautismo y la doctrina cristiana.

No he podido bien averiguar cuál de estos hermanos fue a poblar la provincia de Nicaragua, más de cuanto sé que, en tiempo de una grande esterilidad, compelidos muchos indios con necesidad, salieron de esta Nueva España; y sospecho que fue en aquel tiempo que hubo cuatro años que no llovió en toda la tierra. Porque se sabe que en este propio tiempo, por el mar del Sur, fue gran número de canoas o barcas, las cuales aportaron y desembarcaron en Nicaragua, que está de México más de trescientas cincuenta leguas, y dieron guerra a los naturales que allí tenían poblado, y los desbarataron y echaron de su señorío, y ellos se quedaron y poblaron allí aquellos nahuales.

Y aunque no hay más de cien años, poco más o menos, cuando los españoles descubrieron aquella tierra de Nicaragua, que fue en el año de 1523, y fue descubierta por Gil González de Ávila, juzgaron haber en la dicha provincia quinientas mil ánimas. Después se edificó allí la ciudad de León, que es cabeza de aquella provincia. Y porque muchos se maravillan al ver que Nicaragua sea y esté poblada de nahuales, que son de la lengua de México, y no sabiendo cuándo ni por quién fue poblada, pongo aquí la manera, porque apenas hay quien lo sepa en la Nueva España.

El mismo viejo, padre de los arriba dichos, casó segunda vez; la cual gente creyó que había salido y sido engendrada de la lluvia y del polvo de la tierra; y asimismo creían que el mismo viejo y su primera mujer habían salido de aquel lugar llamado Siete Cuevas, y que no tenían otro padre ni otra madre.

De aquella segunda mujer, Chimamatl, dicen que hubo un hijo solo que se llamó Quetzalcóatl, el cual salió hombre honesto y templado, y comenzó a hacer penitencia de ayunos y disciplinas, y a predicar, según se dice, la ley natural, y a enseñar, por ejemplo y por palabra, el ayuno. Desde este tiempo comenzaron muchos en esta tierra a ayunar. No fue casado ni se le conoció mujer, sino que vivió honesta y castamente.

Dicen que fue éste el primero que comenzó el sacrificio y a sacar sangre de las orejas y de la lengua; no por servir al demonio, sino en penitencia contra el vicio de la lengua y del oír. Después el demonio lo aplicó a su culto y servicio.

Un indio llamado Chichimecatl ató una cinta o correa de cuero al brazo de Quetzalcóatl, en lo alto, cerca del hombro, y por aquel tiempo y acontecimiento de atarle el brazo aclamáronle Acolhuatl. De éste dicen que vinieron los de Colhua, antecesores de Moteuczoma, señores de México y de Colhuacán, y a dicho Quetzalcóatl tuvieron los indios por uno de los principales de sus dioses, y llamáronle dios del aire. Por todas partes le edificaron infinito número de templos, le levantaron su estatua y pintaron su figura.

Acerca del origen de estos naturales hay diversas opiniones, y en especial de los de Colhua o Acolhua, que fueron los principales señores de esta Nueva España; y así unas opiniones como otras declararé a Vuestra Excelentísima Señoría.

Los de Tetzcoco, que en antigüedad y señorío no son menos que los mexicanos, se llaman hoy día Acolhuas, y toda su provincia junta se llama Acolhuacán, y este nombre les quedó de un valiente capitán que tuvieron, natural de la misma provincia, que se llamó por nombre Acoli, que así se llama aquel hueso que va desde el codo hasta el hombro, y del mismo hueso llaman al hombro Acoli.

Este capitán Acoli era como otro Saúl, valiente y alto de cuerpo, tanto que, de los hombros arriba, sobrepujaba a todo el pueblo, y no había otro a él semejante. Este Acoli fue tan animoso, esforzado y nombrado en la guerra, que de él se llamó la provincia de Tetzcoco Acolhuacán.

Los Tlaxcaltecas, que recibieron y ayudaron a conquistar la Nueva España a los españoles, son de los nahuales, esto es, de la misma lengua que los mexicanos. Dicen que sus antecesores vinieron de la parte del noroeste, y que, para entrar en esta tierra, navegaban ocho o diez días; y de los más antiguos que de allí vinieron tenían dos saetas, las cuales guardaban como preciosas reliquias, y las tenían por principal señal para saber si habían de vencer la batalla, o si se debían retirar con tiempo.

Fueron estos Tlaxcaltecas gente belicosa, como se dirá adelante en la tercera parte. Cuando salían a la batalla, llevaban aquellas saetas dos capitanes, los más señalados en esfuerzo, y en el primer reencuentro herían con ellas a los enemigos, arrojándolas de lejos, y procuraban, hasta la muerte, tornarlas a cobrar.

Y si con ellas herían y sacaban sangre, tenían por cierta la victoria y se animaban todos mucho para vencer, y con aquella esperanza se esforzaban para herir y vencer a sus enemigos. Y si con las dichas saetas no herían a nadie ni sacaban sangre, lo mejor que podían se retiraban, porque tenían por cierto agüero que les había de suceder mal en aquella batalla.

Volviendo al propósito: los más ancianos de los Tlaxcaltecas dicen que vinieron de aquella parte del noroeste, y que de allí señalan y dicen que vinieron los nahuales, que es la principal lengua y gente de la Nueva España; y esto mismo sienten y dicen otros muchos.

Hacia esta misma parte del noroeste están ya conquistadas y descubiertas quinientas leguas, hasta la provincia de Cíbola; y yo tengo carta de este mismo año, hecha, de cómo de aquella parte de Cíbola han descubierto infinita multitud de gente, en la cual no se ha hallado lengua de los nahuales, por donde parece ser gente extraña y nunca oída.

Aristóteles, en el libro De admirandis in Natura, dice que en los tiempos antiguos los Cartagineses navegaron por el estrecho de Hércules, que es nuestro estrecho de Gibraltar, hacia el occidente, navegación de sesenta días, y que hallaban tierras amenas, deleitosas y muy fértiles.

Y como se siguiese mucho aquella navegación, y allá se quedasen muchos hechos moradores, el senado cartaginense mandó, so pena de muerte, que ninguno navegase ni viniese por la tal navegación, por temor de que no se despoblase su ciudad.

Estas tierras o islas pudieron ser las que están antes de San Juan o la Española o Cuba, o por ventura alguna parte de esta Nueva España; pero una tan gran tierra, y tan poblada por todas partes, más parece traer origen de otras extrañas partes. Y aun, en algunos indicios, parece ser del repartimiento y división de los nietos de Noé.

Algunos españoles, considerados ciertos ritos, costumbres y ceremonias de estos naturales, los juzgan ser de generación de moros. Otros, por algunas causas y condiciones que en ellos ven, dicen que son de generación de judíos; mas la más común opinión es que todos ellos son gentiles, pues vemos que lo usan y tienen por bueno.

Si esta relación saliere de manos de Vuestra Ilustrísima Señoría, dos cosas le suplico en limosna por amor de Nuestro Señor: la una, que el nombre del autor se diga ser un fraile menor, y no otro nombre ninguno; la otra, que Vuestra Señoría la mande examinar en el primer capítulo que en esa su villa de Benavente se celebrare, pues en él se ajuntan personas asaz doctísimas, porque muchas cosas, después de escritas, aún no tuve tiempo de las volver a leer, y por esta causa sé que va algo vicioso y mal escrito.

Ruego a Nuestro Señor Dios que su santa gracia more siempre en el ánima de Vuestra Ilustrísima Señoría.

Hecha en el convento de Santa María de la Concepción de Tehuacán, día del glorioso apóstol San Matías, año de la redención humana de 1541.

—Pobre y menor siervo y capellán de V. I. S.,
MOTOLINÍA, Fray Toribio de Paredes.

TRATADO PRIMERO

Aquí comienza la relación de las cosas, idolatrías, ritos y ceremonias que en la Nueva España hallaron los españoles cuando la ganaron, con otras muchas cosas dignas de notar que en la tierra hallaron.

CAPÍTULO I: DE CÓMO Y CUÁNDO PARTIERON LOS PRIMEROS FRAILES QUE FUERON EN AQUEL VIAJE

En el año del Señor de 1523, día de la Conversión de San Pablo, que es a 25 de enero, el padre fray Martín de Valencia, de santa memoria, con once frailes sus compañeros, partieron de España para venir a esta tierra de Anáhuac, enviados por el reverendísimo padre fray Francisco de los Ángeles, entonces ministro general de la Orden de San Francisco. Vinieron con grandes gracias y perdones de nuestro muy Santo Padre, y con especial mandamiento de S. M. el Emperador, Nuestro Señor, para la conversión de los indios naturales de esta tierra de Anáhuac, ahora llamada Nueva España.

Hirió Dios y castigó esta tierra, y a los que en ella se hallaron, así naturales como extranjeros, con diez plagas trabajosas.

La primera fue de viruelas, y comenzó de esta manera. Siendo capitán y gobernador Hernando Cortés, al tiempo que el capitán Pánfilo de Narváez desembarcó en esta tierra, en uno de sus navíos vino un negro herido de viruelas, la cual enfermedad nunca en esta tierra se había visto, y a esta sazón estaba esta Nueva España en extremo muy llena de gente. Y como las viruelas comenzaron a pegar a los indios, fue entre ellos tan grande enfermedad y pestilencia en toda la tierra, que en las más provincias murió más de la mitad de la gente y en otras poco menos; porque, como los indios no sabían el remedio para las viruelas, antes, como tienen muy de costumbre, sanos y enfermos, el bañarse a menudo, y como no lo dejasen de hacer, morían como chinches a montones.

Murieron también muchos de hambre, porque, como todos enfermaron de golpe, no se podían curar los unos a los otros, ni había quien les diese pan ni otra cosa ninguna. Y en muchas partes aconteció morir todos los de una casa; y, porque no podían enterrar tantos como morían, para remediar el mal olor que salía de los cuerpos muertos, echábanles las casas encima, de manera que su casa era su sepultura. A esta enfermedad llamaron los indios "la gran lepra", porque eran tantas las viruelas, que se cubrían de tal manera que parecían leprosos; y hoy día en algunas personas que escaparon parece bien por las señales, que todos quedaron llenos de hoyos.

Después, a once años, vino un español herido de sarampión, y de él saltó en los indios, y si no fuera por el mucho cuidado que hubo en que no se bañasen, y en otros remedios, fuera otra tan gran plaga y pestilencia como la pasada, y aun con todo esto murieron muchos. Llamaron también a éste "el año de la pequeña lepra".

La segunda plaga fue los muchos que murieron en la conquista de la Nueva España, en especial sobre México; porque es de saber que cuando Hernando Cortés desembarcó en la costa de esta tierra, con el esfuerzo que siempre tuvo, y para poner ánimo a su gente, dio con los navíos todos que traía al través y metiose la tierra adentro; y, andadas cuarenta leguas, entró en la tierra de Tlaxcallán, que es una de las mayores provincias de la tierra y más llena de gente.

Entrando por lo poblado de ella, aposentose en unos templos del demonio, en un lugarejo que se llamaba Tecoautzinco; los españoles le llamaron la Torrecilla, porque está en un alto, y estando allí tuvo quince días de guerra con los indios que estaban a la redonda, que se llaman otomíes, que son gente baja, como labradores. De éstos se ayuntaba gran número, porque aquello es muy poblado.

Los indios de más adentro habían la misma lengua de México; y como los españoles peleasen valientemente con aquellos otomíes, sabido en Tlaxcallán, salieron los señores y principales, y tomaron gran amistad con los españoles, y lleváronlos a Tlaxcallán, y diéronles grandes presentes y mantenimientos en abundancia, mostrándoles mucho amor.

Y no contentos en Tlaxcallán, después que reposaron algunos días, tomaron el camino para México. El gran señor de México, que se llamaba Moteuczoma, recibiolos de paz, saliendo con gran majestad, acompañado de muchos señores principales, y dio muchas joyas y presentes al capitán don Hernando Cortés, y a todos sus compañeros hizo muy buen acogimiento; y así anduvieron con su guarda y concierto, paseándose por México muchos días.

En este tiempo sobrevino Pánfilo de Narváez con más gente y más caballos, mucho más que la que tenía Hernando Cortés; los cuales, puestos debajo de la bandera y capitanía de Cortés, con presunción y soberbia, confiando en sus armas y fuerzas, humillolos Dios de tal manera que, queriendo los indios echarlos de la ciudad y comenzándoles a dar guerra, los echaron fuera sin mucho trabajo, muriendo en la salida más de la mitad de los españoles, y casi todos los otros fueron heridos, y lo mismo fue de los indios que eran amigos suyos; y aun estuvieron muy a punto de perderse todos, y tuvieron harto que hacer en volver a Tlaxcallán, por la mucha gente de guerra que por todo el camino los seguía.

Llegados a Tlaxcallán, curáronse y convalecieron, mostrando siempre ánimo; y, haciendo de las tripas corazón, salieron conquistando, y llevando consigo muchos de los Tlaxcaltecas conquistaron la tierra de México.

Y para conquistar México habían hecho en Tlaxcallán bergantines, los cuales están hoy día en las atarazanas de México. Lleváronlos en piezas desde Tlaxcallán a Tetzcoco, que son quince leguas.

Y, armados los bergantines en Tetzcoco y echados al agua, cuando ya tenían ganados muchos pueblos, y otros que les ayudaban de guerra, de Tlaxcallán fue gran número de gente de guerra en favor de los españoles contra los mexicanos, porque siempre habían sido muy enemigos capitales de México. En México y en su favor había mucha más pujanza, porque estaban en ella y en su favor todos los más principales señores de la tierra.

Llegados los españoles, pusieron cerco a México, tomando todas las calzadas, y con los bergantines, peleando por el agua, guardaban que no entrase a México socorro ni mantenimientos. Los capitanes, por las calzadas, hicieron la guerra cruelmente, y ponían por tierra todo lo que ganaban de la ciudad; porque, antes que diesen en destruir los edificios, lo que por el día los españoles les ganaban, retraídos a sus reales y estancias, de noche tornaban los indios a ganar y abrir las calzadas.

Y después que fueron derribando edificios y cegando calzadas, en espacio de muchos días ganaron a México. En esta guerra, por la gran muchedumbre que de la una parte y de la otra murieron, comparan el número de los muertos y dicen ser más que los que murieron en Jerusalén cuando la destruyó Tito y Vespasiano.

La tercera plaga fue una muy gran hambre, luego como fue tomada la ciudad de México; que, como no pudieron sembrar por las muy grandes guerras —unos defendiendo la tierra ayudando a los mexicanos, otros siendo en favor de los españoles—, y lo que sembraban los unos los otros lo talaban y destruían, no tuvieron qué comer.

Y aunque en esta tierra acontecía haber años estériles y de pocas aguas, y otros de muchas heladas, los indios en estos años comen mil raíces y yerbecillas, porque es generación que mejor que otros, y con menos trabajo, pasan los años estériles; pero aqueste que digo fue de tanta falta de pan, que en esta tierra llaman centli cuando está en mazorca, y en lengua de las islas le llaman maíz, y de este vocablo y de otros muchos usan los españoles, los cuales trajeron de las islas a esta Nueva España.

El cual maíz faltó en tanta manera, que aun los españoles se vieron en mucho trabajo por falta de ello.

La cuarta plaga fue de los calpixques, o estancieros, y negros, que luego que la tierra se repartió, los conquistadores pusieron en sus repartimientos y pueblos a ellos encomendados, criados o negros, para cobrar los tributos y para entender en sus granjerías. Éstos residían y residen en los pueblos, y aunque por la mayor parte son labradores de España, hanse enseñoreado de esta tierra y mandan a los señores principales, naturales de ella, como si fuesen sus esclavos; y porque no querría descubrir sus defectos, callaré lo que siento con decir que se hacen servir y temer como si fuesen señores absolutos y naturales, y nunca otra cosa hacen sino demandar; y por mucho que les den, nunca están contentos.

Adondequiera que están, todo lo enconan y corrompen, hediondos como carne dañada, y no se aplican a hacer nada sino a mandar. Son zánganos que comen la miel que labran las pobres abejas, que son los indios; y no les basta lo que los tristes les pueden dar, sino que son importunos. En los años primeros eran tan absolutos estos calpixques en maltratar a los indios y en cargarlos y enviarlos lejos de su tierra, y darles otros muchos trabajos, que muchos indios murieron por su causa y a sus manos, que es lo peor.

La quinta plaga fue los grandes tributos y servicios que los indios hacían; porque, como los indios tenían en los templos de los ídolos, y en poder de los señores y principales, y en muchas sepulturas, gran cantidad de oro recogido de muchos años, comenzaron a sacar de ellos grandes tributos; y los indios, con el gran temor que cobraron a los españoles del tiempo de la guerra, daban cuanto tenían. Mas, como los tributos eran tan continuos, que apenas pagaban uno cuando les obligaban a otro, para poder ellos cumplir vendían los hijos y las tierras a los mercaderes; y, faltando de cumplir el tributo, muchos murieron por ello, unos con tormentos y otros en prisiones crueles, porque los trataban bestialmente y los estimaban en menos que a bestias.

La sexta plaga fueron las minas del oro, que, además de los tributos y servicios de los pueblos a los españoles encomendados, luego comenzaron a buscar minas, que los esclavos indios que hasta hoy en ellas han muerto no se podrían contar; y fue el oro de esta tierra como otro becerro por Dios adorado, porque desde Castilla le vienen a adorar, pasando tantos trabajos y peligros. Y ya que lo alcanzan, plegue a Nuestro Señor que no sea para su condenación.

La séptima plaga fue la edificación de la gran ciudad de México, en la cual, los primeros años, andaba más gente que en la edificación del templo de Jerusalén; porque era tanta la gente que andaba en las obras, que apenas podía hombre romper por algunas calles y calzadas, aunque son muy anchas. Y en las obras, a unos tomaban las vigas, otros caían de alto, a otros tomaban debajo los edificios que deshacían en una parte para hacer en otra, en especial cuando deshicieron los templos principales del demonio. Allí murieron muchos indios, y tardaron muchos años hasta los arrancar de cepa, de los cuales salió infinidad de piedra.

Es la costumbre de esta tierra no la mejor del mundo, porque los indios hacen las obras, y a su costa buscan los materiales, y pagan los pedreros y carpinteros; y si ellos mismos no traen qué comer, ayunan. Todos los materiales traen a cuestas; las vigas y piedras grandes traen arrastrando con sogas. Y como les faltaba el ingenio y abundaba la gente, la piedra o viga que había menester cien hombres, traíanla cuatrocientos; y tienen de costumbre ir cantando y dando voces, y los cantos y voces apenas cesaban ni de noche ni de día, por el gran fervor que traían en la edificación del pueblo los primeros días.

La octava plaga fueron los esclavos que hicieron para echar en las minas. Fue tanta la prisa que en algunos años dieron a hacer esclavos, que de todas partes entraban en México tan grandes manadas como de ovejas, para echarles el hierro; y no bastaban los que entre los indios llamaban esclavos (que, ya que según su ley cruel y bárbara algunos lo sean, pero según ley y verdad casi ninguno es esclavo), mas por la prisa que daban a los indios para que trajesen esclavos en tributo, tanto número de ochenta en ochenta días, acabados los esclavos, traían los hijos y los macehuales, que es gente baja como vasallos labradores, y cuantos más haber y juntar podían, y traíanlos atemorizados para que dijesen que eran esclavos.

Y el examen no se hacía con mucho escrúpulo, y el hierro andaba bien barato; dábanles por aquellos rostros tantos letreros, además del principal hierro del rey, tanto que toda la cara traían escrita, porque de cuantos era comprado y vendido llevaba letreros. Y por esto esta octava plaga no se tiene por la menor.

La novena plaga fue el servicio de las minas, a las cuales iban de sesenta leguas y más a llevar mantenimientos los indios cargados; y la comida que para sí mismos llevaban, a unos se les acababa en llegando a las minas, a otros en el camino de vuelta antes de su casa, y otros detenían los mineros algunos días para que les ayudasen a descopetar, o los ocupaban en hacer casas y servirse de ellos.

Adonde, acabada la comida, o se morían allá en las minas, o por el camino; porque dineros no los tenían para comprarla, ni había quien se la diese. Otros volvían tales, que luego morían; y de éstos, y de los esclavos que murieron en las minas, fue tanto el hedor que causó pestilencia, en especial en las minas de Oaxyecac, en las cuales, media legua a la redonda y mucha parte del camino, apenas se podía pasar sino sobre hombres muertos o sobre huesos.

Y eran tantas las aves y cuervos que venían a comer sobre los cuerpos muertos, que hacían gran sombra al sol; por lo cual se despoblaron muchos pueblos, así del camino como de la comarca. Otros indios huían a los montes y dejaban sus casas y haciendas desamparadas.

La décima plaga fueron las divisiones y bandos que hubo entre los españoles que estaban en México, que fue la que en mayor peligro puso la tierra para se perder, si Dios no tuviera a los indios como ciegos; y estas diferencias y bandos fueron causa de que se justiciasen algunos españoles, y otros fueron afrentados y desterrados. Otros fueron heridos cuando llegaron a las manos, no habiendo quien les pusiese en paz ni quien se metiese en medio, si no eran los frailes, porque esos pocos españoles que había todos estaban apasionados de un bando o de otro.

Era menester salir los frailes, unas veces a impedir que no rompiesen, otras a meterse entre ellos después de trabados, andando entre los tiros y armas con que peleaban, y hollados de los caballos; porque, además de poner paz porque la tierra no se perdiese, sabíase que los indios estaban apercibidos de guerra y tenían hechas casas de armas, aguardando a que llegase una nueva que esperaban: que al capitán y gobernador Hernando Cortés habían de matar en el camino de las Hibueras, por una traición que los indios tenían ordenada con los que ido habían con él por el camino.

Lo cual él supo muy cerca del lugar adonde estaba ordenada; justició a los principales señores que eran en la traición, y con esto cesó el peligro. Y acá, en México, se esperaban a cuando los unos españoles desbaratasen a los otros, para dar en los que quedasen y matarlos todos a cuchillo, lo cual Dios no permitió, porque no se perdiese lo que con tanto trabajo, para su servicio, se había ganado.

Y el mismo Dios daba gracia a los frailes para los apaciguar, y a los españoles para que los obedeciesen como a verdaderos padres, lo cual siempre hicieron; y los mismos españoles habían rogado a los frailes menores (que entonces no había otros) que usasen del poder que tenían del Papa, hasta que hubiese obispos. Y así, unas veces por ruego, y otras poniéndoles censuras, remediaron grandes males y excusaron muchas muertes.

CAPÍTULO II: DE LO MUCHO QUE LOS FRAILES AYUDARON EN LA CONVERSIÓN DE LOS INDIOS

Quedó tan destruida la tierra de las revueltas y plagas ya dichas, que quedaron muchas casas yermas del todo, y ninguna hubo adonde no cupiese parte del dolor y llanto, lo cual duró muchos años.

Y para poner remedio a tan grandes males, los frailes se encomendaron a la Santísima Virgen María, norte y guía de los perdidos y consuelo de los atribulados; y juntamente con esto tomaron por capitán y caudillo al glorioso San Miguel, al cual, con San Gabriel y a todos los ángeles, decían cada lunes una misa cantada, la cual hasta hoy día en algunas casas se dice; y casi todos los sacerdotes en las misas dicen una colecta de los ángeles.

Y luego que el primer año tomaron alguna noticia de la tierra, parecióles que sería bien que pasasen algunos de ellos a España, así por alcanzar favor de Su Majestad para los naturales, como para traer más frailes, porque la grandeza de la tierra y la muchedumbre de la gente lo demandaba.

Y los que quedaron en la tierra recogieron en sus casas a los hijos de los señores y principales, y bautizaron muchos con voluntad de sus padres. Estos niños que los frailes criaban y enseñaban salieron muy bonitos y muy hábiles, y tomaban tan bien la buena doctrina, que enseñaban a otros muchos; y además de esto ayudaban mucho, porque descubrían a los frailes los ritos e idolatrías, y muchos secretos de las ceremonias de sus padres, lo cual era muy gran materia para confundir y desvanecer sus errores y ceguedad en que estaban.

Declaraban los frailes a los indios quién era el verdadero y universal Señor, criador del cielo y de la tierra y de todas las criaturas, y cómo este Dios, con su infinita sabiduría, lo regía y gobernaba, y daba todo el ser que tenía, y cómo por su gran bondad quiere que todos se salven.

Asimismo los desengañaban y decían quién era aquel a quien servían, y el oficio que tenía, que era llevar a perpetua condenación de penas terribles a todos los que en él creían y se confiaban. Y con esto les decía cada uno de los frailes lo más y mejor que entendía que convenía para la salvación de los indios; pero a ellos les era gran fastidio oír la palabra de Dios, y no querían entender en otra cosa sino en darse a vicios y pecados, dándose a sacrificios y fiestas, comiendo y bebiendo, y embeodándose en ellas, y dando de comer a los ídolos de su propia sangre, la cual sacaban de sus propias orejas, lengua y brazos, y de otras partes del cuerpo, como adelante diré.

Era esta tierra un traslado del infierno: ver los moradores de ella, de noche, dar voces, unos llamando al demonio, otros borrachos, otros cantando y bailando. Traían atabales, bocinas, cornetas y caracoles grandes, en especial en las fiestas de sus demonios.

Las beoderas que hacían muy ordinarias; es increíble el vino que en ellas gastaban y lo que cada uno en el cuerpo metía. Antes que a su vino lo cuezan con unas raíces que le echan, es claro y dulce como aguamiel. Después de cocido hácese algo espeso y tiene mal olor, y los que con él se embeodan, mucho peor.

Comúnmente comenzaban a beber después de vísperas, y dábanse tanta prisa a beber de diez en diez, o quince en quince, y los escanciadores no cesaban, y la comida, que no era mucha; a prima noche ya van perdiendo el sentido, ya cayendo, ya asentando, cantando y dando voces llamando al demonio. Era cosa de gran lástima ver los hombres criados a la imagen de Dios vueltos peores que brutos animales; y lo que peor era, que no quedaban en aquel solo pecado, mas cometían otros muchos, y se herían y descalabraban unos a otros, y acontecía matarse, aunque fuesen muy amigos y propincuos parientes.

Y, fuera de estar beodos, son tan pacíficos, que cuando riñen mucho se empujan unos a otros, y apenas nunca dan voces, si no es las mujeres, que algunas veces riñendo dan gritos, como en cada parte donde las hay acontece.

Tenían otra manera de embriaguez que los hacía más crueles: era con unos hongos o setas pequeñas, que en esta tierra los hay como en Castilla; mas los de esta tierra son de tal calidad, que, comidos crudos y por ser amargos, beben tras ellos o comen con ellos muy poco de miel de abejas; y de allí a poco rato veían mil visiones, en especial culebras.

Y como salían fuera de todo sentido, parecíales que las piernas y el cuerpo tenían llenos de gusanos que los comían vivos, y así, medio rabiando, se salían fuera de casa, deseando que alguno los matase; y con esta bestial embriaguez y trabajo que sentían, acontecía alguna vez ahorcarse, y también eran contra los otros más crueles.

A estos hongos llaman en su lengua Teonanacatl, que quiere decir carne de Dios, o del demonio que ellos adoraban; y de la dicha manera, con aquel amargo manjar, su cruel dios los comulgaba.

En muchas de sus fiestas tenían costumbre de hacer bollos de masa, y éstos de muchas maneras, que casi usaban de ellos en lugar de comunión de aquel dios cuya fiesta hacían; pero tenían una que más propiamente parecía comunión.

Y era que, por noviembre, cuando ellos habían cogido su maíz y otras semillas, de la simiente de un género de planta llamada por ellos cenizos, con masa de maíz hacían unos tamales, que son unos bollos redondos, y éstos cocían en agua en una olla; y en tanto que se hacían, tañían algunos niños con un género de atabal, que es todo labrado en un palo, sin cuero ni pergamino; y también cantaban y decían que aquellos bollos se tornaban carne de Tezcatlipoca, que era el dios o demonio que tenían por mayor, y a quien más dignidad atribuían.

Y sólo los dichos muchachos comían aquellos bollos en lugar de comunión, o carne de aquel demonio; los otros indios procuraban de comer carne humana de los que morían en el sacrificio, y ésta comían comúnmente los señores principales y mercaderes, y los ministros de los templos; que a la otra gente baja pocas veces les alcanzaba un bocadillo.

Después que los españoles anduvieron de guerra, y ya ganada México hasta pacificar la tierra, los indios amigos de los españoles muchas veces comían de los que mataban, porque no todas veces los españoles se lo podían defender, sino que algunas veces, por la necesidad que tenían de los indios, pasaban por ello, aunque lo aborrecían.

CAPÍTULO III: LA DEVOCIÓN QUE LOS INDIOS TOMARON CON LA SEÑAL DE LA CRUZ, Y CÓMO SE COMENZÓ A USAR.

En todo este tiempo los frailes no estaban descuidados de ayudar a la fe y a los que por ella peleaban, con oraciones y plegarias, mayormente el padre fray Martín de Valencia con sus compañeros, hasta que vino otro padre llamado fray Juan de Zumárraga, que fue primer obispo de México; el cual puso luego mucho cuidado y diligencia en adornar y ataviar su iglesia catedral, en lo cual gastó cuatro años toda la renta del obispado.

Entonces no había proveídas dignidades en la Iglesia, sino que todo se gastaba en ornamentos y edificios de la iglesia, por lo cual está tan ricamente ataviada y adornada como una de las buenas iglesias de España; aunque al dicho fray Juan de Zumárraga no le faltaron trabajos, hasta hacerle volver a venir a España, dejando primero levantada la señal de la cruz, de la cual comenzaron a pintar muchas.

Y como en esta tierra hay muy altas montañas, también hicieron altas y grandes cruces, a las cuales adoraban, y mirando sanaban algunos que aún estaban heridos de la idolatría. Otros muchos, con esta santa señal, fueron librados de diversas asechanzas y visiones que se les aparecían, como adelante se dirá en su lugar.

Los ministros principales que en los templos de los ídolos sacrificaban y servían, y los señores viejos —que, como todos estaban acostumbrados a ser servidos y gozar de toda la tierra, porque no sólo eran señores de sus mujeres e hijos y haciendas, mas de todo lo que ellos querían y pensaban, todo estaba a su voluntad y querer, y los vasallos no tienen otro querer sino el del señor, y si alguna cosa les mandan, por grave que sea, no saben responder otra cosa sino mayuh, que quiere decir "así sea"—, pues estos señores y ministros principales no consentían la ley que contradice a la carne.

Lo cual remedió Dios, matando muchos de ellos con las plagas y enfermedades ya dichas, y otros se convirtieron; y de los que murieron han venido los señoríos a sus hijos, que eran de pequeños bautizados y criados en la casa de Dios; de manera que el mismo Dios les entrega sus tierras en poder de los que en Él creen; y lo mismo ha hecho contra los opositores que contradicen la conversión de estos indios por muchas vías.

Procuraron también los frailes que se hiciesen iglesias en todas partes, y así ahora casi en cada provincia en donde hay monasterio hay advocaciones de los doce Apóstoles, mayormente de San Pedro y de San Pablo; los cuales, además de las iglesias intituladas de sus nombres, no hay retablo en ninguna parte adonde no estén pintadas sus imágenes.

En todos los templos de los ídolos, si no era en algunos derribados y quemados de México, en los de la tierra, y aun en el mismo México, eran servidos y honrados los demonios. Ocupados los españoles en edificar México y en hacer casas y moradas para sí, contentábanse con que no hubiese delante de ellos sacrificio de homicidio público, que a escondidas y a la redonda de México no faltaban; y de esta manera se estaba la idolatría en paz, y las casas de los demonios servidas y guardadas con sus ceremonias.

En esta sazón era ido el gobernador don Hernando Cortés a las Hibueras, y, vista la ofensa que a Dios se hacía, no faltó quien se lo escribió, para que mandase cesar los sacrificios del demonio; porque mientras esto no se quitase, aprovecharía poco la predicación, y el trabajo de los frailes sería en balde; en lo cual luego proveyó bien cumplidamente.

Mas como cada uno tenía su cuidado, como dicho es, aunque lo había mandado, estábase la idolatría tan entera como de antes; hasta que el primero día del año de 1525, que aquel año fue en domingo, en Tetzcoco, adonde había los más y mayores teocallis o templos del demonio, y más llenos de ídolos y muy servidos de papas y ministros, la dicha noche tres frailes, desde las diez de la noche hasta que amaneció, espantaron y ahuyentaron a todos los que estaban en las casas y salas de los demonios.

Y aquel día, después de misa, se les hizo una plática, condenando mucho los homicidios y mandándoles, de parte de Dios y del rey, no hiciesen la tal obra, sino que los castigarían según que Dios mandaba que los tales fuesen castigados. Ésta fue la primera batalla dada al demonio; y luego en México, y sus pueblos y derredores, y en Cuautitlán.

Y asimismo, cuando en Tlaxcallán comenzaron a derribar y a destruir ídolos y a poner la imagen del Crucifijo, hallaron la imagen de Jesucristo crucificado y de su bendita Madre puestas entre sus ídolos, las mismas que los cristianos les habían dado, pensando que a ellas solas adorarían; o fue que ellos, como tenían cien dioses, querían tener ciento y uno.

Pero bien sabían los frailes que los indios adoraban lo que solían. Entonces vieron que tenían algunas imágenes con sus altares, junto con sus demonios e ídolos; y en otras partes, la imagen patente y el ídolo escondido, o detrás de un paramento, o tras la pared, o dentro del altar.

Y por esto se las quitaron, cuantas pudieron haber, diciéndoles que si querían tener imágenes de Dios o de Santa María, que les hiciesen iglesia. Y al principio, por cumplir con los frailes, comenzaron a demandar que les diesen las imágenes y a hacer algunas ermitas y adoratorios, y después iglesias, y ponían en ellas imágenes; y con todo esto, siempre procuraron de guardar sus templos sanos y enteros.

Aunque después, yendo la cosa adelante, para hacer las iglesias comenzaron a echar mano de sus teocallis para sacar de ellos piedra y madera, y de esta manera quedaron desolados y derribados; y los ídolos de piedra, de los cuales había infinitos, no sólo escaparon quebrados y hechos pedazos, pero vinieron a servir de cimientos para las iglesias; y como había algunos muy grandes, venían lo mejor del mundo para cimiento de tan grande y santa obra.

Sólo Aquel que cuenta las gotas del agua de la lluvia y las arenas del mar puede contar todos los muertos y tierras despobladas de Haití (hoy la Isla Española), Cuba, San Juan, Jamaica y las otras islas; y, no hartando la sed de su avaricia, fueron a descubrir las innumerables islas de los Lucayos y las de Mayaguana, que decían herrerías de oro, de muy hermosa y dispuesta gente y sus domésticos guatiaos, con toda la costa de la Tierra Firme, matando tantas ánimas y echándolas casi todas en el infierno, tratando a los hombres peor que a bestias, y tuviéronlos en menos estima, como si en realidad no fuesen criados a la imagen de Dios.

Yo he visto y conocido hartos de esta tierra y confesado algunos de ellos, y son gente de muy buena razón y de buenas conciencias; ¿pues por qué no lo fueran los otros, si no les dieran tanta prisa a los matar y acabar?

¡Oh, cuánta razón sería en la Nueva España abrir los ojos y escarmentar en los que de estas islas han perecido! Llamo Nueva España desde México a la tierra del Perú, y todo lo descubierto de aquella parte de la Nueva Galicia hacia el norte.

Toda esta tierra, lo que no está destruido, debería escarmentar y temer el juicio que Dios hará por la destrucción de las otras islas; baste que ya en esta Nueva España hay muchos pueblos asolados, a lo menos en la costa del mar del norte y también en la de la mar del sur, y adonde hubo minas al principio que la tierra se repartió, y aun otros muchos pueblos lejos de México están con media vida.

Si alguno preguntase qué ha sido la causa de tantos males, yo diría que la codicia: que, por poner en el cofre unas barras de oro para no sé quién —que tales bienes yo digo que no los gozará el tercero heredero—, como cada día vemos que entre las manos se pierden y se deshacen como humo, como bienes de trasgo, y a más tardar duran hasta la muerte.

Y entonces, por cubrir el desventurado cuerpo con desordenadas y vanas pompas y trajes de gran locura, queda la desventurada ánima pobre, fea y desnuda.

¡Oh, cuántos y cuántos por esta negra codicia desordenada del oro de esta tierra están quemándose en el infierno! Y pléguele a Dios que pare en esto; aunque yo sé y veo cada día que hay algunos españoles que quieren más ser pobres en esta tierra que, con minas y sudor de indios, tener mucho oro; y por esto hay muchos que han dejado las minas.

Otros conozco que, de no estar bien satisfechos de la manera como acá se hacen los esclavos, los han ahorrado. Otros van modificando y quitando mucha parte de los tributos y tratando bien a los indios. Otros se pasan sin ellos, porque les parece cargo de conciencia servirse de ellos.

Otros no llevan otra cosa más de sus tributos modificados, y todo lo demás, de comidas o de mensajeros o de indios cargados, lo pagan, por no tener que dar cuenta de los sudores de los pobres.

CAPÍTULO IV: DE CÓMO COMENZARON ALGUNOS DE LOS INDIOS A VENIR AL BAUTISMO

Ya que los predicadores se comenzaron a soltar algo en la lengua y predicaban sin libros, y como ya los indios no llamaban ni servían a los ídolos si no era lejos y escondidamente, venían muchos de ellos los domingos y fiestas a oír la palabra de Dios.

Y lo primero que fue menester decirles fue darles a entender quién es Dios vivo, todopoderoso, sin principio ni fin, criador de todas las cosas, cuyo saber no tiene fin, suma bondad, el cual crió todas las cosas visibles e invisibles, y las conserva y da ser; y, tras esto, lo que más les pareció que convenía decirles por entonces.

Y luego, junto con esto, fue menester darles también a entender quién era Santa María, porque hasta entonces solamente nombraban "María" o "Santa María", y diciendo este nombre pensaban que nombraban a Dios; y a todas las imágenes que veían llamaban Santa María.

Ya esto declarado, y la inmortalidad del alma, dábales a entender quién era el demonio en quien ellos creían, y cómo los traía engañados; y las maldades que en sí tiene, y el cuidado que pone en trabajar que ninguna alma se salve. Lo cual oyendo, hubo muchos que tomaron tanto espanto y temor, que temblaban de oír lo que los frailes decían; y algunos pobres desharrapados, de los cuales hay hartos en esta tierra, comenzaron a venir al bautismo y a buscar el reino de Dios, demandándole con lágrimas y suspiros y mucha importunación.

En servir de leña al templo del demonio tuvieron estos indios siempre muy gran cuidado, porque siempre tenían en los patios y salas de los templos del demonio muchos braseros de diversas maneras, algunos muy grandes. Los más estaban delante de los altares de los ídolos, que todas las noches ardían.

Tenían asimismo unas casas o templos del demonio redondos, unos grandes y otros menores, según eran los pueblos; la boca hecha como de infierno, y en ella pintada la boca de una temerosa sierpe con terribles colmillos y dientes, y en algunas de éstas los colmillos eran de bulto, que verlo y entrar dentro ponía gran temor y grima, en especial el infierno que estaba en México, que parecía traslado del verdadero infierno. En estos lugares había lumbre perpetua de noche y de día.

Estas casas o "infiernos" que digo, eran redondos y bajos, y tenían el suelo bajo, que no subían a ellos por gradas como los otros templos; de los cuales también había muchos redondos, mas eran altos y con sus altares, y subían a ellos por muchas gradas. Éstos eran dedicados al dios del viento, que se decía Quetzalcóatl.

Había unos indios diputados para traer leña y otros para velar, poniendo siempre lumbre; y casi lo mismo hacían en las casas de los señores, adonde en muchas partes hacían lumbre, y aun hoy día hacen algunas y velan las casas de los señores, pero no como solían, porque ya no hacen de diez partes la una.

En este tiempo se comenzó a encender otro fuego de devoción en los corazones de los indios que se bautizaban, cuando aprendían el Ave María y el Pater Noster, y la doctrina cristiana; y para que mejor lo tomasen y sintiesen algún sabor, diéronselas cantadas: el Per signum Crucis, Pater Noster, Ave María, Credo y Salve, con los mandamientos en su lengua, de un canto llano y gracioso.

Fue tanta la prisa que se dieron a aprenderlo, y como la gente era mucha, estábanse a montoncillos, así en los patios de las iglesias y ermitas como por sus barrios, tres y cuatro horas cantando y aprendiendo oraciones; y era tanta la prisa, que por doquiera que fuesen, de día o de noche, por todas partes se oía cantar y decir toda la doctrina cristiana.

De lo cual los españoles se maravillaban mucho, de ver el fervor con que lo decían y la gana con que lo aprendían, y la prisa que se daban a lo aprender; y no sólo aprendieron aquellas oraciones, sino otras muchas, que saben y enseñan a otros con la doctrina cristiana; y en esto y en otras cosas los niños ayudan mucho.

Ya que pensaban los frailes que, con estar quitada la idolatría de los templos del demonio y venir a la doctrina cristiana y al bautismo, era todo hecho, hallaron lo más dificultoso y lo que más tiempo fue menester para destruir.

Y fue que, de noche, se ayuntaban y llamaban y hacían fiestas al demonio, con muchos y diversos ritos que tenían antiguos, en especial cuando sembraban el maíz y cuando lo cogían; y de veinte en veinte días —que tenían sus meses—, y el postrero día de aquellos veinte era fiesta general en toda la tierra.

Cada día de éstos era dedicado a uno de los principales de sus demonios, los cuales celebraban con diversos sacrificios de muertes de hombres, con otras muchas ceremonias. Tenían diez y ocho meses, como presto se dirá, y cada mes de veinte días; y, acabados éstos, quedábanles otros cinco días, que decían que andaban en vano, sin año.

Estos cinco días eran también de grandes ceremonias y fiestas, hasta que entraban en año. Además de éstos, tenían otros días de sus difuntos, de llanto que por ellos hacían; en los cuales días, después de comer y emborracharse, llamaban al demonio.

Y estos días eran de esta manera: enterraban y lloraban al difunto, y después, a los veinte días, tornaban a llorar al difunto y a ofrecer por él comida y rosas encima de su sepultura; y cuando se cumplían ochenta días, hacían otro tanto, y de ochenta en ochenta días lo mismo.

Y, acabado el año, cada año, en el día que murió el difunto, le lloraban y hacían ofrenda, hasta el cuarto año; y desde allí cesaban totalmente, para nunca más se acordar del muerto por vía de hacer sufragio.

A todos sus difuntos nombraban teotl fulano, que quiere decir "fulano dios" o "fulano santo".

Cuando los mercaderes venían de lejos u otras personas, sus parientes y amigos hacíanles gran fiesta y emborrachábanse con ellos. Tenían en mucho alongarse de sus tierras y darse por allá buena maña y volver hombres, aunque no trajesen más que la persona.

También, cuando alguno acababa de hacer una casa, le hacían fiesta. Otros trabajaban y adquirían dos o tres años cuanto podían, para hacer una fiesta al demonio; y en ella no sólo gastaban cuanto tenían, mas aun se adeudaban, de manera que tenían que servir y trabajar otro año, y aun otros dos, para salir de deuda.

Y otros que no tenían caudal para hacer aquella fiesta, vendíanse y hacíanse esclavos para hacer una fiesta un día al demonio. En estas fiestas gastaban gallinas, perrillos y codornices para los ministros de los templos, su vino y pan, todo en abundancia, porque todos salían borrachos.

Compraban muchas rosas y cañutos de perfumes, cacao —que es otro brebaje bueno— y frutas. En muchas de estas fiestas daban a los convidados mantas, y en las más de ellas bailaban de noche y de día, hasta quedar cansados o borrachos.

Además de esto, hacían otras muchas fiestas con diversas ceremonias, y las noches de ellas todo era dar voces y llamar al demonio, que no bastaba poder ni saber humano para las quitar, porque les era muy duro dejar la costumbre en que se habían envejecido.

Las cuales costumbres e idolatrías, a lo menos las más de ellas, los frailes tardaron más de dos años en vencer y desarraigar, con el favor y ayuda de Dios, y sermones y amonestaciones que siempre les hacían.

Desde a poco tiempo vinieron a decir a los frailes cómo escondían los indios los ídolos y los ponían en los pies de las cruces, o en aquellas gradas debajo de las piedras, para allí hacer que adoraban la cruz y adorar al demonio, y querían allí guarecer la vida de su idolatría.

Los ídolos que los indios tenían eran muy muchos y en muchas partes, en especial en los templos de sus demonios, y en los patios, y en los lugares eminentes, así como bosques, grandes cerrejones, y en los puertos y mogotes altos; adondequiera que se hacía algún alto, o lugar gracioso, o dispuesto para descansar.

Y los que pasaban echaban sangre de las orejas o de la lengua, o echaban un poco de incienso del que hay en aquella tierra, que llaman copalli; otros, rosas que cogían por el camino; y cuando otra cosa no tenían, echaban un poco de hierba verde o unas pajas; allí descansaban, en especial los que iban cargados, porque ellos se echan buenas y grandes cargas.

Tenían asimismo ídolos cerca del agua, mayormente en par de las fuentes, adonde hacían sus altares con sus gradas cubiertas; y en muchas principales fuentes de mucha agua tenían cuatro de estos altares puestos en cruz, unos enfrente de otros, la fuente en medio; y allí y en el agua ponían mucho copalli, y papel, y rosas; y algunos devotos del agua se sacrificaban allí.

Y cerca de los grandes árboles, así como cipreses grandes o cedros, hacían los mismos altares y sacrificios; y en sus patios de los demonios y delante de los templos trabajaban por tener y plantar cipreses, plátanos y cedros.

También hacían de aquellos altares pequeños, con sus gradas y cubiertos con su terrado, en muchas encrucijadas de los caminos, y en los barrios de sus pueblos, y en los altozanos; y en otras muchas partes tenían como oratorios, en los cuales lugares tenían mucha cantidad de ídolos de diversas formas y figuras.

Y éstos públicos, que en muchos días no los podían acabar de destruir, así por ser muchos y en diversos lugares, como porque cada día hacían muchos de nuevo; porque, habiendo quebrantado en una parte muchos, cuando por allí tornaban los hallaban todos nuevos y tornados a poner.

Porque, como no habían de buscar canteros que se los hiciesen, ni escoda para labrarlos, ni quien se los amoldase, sino que muchos de ellos son maestros, y una piedra labran con otra, no los podían agotar ni acabar de destruir.

Tenían ídolos de piedra, y de palo, y de barro cocido; y también los hacían de masa, y de semillas envueltas con masa; y tenían unos grandes, otros mayores, y medianos, y pequeños, y muy chiquitos.

Unos tenían figuras de obispos, con sus mitras y báculos, de los cuales había algunos dorados, y otros de piedras de turquesas de muchas maneras. Otros tenían figuras de hombres; tenían éstos en la cabeza un mortero en lugar de mitra, y allí les echaban vino, por ser el dios del vino.

Otros tenían diversas insignias, en que conocían al demonio que representaba. Otros tenían figuras de mujeres, también de muchas maneras. Otros tenían figuras de bestias fieras, así como leones, tigres, perros, venados y de cuantos animales se crían en los montes y en el campo.

También tenían ídolos de figuras de culebras, y éstos de muchas maneras: largas y enroscadas, otras con rostro de mujer. Delante de muchos ídolos ofrecían víboras y culebras, y a otros ídolos les ponían unos sartales de colas de víboras.

Que hay unas víboras grandes que por la cola hacen unas vueltas con las cuales hacen ruido, y a esta causa los españoles las llaman víboras de cascabel; algunas de éstas hay muy fieras, de diez y once nudos; su herida es mortal, y apenas llega a veinticuatro horas la vida del herido.

Otras culebras hay muy grandes, tan gruesas como el brazo. Éstas son bermejas y no son ponzoñosas; antes las tienen en mucho para comer los grandes señores. Llámanse estas culebras de venado, esto es, o porque se parecen en la color al venado, o porque se ponen en una senda y allí esperan al venado, y ella ásese a algunas ramas y, con la cola, revuélvese al venado y tiénele; y aunque no tiene dientes ni colmillos, por los ojos y por las narices le chupa la sangre.

Para tomar éstas no se atreve un hombre, porque ella le apretaría hasta matarle; mas si se hallan dos o tres, síguenla y átanla a un palo grande, y tiénenla en mucho para presentar a los señores. De éstas también tenían ídolos.

Tenían también ídolos de aves, así como de águilas; y de águila y tigre eran muy continuos los ídolos; de búho y de aves nocturnas, y de otras como milano, y de toda ave grande, o hermosa, o fiera, o de preciosas plumas tenían ídolo. Y el principal era del sol, y también de la luna y estrellas, de los pescados grandes y de los lagartos de agua, hasta sapos y ranas, y de otros peces grandes, y éstos decían que eran los dioses del pescado.

De un pueblo de la laguna de México llevaron unos ídolos de estos peces, que eran unos peces hechos de piedra, grandes; y después, volviendo por allí, pidiéronles para comer algunos peces, y respondieron que habían llevado el dios del pescado y que no podían tomar peces.

Tenían por dioses al fuego, y al aire, y al agua, y a la tierra, y de éstos sus figuras pintadas; y de muchos de sus demonios tenían rodelas y escudos, y en ellas pintadas las figuras y armas de sus demonios con su blasón. De otras muchas cosas tenían figuras e ídolos, de bulto y de pincel, hasta de las mariposas, pulgas y langostas, grandes y bien labradas.

Acabados de destruir estos ídolos públicos, dieron tras los que estaban encerrados en los pies de las cruces, como en cárcel, porque el demonio no podía estar cabe la cruz sin padecer gran tormento, y a todos los destruyeron; porque, aunque había algunos malos indios que escondían los ídolos, había otros buenos indios ya convertidos y, pareciéndoles mal y ofensa de Dios, avisaban de ello a los frailes; y aun de éstos no faltó quien quiso argüir no ser bien hecho.

Esta diligencia fue bien menester, así para evitar ofensas de Dios, y que la gloria que a Él se le debe no se la diesen a los ídolos, como para guarecer a muchos del cruel sacrificio, en el cual muchos morían, o en los montes, o de noche, o en lugares secretos; porque en esta costumbre estaban muy encarnizados, y aunque ya no sacrificaban tanto como solían, todavía, instigándoles el demonio, buscaban tiempo para sacrificar; porque, según presto se dirá, los sacrificios y crueldades de esta tierra y gente sobrepujaron y excedieron a todas las del mundo, según que leemos y aquí se dirá.

Y antes que entre a decir las crueldades de los sacrificios, diré la manera y cuenta que tenían en repartir el tiempo en años y meses, semanas y días.

CAPÍTULO V: DE LA MANERA QUE TENÍAN EN CONTAR LOS AÑOS, Y DE LA CEREMONIA QUE LOS INDIOS HACÍAN

Diversas naciones diversos modos y maneras tuvieron en la cuenta del año, y así fue en esta tierra de Anáhuac; y aunque en esta tierra, como es tan grande, hay diversas gentes y lenguas, en lo que yo he visto todos tienen la cuenta del año de una manera.

Y, para mejor entender qué cosa sea tiempo, es de saber que tiempo es cantidad del año, que significa la tardanza del movimiento de las cosas variables; y éstas se reparten en diez, que son: año, mes, semana, día, cuadrante, hora, punto, momento, onza, átomo.

El año tiene doce meses, o cincuenta y dos semanas y un día, o trescientos sesenta y cinco días y seis horas. El mes tiene cuatro semanas, y algunos meses tienen dos días más, otros uno, salvo febrero. La semana tiene siete días; el día tiene cuatro cuadrantes; el cuadrante tiene seis horas; la hora, cuatro puntos; el punto tiene diez momentos; el momento, doce onzas; la onza, cuarenta y siete átomos; el átomo es indivisible.

Los egipcios y los árabes comienzan el año desde septiembre, porque en aquel mes los árboles están con fruta madura, y ellos tienen que en el principio del mundo los árboles fueron criados con fruta, y que septiembre fue el primer mes del año.

Los romanos comenzaron el año desde el mes de enero, porque entonces, o poco antes, el sol se comienza a allegar a nosotros. Los judíos comienzan el año en marzo, porque tienen que entonces fue criado el mundo con flores y hierba verde.

Los modernos cristianos, por reverencia de Nuestro Señor Jesucristo, comienzan el año desde su santa Natividad, y otros desde su sagrada Circuncisión.

Los indios naturales de esta Nueva España, al tiempo que esta tierra se ganó y entraron en ella los españoles, comenzaban su año en principio de marzo; mas, por no alcanzar bisiesto, van variando su año por todos los meses.

Tenían el año de trescientos sesenta y cinco días. Tenían mes de a veinte días, y tenían diez y ocho meses y cinco días en un año, y el día postrero del mes muy solemne entre ellos.

Los nombres de los meses y de los días no se ponen aquí, por ser muy revesados y que se pueden mal escribir; podrá ser que se pongan las figuras por donde se conocían y tenían cuenta con ellos.

Estos indios de la Nueva España tenían semana de trece días, los cuales significaban por estas señales o figuras: al primero, además del nombre que, como los otros, tenía, conocían por un espadarte, que es un pescado o bestia marina; el segundo, dos vientos; el tercero, tres casas; el cuarto, cuatro lagartos de agua, que también son bestias marinas; el quinto, cinco culebras; el sexto, seis muertes; el séptimo, siete ciervos; el octavo, ocho conejos; el noveno, nueve águilas; el décimo, diez perros; el undécimo, once monas; el duodécimo, doce escobas; el decimotercio, trece cañas.

De trece en trece días iban sus semanas contadas; pero los nombres de los días eran veinte, todos nombrados por sus nombres y señalados con sus figuras o caracteres; y por esta misma cuenta contaban también los mercados, que unos hacían de veinte en veinte días, otros de trece en trece días, otros de cinco en cinco días; y esto era y es más general, salvo en los grandes pueblos, que éstos cada día tienen su mercado y plaza llena de mediodía para abajo; y son tan ciertos en la cuenta de estos mercados o ferias, como los mercaderes de España en saber las ferias de Villalón y Medina.

De esta cuenta de los meses y años y fiestas principales había maestros, como entre nosotros los que saben bien el cómputo.

Este calendario de los indios tenía para cada día su ídolo o demonio, con nombres de varones y mujeres diosas; y estaban todos los días del año llenos, como calendarios de breviarios romanos, que para cada día tienen su santo o santa.

Todos los niños, cuando nacían, tomaban nombre del día en que nacían, ora fuese una flor, ora "dos conejos"; y aquel nombre les daban el séptimo día; y entonces, si era varón, poníanle una saeta en la mano, y si era hembra dábanle un huso y un palo de tejer, en señal de que había de ser hacendosa y casera, buena hilandera y mejor tejedora; el varón porque fuese valiente para defender a sí y a la patria, porque las guerras eran muy ordinarias cada año; y en aquel día se regocijaban los parientes y vecinos con el padre del niño.

En otras partes, luego que la criatura nacía, venían los parientes a saludarla, y decíanle estas palabras: «Venido eres a padecer; sufre y padece»; y esto hecho, cada uno de los que lo habían saludado le ponían un poco de cal en la rodilla.

Y al séptimo día de nacer dábanle el nombre del día en que había nacido. Después, desde a tres meses, presentaban aquella criatura en el templo del demonio, y dábanle su nombre, no dejando el que tenía, y también entonces comían de regocijo; y luego el maestro del cómputo decíale el nombre del demonio que caía en aquel día de su nacimiento.

De los nombres de estos demonios tenían mil agüeros y hechicerías, de los hados que le habían de acontecer en su vida, así en casamientos como en guerras. A los hijos de los señores principales daban tercer nombre de dignidad o de oficio; a algunos siendo muchachos, a otros ya jóvenes, a otros cuando hombres; o, después de muerto el padre, heredaba el mayorazgo y el nombre de la dignidad que el padre había tenido.

No es de maravillar de los nombres que estos indios pusieron a sus días de aquellas bestias y aves, pues los nombres de los días de nuestros meses y semanas los tienen de los dioses y planetas, lo cual fue obra de los romanos.

En esta tierra de Anáhuac contaban los años de cuatro en cuatro, y este término de años contaban de esta manera. Ponían cuatro casas con cuatro figuras: la primera ponían al mediodía, que era una figura de conejo; la otra ponían hacia oriente, y eran dos cañas; la tercera ponían al septentrión, y eran tres pedernales o tres cuchillos de sacrificar; la cuarta casa ponían hacia occidente, y en ella la figura de cuatro casas.

Pues, comenzando la cuenta desde el primero año y desde la primera casa, iban contando por sus nombres y figuras hasta trece años, que acaban en la misma casa que comenzaron, que tiene la figura de un conejo.

Andando tres vueltas, que son tres olimpiadas, la postrera tiene cinco años y las otras a cuatro, que son trece, al cual término podríamos llamar indicción; y de esta manera hacían otras tres indicciones por la cuenta de las cuatro casas; de manera que venían a hacer cuatro indicciones, cada una de a trece años, que venían a hacer una hebdómada de cincuenta y dos años, comenzando siempre el principio de la primera hebdómada en la primera casa.

Y es mucho de notar las ceremonias y fiestas que hacían en el fin y postrero día de aquellos cincuenta y dos años, y en el primer día que comenzaba el nuevo año y nueva olimpiada.

El postrero día del postrer año, a hora de vísperas, en México y en toda su tierra, y en Tetzcoco y sus provincias, por mandamiento de los ministros de los templos, mataban todos los fuegos con agua, así de los templos del demonio como de las casas de los vecinos. (En algunos lugares que había fuego perpetuo, que era en los infiernos ya dichos, este día también mataban los fuegos).

Luego salían ciertos ministros de los templos de México, dos leguas a un lugar que se dice Ixtlapalapa, y subían a un cerrejón que allí está, sobre el cual estaba un templo del demonio, al cual tenía mucha devoción y reverencia el gran señor de México, Moteuczoma.

Pues allí, a la media noche, que era principio del año de la siguiente hebdómada, los dichos ministros sacaban nueva lumbre de un palo que llamaban "palo de fuego", y luego encendían tea; y antes que nadie encendiese, con mucho fervor y prisa la llevaban al principal templo de México, y puesta la lumbre delante de los ídolos, traían un cautivo tomado en guerra y, delante del nuevo fuego, sacrificándole le sacaban el corazón, y con la sangre el ministro mayor rociaba el fuego a manera de bendición.

Esto acabado, ya que el fuego quedaba como bendito, estaban allí esperando de muchos pueblos para llevar lumbre nueva a los templos de sus lugares, lo cual hacían pidiendo licencia al gran príncipe o pontífice mexicano, que era como papa, y esto hacían con gran fervor y prisa.

Aunque el lugar estuviese hartas leguas, ellos se daban tanta prisa que en breve tiempo ponían allá la lumbre. En las provincias lejos de México hacían la misma ceremonia, y esto se hacía en todas partes con mucho regocijo y alegría; y, en comenzando el día, en toda la tierra y principalmente en México hacían gran fiesta, y sacrificaban cuatrocientos hombres en solo México.

CAPÍTULO VI: CÓMO SACABAN LOS CORAZONES Y LOS OFRECÍAN, Y DESPUÉS COMÍAN LOS QUE SACRIFICABAN

En aquellos días de los meses que arriba quedan dichos, en uno de ellos que se llamaba Panquetzaliztli, que era el catorceno, el cual era dedicado a los dioses de México, mayormente a dos de ellos que se decían ser hermanos y dioses de la guerra, poderosos para matar y destruir, vencer y sujetar; pues en este día, como Pascua o fiesta más principal, se hacían muchos sacrificios de sangre, así de las orejas como de la lengua, que esto era muy común.

Otros se sacrificaban de los brazos y pechos y de otras partes del cuerpo; pero en esto de sacarse un poco de sangre para echar a los ídolos, como quien esparce agua bendita con los dedos, o echar la sangre de las orejas y lengua en unos papeles y ofrecerlos, a todos y en todas partes era general. Pero de las otras partes del cuerpo, en cada provincia había su costumbre: unos de los brazos, otros de los pechos, que en esto de las señales se conocían de qué provincia eran.

Demás de éstos y otros sacrificios y ceremonias, sacrificaban y mataban a muchos de la manera que aquí diré.

Tenían una piedra larga de una brazada de largo, y casi palmo y medio de ancho, y un buen palmo de grueso o de esquina. La mitad de esta piedra estaba hincada en la tierra, arriba en lo alto encima de las gradas, delante del altar de los ídolos. En esta piedra tendían a los desventurados de espaldas para los sacrificar, y el pecho muy tieso, porque los tenían atados de los pies y de las manos.

Y el principal sacerdote de los ídolos o su lugarteniente, que eran los que más ordinariamente sacrificaban, y si algunas veces había tantos que sacrificar que éstos se cansasen, entraban otros que estaban ya diestros en el sacrificio, y de presto, con una piedra de pedernal con que sacaban lumbre, de esta piedra hecho un navajón como hierro de lanza, no mucho agudo, porque como es piedra muy recia y salta, no se puede hacer muy aguda (esto digo porque muchos piensan que eran de aquellas navajas de piedra negra que en esta tierra las hay, y sácanlas con el filo tan delgado como de una navaja, y tan dulcemente corta como navaja, sino que luego saltan mellas); con aquel cruel navajón, como el pecho estaba tan tieso, con mucha fuerza abrían al desventurado y, de presto, sacábanle el corazón.

El oficial de esta maldad daba con el corazón encima del umbral del altar, de parte de afuera, y allí dejaba hecha una mancha de sangre; y, caído el corazón, se estaba un poco bullendo en la tierra, y luego poníanle en una escudilla delante del altar.

Otras veces tomaban el corazón y levantábanle hacia el sol, y a las veces untaban los labios de los ídolos con la sangre. Los corazones, a las veces, los comían los ministros viejos; otras, los enterraban. Y luego tomaban el cuerpo y echábanlo por las gradas abajo a rodar; y llegado abajo, si era de los presos en guerra, el que lo prendió, con sus amigos y parientes, llevábanlo, y aparejaban aquella carne humana con otras comidas, y otro día hacían fiesta y lo comían. Y el mismo que lo prendió, si tenía con qué lo poder hacer, daba aquel día a los convidados mantas.

Y si el sacrificado era esclavo, no le echaban a rodar, sino abajábanle a brazos, y hacían la misma fiesta y convite que con el preso en guerra, aunque no tanto con el esclavo; sin otras fiestas y días de más ceremonias con que las solemnizaban, como en estotras fiestas aparecerá.

Cuanto a los corazones de los que sacrificaban, digo que, en sacando el corazón al sacrificado, aquel sacerdote del demonio tomaba el corazón en la mano, y levantábale como quien lo muestra al sol, y luego volvía a hacer otro tanto al ídolo, y poníasele delante en un vaso de palo pintado, mayor que una escudilla. Y en otro vaso cogía la sangre y daba de ella como a comer al principal ídolo, untándole los labios, y después a los otros ídolos y figuras del demonio.

En esta fiesta sacrificaban, de los tomados en guerra o esclavos —porque casi siempre eran de éstos los que sacrificaban—, según el pueblo: en unos veinte, en otros treinta, en otros cuarenta, y hasta cincuenta y sesenta; en México sacrificaban ciento, y de ahí arriba.

En otro día de aquellos ya nombrados se sacrificaban muchos, aunque no tantos como en la ya dicha; y nadie piense que ninguno de los que sacrificaban, matándoles y sacándoles el corazón o cualquiera otra muerte, era de su propia voluntad, sino por fuerza, y sintiendo muy sentida la muerte y su espantoso dolor.

Los otros sacrificios de sacarse sangre de las orejas o lengua, o de otras partes, éstos eran voluntarios casi siempre.

De aquellos que sacrificaban, desollaban algunos: en unas partes dos o tres, en otras cuatro o cinco, en otras diez, y en México hasta doce o quince; y vestían aquellos cueros, que por las espaldas y encima de los hombros dejaban abiertos, y, vestido lo más justo que podían, como quien viste jubón y calzas, bailaban con aquel cruel y espantoso vestido.

Y como todos los sacrificados o eran esclavos o tomados en la guerra, en México para este día guardaban alguno de los presos en la guerra que fuese señor o persona principal, y a aquel desollaban para vestir el cuero de él el gran señor de México Moteuczoma, el cual, con aquel cuero vestido, bailaba con mucha gravedad, pensando que hacía gran servicio al demonio que aquel día honraban. Y esto iban muchos a ver como cosa de gran maravilla, porque en los otros pueblos no se vestían los señores los cueros de los desollados, sino otros principales.

En otro día de otra fiesta, en cada parte sacrificaban una mujer, y desollábanla, y vestíase uno el cuero de ella y bailaba con todos los otros del pueblo; aquel, con el cuero de la mujer vestido, y los otros con sus plumajes.

Había otro día en que hacían fiesta al dios del agua. Antes que este día llegase, veinte o treinta días, compraban un esclavo y una esclava y hacíanlos morar juntos como casados; y, llegado el día de la fiesta, vestían al esclavo con las ropas e insignias de aquel dios, y a la esclava con las de la diosa, mujer de aquel dios, y así vestidos bailaban todo aquel día, hasta la medianoche que los sacrificaban; y a éstos no los comían, sino echábanlos en una hoya, como silo que para esto tenían.

CAPÍTULO VII: CRUELDADES QUE SE HACÍAN EL DÍA DEL DIOS DEL FUEGO Y DEL DIOS DEL AGUA

Otro día de fiesta, en algunas partes y pueblos, como Tlacopán, Coyoacán y Azcapotzalco, levantaban un gran palo rollizo de hasta diez brazas de largo, y hacían un ídolo de semillas, y, envuelto y atado con papeles, poníanle encima de aquella viga; y la víspera de la fiesta levantaban este árbol que digo, con aquel ídolo, y bailaban todo el día a la redonda de él.

Y aquel día, por la mañana, tomaban algunos esclavos y otros que tenían cautivos de guerra, y traíanlos atados de pies y manos, y echábanlos en un gran fuego para esta crueldad aparejado, y no los dejaban acabar de quemar, no por piedad, sino porque el género de tormento fuese mayor; porque luego los sacrificaban y sacaban los corazones.

Y a la tarde echaban la viga en tierra, y trabajaban mucho por haber parte de aquel ídolo para comer, porque creían que con aquello se harían valientes para pelear.

Otro día, que era dedicado al dios del fuego, o al mismo fuego, al cual tenían y adoraban por dios y no de los menores, que era general por todas partes, este día tomaban uno de los cautivos en la guerra y vestíanle de las vestiduras y ropas del dios del fuego, y bailaba a reverencia de aquel dios, y sacrificábanle a él y a los demás que tenían presos de guerra.

Pero mucho más es de espantar lo que particularmente hacían aquí en Cuautitlán, adonde esto escribo, que en todo lo general, adonde parece que se mostraba el demonio más cruel que en otras partes.

Una víspera de una fiesta, en Cuautitlán levantaban seis grandes árboles, como mástiles de naos, con sus escaleras; y en esta vigilia cruel, y el día muy más cruel también, degollaban dos mujeres esclavas en lo alto, encima de las gradas, delante del altar de los ídolos, y allí arriba las desollaban todo el cuerpo y el rostro, y sacábanles las canillas de los muslos.

Y el día por la mañana dos indios principales vestíanse los cueros, y los rostros también, como máscaras, y tomaban en las manos las canillas, en cada mano la suya, y muy paso a paso bajaban bramando, que parecían bestias encarnizadas; y en los patios abajo gran muchedumbre de gente, todos como espantados, decían: «Ya vienen nuestros dioses, ya vienen nuestros dioses».

Llegados abajo, comenzaban a tañer sus atabales, y a los así vestidos ponían a cada uno sobre las espaldas mucho papel, no plegado, sino cosido en ala, que habría obra de cuatrocientos pliegos;

y ponían a cada uno una codorniz ya sacrificada y degollada, y atábansela al labio, que tenía horadado; y de esta manera bailaban estos dos, delante de los cuales mucha gente sacrificaba y ofrecían muy muchas codornices, que también era para ellas día de muerte.

Y sacrificadas, echábanselas delante, y eran tantas que cubrían el suelo por donde iban, porque pasaban de ocho mil codornices las que aquel día se ofrecían; porque todos tenían mucho cuidado de las buscar para esta fiesta, a la cual iban desde México y de otros muchos pueblos. Llegado el mediodía, cogían todas las codornices y repartíanlas por los ministros de los templos y por los señores principales, y los vestidos no hacían sino bailar todo el día.

Hacíase en este mismo día otra mayor y nunca oída crueldad, y era que, en aquellos seis palos que la víspera de la fiesta habían levantado, en lo alto ataban y aspaban seis hombres cautivos en la guerra, y estaban debajo a la redonda más de dos mil muchachos y hombres con sus arcos y flechas, y éstos, en bajándose los que habían subido a los atar a los cautivos, disparaban en ellos las saetas como lluvia.

Y, asaeteados y medio muertos, subían de presto a los desatar, y dejábanlos caer de aquella altura, y del gran golpe que daban se quebrantaban y molían los huesos todos del cuerpo; y luego les daban la tercera muerte, sacrificándolos y sacándoles los corazones. Y arrastrándolos, desviábanlos de allí, y degollábanlos, y cortábanles las cabezas, y dábanlas a los ministros de los ídolos; y los cuerpos llevábanlos como carneros, para los comer los señores y principales.

Otro día, con aquel nefando convite, hacían también fiesta, y con gran regocijo bailaban todos.

Una vez en el año, cuando el maíz estaba salido de obra de un palmo, en los pueblos que había señores principales, que a su casa llamaban palacio, sacrificaban un niño y una niña de edad de hasta tres o cuatro años: éstos no eran esclavos, sino hijos de principales; y este sacrificio se hacía en un monte, en reverencia de un ídolo que decían que era el dios del agua y que les daba la lluvia; y cuando había falta de agua, la pedían a este ídolo.

A estos niños inocentes no les sacaban el corazón, sino degollábanlos, y envueltos en unas mantas poníanlos en una caja de piedra, como lucillo antiguo, y dejábanlos así por la honra de aquel ídolo, a quien ellos tenían por muy principal dios.

Su principal templo o casa era en Tetzcoco, juntamente con los dioses de México; éste estaba a la mano derecha, y los de México a la mano izquierda; y ambos altares estaban levantados sobre una cepa, y tenían cada uno tres sobrados, a los cuales yo fui a ver algunas veces. Estos templos fueron los más altos y mayores de toda la tierra, y más que los de México.

El día de Atemoztli ponían muchos papeles pintados, y llevábanlos a los templos de los demonios, y ponían también óllin, que es una goma de un árbol que se cría en tierra caliente, del cual, punzándole, salen unas gotas blancas, y ayúntanlo uno con otro, que es cosa que luego se cuaja; y para negro, así como pez blanda, de ésta hacen las pelotas con que juegan los indios, que saltan más que las pelotas de viento de Castilla, y son del mismo tamaño, y un poco más prietas.

Aunque son mucho más pesadas las de esta tierra, corren y saltan tanto que parece que traen azogue dentro de sí. De este óllin usaban mucho ofrecer a los demonios, así en papeles que, quemándolo, corrían unas gotas negras y éstas caían sobre papeles, y aquellos papeles con aquellas gotas, y otros con gotas de sangre, ofrecíanlo al demonio; y también ponían de aquel óllin en los carrillos de los ídolos, que algunos tenían dos y tres dedos de costra sobre el rostro, y ellos feos, parecían bien figuras del demonio: sucias, feas y hediondas.

Este día se ayuntaban los parientes y amigos a llevar comida, que comían en las casas y patios del demonio. En México, este mismo día, salían y llevaban en una barca muy pequeña un niño y una niña, y en medio del agua de la gran laguna los ofrecían al demonio, y allí los sumergían con el acalli o barca, y los que los llevaban se volvían en otras barcas mayores.

Cuando el maíz estaba a la rodilla, para un día repartían y echaban pecho, con que compraban cuatro niños esclavos, de edad de cinco a seis años, y sacrificábanlos a Tlaloc, dios del agua, poniéndolos en una cueva, y cerrábanla hasta otro año que hacían lo mismo. Este cruel sacrificio tuvo principio de un tiempo que estuvo cuatro años que no llovió, y apenas quedó cosa verde en el campo; y por aplacar al demonio del agua, su dios Tlaloc, y porque lloviese, le ofrecían aquellos cuatro niños.

Estos ministros de estos sacrificios eran los mayores sacerdotes y de más dignidad entre los indios; criaban sus cabellos a manera de nazarenos, y como nunca los cortaban ni peinaban y ellos andaban mucho tiempo negros y los cabellos muy largos y sucios, parecían al demonio. A aquellos cabellos grandes llamaban nopapa, y de allí les quedó a los españoles llamar a estos ministros papas, pudiendo con mayor verdad llamarlos crueles verdugos del demonio.

CAPÍTULO VI: HUEYTOZOZTLI. TITITL.

Hueytozoztli. Este día era cuando el maíz era ya grande hasta la cinta. Entonces cada uno cogía de sus maizales algunas cañas, y, envueltas en mantas, delante de aquellas cañas ofrecían comida y atolli, que es un brebaje que hacen de la masa del maíz, y es espeso, y también ofrecían copalli, que es género de incienso que corre de un árbol.

En cierto tiempo del año punzan este árbol para que salga y corra aquel licor, y ponen debajo, o en el mismo árbol, atadas unas pencas de maguey —que adelante se dirá lo que es, y hay bien que decir de él—, y allí cae y se cuajan unos panes de la manera de la jibia de los plateros. Hácese de este copalli, revuelto con aceite, muy buena trementina.

Los árboles que lo llevan son graciosos y hermosos de vista y de buen olor; tienen la hoja muy menuda. Críase en tierra caliente, en lugar alto adonde goce del aire. Algunos dicen que este copalli es mirra probatísima.

Volviendo a la ofrenda, digo: que toda junta, a la tarde, la llevaban a los templos de los demonios y velábanle toda la noche, porque les guardase los maizales.

Tititl. Este día y otro, con sus noches, bailaban todos al demonio, y le sacrificaban muchos cautivos presos en las guerras de los pueblos de muy lejos; que, según decían los Mexicanos, algunas provincias tenían cerca de sí enemigos y de guerra, como Tlaxcallán y Huexotzinco, que más los tenían para ejercitarse en la guerra y tener cerca de donde haber cautivos para sacrificar, que no por pelear y acabarlos; aunque los otros también decían lo mismo de los Mexicanos, y que de ellos prendían y sacrificaban tantos como los otros de ellos.

Otras provincias había lejos, donde a tiempos, o una vez en el año, hacían guerra y salían capitanías ordenadas a esto; y de éstas era una la provincia y reino de Michuachapanco, que ahora los Españoles llaman Pánuco. De estos cautivos sacrificaban aquel día, y no de los más cercanos, ni tampoco esclavos.

De la fiesta y sacrificio que hacían los mercaderes a la diosa de la sal; y de la venida que fingían de su dios; y de cómo los señores iban una vez en el año a los montes, a cazar para ofrecer a sus ídolos.

Los mercaderes hacían una fiesta, no todos juntos, sino los de cada provincia por su parte, para la cual procuraban esclavos que sacrificar, los cuales hallaban bien baratos por ser la tierra muy poblada. En este día morían muchos en los templos que a su parte tenían los mercaderes, en los cuales otras muchas veces hacían grandes sacrificios.

Tenían otros días de fiesta en que todos los señores y principales se ayuntaban, de cada provincia en su cabecera, a bailar; y vestían una mujer de las insignias de la diosa de la sal, y, así vestida, bailaba toda la noche, y a la mañana, a hora de las nueve, sacrificábanla a la misma diosa. En este día echaban mucho de aquel incienso en los braseros.

En otra fiesta, algunos días antes aparejaban grandes comidas, según que cada uno podía y le bastaba la pobre hacienda, que ellos muy bien parten, aunque lo ayunen, por no parecer vacíos delante de su dios. Aparejada la comida, fingían como día de adviento, y, llegado el día, llevaban la comida a la casa del demonio, y decían: «Ya viene nuestro dios, ya viene; ya viene nuestro dios, ya viene».

Un día en el año salían los señores y principales para sacrificar en los templos que había en los montes, y andaban por todas partes cazadores a cazar de todas animalias y aves para sacrificarlas al demonio, así leones y tigres como coyotes, que son unos animalejos entre lobo y raposa, que no son ni bien lobos ni bien raposas, de los cuales hay muchos, y muerden tan bravamente, que ha de ser muy escogido el perro que le matare diente por diente.

Cazaban venados, liebres, conejos, codornices, hasta culebras y mariposas, y todo lo traían al señor, y él daba y pagaba a cada uno según lo que traía; primero daba la ropa que trajo vestida, y después otra que tenía allí aparejada para dar, no pagando por vía de precio ni de conciencia —que maldito el escrúpulo que de ello tenían—, ni tampoco por paga de los servicios, sino por una liberalidad con la cual pensaban que agradaban mucho al demonio; y luego sacrificaban todo cuanto habían podido haber.

Sin las fiestas ya dichas había otras muchas, y en cada provincia y a cada demonio le servían de su manera, con sacrificios y ayunos y otras diabólicas ofrendas; especialmente en Tlaxcallán, Huexotzinco y Cholollán, que eran señoríos por sí.

En todas estas provincias, que son comarcanas y venían de un abolengo, todos adoraban y tenían un dios por más principal, al cual nombraban por tres nombres. Los antiguos que estas provincias poblaron fueron de una generación; pero después que se multiplicaron hicieron señoríos distintos, y hubo entre ellos grandes bandos y guerras.

En estas tres provincias se hacían siempre muchos sacrificios y muy crueles, porque, como todos estaban cercados de provincias sujetas a México, que eran sus enemigos, y entre sí mismos tenían continuas guerras, había entre ellos hombres pláticos en la guerra y de buen ánimo y fuerzas; especialmente en Tlaxcallán, que es la mayor de estas provincias, y aun de gente algo más dispuesta, atrevida y guerrera, y es de las enteras y grandes provincias, y más pobladas de la Nueva España, como se dirá adelante.

Estos naturales tenían de costumbre en sus guerras tomar cautivos para sacrificar a sus ídolos, y a esta causa en la batalla arremetían y entraban hasta abrazarse con el que podían, y sacábanle fuera y atábanle cruelmente. En esto se mostraban y señalaban los valientes.

Éstos tenían otras muchas fiestas, con grandes ceremonias y crueldades, de las cuales no me acuerdo bien para escribir verdad, aunque moré allí seis años entre ellos, y oí y supe muchas cosas; pero no me informaba para lo haber de escribir.

En Tlaxcallán había muchos señores y personas principales, y mucho ejercicio de guerra, y tenían siempre como gente de guarnición; y todos cuantos prendían, además de muchos esclavos, morían en sacrificio; y lo mismo en Huexotzinco y Cholollán.

A esta Chololán tenían por gran santuario, como otra Roma, en la cual había muchos templos del demonio: dijéronme que había más de trescientos y tantos. Yo la vi entera y muy torreada y llena de templos del demonio; pero no los conté. Por lo cual hacían muchas fiestas en el año, y algunos venían de más de cuarenta leguas, y cada provincia tenía sus salas y casas de aposento para las fiestas que se hacían.

CAPÍTULO IX: DE UNA MUY GRAN FIESTA QUE HACÍAN EN TLAXCALLÁN, DE MUCHAS CEREMONÍAS Y SACRIFICIOS

Demás de los sacrificios y fiestas dichas, había otras muchas particulares que se hacían muy continuamente, y en especial aquellos ministros que los Españoles llamaron papas, que éstos se sacrificaban a sí mismos muchas veces de muchas partes del cuerpo; y, en algunas fiestas, se hacían agujeros en lo alto de las orejas con una navajuela de piedra negra, que la sacaban a la manera de una lanceta de sangrar, y tan aguda y con tan vivos filos.

Y así muchos Españoles se sangran y sangran a otros con éstas, y cortan muy dulcemente, sino que algunas veces se despuntan, cuando el sangrador no es de los buenos; que acá cada uno procura de saber sangrar y herrar y otros muchos oficios, que en España no se tendrían por honrados de los aprender; aunque por otra parte tienen presunción y fantasía, aunque tienen los Españoles que acá están la mejor y más humilde conversación que puede ser en el mundo.

Tornando al propósito, digo: que por aquel agujero que hacían en las orejas, y por las lenguas, sacaban una caña tan gorda como el dedo de la mano, y tan larga como el brazo. Mucha de la gente popular, así hombres como mujeres, sacaban o pasaban por las orejas y por la lengua unas pajas tan gordas como cañas de trigo, y otros unas puntas de maguey, o de metl, que al fin se dice qué cosa es; y todo lo que así sacaban ensangrentado, y la sangre que podían coger en unos papeles, lo ofrecían delante de los ídolos.

En Tehuacán, Teutitlán y en Cozcatlán, que eran provincias de frontera y tenían guerra por muchas partes, también hacían muy crueles sacrificios de cautivos y de esclavos; y, en sí mismos, los

Tlamacazques, o papas mancebos, hacían una cosa de las extrañas y crueles del mundo: que cortaban y hendían el miembro de la generación entre cuero y carne, y hacían tan grande abertura que pasaban por allí una soga tan gruesa como el brazo por la muñeca, y en largor según la devoción del penitente; unas eran de diez brazas, otras de quince y otras de veinte.

Y si alguno desmayaba de tan cruel desatino, decíanle que aquel poco ánimo era por haber pecado y allegado a mujer; porque éstos que hacían esta locura y desatinado sacrificio eran mancebos por casar, y no era maravilla que desmayasen, pues se sabe que la circuncisión es el mayor dolor que puede ser en el mundo. La otra gente del pueblo sacrificábanse de las orejas, y de los brazos, y del pico de la lengua, de que sacaban unas gotas de sangre para ofrecer; y los más devotos, así hombres como mujeres, traían como arpadas las lenguas y las orejas, y hoy día se parece en muchos.

En estas tres provincias que digo, los ministros del templo y todos los de sus casas ayunaban cada año ochenta días. También ayunaban sus cuaresmas y ayunos antes de las fiestas del demonio, en especial aquellos papas, con sólo pan de maíz y sal y agua: unas cuaresmas de a diez días, y otras de veinte y de cuarenta; y alguna, como la de Panquetzaliztli en México, era de ochenta días, de que algunos enfermaban y morían, porque el cruel de su dios no les consentía que usasen consigo de misericordia.

Llamábanse también estos papas dadores de fuego, porque echaban incienso en lumbre o en brasas, con sus incensarios, tres veces en el día y tres en la noche.

Cuando barrían los templos del demonio era con plumajes, en lugar de escobas, y andando para atrás, sin volver las espaldas a los ídolos. Mandaban al pueblo, y hasta a los muchachos, que ayunasen. A dos, y a cuatro, y a cinco días, y hasta diez días, ayunaba el pueblo. Estos ayunos no eran generales, sino que cada provincia ayunaba a sus dioses según su devoción y costumbre.

Tenía el demonio, en ciertos pueblos de la provincia de Tehuacán, capellanes perpetuos que siempre velaban y se ocupaban en oraciones, ayunos y sacrificios; y este perpetuo servicio repartíanlo de cuatro en cuatro años, y los capellanes asimismo eran cuatro mancebos que habían de ayunar cuatro años.

Entraban en la casa del demonio como quien entra en treintanario cerrado, y daban a cada uno solo una manta de algodón delgada y un maxtlatl, que es como toca de camino con que se ciñen y tapan sus vergüenzas, y no tenían más ropa de noche ni de día, aunque en invierno hace razonable frío en las noches; la cama era la dura tierra y la cabecera una piedra.

Ayunaban todos aquellos cuatro años, en los cuales se abstenían de carne y de pescado, sal y ají; no comían cada día más de una sola vez a medio día, y era su comida una tortilla, que, según señalan, sería de dos onzas, y bebían una escudilla de un brebaje que se dice atolli. No comían otra cosa, ni fruta, ni miel, ni cosa dulce, salvo de veinte en veinte días, que eran sus días festivales, como nuestro domingo a nosotros.

Entonces podían comer de todo lo que tuviesen, y de año en año les daban una vestidura. Su ocupación y morada era estar siempre en la casa y en presencia del demonio; y para velar toda la noche repartíanse de dos en dos.

Velaban una noche los dos, sin dormir sueño, y dormían los otros dos; y otra noche los otros dos. Ocupábanse cantando al demonio muchos cantares, y a tiempos sacrificábanse y sacábanse sangre de diversas partes del cuerpo, que ofrecían al demonio; y cuatro veces en la noche ofrecían incienso. Y de veinte en veinte días hacían este sacrificio: que, hecho un agujero en lo alto de las orejas, sacaban por allí sesenta cañas, unas gruesas y otras delgadas como dedos; unas largas como el brazo y otras de una brazada, otras como varas de tirar; y todas ensangrentadas poníanlas en un montón delante de los ídolos, las cuales quemaban acabados los cuatro años.

Contaban, si no me engaño, diez y ocho veces ochenta, porque cinco días del año no los contaban, sino diez y ocho meses a veinte días cada mes. Si alguno de aquellos ayunadores o capellanes del demonio moría, luego suplían otro en su lugar, y decían que había de haber gran mortandad, y que habían de morir muchos señores; por lo cual todos vivían aquel año muy atemorizados, porque son gente que miran mucho en agüeros.

A éstos les aparecía muchas veces el demonio, o ellos lo fingían, y decían al pueblo lo que el demonio les decía, o a ellos se les antojaba, y lo que querían y mandaban los dioses; y lo que más veces decían que veían era una cabeza con largos cabellos. Del ejercicio de estos ayunadores y de sus visiones holgaba mucho de saber el gran señor Moteuczoma, porque le parecía servicio muy especial y acepto a los dioses.

Si alguno de estos ayunadores se hallaba que en aquellos cuatro años tuviese ayuntamiento de mujer, ayuntábanse muchos ministros del demonio y mucha gente popular, y sentenciábanle a muerte, la cual le daban de noche y no de día; y delante de todos le achocaban y quebrantaban la cabeza con garrotes, y luego le quemaban y echaban los polvos por el aire, derramando la ceniza, de manera que no hubiese memoria de tal hombre; porque aquel hecho, en tal tiempo, le tenían por enorme y por cosa descomunal, y que nadie había de hablar en ello.

Las cabezas de los que sacrificaban, en especial de los tomados en guerra, desollábanlas, y si eran señores o personas principales los así presos, desollábanlas con sus cabellos y secábanlas para las guardar. De éstas había muchas al principio; y si no fuera porque tenían algunas barbas, nadie juzgara sino que eran rostros de niños de cinco a seis años, y causábalo estar, como estaban, secas y curadas.

Las calaveras ponían en unos palos que tenían levantados a un lado de los templos del demonio, de esta manera: levantaban quince o veinte palos, más y menos, de largo de cuatro o cinco brazas fuera de tierra, y en tierra entraba más de una braza; que eran unas vigas rollizas apartadas unas de otras como seis pies, y todas puestas en hilera, y todas aquellas vigas llenas de agujeros.

Y tomaban las cabezas horadadas por las sienes, y hacían unos sartales de ellas en otros palos delgados pequeños, y ponían los palos en los agujeros que estaban hechos en las vigas que dije, y así tenían de quinientas en quinientas, y de seiscientas en seiscientas, y en algunas partes de mil en mil calaveras; y en cayéndose alguna de ellas ponían otras, porque valían muy barato. Y en tener aquellos tendales muy llenos de aquellas cabezas mostraban ser grandes hombres de guerra y devotos sacrificadores a sus ídolos.

Cuando habían de bailar en las fiestas solemnes, pintábanse y tiznábanse de mil maneras; y para esto, el día que había baile, por la mañana luego venían pintores y pintoras al tianquizco, que es el mercado, con muchas colores y sus pinceles, y pintaban a los que habían de bailar los rostros, y brazos, y piernas, de la manera que ellos querían, o la solemnidad y ceremonia de la fiesta lo requerían. Y así embijados y pintados íbanse a vestir de diversas divisas, y algunos se ponían tan feos que parecían demonios; y así servían y festejaban al demonio. De esta manera se pintaban para salir a pelear cuando tenían guerra o había batalla.

A las espaldas de los principales templos había una sala aparte de mujeres, no cerrada, porque no acostumbraban puertas, pero honestas y muy guardadas, las cuales servían en los templos por votos que habían hecho; otras, por devoción, prometían de servir en aquel lugar un año, o dos, o tres; otras hacían el mismo voto en tiempo de algunas enfermedades; y éstas todas eran doncellas vírgenes por la mayor parte, aunque también había algunas viejas que por su devoción querían allí morir, y acabar sus días en penitencia. Estas viejas eran guardas y maestras de las mozas; y por estar en servicio de los ídolos eran muy miradas las unas y las otras.

En entrando luego las trasquilaban; dormían siempre vestidas, por más honestidad y para se hallar más prestas al servicio de los ídolos; dormían en comunidad, todas en una sala. Su ocupación era hilar y tejer mantas de labores, y otras de colores, para servicio de los templos.

A la media noche iban con sus maestras y echaban incienso en los braseros que estaban delante de los ídolos. En las fiestas principales iban todas en procesión por una banda, y los ministros por la otra, hasta llegar delante de los ídolos, en lo bajo al pie de las gradas; y los unos y las otras iban con tanto silencio y recogimiento, que no alzaban los ojos de la tierra ni hablaban palabra.

Éstas, aunque las más eran pobres, los parientes les daban de comer, y todo lo que habían menester para hacer mantas, y para hacer comida que luego por la mañana ofrecían caliente, así sus tortillas de pan como gallinas guisadas en unas como cazuelas pequeñas; y aquel calor o vaho decían que recibían los ídolos, y lo otro los ministros.

Tenían una como maestra o madre que a tiempo las congregaba y hacía capítulo, como hace la abadesa a sus monjas, y a las que hallaba negligentes penitenciaba; por esto algunos Españoles las llamaron monjas. Y si alguna se reía con algún varón, dábanle gran penitencia;

y si se hallaba alguna ser conocida de varón, averiguada la verdad, a entrambos mataban.

Ayunaban todo el tiempo que allí estaban, comiendo a medio día y a la noche su colación. Las fiestas que no ayunaban comían carne. Tenían su parte que barrían de los patios bajos, delante de los templos; lo alto siempre lo barrían los ministros, en algunas partes con plumajes de precio y sin volver las espaldas, como dicho es.

Todas estas mujeres estaban aquí sirviendo al demonio por sus propios intereses: las unas porque el demonio les hiciese mercedes; las otras, porque les diese larga vida; otras, por ser ricas; otras, por ser buenas hilanderas y tejedoras de mantas ricas. Si alguna cometía pecado de la carne estando en el templo, aunque más secretamente fuese, creía que sus carnes se habían de podrir, y hacían penitencia porque el demonio encubriese su pecado. En algunas fiestas bailaban delante de los ídolos muy honestamente.

Después de lo arriba escrito vine a morar en esta casa de Tlaxcallán, y preguntando e inquiriendo de sus fiestas, me dijeron de una notable crueldad, la cual aquí contaré.

Hacíase en esta ciudad de Tlaxcallán, entre otras muchas fiestas, una al principal demonio que ellos adoraban, la cual se hacía al principio del mes de marzo cada año; porque la que se hacía de cuatro en cuatro años era la fiesta solemne para toda la provincia; mas esta otra que se hacía llamábanla año de dios.

Llegado el año, levantábase el más antiguo ministro o Tlamacazque que en estas provincias de Tlaxcallán, Huexotzinco y Cholollán había, y predicaba y amonestaba a todos, y decíales:

«Hijos míos: ya es llegado el año de nuestro dios y señor; esforzaos a le servir y hacer penitencia; y el que se sintiere flaco para ello, sálgase dentro de los cinco días; y si se saliere a los diez y dejare la penitencia, será tenido por indigno de la casa de dios y de la compaña de sus servidores, y será privado, y tomarle han todo cuanto tuviese en su casa».

Llegado el quinto día, tornábase a levantar el mismo viejo en medio de todos los otros ministros, y decía: «¿Están aquí todos?». Y respondían: «Sí». (O faltaba uno o dos, que pocas veces faltaban). «Pues, ahora todos de buen corazón comencemos la fiesta de nuestro señor».

Y luego iban todos a una gran sierra que está de esta ciudad cuatro leguas, y las dos de una trabajosa subida; y en lo alto, un poco antes de llegar a la cumbre, quedábanse allí todos orando, y el viejo subía arriba, adonde estaba un templo de la diosa Matlalcueye, y ofrecía allí unas piedras, que eran como género de esmeraldas, y plumas verdes grandes, de que se hacen buenos plumajes, y ofrecía mucho papel e incienso de la tierra, rogando por aquella ofrenda al señor su dios y a la diosa su mujer, que les diese esfuerzo para comenzar su ayuno y acabarle con salud, y fuerzas para hacer penitencia.

Hecha esta oración, volvíase para sus compañeros, y todos juntos se volvían para la ciudad. Luego venían otros menores servidores de los templos, que estaban repartidos por la tierra sirviendo en otros templos, y traían muchas cargas de palos, tan largos como el brazo y tan gruesos como la muñeca, y poníanlos en el principal templo; y dábales muy bien de comer.

Y venían muchos carpinteros, que habían rezado y ayunado cinco días, y aderezaban y labraban aquellos palos; y acabados de aderezar fuera de los templos, dábales de comer; e idos aquellos, venían los maestros que sacaban las navajas, también ayunados y rezados, y sacaban muchas navajas con que se habían de abrir las lenguas; y así como sacaban las navajas, poníanlas sobre una manta limpia; y si alguna se quebraba al sacar, decíanles que no habían ayunado bien.

Nadie que no vea cómo se sacan estas navajas podrá bien entender cómo las sacan, y es de esta manera: primero sacan una piedra de navajas, que son negras como azabache, y puesta tan larga como un palmo, o algo menos, hácenla rolliza y tan gruesa como la pantorrilla de la pierna, y ponen la piedra entre los pies y con un palo hacen fuerza a los cantos de la piedra, y a cada empujón que dan salta una navajuela delgada con sus filos como de navaja; y sacarán de una piedra más de doscientas navajas, y, a vueltas, algunas lancetas para sangrar.

Y puestas las navajas en una manta limpia, perfumábanlas con su incienso, y cuando el sol se acababa de poner, todos los ministros allí juntos, cuatro de ellos cantaban a las navajas con cantares del demonio, tañendo con sus atabales; y ya que habían cantado un rato, callaban aquellos y los atabales, y los mismos, sin atabales, cantaban otro cantar muy triste, y procuraban devoción y lloraban; creo que era lo que luego habían de padecer.

Acabado aquel segundo cantar, estaban todos los ministros aparejados, y luego un maestro bien diestro, como cirujano, horadaba las lenguas de todos por medio, hecho un buen agujero con aquellas navajas benditas; y luego aquel viejo y más principal ministro sacaba por su lengua, de aquella vez, cuatrocientos y cinco palos, de aquellos que los carpinteros ayunados y con oraciones habían labrado.

Los otros ministros antiguos y de ánimo fuerte sacaban otros cada cuatrocientos cinco palos, que algunos eran tan gruesos como el dedo pulgar de la mano, y otros algo más gruesos; otros había de tanto grueso como puede abrazar el dedo pulgar y el que está par dispuesto en redondo; otros más mozos sacaban doscientos, como quien no dice nada.

Esto se hacía la noche que comenzaba el ayuno de la gran fiesta, que era ciento sesenta días antes de su pascua.

Acabada aquella colación de haber pagado los palos, aquel viejo cantaba que apenas podía menear la lengua; mas, pensando que hacía gran servicio a dios, esforzábase cuanto podía.

Entonces ayunaban de un tirón ochenta días, y de veinte en veinte días sacaba cada uno por su lengua otros tantos palos, hasta que se cumplían los ochenta días; en fin de los cuales tornaban un ramo pequeño y poníanle en el patio adonde todos le viesen, el cual era señal que todos habían de comenzar el ayuno. Y luego llevaban todos los palos que habían sacado por las lenguas, así ensangrentados, y ofrecíanlos delante del ídolo, e hincaban diez o doce varas de cada cinco o seis brazas, de manera que en el medio pudiesen poner los palos de su sacrificio, los cuales eran muchos por ser los ministros muchos.

Los otros ochenta días que quedaban hasta la fiesta ayunábanlos todos, así señores como todo el pueblo, hombres y mujeres; y en este ayuno no comían ají, que es uno de sus principales mantenimientos, y de que siempre usan comer en toda esta tierra y en todas las islas. También dejaban de bañarse, que entre ellos es cosa muy usada; asimismo se abstenían de sus propias mujeres; pero los que alcanzaban carne podíanla comer, especialmente los hombres.

El ayuno de todo el pueblo comenzaba ochenta días antes de la fiesta, y en todo este tiempo no se había de matar el fuego, ni había de faltar en casa de los señores principales, de día ni de noche; y si había descuido, el señor de la casa adonde faltaba el fuego mataba un esclavo y echaba la sangre de él en el brasero o fogón donde el fuego se había muerto.

En los otros ochenta días, de veinte en veinte días, aquella devota gente, porque la lengua no pudiese mucho murmurar, sacaban por sus lenguas otros palillos de a jeme y del grosor de un cañón de pato; y esto se hacía con gran cantar de los sacerdotes. Y cada día de éstos iba el viejo de noche a la sierra ya dicha y ofrecía al demonio mucho papel, y copalli, y codornices; y no iban con él sino cuatro o cinco, que los otros, que eran más de doscientos, quedaban en las salas y servicio del demonio ocupados, y los que iban a la sierra no paraban ni descansaban hasta volver a casa.

En estos días del ayuno salía aquel ministro viejo a los pueblos de la comarca, como a su beneficio, a pedir el hornazo, y llevaba un ramo en la mano, e iba en casa de los señores y ofrecíanle mucha comida y mantas, y él dejaba la comida y llevábase las mantas.

Antes del día de la fiesta, cuatro o cinco días, ataviaban y aderezaban los templos, y encalábanlos y limpiábanlos; y el tercero día antes de la fiesta los ministros pintábanse todos, unos de negro, otros de colorado, otros de blanco, verde, azul, amarillo; y así pintados, a las espaldas de la casa o templo principal bailaban un día entero.

Luego ataviaban la estatua de aquel su demonio, la cual era de tres estados de altura, cosa muy disforme y espantosa. Tenían también un ídolo pequeño, que decían haber venido con los viejos antiguos que poblaron esta tierra y provincia de Tlaxcallán: este ídolo ponían junto a la grande estatua, y teníanle tanta reverencia y temor que no le osaban mirar; y, aunque le sacrificaban codornices, era tanto el acatamiento que le tenían que no osaban alzar los ojos a mirarle.

Asimismo ponían a la grande estatua una máscara, la cual decían que había venido con el ídolo pequeño, de un pueblo que se dice Tollán y de otro que se dice Poyauhtlán, de donde se afirma que fue natural el mismo ídolo.

En la vigilia de la fiesta tornaban a ofrecerle: primeramente ponían a aquel grande ídolo en el brazo izquierdo una rodela muy galana de oro y pluma, y en la mano derecha una muy larga y gran saeta; el casquillo era de piedra de pedernal del tamaño de un hierro de lanza. Y ofrecíanle también muchas mantas y xicoles, que es una manera de ropa como capa sin capilla; y al mismo ídolo vestían una ropa larga abierta a manera de loba de clérigo español, y el ruedo de algodón teñido en hilo y de pelo de conejo, hilado y teñido como seda.

Luego entraba la ofrenda de la comida, que era muchos conejos y codornices, y culebras, langostas y mariposas, y otras cosas que vuelan en el campo. Toda esta caza se la ofrecían viva, y puesta delante se la sacrificaban.

Después de esto, a la media noche, venía uno de los que allí servían vestido con las insignias del demonio y sacábales lumbre nueva, y esto hecho sacrificaban uno de los más principales que tenían para aquella fiesta; a este muerto llamaban hijo del sol.

Después comenzaba el sacrificio y muertes de los presos en la guerra a honra de aquel gran ídolo; y, a la vuelta, nombraban otros dioses por manera de conmemoración, a los cuales ofrecían algunos de los que sacrificaban; y porque ya está dicha la manera del sacrificar, no diré aquí sino el número de los que sacrificaban.

En aquel templo de aquel grande ídolo, que se llamaba Camaxtli, que es en un barrio llamado Ocotelolco, mataban cuatrocientos y cinco; y en otro barrio, que está de allí media legua, una gran cuesta arriba, mataban otros cincuenta o sesenta; y en otras veinte y ocho partes de esta provincia, en cada pueblo según que era. De manera que llegaba el número de los que en este día sacrificaban a ochocientos hombres en sola la ciudad y provincia de Tlaxcallán.

Después llevaba cada uno los muertos que había traído vivos al sacrificio, dejando alguna parte de aquella carne humana a los ministros; y entonces todos comenzaban a comer ají con aquella carne humana, que había cerca de medio año que no lo comían.

En el mismo dicho día morían sacrificados otros muchos de las provincias de Huexotzinco, Tepeyacac y Zacatlán, porque en todas honraban a aquel ídolo grande Camaxtli por principal dios; y esto hacían casi con las mismas ceremonias que los Tlaxcaltecas, salvo que en ninguna sacrificaban tantos ni tan gran multitud como en esta provincia, por ser mayor y de mucha más gente de guerra, y ser más animosos y esforzados para matar y prender los enemigos; que me dicen que había hombre que los muertos y presos por su persona pasaban de ciento, y otros de ochenta y de cincuenta, todos tomados y guardados para sacrificarlos.

Pasado aquel nefando día, el día siguiente tornaban a hacer conmemoración, y le sacrificaban otros quince o veinte cautivos. Tenían asimismo otras muchas fiestas, y en especial el postrero día de los meses, que era de veinte en veinte días; y éstas hacían con diversas ceremonias y homicidios, semejantes a los que hacían en las otras provincias de México. Y en esto también excedía esta provincia a las otras, en matar y sacrificar por año más niños y niñas que en otra parte; en lo que hasta ahora he alcanzado, estos inocentes niños los mataban y sacrificaban al dios del agua.

En otra fiesta levantaban un hombre atado en una cruz muy alta, y allí le asaeteaban. En otra fiesta ataban otro hombre más bajo, y con varas de palo de encina del largo de una braza, con las puntas muy agudas, le mataban agarrocheándole como a toro; y casi estas mismas ceremonias y sacrificios usaban en las provincias de Huexotzinco, Tepeyacac y Zacatlán en las principales fiestas, porque todos tenían por el mayor de sus dioses a Camaxtli, que era la grande estatua que tengo dicha.

Aquí en Tlaxcallán, en otro día de una fiesta, desollaban dos mujeres después de sacrificadas, y vestíanse los cueros de ellas dos mancebos de aquellos sacerdotes o ministros, buenos corredores; y así vestidos andaban por el patio y por el pueblo tras los señores y personas principales, que en esta fiesta vestían mantas buenas y limpias, y corrían en pos de ellos, y al que alcanzaban tomábanle sus mantos; y así con este juego se acababa esta fiesta.

Entre otras muchas fiestas que en Chololán por el año hacían, hacían una de cuatro en cuatro años que llamaban el año de su dios o demonio, comenzando ochenta días antes el ayuno de la fiesta. El principal Tlamacazque o ministro ayunaba cuatro días, sin comer ni beber cada día más de una tortica tan pequeña y tan delgada que aun para colación era poca cosa, que no pesaría más que una onza, y bebía un poco de agua con ella; y en aquellos cuatro días iba aquel solo a demandar la ayuda y favor de los dioses, para poder ayunar y celebrar la fiesta de su dios.

El ayuno y lo que hacían en aquellos ochenta días era muy diferente de los otros ayunos; porque el día que comenzaba el ayuno, íbanse todos los ministros y oficiales de la casa del demonio, los cuales eran muchos, y entrábanse en las casas y aposentos que estaban en los patios y delante de los templos, y a cada uno daban un incensario de barro con su incienso y puntas de maguey, que punzan como alfileres gordos, y dábanles también tizne, y sentábanse todos por orden arrimados a la pared, y de allí ninguno se levantaba más de para hacer sus necesidades.

Y así sentados habían de velar en los sesenta días primeros, pues no dormían más de a prima noche hasta espacio de dos horas, y después velaban toda la noche hasta que salía el sol, y entonces tornaban a dormir otra hora; todo el otro tiempo velaban y ofrecían incienso, echando brasas en aquellos incensarios todos juntos a una: esto hacían muchas veces, así de día como de noche.

A la media noche todos se bañaban y lavaban, y luego con aquel tizne se tornaban a entiznar y quedar negros; también en aquellos días se sacrificaban muy a menudo de las orejas con aquellas puntas de maguey, y siempre les daban algunas de ellas para que tuviesen, así para se sacrificar como para se despertar; y si algunos cabeceaban de sueño, había guardas que los andaban despertando, y decíanles: «Ves aquí con qué te despiertes y saques sangre, y así no te dormirás».

Y no les cumplía hacer otra cosa, porque al que se dormía fuera del tiempo señalado venían otros y sacrificábanle las orejas cruelmente, y echábanle la sangre sobre la cabeza, y quebrábanle el incensario, como indigno de ofrecer incienso a dios, y tomábanle las mantas y echábanlas en la privada; y decíanle que, porque había mal ayunado y dormídose en el ayuno de su dios, aquel año se le había de morir algún hijo o hija; y si no tenía hijos, decíanle que se le había de morir alguna persona de quien le pesase mucho.

En este tiempo ninguno había de salir fuera, porque estaban como en treintanario cerrado, ni se echaban para dormir, sino asentados dormían; y pasados los sesenta días con aquella aspereza y trabajo intolerable, los otros veinte días no se sacrificaban tan a menudo y dormían algo más.

Dicen los ayunantes que padecían grande trabajo en resistir el sueño, y que, en no se echar, estaban muy penadísimos. El día de la fiesta, por la mañana, íbanse todos los ministros a sus casas, y teníanles hechas mantas nuevas muy pintadas, con que todos volvían al templo, y allí se regocijaban como en pascua. Otras muchas ceremonias guardaban, que por evitar prolijidad las dejo de decir: baste saber las crueldades que el demonio en esta tierra usaba, y el trabajo con que les hacía pasar la vida a los pobres Indios, y al fin para llevarlos a perpetuas penas.

CAPÍTULO XII: DE LA FORMA Y MANERA DE LOS TEOCALLIS, Y DE SU MUCHEDUMBRE, Y DE UNO QUE HABÍA MÁS PRINCIPAL.

La manera de los templos de esta tierra de Anáhuac, o Nueva España, nunca fue vista ni oída, así de su grandeza y labor como de todo lo demás; y la cosa que mucho sube en altura también requiere tener gran cimiento; y de esta manera eran los templos y altares de esta tierra, de los cuales había infinitos, de los que se hace aquí memoria para los que a esta tierra vinieren de aquí en adelante, que lo sepan, porque ya va casi pereciendo la memoria de todos ellos.

Llámanse estos templos teocallis, y hallamos en toda esta tierra que en lo mejor del pueblo hacían un gran patio cuadrado; en los grandes pueblos tenía de esquina a esquina un tiro de ballesta, y en los menores pueblos eran menores los patios.

Este patio cercábanle de pared, y muchos de ellos eran almenados; guardaban sus puertas a las calles y caminos principales, que todos los hacían que fuesen a dar al patio; y por honrar más sus templos sacaban los caminos muy derechos por cordel, de una y de dos leguas, que era cosa harto de ver desde lo alto del principal templo cómo venían de todos los pueblos menores y barrios los caminos muy derechos, y iban a dar al patio de los teocallis.

En lo más eminente de este patio había una gran cepa cuadrada y esquinada, que, para escribir esto, medí una de un pueblo mediano que se dice Tenanyocán, y hallé que tenía cuarenta brazas de esquina a esquina, lo cual todo henchían de pared maciza, y por la parte de fuera iba su pared de piedra; lo de dentro henchíanlo de piedra todo, o de barro y adobe, otros de tierra bien tapiada.

Y como la obra iba subiendo, íbanse metiendo adentro, y de braza y media o de dos brazas en alto iban haciendo y guardando unos relejes metiéndose adentro, porque no labraban a nivel; y por más firme labraban siempre para adentro, esto es, el cimiento ancho, y yendo subiendo, la pared iba enangostando; de manera que cuando iban en lo alto del teocalli habíase enangostado y metídose para adentro, así por los relejes como por la pared, hasta siete y ocho brazas de cada parte; quedaba la cepa en lo alto de treinta y cuatro a treinta y cinco brazas.

A la parte de occidente dejaban sus gradas y subida, y arriba, en lo alto, hacían dos altares grandes allegándolos hacia oriente, que no quedaba más espacio detrás de cuanto se podía andar; el uno de los altares a mano derecha, y el otro a mano izquierda, que cada uno por sí tenía sus paredes y casa cubierta como capilla.

En los grandes teocallis tenían dos altares, y en los otros uno; y cada uno de estos altares tenía sus sobrados; los grandes tenían tres sobrados encima de los altares, todos de terrados y bien altos, y la cepa también era muy alta, de modo que parecíanse desde muy lejos.

Cada capilla de éstas se andaba a la redonda y tenía sus paredes por sí. Delante de estos altares dejaban grande espacio, adonde se hacían los sacrilegios, y sola aquella cepa era tan alta como una gran torre, sin los sobrados que cubrían los altares.

Tenía el teocalli de México, según me han dicho algunos que lo vieron, más de cien gradas; yo bien las vi y las conté más de una vez, mas no me acuerdo. El de Tetzcoco tenía cinco o seis gradas más que el de México.

La capilla de San Francisco en México, que es de bóveda y razonable de alta, subiendo encima y mirando a México, hacíale mucha ventaja el templo del demonio en altura, y era muy de ver desde allí a toda México y a los pueblos de a la redonda.

En los mismos patios de los pueblos principales había otros cada doce o quince teocallis harto grandes, unos mayores que otros; pero no allegaban al principal con mucho. Unos tenían el rostro y gradas hacia otros, otros las tenían a oriente, otros a mediodía, y en cada uno de éstos no había más de un altar con su capilla, y para cada uno había sus salas y aposentos, adonde estaban aquellos Tlamacazques o ministros, que eran muchos, y los que servían de traer agua y leña; porque delante de todos estos altares había braseros que toda la noche ardían, y en las salas también tenían sus fuegos.

Tenían todos aquellos teocallis muy blancos, y bruñidos, y limpios, y en algunos había huertecillos con flores y árboles. Había en todos los más de estos grandes patios un otro templo, que, después de levantada aquella cepa cuadrada, hecho su altar, cubrían con una pared redonda, alta y cubierta con su chapitel; éste era del dios del aire, del cual dijimos tener su principal silla en Chololán, y en toda esta provincia había muchos de éstos. A este dios del aire llamaban en su lengua Quetzalcóatl, y decían que era hijo de aquel dios de la grande estatua y natural de Tollán, y que de allí había salido a edificar ciertas provincias adonde desapareció, y siempre esperaban que había de volver; y cuando aparecieron los navíos del marqués del Valle, don Hernando Cortés, que esta Nueva España conquistó, viéndolos venir a la vela de lejos, decían que ya venía su dios; y por las velas blancas y altas decían que traía por la mar teocallis; mas cuando después desembarcaron, decían que no era su dios, sino que eran muchos dioses.

No se contentaba el demonio con los teocallis ya dichos, sino que en cada pueblo y en cada barrio, y a cuarto de legua, tenían otros patios pequeños adonde había tres o cuatro teocallis, y en algunos más, en otras partes sólo uno; y en cada mogote o cerrejón, uno o dos; y por los caminos y entre los maizales había otros muchos pequeños. Y todos estaban blancos y encalados, que parecían y abultaban mucho, de manera que en la tierra bien poblada parecía que todo estaba lleno de casas, en especial de los patios del demonio, que eran muy de ver, y hacían harto que mirar entrando dentro de ellos; y sobre todos hacían ventaja los de Tetzcoco y México.

Los Chololtecas comenzaron un teocalli extremadísimo de grande, que sólo la cepa de él, que ahora parece, tendrá de esquina a esquina un buen tiro de ballesta; y desde el pie a lo alto ha de ser buena la ballesta que echase un pasador. Y aun los Indios naturales de Chololán señalan que tenía de cepa mucho más, y que era mucho más alto que ahora parece; el cual comenzaron para le hacer más alto que la más alta sierra de esta tierra, aunque están a vista las más altas sierras que hay en toda la Nueva España, que son el volcán y la sierra blanca, que siempre tiene nieve.

Y como éstos porfiasen a salir con su locura, confundiolos Dios, como a los que edificaban la torre de Babel, con una gran piedra, que en figura de sapo cayó con una terrible tempestad que sobre aquel lugar vino; y desde allí cesaron de más labrar en él. Y hoy día es tan de ver este edificio, que si no pareciese la obra ser de piedra y barro, y a partes de cal y canto, y de adobes, nadie creería sino que era alguna sierra pequeña. Andan en él muchos conejos y víboras, y en algunas partes están sementeras de maizales.

En lo alto estaba un teocalli viejo, pequeño, y desbaratáronle, y pusieron en su lugar una cruz alta, la cual quebró un rayo; y, tornando a poner otra, y otra, también las quebró; y a la tercera yo fui presente, que fue el año pasado de 1535; por lo cual descopetaron y cavaron mucho de lo alto, adonde hallaron muchos ídolos e idolatrías ofrecidas al demonio. Y por ello yo confundía a los Indios, diciendo que por los pecados en aquel lugar cometidos no quería Dios que allí estuviese su cruz.

Después pusieron allí una gran campana bendita, y no han venido más tempestades ni rayos después que la pusieron.

Aunque los Españoles conquistaron esta tierra por armas, en la cual conquista Dios mostró muchas maravillas en ser guiada de tan pocos una tan gran tierra, teniendo los naturales muchas armas, así ofensivas como defensivas; y aunque los Españoles quemaron algunos templos del demonio y quebrantaron algunos ídolos, fue muy poca cosa en comparación de los que quedaron; y por esto ha mostrado Dios más su potencia en haber conservado esta tierra con tan poca gente como fueron los Españoles.

Porque muchas veces que los naturales han tenido tiempo para tornar a cobrar su tierra con mucho aparejo y facilidad, Dios les ha cegado el entendimiento, y otras veces, que para esto han estado todos ligados y unidos, y todos los naturales uniformes, Dios maravillosamente ha desbaratado su consejo; y si Dios permitiera que lo comenzaran, fácilmente pudieran salir con ello, por ser todos a una y estar muy conformes, y por tener muchas armas de Castilla.

Que, cuando la tierra en el principio se conquistó, había en ella mucha división y estaban unos contra otros, porque estaban divididos: los Mexicanos, a una parte, contra los de Michuacán; y los Tlaxcaltecas contra los Mexicanos; y a otra parte los Huaxtecas de Pango o Pánuco. Pero ya que Dios los trajo al gremio de su Iglesia y los sujetó a la obediencia del rey de España, él traerá los demás que faltan, y no permitirá que en esta tierra se pierdan y condenen más ánimas, ni haya más idolatrías.

Los tres años primeros, o cuatro, después que se ganó México, sólo en el monasterio de San Francisco había Sacramento, y después el segundo lugar en que se puso fue en Tetzcoco; y así como se iban haciendo las iglesias de los monasterios, iban poniendo el Santísimo Sacramento y cesando las apariciones e ilusiones del demonio, que antes muchas veces aparecía, engañaba y espantaba a muchos, y los traía en mil maneras de errores, diciendo a los Indios: «que por qué no le servían y adoraban como solían, pues era su dios, y que los cristianos presto se habían de volver a su tierra»; y a esta causa los primeros años siempre tuvieron creído y esperaban su huida, y de cierto pensaban que los Españoles no estaban de asiento, por lo que el demonio les decía.

Otras veces les decía el demonio que aquel año quería matar a los cristianos, y como no lo podía hacer, decíales que se levantasen contra los Españoles y que les ayudaría; y a esta causa se movieron algunos pueblos y provincias, y les costó caro, porque luego iban los Españoles sobre ellos con los Indios que tenían por amigos, y los destruían y hacían esclavos.

Otras veces les decía el demonio que no les había de dar agua ni llover, porque le tenían enojado; y en esto se parecía más claramente su mentira y falsedad, porque nunca tanto ha llovido, ni tan buenos temporales han tenido como después que se puso el Santísimo Sacramento en esta tierra; porque antes tenían muchos años estériles y trabajosos. Por lo cual, conocido de los Indios, está esta tierra en tanta serenidad y paz como si nunca en ella se hubiera invocado el demonio.

Los naturales es de ver con cuánta quietud gozan de sus haciendas, y con cuánta solemnidad y alegría se trata el Santísimo Sacramento, y las solemnes fiestas que para esto se hacen, ayuntando los más sacerdotes que se pueden haber y los mejores ornamentos. El pueblo adonde de nuevo se pone Sacramento convida y hace mucha fiesta a los otros pueblos sus vecinos y amigos, y unos a otros se animan y despiertan para el servicio del verdadero Dios nuestro.

Pónese el Santísimo Sacramento reverente y devotamente en sus custodias bien hechas de plata, y, demás de esto, los sagrarios ataviados de dentro y de fuera muy graciosamente, con labores muy lucidas de oro y pluma, que de esta obra en esta tierra hay muy primos maestros, tanto que en España y en Italia los tendrían por muy primos, y los estarían mirando la boca abierta, como lo hacen los que nuevamente acá vienen.

Y si alguna de estas obras ha ido a España imperfecta y con figuras feas, hánlo causado la imperfección de los pintores que sacan primero la muestra o dibujo, y después el amantecatl, que así se llama el maestro de esta obra que asienta la pluma; y de este nombre tomaron los Españoles el llamar a todos los oficiales amantecas, mas propiamente no pertenece sino a éstos de la pluma, que los otros oficiales cada uno tiene su nombre.

Y si a estos amantecas les dan buena muestra de pincel, tal sacan su obra de pluma; y como ya los pintores se han perfeccionado, hacen muy hermosas y perfectas imágenes y dibujos de pluma y oro. Las iglesias atavían muy bien, y cada día se van más esmerando; y los templos que primero se hicieron pequeños y no bien hechos, se van enmendando y haciendo grandes; y, sobre todo, el relicario del Santísimo Sacramento hacen tan pulido y rico, que sobrepuja a los de España.

Y aunque los Indios casi todos son pobres, los señores dan liberalmente de lo que tienen para ataviar adonde se tiene de poner el Corpus Christi, y los que no tienen, entre todos lo reparten y lo buscan de su trabajo.

CAPÍTULO XIII: DE CÓMO CELEBRAN LAS PASCUAS Y LAS OTRAS FIESTAS DEL AÑO, Y DE DIVERSAS CEREMONIAS QUE TIENEN.

Celebran las fiestas y pascuas del Señor y de Nuestra Señora, y de las advocaciones principales de sus pueblos, con mucho regocijo y solemnidad. Adornan sus iglesias muy pulidamente con los paramentos que pueden haber, y lo que les falta de tapicería suplen con muchos ramos, flores, espadañas, juncia que echan por el suelo, yerbabuena, que en esta tierra se ha multiplicado cosa increíble.

Y por donde tiene de pasar la procesión hacen muchos arcos triunfales hechos de rosas, con muchas labores y lazos de las mismas flores; y hacen muchas piñas de flores, cosa muy de ver. Y por esto hacen todos en esta tierra mucho por tener jardines con rosas, y, no las teniendo, ha acontecido enviar por ellas diez y doce leguas a los pueblos de tierra caliente, que casi siempre las hay, y son de muy suave olor.

Los Indios señores y principales, ataviados y vestidos de sus camisas blancas y mantas, labradas con plumajes, y con pidas de rosas en las manos, bailan y dicen cantares en su lengua de las fiestas que se celebran, que los frailes se los han traducido, y los maestros de sus cantares los han puesto a su modo, a manera de metro, que son graciosos y bien entonados.

Y estos bailes y cantos comienzan a media noche en muchas partes, y tienen muchas lumbres en sus patios, que en esta tierra los patios son muy grandes y muy gentiles, porque la gente es mucha y no caben en las iglesias; y por eso tienen su capilla fuera, en los patios, porque todos oigan misa todos los domingos y fiestas, y las iglesias sirven para entre semana. Y después también cantan mucha parte del día, sin se les hacer mucho trabajo ni pesadumbre.

Todo el camino que tiene de andar la procesión tienen enramado de una parte y de otra, aunque haya de ir un tiro o dos de ballesta, y el suelo cubierto de espadaña y de juncia, y de hojas de árboles y rosas de muchas maneras, y a trechos puestos sus altares muy bien aderezados.

La noche de Navidad ponen muchas lumbres en los patios de las iglesias y en los terrados de sus casas, y como son muchas las casas de azotea, y van las casas una legua, y dos, y más, parecen de noche un cielo estrellado. Y generalmente cantan y tañen atabales y campanas, que ya en esta tierra han hecho muchas, que ponen mucha devoción y dan alegría a todo el pueblo, y a los Españoles mucho más.

Los Indios en esta noche vienen a los oficios divinos y oyen sus tres misas, y los que no caben en la iglesia por eso no se van, sino que delante de la puerta y en el patio rezan y hacen lo mismo que si estuviesen dentro.

Y a este propósito contaré una cosa que, cuando la vi, por una parte me hacía reír y por otra me puso admiración; y es que, entrando yo un día en una iglesia algo lejos de nuestra casa, hallé que aquel barrio o pueblo se había ayuntado, y poco antes habían tañido su campana como, y al tiempo que en otras partes tañen a misa; y dichas las horas de Nuestra Señora, luego dijeron su doctrina cristiana, y después cantaron su Pater Noster y Ave María; y, tañendo como a la ofrenda, rezaron todos bajo; luego tañeron como a los Santos, y herían los pechos ante la imagen del Crucifijo, y decían que oían misa con el ánima y con el deseo, porque no tenían quien se la dijese.

La fiesta de los Reyes también la regocijan mucho, porque les parece propia fiesta suya; y muchas veces este día representan el auto del ofrecimiento de los Reyes al Niño Jesús, y traen la estrella de muy lejos, porque para hacer cordeles y tirarla no han menester ir a buscar maestros, que todos estos Indios, chicos y grandes, saben torcer cordel.

Y en la iglesia tienen a Nuestra Señora con su precioso Hijo en el pesebre, delante el cual aquel día ofrecen cera, y de su incienso, y palomas, y codornices, y otras aves que para aquel día buscan; y siempre, hasta ahora, va creciendo en ellos la devoción de este día.

En la fiesta de la Purificación o Candelaria traen sus candelas a bendecir, y después que con ellas han cantado y andado la procesión, tienen en mucho lo que les sobra, y guárdanlo para sus enfermedades, y para truenos y rayos; porque tienen gran devoción con Nuestra Señora, y por ser benditas en su santo día, las guardan mucho.

En el Domingo de Ramos enraman todas sus iglesias, y más adonde se han de bendecir los ramos, y adonde se tiene de decir la misa; y, por la muchedumbre de la gente que viene, que apenas bastarían muchas cargas de ramos, aunque a cada uno no se le diese sino un pequeñito, y también por el gran peligro de dar los ramos y tornarlos, en especial en las grandes provincias, que se ahogarían algunos, aunque se diesen los ramos por muchas partes, que todo se ha probado, el mejor remedio ha parecido bendecir los ramos en las manos.

Y es muy de ver las diferentes divisas que traen en sus ramos: muchos traen encima de sus ramos unas cruces hechas de flores, y éstas son de mil maneras y de muchos colores; otros traen en los ramos engeridas rosas y flores de muchas maneras y colores, y como los ramos son verdes y los traen alzados en las manos, parece una floresta.

Por el camino tienen puestos árboles grandes, y en algunas partes que ellos mismos están nacidos; allí suben los niños, y unos cortan ramos y los echan por el camino al tiempo que pasan las cruces, otros encima de los árboles cantan, otros muchos van echando sus ropas y mantas en el camino, y éstas son tantas que casi siempre van las cruces y los ministros sobre mantas.

Y los ramos benditos tienen mucho cuidado de guardarlos, y un día o dos antes del Miércoles de Ceniza llévanlos todos a la puerta de la iglesia, y como son muchos, hacen un rimero de ellos, que hay hartos para hacer ceniza para bendecir.

Esta ceniza reciben muchos de ellos con devoción el primero día de cuaresma, en la cual muchos se abstienen de sus mujeres, y en algunas partes aquel día se visten los hombres y mujeres de negro.

El Jueves Santo, con los otros dos días siguientes, vienen a los oficios divinos, y a la noche hacen la disciplina; todos, así hombres como mujeres, son confrades de la cruz, y no sólo esta noche, mas todos los viernes del año, y en cuaresma tres días en la semana, hacen la disciplina en sus iglesias, los hombres a una parte y las mujeres a otra, antes que toquen el Ave María, y muchos días de la cuaresma después de anochecido.

Y cuando tienen falta de agua, o enfermedad, o por cualquiera otra necesidad, con sus cruces y lumbres se van de una iglesia a otra disciplinando; pero la del Jueves Santo es muy de ver aquí en México: la de los Españoles a una parte, y la de los Indios a otra, que son innumerables. En una parte son cinco o seis mil, y en otra diez y doce mil; y, al parecer de Españoles, en Tetzcoco y en Tlaxcallán parecen quince o veinte mil; aunque la gente puesta en procesión parece más de lo que es.

Verdad es que van en siete u ocho órdenes, y van hombres y mujeres y muchachos, cojos y mancos; y entre otros cojos, este año vi uno que era cosa para notar, porque tenía secas ambas piernas de las rodillas abajo, y con las rodillas y la mano derecha en tierra siempre ayudándose, con la otra se iba disciplinando; que en solo andar ayudándose con ambas manos tenía bien que hacer.

Unos se disciplinan con disciplinas de alambre, otros de cordel, que no escuecen menos. Llevan muchas hachas bien atadas de tea de pino, que dan mucha lumbre. Su procesión y disciplina es de mucho ejemplo y edificación a los Españoles que se hallan presentes, tanto que o se disciplinan con ellos, o toman la cruz o lumbre para alumbrarlos; y muchos Españoles he visto ir llorando.

Y todos ellos van cantando el Pater Noster y Ave María, Credo y Salve Regina, que muchos de ellos por todas partes lo saben cantar. El refrigerio que tienen para después de la disciplina es lavarse con agua caliente y con ají.

Los días de los Apóstoles celebran con alegría, y el día de los Finados casi por todos los pueblos de los Indios dan muchas ofrendas por sus difuntos: unos ofrecen maíz, otros mantas, otros comida, pan, gallinas, y en lugar de vino dan cacao; y su cera, cada uno como puede y tiene, porque, aunque son pobres, liberalmente buscan de su pobreza y sacan para una candelilla.

Es la gente del mundo que menos se mata por dejar ni adquirir para sus hijos. Pocos se irán al infierno por los hijos ni por los testamentos, porque las tierras o casillas que ellos heredaron, aquello dejan a sus hijos, y son contentos con muy chica morada y menos hacienda; que como el caracol pueden llevar a cuestas toda su hacienda.

No sé de quién tomaron acá nuestros Españoles, que vienen muy pobres de Castilla, con una espada en la mano, y dende en un año más petacas y hato tienen que arrancar a una recua; pues las casas todas han de ser de caballeros.

CAPÍTULO XIV: DE LA OFRENDA QUE HACEN LOS TLAXCALTECAS EL DÍA DE PASCUA DE RESURRECCIÓN

En esta casa de Tlaxcallán, en el año de 1536, vi un ofrecimiento que en ninguna otra parte de la Nueva España he visto, ni creo que le hay; el cual, para escribir y notar, era menester otra mejor habilidad que la mía, para estimar y encarecer lo que creo que Dios tiene y estima en mucho.

Y fue que desde el Jueves Santo comienzan los Indios a ofrecer en la iglesia de la Madre de Dios, delante de las gradas adonde está el Santísimo Sacramento; y este día y el Viernes Santo siempre vienen ofreciendo poco a poco; pero desde el Sábado Santo a vísperas, y toda la noche en peso, es tanta la gente que viene, que parece que en toda la provincia no queda nadie.

La ofrenda es algunas mantas de las con que se visten y cubren; otros pobres traen unas mantillas de cuatro o cinco palmos en largo y poco menos de ancho, que valdrá cada una dos o tres maravedís, y algunos más pobres ofrecen otras más pequeñas. Otras mujeres ofrecen unos paños como paños de portapaz, y de eso sirven después: son todos tejidos de labores de algodón y de pelo de conejo; y éstos son muchos y de muchas maneras.

Los más tienen una cruz en el medio, y estas cruces muy diferentes unas de otras. Otros de aquellos paños traen en medio un escudo con las cinco llagas, tejido de colores. Otros el nombre de Jesús o de María, con sus caireles o labores a la redonda; otros son de flores y rosas tejidas y bien asentadas.

Y en este año ofreció una mujer en un paño de éstos un Crucifijo tejido a dos haces, aunque la una de cerca parecía ser más la haz que la otra, y era tan bien hecho que todos los que lo vieron, así frailes como seglares españoles, lo tuvieron en mucho, diciendo que quien aquel hizo también tejería tapicería.

Estas mantas y paños tráenlas cogidas, y llegando cerca de las gradas hincan las rodillas, y, hecho su acatamiento, sacan y descogen su manta, y tómanla por los cabos con ambas manos extendidas, y levantada hacia la frente levantan las manos dos o tres veces, y luego asientan la manta en las gradas y retíranse un poco, tornando a hincar las rodillas como los capellanes que han dado paz a algún gran señor, y allí rezan un poco; y muchos de ellos traen consigo niños por quienes también traen ofrenda, y dánsela en las manos, y amaéstranles cómo tienen de ofrecer y a hincar las rodillas, que ver con el recogimiento y devoción que esto hacen es para poner espíritu a los muertos.

Otros ofrecen de aquel copalli o incienso, y muchas candelas: unos ofrecen una vela razonable, otros más pequeña, otros su candela delgada de dos o tres palmos, otros una candelilla como el dedo; que vérselas ofrecer y allí rezar, parecen ofrendas como la de la viuda, que delante de Dios fue muy acepta, porque todas son quitadas de su propia sustancia, y las dan con tanta simplicidad y encogimiento, como si allí estuviese visible el Señor de la tierra.

Otros traen cruces pequeñas de palmo, o palmo y medio, y mayores, cubiertas de oro y pluma, o de plata y pluma. También ofrecen ciriales bien labrados, de ellos cubiertos de oro y pluma bien vistosos, con su argentería colgando, y algunas plumas verdes de precio.

Otros traen alguna comida guisada, puesta en sus platos y escudillas, y ofrécenla entre las otras ofrendas. En este mismo año trajeron un cordero y dos puercos grandes vivos; traía cada uno de los que ofrecían puerco atado en sus palos, como ellos traen las otras cargas, y así entraban en la iglesia; y, allegados cerca de las gradas, verlos tomar los puercos y ponerlos entre los brazos y así ofrecerlos, era cosa de reír.

También ofrecían gallinas y palomas, y de todo en grandísima cantidad; tanto que los frailes y los Españoles estaban espantados, y yo mismo fui muchas veces a mirar, y me espantaba de ver cosa tan nueva en tan viejo mundo; y eran tantos los que entraban a ofrecer y salían, que a veces no podían caber por la puerta.

Para recoger y guardar estas ofrendas hay personas diputadas, lo cual se lleva para los pobres del hospital que de nuevo se ha hecho, al modo de los buenos de España, y le tienen ya razonablemente dotado, y hay aparejo para curar muchos pobres. De la cera que se ofrece hay tanta que basta para gastar todo el año.

Luego el día de Pascua, antes que amanezca, hacen su procesión muy solemne, y con mucho regocijo de danzas y bailes. Este día salieron unos niños con una danza, y por ser tan chiquitos, que otros mayores que ellos aún no han dejado la teta, hacían tantas y tan buenas vueltas, que los Españoles no se podían valer de risa y alegría.

Luego, acabado esto, les predican y dicen su misa con gran solemnidad. Maravíllanse muchos Españoles y son muy incrédulos en creer el aprovechamiento de los Indios, en especial los que no salen de los pueblos en que residen Españoles, o algunos recién venidos de España; y, como no lo han visto, piensan que no más es fingido lo que de los Indios se dice y la penitencia que hacen; y también se maravillan que de lejos se vengan a bautizar, casar y confesar, y en las fiestas a oír misa.

Pero, vistas estas cosas, es muy de notar la fe de éstos tan nuevos cristianos. ¿Y por qué no dará Dios a éstos, que a su imagen formó, su gracia y gloria, disponiéndose tan bien como nosotros? Éstos nunca vieron lanzar demonios, ni sanar cojos, ni vieron quien diese el oído a los sordos, ni la vista a los ciegos, ni resucitar muertos; y lo que los predicadores les predican y dicen es una cifra, como los panes de San Felipe, que no les cabe a migaja; sino que Dios multiplica su palabra, y la engrandece en sus ánimas y entendimientos, y es mucho más el fruto que Dios hace y lo que se multiplica y sobra, que no lo que se les administra.

Estos Indios cuasi no tienen estorbo que les impida para ganar el cielo, de los muchos que los Españoles tenemos y nos tienen sumidos; porque su vida se contenta con muy poco, y tan poco, que apenas tienen con qué se vestir y alimentar. Su comida es muy paupérrima, y lo mismo es el vestido; para dormir, la mayor parte de ellos aún no alcanzan una estera sana.

No se desvelan en adquirir ni guardar riquezas, ni se matan por alcanzar estados ni dignidades. Con su pobre manta se acuestan, y en despertando están aparejados para servir a Dios; y, si se quieren disciplinar, no tienen estorbo ni embarazo de vestirse ni desnudarse.

Son pacientes, sufridos sobremanera, mansos como ovejas; nunca me acuerdo haber visto guardar injuria; humildes, a todos obedientes, ya de necesidad, ya de voluntad; no saben sino servir y trabajar. Todos saben labrar una pared, y hacer una casa, torcer un cordel, y todos los oficios que no requieren mucho arte.

Es mucha la paciencia y sufrimiento que en las enfermedades tienen; sus colchones es la dura tierra, sin ropa ninguna. Cuando mucho, tienen una estera rota, y por cabecera una piedra, o un pedazo de madero; y muchos ninguna cabecera, sino la tierra desnuda.

Sus casas son muy pequeñas, algunas cubiertas de un solo terrado muy bajo, algunas de paja, otras como la celda de aquel santo abad Hilarión, que más parecen sepultura que no casa. Las riquezas que en tales casas pueden caber dan testimonio de sus tesoros.

Están estos Indios y moran en sus casillas, padres, hijos y nietos; comen y beben sin mucho ruido ni voces. Sin rencillas ni enemistades pasan su tiempo y vida, y salen a buscar el mantenimiento a la vida humana necesario, y no más.

Si a alguno le duele la cabeza o cae enfermo, si algún médico entre ellos fácilmente se puede haber, sin mucho ruido ni costa, vanlo a ver; y si no, más paciencia tienen que Job. No es como en México, que cuando algún vecino adolece y muere, habiendo estado veinte días en cama, para pagar la botica y el médico ha menester cuanta hacienda tiene, que apenas le queda para el entierro; que de responsos y pausas y vigilias le llevan tantos derechos, o tuertos, que queda adeudada la mujer, y si la mujer muere queda el marido perdido.

Oí decir a un casado, hombre sabio, que cuando enfermase alguno de los dos, teniendo cierta la muerte, luego el marido había de matar a la mujer, y la mujer al marido, y trabajar de enterrar el uno al otro en cualquier cementerio, por no quedar pobres, solos y adeudados: todas estas cosas ahórrase esta gente.

Si alguna de estas Indias está de parto, tienen muy cerca la partera, porque todas lo son; y si es primeriza, va a la primera vecina o parienta que la ayude, y esperando con paciencia a que la naturaleza obre, paren con menos trabajo y dolor que las nuestras Españolas, de las cuales muchas, por haberlas puesto en el parto antes de tiempo y poner fuerza, han peligrado y quedan viciadas y quebrantadas para no poder parir más.

Y si los hijos son dos de un vientre, luego que ha pasado un día natural, y en partes dos días, no les dan leche, y los torna la madre después, el uno con el un brazo y el otro con el otro, y les da la teta, que no se les mueren, ni les buscan amas que los amamanten, y adelante conoce, despertando cada uno, su teta.

Ni para el parto tienen aparejadas torrijas, ni miel, ni otros regalos de parida, sino el primer beneficio que a sus hijos hace es lavarlos luego con agua fría, sin temor que les haga daño; y con todo esto vemos y conocemos que muchos de éstos, así criados desnudos, viven buenos y sanos, y bien dispuestos, recios, fuertes, alegres, ligeros y hábiles para cuanto de ellos quieran hacer; y lo que más hace al caso es, que ya que han venido en conocimiento de Dios, tienen pocos impedimentos para seguir y guardar la vida y ley de Jesucristo.

Cuando yo considero los enredos y embarazos de los Españoles, querría tener gracia para me compadecer de ellos, y mucho más y primero de mí. Ver con cuánta pesadumbre se levanta un Español de su cama muelle, y muchas veces le echa de ella la claridad del sol, y luego se pone un monjilazo (porque no le toque el viento) y pide de vestir, como si no tuviese manos para lo tomar, y así le están vistiendo como a manco, y atacándose está rezando: ya podéis ver la atención que tendrá.

Y porque le ha dado un poco de frío o de aire, vase al fuego mientras que le limpian el sayo y la gorra; y porque está muy desmayado desde la cama al fuego, no se puede peinar, sino que ha de haber otro que le peine; después, hasta que vienen los zapatos o pantuflos y la capa, tañen a misa, y a las veces va almorzado, y el caballo no está acabado de aderezar: ya veréis en qué son irá a la misa; pero, como alcance a ver a Dios, o que no hayan consumido, queda contento, por no topar con algún sacerdote que diga un poco despacio la misa, porque no le quebrante las rodillas.

Algunos hay que no traen maldito el escrúpulo aunque sea domingo o fiesta. Luego, de vuelta, la comida ha de estar muy a punto, si no, no hay paciencia; y después reposa y duerme; ya veréis si será menester lo que resta del día para entender en pleitos y en cuentas, en proveer en las minas y granjerías; y antes que estos negocios se acaben es hora de cenar, y a las veces se comienza a dormir sobremesa si no desecha el sueño con algún juego.

Y si esto fuese un año, o dos, y después se enmendase la vida, allá pasaría; pero así se acaba la vida creciendo cada año más la codicia y los vicios, de manera que el día y la noche y casi toda la vida se les va sin acordarse de Dios ni de su ánima, sino con algunos buenos deseos que nunca hay tiempo de los poner por obra.

Pues, ¿qué diremos de los que en diversos vicios y pecados están encenagados, y viven en pecado mortal, guardando la enmienda para el tiempo de la muerte, cuando son tan terribles los dolores y trabajos, y las asechanzas y tentaciones del demonio; que son tantas y tan recias, que entonces apenas se pueden acordar de sus ánimas?

Y esto les viene del justo juicio de Dios, porque el que viviendo no se acuerda de Dios, muriendo no se acuerda de sí. Tienen los tales mucha confianza en los testamentos, y aunque algo o mucho deban y lo puedan pagar, con los testamentos piensan que cumplen; y ellos serán tan bien cumplidos por sus hijos como los mismos cumplieron los de los padres.

Entonces la cercana pena y tormentos les abrirán los ojos, que en la vida los deleites y penas cerraron y tuvieron ciegos. Esto se entiende de los descuidados de su propia salvación, para que con tiempo miren por sí y se pongan en estado seguro de gracia, y de caridad y matrimonio, como muchos ya, por la bondad de Dios, viven en esta Nueva España, amigos de sus ánimas y cuidadosos de su salvación, y caritativos con sus prójimos.

Y con esto es tiempo de volver a nuestra historia.

CAPÍTULO XV: DE LAS FIESTAS DE CORPUS CHRISTI Y SAN JUAN QUE CELEBRARON EN TLAXCALLÁN EN EL AÑO DE 1538

Llegado este santo día del Corpus Christi del año de 1538, hicieron aquí los Tlaxcaltecas una tan solemne fiesta, que merece ser memorada, porque creo que si en ella se hallaran el Papa y Emperador con sus cortes, holgaran mucho de verla; y, puesto que no había ricas joyas ni brocados, había otros aderezos tan de ver, en especial de flores y rosas que Dios cría en los árboles y en el campo, que había bien en que poner los ojos y notar, como una gente, que hasta ahora era tenida por bestial, supiese hacer tal cosa.

Iba en la procesión el Santísimo Sacramento y muchas cruces y andas con sus santos; las mangas de las cruces y los aderezos de las andas hechos todos de oro y pluma, y en ellas imágenes de la misma obra de oro y pluma, que las bien labradas se preciarían en España más que de brocado. Había muchas banderas de santos.

Había doce Apóstoles vestidos con sus insignias; muchos de los que acompañaban la procesión llevaban velas encendidas en las manos. Todo el camino estaba cubierto de juncia, y de espadañas y flores, y de nuevo había quien siempre iba echando rosas y clavellinas, y hubo muchas maneras de danzas que regocijaban la procesión.

Había en el camino sus capillas con sus altares y retablos bien aderezados para descansar, adonde salían de nuevo muchos cantores cantando y bailando delante del Santísimo Sacramento. Estaban diez arcos triunfales grandes muy gentilmente compuestos; y lo que era más de ver y para notar era que tenían toda la calle, a la larga, hecha en tres partes como naves de iglesias.

En la parte de en medio había veinte pies de ancho; por ésta iba el Santísimo Sacramento y ministros y cruces con todo el aparato de la procesión; y por las otras dos de los lados, que eran de cada quince pies, iba toda la gente, que en esta ciudad y provincia no hay poca.

Y este apartamiento era todo hecho de unos arcos medianos que tenían de hueco a nueve pies; y de éstos había, por cuenta, mil y sesenta y ocho arcos, que, como cosa notable y de admiración, lo contaron tres Españoles y otros muchos. Estaban todos cubiertos de rosas y flores de diversas colores y maneras; apodaban que tenía cada arco carga y media de rosas (entiéndese carga de Indios), y con las que había en las capillas, y las que tenían los arcos triunfales, con otros sesenta y seis arcos pequeños, y las que la gente sobre sí y en las manos llevaban, se apodaron en dos mil cargas de rosas; y cerca de la quinta parte parecía ser de clavellinas, que vinieron de Castilla, y hánse multiplicado en tanta manera que es cosa increíble; las matas son muy mayores que en España, y todo el año tienen flores.

Había obra de mil rodelas hechas de labores de rosas, repartidas por los arcos; y en los otros arcos que no tenían rodelas había unos florones grandes, hechos de unos como cascos de cebolla, redondos, muy bien hechos, y tienen muy buen lustre; de éstos había tantos que no se podían contar.

Una cosa muy de ver tenían. En cuatro esquinas o vueltas que se hacían en el camino, en cada una su montaña, y de cada una salía su peñón bien alto; y desde abajo estaba hecho como prado, con matas de yerba, y flores, y todo lo demás que hay en un campo fresco, y la montaña y el peñón tan al natural como si allí hubiese nacido: era cosa maravillosa de ver.

Porque había muchos árboles, unos silvestres y otros de frutas, otros de flores, y las setas, y hongos, y vello que nace en los árboles de montaña y en las peñas, hasta los árboles viejos quebrados; a una parte como monte espeso y a otra más ralo; y en los árboles muchas aves chicas y grandes; había halcones, cuervos, lechuzas, y en los mismos montes mucha caza de venados, y liebres, y conejos, y adives, y muy muchas culebras.

Éstas atadas y sacados los colmillos o dientes, porque las más de ellas eran de género de víboras, tan largas como una braza, y tan gruesas como el brazo de un hombre por la muñeca. Témanlas los Indios con la mano como a los pájaros, porque para las bravas y ponzoñosas tienen una yerba que las adormece o entumece, la cual también es medicinal para muchas cosas: llámase esta yerba picietl.

Y porque no faltase nada para contrahacer todo lo natural, estaban en las montañas unos cazadores muy encubiertos, con sus arcos y flechas, que comúnmente los que usan este oficio son de otra lengua, y como habitan hacia los montes son grandes cazadores.

Para ver estos cazadores había menester aguzar la vista, tan disimulados estaban y tan llenos de rama y de vello de árboles, que a los así encubiertos fácilmente se les vendría la caza hasta los pies; estaban haciendo mil ademanes antes que tirasen, con que hacían picar a los descuidados.

Este día fue el primero que estos Tlaxcaltecas sacaron su escudo de armas, que el Emperador les dio cuando a este pueblo hizo ciudad; la cual merced aún no se ha hecho con ningún otro de Indios, sino con éste, que lo merece bien, porque ayudaron mucho, cuando se ganó toda la tierra, a don Hernando Cortés por su Majestad.

Tenían dos banderas de éstas y las armas del Emperador en medio, levantadas en una vara tan alta, que yo me maravillé adónde pudieron haber palo tan largo y tan delgado; estas banderas tenían puestas encima del terrado de las casas de su ayuntamiento porque pareciesen más altas.

Iba en la procesión capilla de canto de órgano de muchos cantores y su música de flautas, que concertaban con los cantores, trompetas y atabales, campanas chicas y grandes; y esto todo sonó junto a la entrada y salida de la iglesia, que parecía que se venía el cielo abajo.

En México y en todas las partes do hay monasterio, sacan todos cuantos atavíos e invenciones saben y pueden hacer, y lo que han tomado y deprendido de nuestros Españoles; y cada año se esmeran y lo hacen más primo, y andan mirando como monas para contrahacer todo cuanto ven hacer, que hasta los oficios, con sólo estarlos mirando sin poner la mano en ellos, quedan maestros, como adelante diré.

Sacan de unas yerbas gruesas, que acá nacen en el campo, el corazón, el cual es como cera blanca de hilera, y de esto hacen piñas y rodelas de mil labores y lazos, que parecen a los rollos hermosos que se hacen en Sevilla; sacan letreros grandes de talla, la letra de dos palmos, y después enróscanle y ponen el letrero de la fiesta que celebran aquel día.

Porque se vea la habilidad de estas gentes diré aquí lo que hicieron y representaron luego adelante, en el día de San Juan Bautista, que fue el lunes siguiente, y fueron cuatro autos, que sólo para sacarlos en prosa, que no es menos devota la historia que en metro, fue bien menester todo el viernes; y en sólo dos días que quedaban, que fueron sábado y domingo, lo deprendieron, y representaron harto devotamente la Anunciación de la Natividad de San Juan Bautista hecha a su padre Zacarías, que se tardó en ella obra de una hora, acabando con un gentil motete en canto de órgano.

Y luego adelante, en otro tablado, representaron la Anunciación de Nuestra Señora, que fue mucho de ver, que se tardó tanto como en el primero. Después, en el patio de la iglesia de San Juan, adonde fue la procesión, luego, en allegando, antes de misa, en otro cadalso (que no eran poco de ver los cadalsos, cuán graciosamente estaban ataviados y enrosados), representaron la Visitación de Nuestra Señora a Santa Isabel.

Después de misa se representó la Natividad de San Juan, y en lugar de la circuncisión fue bautismo de un niño de ocho días nacido, que se llamó Juan; y antes que diesen al mudo Zacarías las escribanías que pedía por señas, fue bien de reír lo que le daban, haciendo que no le entendían.

Acabóse este auto con Benedictus Dominus Deus Israel, y los parientes y vecinos de Zacarías, que se regocijaron con el nacimiento del hijo, llevaron presentes y comidas de muchas maneras, y puesta la mesa asentáronse a comer, que ya era hora.

A este propósito, una carta que escribió un fraile morador de Tlaxcallán a su provincial, sobre la penitencia y restituciones que hicieron los Tlaxcaltecas en la cuaresma pasada del año de 1539, y cómo celebraron la fiesta de la Anunciación y Resurrección.

«No sé con qué mejores pascuas dar a vuestra caridad, que con contarle y escribirle las buenas pascuas que Dios ha dado a éstos sus hijos los Tlaxcaltecas, y a nosotros con ellos, aunque no sé por dónde lo comience; porque es muy de sentir lo que Dios en esta gente ha obrado, que cierto mucho me han edificado en esta cuaresma, así los de la ciudad como los pueblos, hasta los Otomíes.

Las restituciones que en la cuaresma hicieron yo creo que pasaron de diez o doce mil, de cosas que eran a cargo, así de tiempo de su infidelidad como después; unos de cosas pobres, y otros de más cantidad y de cosas de valor; y muchas restituciones de harta cantidad, así de joyas de oro y piedras de precio, como tierras y heredades. Alguno ha habido que ha restituido doce suertes de tierra, la que menos de cuatrocientas brazas, otras de setecientas, y suerte de mil y doscientas brazas, con muchos vasallos y casas dentro en las heredades. Otros han dejado otras suertes que sus padres y abuelos tenían usurpadas y con mal título; los hijos, ya como cristianos, se descargan y dejan el patrimonio, aunque esta gente aman tanto las heredades como otros, porque no tienen otras granjerías.

Han hecho también mucha penitencia, así en limosnas a pobres como a su hospital, y con muchos ayunos de harta abstinencia, muchas disciplinas secretas y públicas. En la cuaresma, por toda la provincia, se disciplinan tres días en la semana en sus iglesias, y muchos de estos días se tornaban a disciplinar con sus procesiones de iglesia en iglesia, como en otras partes se hace la noche del Jueves Santo; y ésta, de este día, no la dejaron, antes vinieron tantos que, a parecer de los Españoles que aquí se hallaron, juzgaron haber veinte o treinta mil ánimas.

Toda la Semana Santa estuvieron en los divinos oficios. El sermón de la Pasión lloraron con gran sentimiento, y comulgaron muchos con mucha reverencia, y hartos de ellos con lágrimas, de lo cual los frailes recién venidos se han edificado mucho.

Para la Pascua tenían acabada la capilla del patio, la cual es una solemnísima pieza; llámanla Betlem. Por parte de fuera la pintaron luego al fresco en cuatro días, porque así las aguas nunca la despintaran: en un octavo de ella pintaron las obras de la creación del mundo de los primeros tres días, y en otro octavo las obras de los otros tres días; en otros dos octavos, en el uno, la vara de Jesé con la generación de la Madre de Dios, la cual está en lo alto puesta muy hermosa; en el otro está nuestro padre San Francisco. En otra parte está la Iglesia, su Santidad el Papa, cardenales, obispos; y a la otra banda el Emperador, reyes y caballeros. Los Españoles que han visto la capilla dicen que es d las graciosas piezas que de su manera hay en España. Lleva sus arcos bien labrados; dos coros, uno para los cantores, otro para los ministriles; hízose todo esto en seis meses, y así la capilla como todas las iglesias tenían muy adornadas y compuestas.

Han estos Tlaxcaltecas regocijado mucho los divinos oficios con cantos y músicas de canto de órgano; tenían dos capillas, cada una de más de veinte cantores, y otras dos de flautas, con las cuales también tañían rabel y jabebas, y muy buenos maestros de atabales, concordados con campanas pequeñas que sonaban saborosamente».

Y con esto este fraile acabó su carta.

Lo más principal he dejado para la postre, que fue la fiesta que los confrades de Nuestra Señora de la Encarnación celebraron; y porque no la pudieron celebrar en la cuaresma, guardáronla para el miércoles de las octavas.

Lo primero que hicieron fue aparejar muy buena limosna para los Indios pobres, que, no contentos con los que tienen en el hospital, fueron por las casas de una legua a la redonda a repartirles setenta y cinco camisas de hombre y cincuenta de mujer, y muchas mantas y zaragüelles. Repartieron también por los dichos pobres necesitados diez carneros y un puerco, y veinte perrillos de los de la tierra, para comer con chile, como es costumbre. Repartieron muchas cargas de maíz, y muchos tamales en lugar de roscas, y los diputados y mayordomos que lo fueron a repartir no quisieron tomar ninguna cosa por su trabajo, diciendo que antes habían ellos de dar de su hacienda al hospicio, que no tomársela.

Tenían su cera hecha, para cada cofrade un rollo, y, sin éstos, que eran muchos, tenían sus velas y doce hachas, y sacaron de nuevo cuatro ciriales de oro y pluma muy bien hechos, más vistosos que ricos.

Tenían, cerca de la puerta del hospital, para representar, aparejado un auto, que fue la caída de nuestros primeros padres, y, al parecer de todos los que lo vieron, fue una de las cosas notables que se han hecho en esta Nueva España.

Estaba tan adornada la morada de Adán y Eva, que bien parecía paraíso de la tierra, con diversos árboles con frutas y flores, de ellas naturales y de ellas contrahechas de pluma y oro; en los árboles mucha diversidad de aves, desde búhos y otras aves de rapiña, hasta pajaritos pequeños, y sobre todo tenían muy muchos papagayos, y era tanto el parlar y gritar que tenían, que a veces estorbaban la representación. Yo conté en un solo árbol catorce papagayos entre pequeños y grandes.

Había también aves contrahechas de oro y pluma, que era cosa muy de mirar. Los conejos y liebres eran tantos, que todo estaba lleno de ellos, y otros muchos animalejos que yo nunca hasta allí los había visto. Estaban dos ocelotles atados, que son bravísimos, que ni son bien gato ni bien onza; y una vez se descuidó Eva, y fue a dar en el uno de ellos, y él, de bien criado, se desvió: esto era antes del pecado, que si fuera después, tan en hora buena ella no se hubiera llegado.

Había otros animales bien contrahechos, metidos dentro de ellos unos muchachos; éstos andaban domésticos, y jugaban y burlaban con ellos Adán y Eva. Había cuatro ríos o fuentes que salían del paraíso, con sus rótulos que decían: Phison, Gheon, Tigris, Euphrates; y el árbol de la vida en medio del paraíso, y cerca de él el árbol de la ciencia del bien y del mal, con muchas y muy hermosas frutas contrahechas de oro y pluma.

Estaban en el redondo del paraíso tres peñoles grandes, y una sierra grande, todo esto lleno de cuanto se puede hallar en una sierra muy fuerte y fresca montaña, y todas las particularidades que en abril y mayo se pueden hallar; porque, en contrahacer una cosa al natural, estos Indios tienen gracia singular.

Pues aves no faltaban, chicas ni grandes, en especial de los papagayos grandes, que son tan grandes como gallos de España; de éstos había muchos, y dos gallos y una gallina de las monteses, que cierto son las más hermosas aves que yo he visto en parte ninguna; tendría un gallo de aquellos tanta carne como dos pavos de Castilla. A estos gallos les sale del papo una guedeja de cerdas más ásperas que cerdas de caballo, y de algunos gallos viejos son más largas que un palmo; de éstas hacen hisopos y duran mucho.

Había en estos peñoles animales naturales y contrahechos. En uno de los contrahechos estaba un muchacho vestido como león, y estaba desgarrando y comiendo un venado que tenía muerto; el venado era verdadero, y estaba en un risco que se hacía entre unas peñas, y fue cosa muy notada.

Llegada la procesión, comenzose luego el auto; tardose en él gran rato, porque antes que Eva comiese ni Adán consintiese, fue y vino Eva, de la serpiente a su marido y de su marido a la serpiente, tres o cuatro veces, siempre Adán resistiendo, y, como indignado, alanzaba de sí a Eva. Ella, rogándole y molestándole, decía que bien parecía el poco amor que le tenía, y que más le amaba ella a él que no él a ella, y, echándole en su regazo, tanto le importunó, que fue con ella al árbol vedado, y Eva, en presencia de Adán, comió, y diole a él también que comiese; y, en comiendo, luego conocieron el mal que habían hecho, y aunque ellos se escondían cuanto podían, no pudieron hacer tanto que Dios no los viese, y vino con gran majestad acompañado de muchos ángeles.

Y después que hubo llamado a Adán, él se excusó con su mujer, y ella echó la culpa a la serpiente, maldiciéndolos Dios y dando a cada uno su penitencia. Trajeron los ángeles dos vestiduras bien contrahechas, como de pieles de animales, y vistieron a Adán y a Eva.

Lo que más fue de notar fue el verlos salir desterrados y llorando: llevaban a Adán tres ángeles y a Eva otros tres, e iban cantando en canto de órgano Circumdederunt me. Esto fue tan bien representado, que nadie lo vio que no llorase muy recio; quedó un querubín guardando la puerta del paraíso con su espada en la mano.

Luego allí estaba el mundo, otra tierra cierto bien diferente de la que dejaban, porque estaba llena de cardos y de espinas, y muchas culebras; también había conejos y liebres. Llegados allí los recién moradores del mundo, los ángeles mostraron a Adán cómo había de labrar y cultivar la tierra, y a Eva diéronle husos para hilar y hacer ropa para su marido e hijos; y, consolando a los que quedaban muy desconsolados, se fueron cantando por desechas, en canto de órgano, un villancico que decía:

Para qué comió
la primer casada,
para qué comió
la fruta vedada.

La primer casada,
ella y su marido,
a Dios han traído
en pobre posada
por haber comido
la fruta vedada.

Este auto fue representado por los Indios en su propia lengua, y así muchos de ellos tuvieron lágrimas y mucho sentimiento, en especial cuando Adán fue desterrado y puesto en el mundo.

Otra carta del mismo fraile a su prelado, escribiéndole las fiestas que se hicieron en Tlaxcallán por las paces hechas entre el Emperador y el rey de Francia; el prelado se llamaba fray Antonio de Ciudad Rodrigo.

«Como vuestra caridad sabe, las nuevas vinieron a esta tierra antes de cuaresma, pocos días, y los Tlaxcaltecas quisieron primero ver lo que los Españoles y los Mexicanos hacían, y, visto lo que hicieron y representaron —la conquista de Rodas—, ellos determinaron de representar la conquista de Jerusalén, el cual pronóstico cumpla Dios en nuestros días; y, por la hacer más solemne, acordaron de la dejar para el día de Corpus Christi, la cual fiesta regocijaron con tanto regocijo como aquí diré.

En Tlaxcallán, en la ciudad que de nuevo han comenzado a edificar abajo en lo llano, dejaron en el medio una grande y muy gentil plaza, en la cual tenían hecha a Jerusalén encima de unas casas que hacen para el cabildo, sobre el sitio que ya los edificios iban en altura de un estado; igualáronlo todo e hinchiéronlo de tierra, e hicieron cinco torres; la una de homenaje en medio, mayor que las otras, y las cuatro a los cuatro cantos; estaban cerradas de una cerca muy almenada, y las torres también muy almenadas y galanas, de muchas ventanas y galanes arcos, todo lleno de rosas y flores.

De frente de Jerusalén, a la parte oriental, fuera de la plaza, estaba aposentado el Señor Emperador; a la parte diestra de Jerusalén estaba el real adonde el ejército de España se había de aposentar; al opuesto estaba aparte aparejado para las provincias de la Nueva España; en el medio de la plaza estaba Santa Fe, adonde se había de aposentar el Emperador con su ejército. Todos estos lugares estaban cercados y, por de fuera, pintados de canteado, con sus troneras, saeteras y almenas muy al natural.

Llegado el Santísimo Sacramento a la dicha plaza, con el cual iban el Papa, cardenales y obispos contrahechos, asentáronse en su cadalso, que para esto estaba aparejado y muy adornado cerca de Jerusalén, para que delante del Santísimo Sacramento pasasen todas las fiestas.

Luego comenzó a entrar el ejército de España a poner cerco a Jerusalén, y, pasando delante del Corpus Christi, atravesaron la plaza y asentaron su real a la diestra parte.

Tardó buen rato en entrar, porque eran mucha gente repartida en tres escuadrones.

Iba en la vanguardia, con la bandera de las armas reales, la gente del reino de Castilla y de León, y la gente del capitán general, que era don Antonio Pimentel, conde de Benavente, con su bandera de sus armas. En la batalla iban Toledo, Aragón, Galicia, Granada, Vizcaya y Navarra. En la retaguardia iban Alemania, Roma e Italianos.

Había entre todos pocas diferencias de trajes, porque, como los Indios no los han visto ni lo saben, no lo usan hacer, y por esto entraron todos como Españoles soldados, con sus trompetas contrahaciendo las de España, y con sus atambores y pífanos muy ordenados; iban de cinco en cinco en hilera, a su paso de los atambores.»

Acabados de pasar éstos y aposentados en su real, luego entró por la parte contraria el ejército de la Nueva España, repartido en diez capitanías, cada una vestida según el traje que ellos usan en la guerra: éstos fueron muy de ver, y en España y en Italia los fueran a ver y holgaran de verlos.

«Sacaron sobre sí lo mejor que todos tenían de plumajes ricos, divisas y rodelas, porque todos cuantos en este auto entraron, todos eran señores y principales, que entre ellos se nombran Teuhpipiltin. Iban en la vanguardia Tlaxcallán y México; éstos iban muy lucidos y fueron muy mirados; llevaban el estandarte de las armas reales y el de su capitán general, que era don Antonio de Mendoza, virrey de la Nueva España. En la batalla iban los Huaxtecas, Zempoaltecas, Mixtecas, Colhuaques, y unas capitanías que se decían los del Perú e Islas de Santo Domingo y Cuba. En la retaguardia iban los Tarascos y los Cuaulitemaltecas.

En aposentándose éstos, luego salieron al campo a dar la batalla el ejército de los Españoles, los cuales, en buena orden, se fueron derechos a Jerusalem; y como el Soldán los vio venir —que era el marqués del Valle, don Hernando Cortés— mandó salir su gente al campo para dar la batalla; y, salida, era gente bien lucida y diferenciada de toda la otra, que traían unos bonetes como usan los Moros; y, tocada al arma de ambas partes, se juntaron y pelearon con mucha grita y estruendo de trompetas, tambores y pífanos, y comenzó a mostrarse la victoria por los Españoles, retrayendo a los Moros y prendiendo algunos de ellos, y quedando otros caídos, aunque ninguno herido.

Acabado esto, tornose el ejército de España a recoger a su real en buen orden. Luego tornaron a tocar arma, y salieron los de la Nueva España, y luego salieron los de Jerusalem y pelearon un rato, y también vencieron y encerraron a los Moros en su ciudad, y llevaron algunos cautivos a su real, quedando otros caídos en el campo.

Sabida la necesidad en que Jerusalem estaba, vínole gran socorro de la gente de Galilea, Judea, Samaria, Damasco y de toda tierra de la Siria, con mucha provisión y munición, con lo cual los de Jerusalem se alegraron y regocijaron mucho, y tomaron tanto ánimo que luego salieron al campo y fuéronse derechos hacia el real de los Españoles, los cuales les salieron al encuentro, y después de haber combatido un rato comenzaron los Españoles a retraerse y los Moros a cargar sobre ellos, prendiendo algunos de los que se desmandaron y quedando también algunos caídos.

Esto hecho, el capitán general despachó un correo a Su Majestad, con una carta de este tenor:

«Será Vuestra Majestad sabedor cómo allegó el ejército aquí sobre Jerusalem, y luego asentamos real en lugar fuerte y seguro, y salimos al campo contra la ciudad, y los que dentro estaban salieron al campo, y, habiendo peleado, el ejército de los Españoles, criados de Vuestra Majestad, y vuestros capitanes y soldados viejos, así peleaban que parecían tigres y leones; bien se mostraron ser valientes hombres, y sobre todos pareció hacer ventaja la gente del reino de León.

Pasado esto, vino gran socorro de Moros y Judíos con mucha munición y bastimentos, y los de Jerusalem, como se hallaron favorecidos, salieron al campo y nosotros salimos al encuentro. Verdad es que cayeron algunos de los nuestros, de la gente que no estaba muy diestra ni se había visto en campo con Moros; todos los demás están con mucho ánimo, esperando lo que Vuestra Majestad será servido mandar, para obedecer en todo.

De Vuestra Majestad siervo y criado.
DON ANTONIO PIMENTEL».

Vista la carta del capitán general, responde el Emperador en este tenor:

«A mi caro y muy amado primo, don Antonio Pimentel, capitán general del ejército de España.
Vi vuestra letra, con la cual holgué en saber cuán esforzadamente lo habéis hecho. Tendréis mucho cuidado que de aquí adelante ningún socorro pueda entrar en la ciudad, y para esto pondréis todas las guardas necesarias, y háceme saber si vuestro real está bien proveído; y sabed cómo he sido servido de esos caballeros, los cuales recibirán de mí muy señaladas mercedes; y encomendadme a todos esos capitanes y soldados viejos; y sea Dios en vuestra guarda.

DON CARLOS, EMPERADOR».

En esto ya salía la gente de Jerusalem contra el ejército de la Nueva España, para tomar venganza del reencuentro pasado, con el favor de la gente que de refresco había venido, y, como estaban sentidos de lo pasado, querían vengarse; y comenzada la batalla, pelearon valientemente, hasta que finalmente la gente de las Islas comenzó a aflojar y a perder el campo de tal manera, que entre caídos y presos no quedó hombre de ellos.

A la hora el capitán general despachó un correo a Su Majestad con una carta de este tenor:

«Sacra, Cesárea, Católica Majestad, Emperador siempre augusto.

Sabrá Vuestra Majestad cómo yo vine con el ejército sobre Jerusalem, y asenté real a la siniestra parte de la ciudad, y salimos contra los enemigos que estaban en el campo, y vuestros vasallos, los de la Nueva España, lo hicieron muy bien, derribando muchos Moros, y los retrajeron hasta meter por las puertas de su ciudad, porque los vuestros peleaban como elefantes y como gigantes.

Pasado esto, les vino muy gran socorro de gente y artillería, municiones y bastimento; luego salieron contra nosotros, y nosotros les salimos al encuentro, y después de haber peleado gran parte del día desmayó el escuadrón de las Islas, y, de su parte, echaron en gran vergüenza a todo el ejército, porque, como no eran diestros en las armas, ni traían armas defensivas, ni sabían el apellido de llamar a Dios, no quedó hombre que no cayese en manos de los enemigos.

Todo el resto de las otras capitanías están muy buenas.

De Vuestra Majestad siervo y menor criado.

DON ANTONIO DE MENDOZA».

Respuesta del Emperador:

«Amado pariente y mi gran capitán sobre todo el ejército de la Nueva España.

Esforzaos como valiente guerrero y esforzad a todos esos caballeros y soldados; y si ha venido socorro a la ciudad, tened por cierto que de arriba del cielo vendrá nuestro favor y ayuda. En las batallas diversos son los acontecimientos, y el que hoy vence, mañana es vencido, y el que fue vencido otro día es vencedor.

Yo estoy determinado de luego esta noche, sin dormir sueño, andarla toda y amanecer sobre Jerusalem. Estaréis apercibido y puesto en orden con todo el ejército, y, pues tan presto seré con vosotros, sed consolados y animados; y escribid luego al capitán general de los Españoles, para que también esté a punto con su gente, porque luego que yo llegue, cuando pensaren que llego fatigado, demos sobre ellos y cerquemos la ciudad; y Yo iré por la frontera, y vuestro ejército por la siniestra parte, y el ejército de España por la parte derecha, por manera que no se puedan escapar de nuestras manos.

Nuestro Señor sea en vuestra guarda.
DON CARLOS, EMPERADOR».

Esto hecho, por una parte de la plaza entró el Emperador, y con él el rey de Francia y el rey de Hungría, con sus coronas en las cabezas; y cuando comenzaron a entrar por la plaza, saliéronle a recibir por la una banda el capitán general de España con la mitad de su gente, y por la otra el capitán general de la Nueva España, y de todas partes traían trompetas, y atabales, y cohetes —que echaban muchos—, los cuales servían por artillería.

Fue recibido con mucho regocijo y con grande aparato, hasta aposentarse en su estancia de Santa Fe. En esto los Moros mostraron haber cobrado gran temor, y estaban todos metidos en la ciudad; y, comenzando la batería, los Moros se defendieron muy bien.

En esto el maestre de campo, que era Andrés de Tapia, había ido con un escuadrón a reconocer la tierra detrás de Jerusalem, y puso fuego a un lugar, y metió por medio de la plaza un hato de ovejas que había tomado. Tornados a retraer cada ejército a su aposento, tornaron a salir al campo solos los Españoles, y, como los Moros los vieron venir y que eran pocos, salieron a ellos y pelearon un rato, y, como de Jerusalem siempre saliese gente, retrajeron a los Españoles y ganáronles el campo, y prendieron algunos y metiéronlos en la ciudad.

Como fue sabido por Su Majestad, despachó luego un correo al Papa con esta carta:

«A nuestro muy Santo Padre.
¡Oh muy amado Padre mío, quién como tú que tan alta dignidad posea en la tierra! Sabrá Tu Santidad cómo Yo he pasado a la Tierra Santa, y tengo cercada a Jerusalem con tres ejércitos. En el uno estoy Yo en persona; en el otro están Españoles; el tercero es de Nahuales;

y entre mi gente y los Moros ha habido hartos reencuentros y batallas, en las cuales mi gente ha preso y herido muchos de los Moros.

Después de esto ha entrado en la ciudad gran socorro de Moros y Judíos, con mucho bastimento y munición, como Tu Santidad sabrá del mensajero. Yo al presente estoy con mucho cuidado hasta saber el suceso de mi viaje: suplico a Tu Santidad me favorezcas con oraciones y ruegues a Dios por mí y por mis ejércitos, porque Yo estoy determinado de tomar a Jerusalem y a todos los otros Lugares Santos, o morir sobre esta demanda, por lo cual humildemente te ruego que desde allá a todos nos eches tu bendición.

DON CARLOS, EMPERADOR».

Vista la carta por el Papa, llamó a los cardenales, y consultada con ellos, la respuesta fue ésta:
«Muy amado hijo mío.
Vi tu letra, con la cual mi corazón ha recibido grande alegría, y he dado muchas gracias a Dios porque así te ha confortado y esforzado para que tomases tan santa empresa. Sábete que Dios es tu guarda y ayuda, y de todos tus ejércitos. Luego, a la hora, se hará lo que quieres, y así mando luego a mis muy amados hermanos los cardenales y a los obispos, con todos los otros prelados, órdenes de San Francisco y San Diego, y a todos los hijos de la Iglesia, que hagan sufragio; y, para que esto tenga efecto, luego despacho y concedo un gran jubileo para toda la cristiandad.

El Señor sea con tu ánima. Amén.
Tu amado Padre.
EL PAPA».

Volviendo a nuestros ejércitos: como los Españoles se vieron por dos veces retraídos, y que los Moros los habían encerrado en su real, pusiéronse todos de rodillas hacia donde estaba el Santísimo Sacramento, demandándole ayuda; y lo mismo hicieron el Papa y cardenales.

Y, estando todos puestos de rodillas, apareció un ángel en la esquina de su real, el cual, consolándolos, dijo:

«Dios ha oído vuestra oración, y le ha placido mucho vuestra determinación que tenéis de morir por su honra y servicio en la demanda de Jerusalem, porque lugar tan santo no quiere que más le posean los enemigos de la fe; y ha querido poneros en tantos trabajos para ver vuestra constancia y fortaleza. No tengáis temor que vuestros enemigos prevalezcan contra vosotros, y, para más seguridad, os enviará Dios a vuestro patrón el Apóstol Santiago».

Con esto quedaron todos muy consolados y comenzaron a decir: «Santiago, Santiago, patrón de nuestra España». En esto entró Santiago en un caballo blanco como la nieve, y él mismo vestido como le suelen pintar; y, como entró en el real de los Españoles, todos lo siguieron y fueron contra los Moros que estaban delante de Jerusalem, los cuales, fingiendo gran miedo, dieron a huir, y, cayendo algunos en el campo, se encerraron en la ciudad; y luego los Españoles la comenzaron a combatir, andando siempre Santiago en su caballo dando vueltas por todas partes, y los Moros no osaban asomar a las almenas por el gran miedo que tenían.

Entonces los Españoles, sus banderas tendidas, se volvieron a su real. Viendo esto el otro ejército de los Nahuales, o gente de la Nueva España, y que los Españoles no habían podido entrar en la ciudad, ordenando sus escuadrones fuéronse de presto a Jerusalem, aunque los Moros no esperaron a que llegasen, sino saliéronles al encuentro, y peleando un rato iban los Moros ganando el campo, hasta que los metieron en su real, sin cautivar ninguno de ellos; hecho esto, los Moros, con gran grita, se tornaron a su ciudad.

Los cristianos, viéndose vencidos, recurrieron a la oración, y llamando a Dios que les diese socorro —y lo mismo hicieron el Papa y cardenales—, luego les apareció otro ángel en lo alto de su real, y les dijo:

«Aunque sois tiernos en la fe, os ha querido Dios probar, y quiso que fuésedes vencidos para que conozcáis que, sin su ayuda, valéis poco; pero ya que os habéis humillado, Dios ha oído vuestra oración, y luego vendrá en vuestro favor el abogado y patrón de la Nueva España San Hipólito, en cuyo día los Españoles, con vosotros los Tlaxcaltecas, ganastes a México».

Entonces todo el ejército de los Nahuales comenzaron a decir: «San Hipólito, San Hipólito». A la hora entró San Hipólito encima de un caballo morcillo, y esforzó y animó a los Nahuales, y fuese con ellos hacia Jerusalem; y también salió, de la otra banda, Santiago con los Españoles, y el Emperador con su gente tomó la frontera, y todos juntos comenzaron la batería, de manera que los que en ella estaban, aun en las torres, no se podían valer de las pelotas y varas que les tiraban.

Por las espaldas de Jerusalem, entre dos torres, estaba hecha una casa de paja harto larga, a la cual, al tiempo de la batería, pusieron fuego, y por todas las otras partes andaba la batería muy recia, y los Moros, al parecer, con determinación de antes morir que entregarse a ningún partido.

De dentro y de fuera andaba el combate muy recio, tirándose unas pelotas grandes hechas de espadañas, y alcancías de barro secas al sol, llenas de almagre mojado, que al que acertaban parecía que quedaba mal herido y lleno de sangre; y lo mismo hacían con unas tunas coloradas. Los flecheros tenían en las cabezas de las viras unas bolsillas llenas de almagre, que doquiera que daban parecía que sacaban sangre; tirábanse también cañas gruesas de maíz.

Estando en el mayor hervor de la batería, apareció en el homenaje el arcángel San Miguel, de cuya voz y visión, así los Moros como los cristianos, espantados, dejaron el combate e hicieron silencio. Entonces el arcángel dijo a los Moros:

«Si Dios mirase a vuestras maldades y pecados y no a su gran misericordia, ya os habría puesto en el profundo del infierno, y la tierra se hubiera abierto y tragadoos vivos; pero porque habéis tenido reverencia a los Lugares Santos quiere usar con vosotros su misericordia y esperaros a penitencia, si de todo corazón a Él os convertís.

Por tanto, conoced al Señor de la Majestad, Criador de todas las cosas, y creed en su preciosísimo Hijo Jesucristo, y aplacadle con lágrimas y verdadera penitencia».

Y esto dicho, desapareció.

Luego el Soldán, que estaba en la ciudad, habló a todos sus Moros, diciendo:

«Grande es la bondad y misericordia de Dios, pues así nos ha querido alumbrar, estando en tan grande ceguedad de pecados. Ya es llegado el tiempo en que conozcamos nuestro error; hasta aquí pensábamos que peleábamos con hombres, y ahora vemos que peleamos con Dios y con sus santos y ángeles: ¿quién les podrá resistir?».

Entonces respondió su capitán general, que era el adelantado don Pedro de Alvarado, y todos con él dijeron:

«Que se querían poner en manos del Emperador, y que luego el Soldán tratase de manera que les otorgase las vidas, pues los reyes de España eran clementes y piadosos, y que se querían bautizar».

Luego el Soldán hizo señal de paz, y envió un Moro con una carta al Emperador de esta manera:

«Emperador Romano, amado de Dios.

Nosotros hemos visto claramente cómo Dios te ha enviado favor y ayuda del cielo; antes que esto yo viese pensaba de guardar mi ciudad y reino y de defender mis vasallos, y estaba determinado de morir sobre ello; pero, como Dios del cielo me haya alumbrado, conozco que tú solo eres capitán de sus ejércitos: yo conozco que todo el mundo debe obedecer a Dios y a ti, que eres su capitán en la tierra.

Por tanto, en tus manos ponemos nuestras vidas, y te rogamos que te quieras llegar cerca de esta ciudad, para que nos des tu real palabra y nos concedas las vidas, recibiéndonos con tu continua clemencia por tus naturales vasallos.

Tu siervo».

—EL GRAN SOLDÁN DE BABILONIA, Y TETRARCA DE JERUSALEM.

Leída la carta, luego se fue el Emperador hacia las puertas de la ciudad, que ya estaban abiertas, y el Soldán le salió a recibir muy acompañado; y, poniéndose delante del Emperador de rodillas, le dio la obediencia y trabajó mucho por le besar la mano; y el Emperador, levantándole, le tomó por la mano y, llevándole delante del Santísimo Sacramento, adonde estaba el Papa, y allí dando todos gracias a Dios, el Papa le recibió con mucho amor.

Traía también muchos Turcos o Indios adultos, que de industria tenían para bautizar, y allí públicamente demandaron el bautismo al Papa; y luego Su Santidad mandó a un sacerdote que los bautizase, los cuales actualmente fueron bautizados. Con esto se partió el Santísimo Sacramento, y tornó a andar la procesión por su orden.

¡Para la procesión de este día de Corpus Christi tenían tan adornado todo el camino y calles, que decían muchos Españoles que se hallaron presentes: «Quien esto quisiere contar en Castilla, decirle han que está loco, y que se alarga y lo compone»! Porque iba el Sacramento entre unas calles hechas todas de tres órdenes de arcos medianos, todos cubiertos de rosas y flores muy bien compuestas y atadas; y estos arcos pasaban de mil y cuatrocientos, sin otros diez arcos triunfales grandes, debajo de los cuales pasaba toda la procesión.

Había seis capillas con sus altares y retablos; todo el camino iba cubierto de muchas yerbas olorosas y de rosas. Había también tres montañas contrahechas muy al natural, con sus peñones, en las cuales se representaron tres autos muy buenos.

En la primera, que estaba luego abajo del patio alto, en otro patio bajo adonde se hace una gran plaza, aquí se representó la tentación del Señor, y fue cosa en que hubo mucho que notar, en especial verlas representar a Indios. Fue de ver la consulta que los demonios tuvieron para ver de tentar a Cristo, y quién sería el tentador; ya que se determinó que fuese Lucifer, iba muy contrahecho ermitaño, sino que dos cosas no pudo encubrir, que fueron los cuernos y las uñas, que de cada dedo, así de las manos como de los pies, le salían unas uñas de hueso tan largas como medio palmo.

Y hecha la primera y segunda tentación, la tercera fue en un peñón muy alto, desde el cual el demonio, con mucha soberbia, contaba a Cristo todas las particularidades y riquezas que había en la provincia de la Nueva España; y de aquí saltó a Castilla, adonde dijo que, además de muchas naos y gruesas armadas que traía por la mar con muchas riquezas, y muy gruesos mercaderes de paños, y sedas, y brocados, había otras muchas particularidades que tenía; y entre otras dijo que tenía muchos vinos y muy buenos, a lo cual todos picaron, así Indios como Españoles, porque los Indios todos se mueren por nuestro vino.

Y después que dijo de Jerusalem, Roma, África, y Europa, y Asia, y que todo se lo daría, respondiendo el Señor «Vade Sathana», cayó el demonio; y aunque quedó encubierto en el peñón, que era hueco, los otros demonios hicieron tal ruido, que parecía que toda la mañana iba con Lucifer a parar al infierno. Vinieron luego los ángeles con comida para el Señor, que parecía que venían del cielo, y, hecho su acatamiento, pusieron la mesa y comenzaron a cantar.

Pasando la procesión a la otra plaza, en otra montaña se representó cómo San Francisco predicaba a las aves, diciéndoles por cuántas razones eran obligadas a alabar y bendecir a Dios: por las proveer de mantenimientos sin trabajo de coger ni sembrar, como los hombres, que con mucho trabajo tienen su mantenimiento; asimismo por el vestir de que Dios les adorna con hermosas y diversas plumas, sin ellas las hilar ni tejer; y por el lugar que les dio, que es el aire, por donde se pasean y vuelan.

Las aves, llegándose al santo, parecían que le pedían su bendición, y él se la dando, les encargó que a las mañanas y a las tardes loasen y cantasen a Dios. Ya se iban; y como el santo se abajase de la montaña, salió de través una bestia fiera del monte, tan fea que a los que la vieron así de sobresalto les puso un poco de temor; y como el santo la vio, hizo sobre ella la señal de la cruz, y luego se vino para ella; y reconociendo que era una bestia que destruía los ganados de aquella tierra, la reprendió benignamente y la trajo consigo al pueblo, adonde estaban los señores principales en su tablado, y allí la bestia hizo señal que obedecía, y dio la mano de nunca más hacer daño en aquella tierra; y con esto se fue la fiera a la montaña.

Quedándose allí el santo, comenzó su sermón diciendo: que mirasen cómo aquel bravo animal obedecía la palabra de Dios, y que ellos, que tenían razón y muy grande obligación de guardar los mandamientos de Dios... Y estando diciendo esto, salió uno fingiendo que venía beodo, cantando muy al propio que los Indios cantaban cuando se embeodaban; y como no quisiese dejar de cantar y estorbase el sermón, amonestándole que callase, si no que se iría al infierno, y él perseverase en su cantar, llamó San Francisco a los demonios de un fiero y espantoso infierno que cerca de él estaba, y vinieron muy feos, y con mucho estruendo asieron del beodo y daban con él en el infierno.

Tomaba luego el santo a proceder en el sermón, y salían unas hechiceras muy bien contrahechas, que con bebedizos en esta tierra muy fácilmente hacen malparir a las preñadas; y como también estorbasen la predicación y no cesasen, venían también los demonios y poníanlas en el infierno. De esta manera fueron representados y reprendidos algunos vicios en este auto.

El infierno tenía una puerta falsa por donde salieron los que estaban dentro; y, salidos los que estaban dentro, pusiéronle fuego, el cual ardió tan espantosamente que pareció que nadie se había escapado, sino que demonios y condenados todos ardían, y daban voces y gritos las ánimas y los demonios; lo cual ponía mucha grima y espanto aun a los que sabían que nadie se quemaba.

Pasando adelante el Santísimo Sacramento, había otro auto, y era del sacrificio de Abraham, el cual, por ser corto y ser ya tarde, no se dice más de que fue muy bien representado. Y con esto volvió la procesión a la iglesia.

TRATADO SEGUNDO

De la conversión y aprovechamiento de estos Indios; y cómo se les comenzaron a administrar los sacramentos en esta tierra de Anáhuac, o Nueva España; y de algunas cosas y misterios acontecidos.

Estando yo descuidado y sin ningún pensamiento de escribir semejante cosa que ésta, la obediencia me mandó que escribiese algunas cosas notables de estos naturales, de las que en esta tierra la bondad divina ha comenzado a obrar, y siempre obra; y también para que los que en adelante vinieren sepan y entiendan cuán notables cosas acontecieron en esta Nueva España, y los trabajos e infortunios que, por los grandes pecados que en ella se cometían, Nuestro Señor permitió que pasase, y la fe y religión que en ella el día de hoy se conserva, y aumentará adelante, siendo Nuestro Señor de ello servido.

Al principio cuando esto comencé a escribir, parecíame que más cosas notaba y se me acordaban ahora diez o doce años que no al presente; entonces, como cosas nuevas y que Dios comenzaba a obrar sus maravillas y misericordias con esta gente; ahora, como quien ya conversa y trata con gente cristiana y convertida, hay muchas cosas bien de notar, que parece claramente ser venidas por la mano de Dios.

Porque si bien miramos, en la primitiva Iglesia de Dios mucho se notaban algunas personas que venían a la fe, por ser primeros, así como el eunuco, Cornelio y sus compañeros; y lo mismo los pueblos que recibieron primero la palabra de Dios, como fueron Jerusalem, Samaria y Cesarea, &c. De Bernabé se escribe que vendió un campo, y el precio lo puso a los pies de los Apóstoles. Un campo no es muy precioso, según lo que después los seguidores de Cristo dejaron; pero escríbese por ser al principio, y por el ejemplo que daban.

Estas cosas ponían admiración, y por ser dignas de ejemplo los hombres las escribían; pues las primeras maravillas que Dios en estos gentiles comenzó a obrar, aunque no muy grandes, ponían más admiración que no las muchas y mayores que después y ahora hace con ellos, por ser ya ordinarias. Y a este propósito diré aquí, en este segundo tratado, algunas cosas de las primeras que acontecieron en esta tierra de la Nueva España, y de algunos pueblos que primero recibieron la fe, cuyos nombres en muchas partes serán ignotos, aunque acá todos son bien conocidos, por ser pueblos grandes y algunos cabezas de provincia.

Tratarse ha también en esta segunda parte la dificultad e impedimentos que tuvo el bautismo, y el buen aprovechamiento de estos naturales.

CAPÍTULO I: EN QUE DICE CÓMO COMENZARON LOS MEXICANOS Y LOS DE COATLICHÁN A VENIR AL BAUTISMO Y A LA DOCTRINA CRISTIANA

Ganada y repartida la tierra por los Españoles, los frailes de San Francisco que al presente en ella se hallaron comenzaron a tratar y a conversar entre los Indios; primero adonde tenían casa y aposento, como fue en México, y en Tetzcoco, Tlaxcallán y Huexotzinco, que en éstos se repartieron los pocos que al principio eran; y en cada provincia de éstas, y en las en que después se tomó casa, que son ya cerca de cuarenta en este año de 1540, había tanto que decir, que no bastaría el papel de la Nueva España.

Siguiendo la brevedad que a todos aplace, diré lo que yo vi y supe, y pasé en los pueblos que moré y anduve; y aunque yo diga o cuente alguna cosa de una provincia, será del tiempo que en ella moré, y de la misma podrán otros escribir otras cosas allí acontecidas con verdad, y más de notar, y mejor escritas que aquí irán, y podráse todo sufrir sin contradicción.

En el primer año que a esta tierra llegaron los frailes, los Indios de México y Tlatilolco se comenzaron a ayuntar los de un barrio y feligresía un día, y los de otro barrio otro día, y allí iban los frailes a enseñar y bautizar los niños; y desde a poco tiempo, los domingos y fiestas se ayuntaban todos, cada barrio en su cabecera, adonde tenían sus salas antiguas, porque iglesia aún no la había, y los Españoles tuvieron también, obra de tres años, sus misas y sermones en una sala de éstas que servían por iglesia, y ahora es allí, en la misma sala, la casa de la moneda; pero no se enterraban allí casi nadie, sino en San Francisco el viejo, hasta que después se comenzaron a edificar iglesias.

Anduvieron los Mexicanos cinco años muy fríos, o por el embarazo de los Españoles y obras de México, o porque los viejos de los Mexicanos tenían poco calor. Después de pasados cinco años despertaron muchos de ellos e hicieron iglesias, y ahora frecuentan mucho las misas cada día y reciben los sacramentos devotamente.

El pueblo al que primero salieron los frailes a enseñar fue a Cuautitlán, cuatro leguas de México, y a Tepotzotlán, porque como en México había mucho ruido, y entre los hijos de los señores que en la casa de Dios se enseñaban estaban los señoritos de estos dos pueblos, sobrinos o nietos de Moteuczoma, y éstos eran de los principales que en casa había, por respeto de éstos comenzaron a enseñar allí y a bautizar los niños, y siempre se prosiguió la doctrina, y siempre fueron de los primeros y delanteros en toda buena cristiandad, y lo mismo los pueblos a ellos sujetos y sus vecinos.

En el primer año de la venida de los frailes, el padre fray Martín de Valencia, de santa memoria, vino a México, y, tomando un compañero que sabía un poco de la lengua, fuese a visitar los pueblos de la laguna del agua dulce, que apenas se sabía cuántos eran ni adónde estaban; y comenzando por Xochimilco y Coyoacán, veníanlos a buscar de los otros pueblos, y rogábanles con instancia que fuesen a sus pueblos, y antes que llegasen los salían a recibir, porque ésta es su costumbre, y hallaban que estaba ya toda la gente ayuntada; y luego, por escrito y con intérprete, les predicaban y bautizaban algunos niños, rogando siempre a Nuestro Señor que su santa palabra hiciese fruto en las ánimas de aquellos infieles, y los alumbrase y convirtiese a su santa fe.

Y los Indios señores y principales delante de los frailes destruían sus ídolos, y levantaban cruces, y señalaban sitios para hacer sus iglesias. Así anduvieron todos aquellos pueblos que son dichos, todos principales y de mucha gente, y pedían a Dios ser enseñados, y el bautismo para sí y para sus hijos; lo cual visto por los frailes, daban gracias a Dios con grande alegría por ver tan buen principio, y en ver que tantos se habían de salvar, como luego sucedió.

Entonces dijo el padre fray Martín, de buena memoria, a su compañero:

«Muchas gracias sean dadas a Dios, que lo que en otro tiempo el espíritu me mostró, ahora en obra y verdad lo veo cumplir».

Y dijo:

«Que estando él un día en maitines en un convento que se dice Santa María del Hoyo, cerca de Gata, y que es en Extremadura, en la provincia de San Gabriel, rezaba ciertas profecías de la venida de los gentiles a la fe, le mostró Dios en espíritu muy gran muchedumbre de gentiles que venían a la fe, y fue tanto el gozo que su ánimo sintió, que comenzó a dar grandes voces»; como más largamente parecerá en la tercera parte, en la vida del dicho fray Martín de Valencia.

Y aunque este santo varón procuró muchas veces de ir entre los infieles a recibir martirio, nunca pudo alcanzar licencia de sus superiores; no porque no le tuviesen por idóneo —que en tanto fue estimado y tenido en España como en estas partes—, mas porque Dios lo ordenó así por mayor bien, según se lo dijo una persona muy espiritual:

«Que cuando fuese tiempo Dios cumpliría su deseo, como Dios se lo había mostrado».

Y así fue, que el general le llamó un día y le dijo cómo él tenía determinado de venir a esta Nueva España con muy buenos compañeros, con grandes bulas que del Papa había alcanzado, y por le haber elegido general de la orden, el cual oficio le impedía la pasada, que como cosa de mucha importancia y que él mucho estimaba, le quería enviar, y que nombrase doce compañeros cuales él quisiese; y él, aceptando la venida, vino, por lo cual parece lo a él prometido no haber sido engaño.

Entre los pueblos ya dichos de la laguna dulce, el que más diligencia puso para llevar los frailes a que los enseñasen, y en ayuntar más gente, y en destruir los templos del demonio, fue Cuitlahuac, que es un pueblo fresco y todo cercado de agua, y de mucha gente; y tenían muchos templos del demonio, y todo él fundado sobre agua; por lo cual los Españoles, la primera vez que en él entraron, le llamaron Venezuela.

En este pueblo estaba un buen Indio, el cual era uno de tres señores principales que en él hay, y por ser hombre de más manera y antiguo gobernaba todo el pueblo. Éste envió a buscar a los frailes dos o tres veces, y llegados, nunca se apartaba de ellos, mas antes estuvo gran parte de la noche preguntándoles cosas que deseaba saber de nuestra fe.

Otro día de mañana, ayuntada la gente, después de misa y sermón, y bautizados muchos niños, de los cuales los más eran hijos, y sobrinos, y parientes de este buen hombre que digo, y acabados de bautizar, rogó mucho aquel Indio a fray Martín que le bautizase; y, vista su santa importunación y manera de hombre de muy buena razón, fue bautizado y llamado don Francisco, y después, en el tiempo que vivió, fue muy conocido de los Españoles.

Aquel Indio hizo ventaja a todos los de la laguna dulce, y trajo muchos niños al monasterio de San Francisco, los cuales salieron tan hábiles que excedieron a los que habían venido muchos días antes.

Este don Francisco, aprovechando cada día en el conocimiento de Dios y en la guarda de sus mandamientos, yendo un día muy de mañana en una barca, que los Españoles llaman canoa, por la laguna, oyó un canto muy dulce y de palabras muy admirables, las cuales yo vi y tuve escritas, y muchos frailes las vieron y juzgaron haber sido canto de ángeles; y de allí adelante fue aprovechando más, y al tiempo de su muerte pidió el sacramento de la confesión, y confesado y llamando siempre a Dios, falleció.

La vida y muerte de este buen Indio fue gran edificación para todos los otros Indios, mayormente los de aquel pueblo de Cuitlahuac, en el cual se edificaron iglesias; la principal advocación es de San Pedro, en la obra de la cual trabajó mucho aquel buen Indio don Francisco. Es iglesia grande y de tres naves, hecha a la manera de España.

Los dos primeros años, poco salían los frailes del pueblo adonde residían, así por saber poco de la tierra y lengua, como por tener bien en qué entender adonde residían. El tercer año comenzaron en Tetzcoco de se ayuntar cada día para deprender la doctrina cristiana; y también hubo gran copia de gente al bautismo; y como la provincia de Tetzcoco es muy poblada de gente, en el monasterio y fuera no se podían valer ni dar a manos, porque se bautizaron muchos de Tetzcoco y Huexotzinco, Coatlichán y de Coatepec.

Aquí en Coatepec comenzaron a hacer iglesia, y diéronse mucha prisa para acabarla, y por ser la primera iglesia fuera de los monasterios, llamose Santa María de Jesús. Después de haber andado algunos días por los pueblos sujetos a Tetzcoco, que son muchos y de lo más poblado de la Nueva España, pasaron adelante a otros pueblos; y, como no se sabía mucho de la tierra, saliendo a visitar un lugar, salían de otros pueblos a rogarles que fuesen con ellos a decirles la palabra de Dios, y muchas veces otros poblezuelos pequeños salían de través, y los hallaban ayuntados con su comida aparejada esperando y rogando a los frailes que comiesen y los enseñasen.

Otras veces iban a partes que ayunaban lo que en otras partes les sobraba; y entre otras partes adonde fueron, fue Otompa, y Tepepolco, y Tollantzinco, que aun desde en buenos años no tuvieron frailes; y entre éstos, Tepepolco lo hizo muy bien, y fue siempre creciendo y aprovechando en el conocimiento de la fe.

La primera vez que llegaron frailes a este lugar, dejado el recibimiento que les hicieron, era una tarde, y como estuviese la gente ayuntada, comenzaron luego a enseñarles; y, en espacio de tres o cuatro horas, muchos de aquel pueblo, antes que de allí se partiesen, supieron persignarse y el Pater Noster.

Otro día por la mañana vino mucha gente, y, enseñados y predicados lo que convenía a gente que ninguna cosa sabía ni había oído de Dios, ni recibido la palabra de Dios, tomados aparte el señor y principales, y diciéndoles cómo Dios del cielo era verdadero Señor, criador del cielo y de la tierra, y quién era el demonio a quien ellos adoraban y honraban, y cómo los tenía engañados, y otras cosas conforme a ellas, de tal manera se lo supieron decir, que luego allí, delante de los frailes, destruyeron y quebrantaron todos los ídolos que tenían, y quemaron los teocallis.

Este pueblo de Tepepolco está asentado en un recuesto bien alto, adonde estaba uno de los grandes y vistosos templos del demonio que entonces derribaron; porque, como el pueblo es grande y tiene otros muchos sujetos, tenía grandes teocallis o templos del demonio; y ésta es regla general en que se conocía el pueblo ser grande o pequeño: en tener muchos teocallis.

CAPÍTULO II: DE LA GANA CON QUE LOS INDIOS VIENEN A BAUTIZARSE

El cuarto año de la llegada de los frailes a esta tierra fue de muchas aguas, tanto que se perdían los maizales y se caían muchas casas. Hasta entonces nunca entre los Indios se habían hecho procesiones, y en Tetzcoco salieron con una pobre cruz; y, como hubiese muchos días que nunca cesaba de llover, plugo a Nuestro Señor, por su clemencia y por los ruegos de su Sacratísima Madre y de San Antonio, cuya advocación es la principal de aquel pueblo, que desde aquel día mismo cesaran las aguas, para confirmación de la flaca y tierna fe de aquellos nuevamente convertidos.

Y luego hicieron muchas cruces y banderas de santos y otros atavíos para sus procesiones; y los Indios de México fueron luego allí a sacar muestras para lo mismo. Y desde a poco tiempo comenzaron en Huexotzinco, e hicieron muy ricas y galanas mangas de cruces y andas de oro y pluma; y luego por todas partes comenzaron de ataviar sus iglesias, y hacer retablos y ornamentos, y salir en procesiones, y los niños deprendieron danzas para regocijarlas más.

En este tiempo, en los pueblos que había frailes, salían adelante, y de muchos pueblos los venían a buscar y a rogarles que los fuesen a ver; y de esta manera, por muchas partes, se iba extendiendo y ensanchando la fe de Jesucristo, mayormente en los pueblos de

Eecapitztlán y Huaxtepec; para lo cual dieron mucho favor y ayuda los que gobernaban estos pueblos, porque eran Indios quitados de vicios y que no bebían vino, que era esto como cosa de maravilla, así a los Españoles como a los naturales, ver algún Indio que no bebiese vino; porque entre todos los hombres y mujeres adultos era muy general el embeodarse; y como este vicio era fomes y raíz de otros muchos pecados, el que de él se apartaba vivía más virtuosamente.

La primera vez que salió fraile a visitar las provincias de Coyxco y Tlachco fue de Cuauhnahuac, la cual casa se tomó el segundo año de su venida, y en el número fue quinta casa. Desde allí, visitando aquellas provincias, en las cuales hay muchos pueblos y de mucha gente, fueron muy bien recibidos, y muchos niños bautizados; y, como no pudiesen andar por todos los pueblos, cuando estaba uno cerca de otro, venía la gente del pueblo menor al mayor a ser enseñados, y a oír la palabra de Dios, y a bautizar sus niños.

Y aconteció, como entonces fuese el tiempo de las aguas, que en esta tierra comienzan por abril y acaban en fin de septiembre, poco más o menos, había de venir un pueblo a otro, y en medio estaba un arroyo, y aquella noche llovió tanto que vino el arroyo hecho un gran río, y la gente que venía no pudo pasar; y allí aguardaron a que acabasen la misa y de predicar y bautizar, y pasaron algunos a nado y fueron a rogar a los frailes que a la orilla del arroyo les fuesen a decir la palabra de Dios; y ellos fueron, y en la parte donde más angosto estaba el río, los frailes de una parte y los Indios de otra, les predicaron, y ellos no se quisieron ir sin que les bautizasen los hijos.

Y para esto hicieron una pobre balsa de cañas —que en los grandes ríos arman las balsas sobre unas grandes calabazas, y así los Españoles y su hato pasan grandes ríos—; pues, hecha la balsa, medio por el agua y medio en los brazos pasáronlos de la otra parte, adonde los bautizaron con harto trabajo por ser tantos.

Yo creo que, después que la tierra se ganó, que fue el año de 1521, hasta el tiempo que esto escribo, que es en el año de 1536, más de cuatro millones de ánimas se bautizaron; y por dónde yo lo sé, adelante se dirá.

Vienen al bautismo muchos, no sólo los domingos y días que para esto están señalados, sino cada día de ordinario, niños y adultos, sanos y enfermos, de todas las comarcas; y cuando los frailes andan visitando, les salen los Indios al camino con los niños en los brazos, y con los dolientes a cuestas, y hasta los viejos decrépitos sacan para que los bauticen.

También muchos dejan las mujeres y se casan con sola una, habiendo recibido el bautismo. Cuando van al bautismo, los unos van rogando, otros importunando, otros lo piden de rodillas, otros atando y poniendo las manos, gimiendo y encogiéndose, otros lo demandan y reciben llorando y con suspiros.

En México pidió el bautismo un hijo de Moteuczoma, que fue el gran señor de México, y por estar enfermo aquel su hijo fuimos a su casa, que era junto adonde ahora está edificada la iglesia de San Hipólito, en el cual día fue ganada México, y por eso en toda la Nueva España se hace gran fiesta aquel día, y le tienen por singular patrón de esta tierra.

Sacaron al enfermo para bautizarse en una silla, y haciendo el exorcismo, cuando el sacerdote dijo «ne te lateat Satanas», comenzó a temblar en tal manera, no sólo el enfermo sino también la silla en que estaba, tan recio, que al parecer de todos los que allí se hallaban, parecía salir de él el demonio; a lo cual fueron presentes Rodrigo de Paz, que a la sazón era alguacil mayor (y por ser su padrino se llamó el bautizado Rodrigo de Paz), y otros oficiales de su majestad.

En Tetzcoco, yendo una mujer bautizada con un niño a cuestas, como en esta tierra se usa traer los niños —el niño era por bautizar—, pasando de noche por el patio de los teocallis, que son las casas del demonio, salió a ella el demonio y echó mano de la criatura, queriéndola tomar a la madre, que muy espantada estaba, porque no estaba bautizado ni señalado de la cruz; y la India decía: «Jesús, Jesús»; y luego el demonio dejaba el niño, y, en dejando la India de nombrar a Jesús, tornaba el demonio a quererle tomar el niño; esto fue tres veces, hasta que salió de aquel temeroso lugar.

Luego otro día por la mañana, porque no le aconteciese otro semejante peligro, trajo el niño a que se le bautizasen, y así se hizo.

Ahora es muy de ver los niños que cada día se vienen a bautizar, en especial aquí en Tlaxcallán, que día hay de bautizar cuatro y cinco veces; y con los que vienen el domingo, hay semana que se bautizan niños de pila trescientos, y semana de cuatrocientos, otras de quinientos, con los de una legua a la redonda; y si alguna vez hay descuido o impedimento para que se dejen de visitar los pueblos que están a dos y a tres leguas, después cargan tantos, que es maravilla.

Asimismo han venido y vienen muchos de lejos a se bautizar con hijos y mujeres, sanos y enfermos, cojos y ciegos y mudos, arrastrando y padeciendo mucho trabajo y hambre, porque esta gente es muy pobre.

En muchas partes de esta tierra bañaban los niños recién nacidos a los ocho o diez días, y en bañando el niño poníanle una rodela pequeñita en la mano izquierda y una saeta en la mano derecha; y a las niñas daban una escoba pequeñita. Esta ceremonia parecía ser figura del bautismo, que los bautizados habían de pelear con los enemigos del ánima, y habían de barrer y limpiar sus conciencias y ánimas, para que viniese Cristo a entrar por el bautismo.

El número de los bautizados cuento por dos maneras: la una, por los pueblos y provincias que se han bautizado; y la otra, por el número de los sacerdotes que han bautizado.

Hay al presente en esta Nueva España obra de sesenta sacerdotes franciscos, que de los otros sacerdotes pocos se han dado a bautizar; aunque han bautizado algunos, el número yo no sé qué tantos serán. Además de los sesenta sacerdotes que digo, se habrán vuelto a España más de otros veinte, algunos de los cuales bautizaron muchos Indios antes que se fuesen, y más de otros veinte que son ya difuntos, que también bautizaron muy muchos, en especial nuestro padre fray Martín de Valencia, que fue el primer prelado que en esta tierra tuvo veces del Papa, y fray García de Cisneros, y fray Juan Caro, un honrado viejo, el cual introdujo y enseñó primero en esta tierra el castellano y el canto de órgano, con mucho trabajo; fray Juan de Perpiñán y fray Francisco de Valencia, los que cada uno de éstos bautizó pasarían de cien mil.

De los sesenta que al presente son este año de 1536, saco otros veinte que no han bautizado, así por ser nuevos en la tierra como por no saber la lengua; de los cuarenta que quedan echo a cada uno de ellos a cien mil o más, porque algunos de ellos hay que han bautizado cerca de trescientos mil, otros hay de doscientos mil, y a ciento cincuenta mil, y algunos que muchos menos; de manera que, con los que bautizaron los difuntos y los que se volvieron a España, serán hasta hoy día bautizados cerca de cinco millones.

Por pueblos y provincias cuento de esta manera: a México y a sus pueblos, y a Xochimilco con los pueblos de la laguna dulce, y a Tlalmanalco y Chalco, Cuauhnahuac con Eecapitztlán, y a Cuauhquechollán y Chietla, más de un millón.

A Tetzcoco, Otompa, y Tepepolco, y Tollantzinco, Cuautitlán, Tollán, Xilotepec con sus provincias y pueblos, más de otro millón.

A Tlaxcallán, la ciudad de los Ángeles, Chololán, Huexotzinco, Calpa, Tepeyacac, Zacatlán, Hueplalpán, más de otro millón.

En los pueblos de la Mar del Sur, más de otro millón. Y después que esto se ha sacado en blanco se han bautizado más de quinientos mil, porque en esta cuaresma pasada del año de 1537, en sola la provincia de Tepeyacac, se han bautizado por cuenta más de sesenta mil ánimas; por manera que, a mi juicio, y verdaderamente, serán bautizados en este tiempo que digo, que serán quince años, más de nueve millones de ánimas de Indios.

CAPÍTULO IV: DE LOS DIVERSOS PARECERES QUE HUBO SOBRE EL ADMINISTRAR EL SACRAMENTO DEL BAUTISMO

Cerca del administrar este sacramento del bautismo, aunque los primeros años todos los sacerdotes fueron conformes, después, como vinieron muchos clérigos y frailes de las otras órdenes —agustinos, dominicos y franciscos—, tuvieron diversos pareceres contrarios los unos de los otros: parecíales a los unos que el bautismo se había de dar con las ceremonias que se usan en nuestra España, y no se satisfacían de la manera con que los otros le administraban, y cada uno quería seguir su parecer, y aquel tenía por mejor y más acertado, ora fuese por buen celo, ora sea porque los hijos de Adán todos somos amigos de nuestro parecer; y los nuevamente venidos siempre quieren enmendar las obras de los primeros, y hacer, si pudiesen, que del todo cesasen y se olvidasen, y que su opinión sola valiese.

Y el mayor mal era que los que esto pretendían no curaban ni trabajaban en deprender la lengua de los Indios, ni en bautizarlos.

Estas diversas opiniones y diversos pareceres fueron causa que algunas veces se dejó de administrar el sacramento del bautismo, lo cual no pudo ser sin detrimento de los que le buscaban, principalmente de los niños y enfermos que morían sin remedio. Ciertamente éstos queja tendrían de los que dieron la causa con sus opiniones e inconvenientes que pusieron, aunque ellos piensen que su opinión era muy santa y que no había más que pedir; y la misma queja creo yo que tendrían otros niños y enfermos que, venidos a recibir este sacramento, mientras se hacían las ceremonias, antes que llegasen a la sustancia de las palabras, se morían.

En la verdad, ésta fue indiscreción, porque con estos tales, ya que querían guardar ceremonias, habían primero de bautizar al enfermo, y, asegurado lo principal, podían después hacer las ceremonias acostumbradas.

Demás de lo dicho, otras causas y razones que éstos decían parecerán en los capítulos siguientes.

Los otros que primero habían venido también daban sus razones por donde administraban de aquella manera el bautismo, diciendo que lo hacían con pareceres y consejo de santos doctores y de doctas personas, en especial de un gran religioso y gran teólogo llamado fray Juan de Tecto, natural de Gante, catedrático de teología en la Universidad de París, que creo no haber pasado a estas partes letrado más fundado; y por tal el Emperador se confesó con él.

Este fray Juan de Tecto, con dos compañeros, vino en el mismo año que los doce ya dichos, y falleció el segundo año de su llegada a estas partes, con uno de sus compañeros también docto. Estos dos padres, con los doce, consultaron con mucho acuerdo cómo se debía proceder en los sacramentos y doctrina con los Indios, allegándose a algunas instrucciones que de España habían traído, de personas muy doctas y de su ministro general, el señor cardenal de Santa Cruz; y dando causas y razones, alegaban doctores muy excelentes y derechos suficientes.

Y, demás de esto, decían que ellos bautizaban a necesidad y por haber falta de clérigos, y que cuando hubiese otros que bautizasen, ayudarían en las predicaciones y confesiones; y que por entonces tenían experiencia que, hasta que cesase la multitud de los que venían a bautizarse —y muchos más que en los años pasados se habían bautizado—, y los sacerdotes habían sido tan pocos, que no podían hacer el oficio con la pompa y ceremonias que hace un cura cuando bautiza una sola criatura en España, adonde hay tantos ministros.

Acá, en esta nueva conversión, ¿cómo podrá un solo sacerdote bautizar a dos y tres mil en un día, y a todos dar saliva, flato y candela, y alba, y hacer sobre cada uno particularmente todas las ceremonias, y meterlos en la iglesia adonde no las había? Esto no lo podrá bien sentir sino los que vieron la falta en los tiempos pasados. ¿Y cómo podrían dar candela encendida, bautizando con gran viento en los patios, ni dar saliva a tantos? Pues el vino, para decir las misas, muchas veces se hallaba con trabajo, que era imposible guardar las ceremonias con todos, adonde no había iglesias ni pilas, ni abundancia de sacerdotes, sino que un solo sacerdote había de bautizar, confesar, desposar y velar, y enterrar, y predicar, y rezar, y decir misa, deprender la lengua, enseñar la doctrina cristiana a los niños, y a leer y cantar… y, por no poderse hacer, hacíanlo de esta manera.

Al tiempo del bautismo ponían todos juntos los que se habían de bautizar, poniendo los niños delante, y hacían sobre todos el oficio del bautismo, y sobre algunos pocos la ceremonia de la cruz, flato, sal, saliva, alba; luego bautizaban los niños cada uno por sí en agua bendita, y esta orden siempre se guardó en cuanto yo he sabido. Solamente supe de un letrado, que pensaba que sabía lo que hacía, que bautizó con hisopo, y éste fue después uno de los que trabajaron en estorbar el bautismo de los otros.

Tornando al propósito, digo que, bautizados primero los niños, tornaban a predicar y decir a los adultos examinados lo que habían de creer, y lo que habían de aborrecer, y lo que habían de hacer en el matrimonio, y luego bautizaban a cada uno por sí.

Esto tuvo tantas contradicciones, que fue menester juntarse toda la Iglesia que hay en estas partes, así obispos y otros prelados, como los señores de la Audiencia Real, adonde se altercó la materia, y fue llevada la relación a España; la cual, vista por el Consejo Real y de Indias, y por el señor arzobispo de Sevilla, respondieron que se debía continuar lo comenzado hasta que se consultase con Su Santidad.

Y, en la verdad, aunque no faltaban letras, y los que vinieron primero trajeron, como dicho es, autoridad apostólica, y de su opinión eran santos y excelentes doctores, gran ciencia es saber la lengua de los Indios y conocer esta gente; y los que no se ejercitasen primero a lo menos tres o cuatro años no deberían hablar absolutamente en esta materia.

Y por esto permite Dios que los que, luego como vienen de España, quieren dar nuevas leyes y seguir sus pareceres, y juzgar y condenar a los otros y tenerlos en poco, caigan en confusión y hagan cegueras, y sus yerros sean como viga de lagar, y una paja lo que reprendían. ¡Oh, y cómo he visto esto por experiencia ser verdad muchas veces en esta tierra! Y esto viene del poco temor de Dios, y poco amor con el prójimo, y mucho con el interés; y para semejantes casos proveyó sabiamente la Iglesia, que en la conversión de algunos infieles y tierras nuevas, «los ministros que a la postre vinieren se conformen con los primeros hasta tener entera noticia de la tierra y gente adonde llegaren».

La lengua es menester para hablar, predicar, conversar, enseñar, y para administrar todos los sacramentos; y no menos el conocimiento de la gente, que naturalmente es temerosa y muy encogida, que no parece sino que nacieron para obedecer; y si los ponen al rincón, allí se están como enclavados. Muchas veces vienen a bautizarse y no lo osan demandar ni decir; por lo cual no los deben examinar muy recio, porque yo he visto a muchos de ellos que saben el Pater Noster y el Ave María y la doctrina cristiana, y cuando el sacerdote se lo pregunta, se turban y no lo aciertan a decir.

Pues a estos tales no se les debe negar lo que quieren, pues es suyo el reino de Dios, porque apenas alcanzan una estera rota en que dormir, ni una buena manta que traer cubierta, y la pobre casa que habitan rota y abierta al sereno de Dios; y ellos simples y sin ningún mal, ni codiciosos de intereses, tienen gran cuidado de aprender lo que les enseñan, y más en lo que toca a la fe; y saben y entienden muchos de ellos cómo se tienen de salvar, e irse a bautizar dos y tres jornadas.

Sino que es el mal que algunos sacerdotes que los comienzan a enseñar los querrían ver tan santos en dos días que con ellos trabajan, como si hubiese diez años que los estuviesen enseñando, y como no les parecen tales déjanlos. Parécenme los tales a uno que compró un carnero muy flaco y dióle a comer un pedazo de pan, y luego tentóle la cola para ver si estaba gordo.

Lo que de esta generación se puede decir es, que son muy extraños de nuestra condición, porque los Españoles tenemos un corazón grande y vivo como fuego, y estos Indios y todas las animalías de esta tierra naturalmente son mansos, y por su encogimiento y condición descuidados en agradecer, aunque muy bien sienten los beneficios; y como no son tan prestos a nuestra condición, son penosos a algunos Españoles. Pero hábiles son para cualquiera virtud, y habilísimos para todo oficio y arte, y de gran memoria y buen entendimiento.

Estando las cosas muy diferentes, y muchos pareceres muy contrarios unos de otros, sobre la manera y ceremonias con que se había de celebrar el sacramento del bautismo, llegó una bula del Papa, la cual mandaba y dispensaba en la orden que en ello se había de tener; y, para mejor la poder poner por obra, en el principio del año de 1539 se ayuntaron, de cinco obispos que en esta tierra hay, los cuatro; y vieron la bula del papa Paulo III, y, vista, la determinaron que se guardase de esta manera:

El catecismo dejáronle al albedrío del ministro. El exorcismo, que es el oficio del bautismo, abreviáronle cuanto fue posible, rigiéndose por un misal romano, y mandaron que a todos los que se hubiesen de bautizar se les ponga óleo y crisma, y que esto se guardase por todos inviolablemente, así con pocos como con muchos, salvo urgente necesidad.

Sobre esta palabra urgente hubo hartas diferencias y pareceres contrarios, sobre cuál se entendería urgente necesidad, porque en tal tiempo una mujer, y un Indio, y aun un Moro, pueden bautizar en fe de la Iglesia; y por esto fue puesto silencio al bautismo de los adultos, y en muchas partes no se bautizaban sino niños y enfermos.

Esto duró tres o cuatro meses, hasta que en un monasterio que está en un llano que se llama Quecholac, los frailes se determinaron de bautizar a cuantos viniesen, no obstante lo mandado por los obispos; lo cual, como fue sabido por toda aquella provincia, fue tanta la gente que vino, que si yo por mis propios ojos no lo viera no lo osara decir. Mas, verdaderamente, era gran multitud de gente la que venía, porque, además de los que venían sanos, venían muchos cojos y mancos, y mujeres con los niños a cuestas, y muchos viejos canos y de mucha edad, y venían de dos y de tres jornadas a bautizarse.

Entre los cuales vinieron dos viejas, asida la una a la otra, que apenas se podían tener, y pusiéronse con los que se querían bautizar, y el que las había de bautizar y las examinaba quísolas echar, diciendo que no estaban bien enseñadas; a lo cual la una de ellas respondió, diciendo:

—¿A mí que creo en Dios me quieres echar fuera de la iglesia? Pues, si tú me echas fuera de la casa del misericordioso Dios, ¿adónde iré? ¿No ves de cuán lejos vengo, y si me vuelvo sin bautizar en el camino me moriré? Mira que creo en Dios; no me eches de su iglesia.

Estas palabras bastaron para que las dos viejas fuesen bautizadas y consoladas con otros muchos; porque digo verdad, que en cinco días que estuve en aquel monasterio, otro sacerdote y yo bautizamos, por cuenta, catorce mil y doscientos y tantos, poniendo a todos óleo y crisma, que no nos fue pequeño trabajo.

Después de bautizados, es cosa de ver la alegría y regocijo con que llevan sus hijuelos a cuestas, que parece que no caben en sí de placer.

En este mismo tiempo también fueron muchos al monasterio de Tlaxcallán a pedir el bautismo, y, como se lo negaron, era la mayor lástima del mundo ver lo que hacían, y cómo lloraban, y cuán desconsolados estaban, y las cosas y lástimas que decían, tan bien dichas, que ponían gran compasión a quien los oía.

E hicieron llorar a muchos de los Españoles que se hallaron presentes, viendo cómo muchos de ellos venían de tres y de cuatro jornadas, y era en tiempo de aguas, y venían pasando arroyos y ríos con mucho trabajo y peligro; la comida paupérrima, y que apenas les basta, si no que a muchos de ellos se les acaba en el camino; las posadas son adonde les toma la noche, debajo de un árbol, si le hay; no traen sino cruz y penitencia.

Los sacerdotes que allí se hallaron, vista la importunación de estos Indios, bautizaron los niños y los enfermos, y algunos que no los podían echar de la iglesia; porque diciéndoles que no los podían bautizar, respondían:

—Pues en ninguna manera nos iremos de aquí sin el bautismo, aunque sepamos que aquí nos tenemos de morir.

Bien creo que si los que lo mandaron y los que lo estorbaron vieran lo que pasaba, que no mandaran una cosa tan contra razón, ni tomaran tan gran carga sobre sus conciencias; y sería justo que creyesen a los que lo ven y tratan cada día, y conocen lo que los Indios han menester, y entienden sus condiciones.

Oído he yo por mis oídos a algunas personas decir que sus veinte años o más de letras no los quieren emplear en gente tan bestial; en lo cual me parece que no aciertan, porque, a mi parecer, no se pueden las letras mejor emplear que en mostrar al que no lo sabe el camino por donde se tiene de salvar y conocer a Dios. Cuánto más obligados serán a estos pobres Indios, que los deberían regalar como a gusanos de seda, pues de su sudor y trabajo se visten y enriquecen los que, por ventura, vienen sin capas de España.

En este mismo tiempo que digo, entre los muchos que se vinieron a bautizar, vinieron hasta quince hombres mudos, y no fueron muchos según la gran copia de gente que se bautizó en estos dos monasterios, porque en Cuauhquechollán, que duró más tiempo el bautizar, se bautizaron cerca de ochenta mil ánimas, y en Tlaxcallán más de veinte mil.

Estos mudos hacían muchos ademanes, poniendo las manos, encogiendo los hombros y alzando los ojos al cielo, y en todo daban a entender la voluntad y gana con que venían a recibir el bautismo. Asimismo vinieron muchos ciegos, entre los cuales vinieron dos que eran marido y mujer, ambos ciegos, asidos por las manos, y adestrábanlos tres hijuelos, que también los traían a bautizar, y traían para todos sus nombres de cristianos; y después de bautizados iban tan alegres y tan regocijados, que se les parecía bien la vista que en el ánima habían cobrado, con la nueva lumbre de la gracia que con el bautismo recibieron.

De los que reciben el sacramento de la penitencia ha habido, y cada día pasan, cosas notables, y las más, y casi todas, son notorias a los confesores, por las cuales conocen la gran misericordia y bondad de Dios, que así trae los pecadores a verdadera penitencia. Para testimonio de lo cual, contaré algunas, como que he visto, y otras que me han contado personas dignas de todo crédito.

Comenzóse este sacramento en la Nueva España en el año de 1526, en la provincia de Tetzcoco, y con mucho trabajo, porque, como era gente nueva en la fe, apenas se les podía dar a entender qué cosa era este sacramento; hasta que, poco a poco, han venido a se confesar bien y verdaderamente, como adelante parecerá.

Algunos que ya saben escribir traen sus pecados puestos por escrito, con muchas particularidades de circunstancias, y esto no lo hacen una vez en el año, sino en las pascuas y fiestas principales; y aún muchos hay que, si se sienten con algunos pecados, se confiesan más a menudo. Y por esta causa son muchos los que se vienen a confesar; mas, como los confesores son pocos, andan los Indios de un monasterio en otro buscando quién los confiese, y no tienen en nada irse a confesar quince y veinte leguas; y si en alguna parte hallan confesores, luego hacen senda como hormigas; esto es cosa muy ordinaria, en especial en la cuaresma, porque al que así no lo hace no le parece que es cristiano.

De los primeros pueblos que salieron a buscar este sacramento de la penitencia fueron los de Tehuacán, que iban muchos hasta Huexotzinco, que son veinte y cinco leguas, a se confesar. Éstos trabajaron mucho hasta que llevaron frailes a su pueblo, y hase hecho allí un muy buen monasterio, que ha hecho mucho provecho en todos los pueblos de la comarca, porque este pueblo de Tehuacán está de México cuarenta leguas, y está en la frontera de muchos pueblos, asentado al pie de unas sierras, y de allí se visitan muchos pueblos y provincias.

Esta gente es dócil, y muy sincera, y de buena condición, más que no la mexicana; bien así como en España, en Castilla la Vieja y más hacia Burgos, son más afables y de buena índole, y parece otra masa de gente que desde Ciudad Rodrigo hacia Extremadura y el Andalucía, que es gente más recatada y resabida. Así se puede acá decir, que los Mexicanos y sus comarcas son como Extremeños y Andaluces, y los Mixtecos, Zapotecos, Pinomes, Mazatecos, Cuitlatecos, Mixes, éstos digo que son más obedientes, mansos y bien acondicionados, y dispuestos para todo acto virtuoso; por lo cual aquel monasterio de Tehuacán ha causado gran bien.

Habría mucho que decir de los pueblos y provincias que han venido a él cargados con grandísima cantidad de ídolos, que han sido tantos, que ha sido una cosa de admiración. Entre los muchos que allí vinieron, vino una señora de un pueblo llamado Tetzitepec, con muchas cargas de ídolos que traía para que los quemasen, y para que la enseñasen y dijesen lo que tenía de hacer para servir a Dios. La cual, después de ser enseñada, recibió el bautismo, y dijo: «Que no se quería volver a su casa hasta que hubiese dado gracias a Dios por el beneficio y merced que la había hecho, en dejarla y alumbrarla para que le conociese», y determinó de estar allí algunos días para aprender algo e ir mejor informada en la fe.

Había esta señora traído consigo dos hijos suyos a lo mismo que ella vino, y al que heredaba el mayorazgo mandó que se enseñase, no sólo para lo que a él tocaba, sino también para que enseñase y diese ejemplo a sus vasallos. Pues, estando esta señora y nueva cristiana en tan buena obra ocupada, y con gran deseo de servir a Dios, adoleció, de la cual enfermedad murió en breve término, llamando a Dios y a Santa María, y demandando perdón de sus pecados.

Después, en este pueblo de Tehuacán, en el año de 1540, el día de Pascua de la Resurrección, vi una cosa muy de notar, y es que vinieron a oír los oficios divinos de la Semana Santa, y a celebrar la fiesta de la Pascua, Indios y señores principales de cuarenta provincias y pueblos, y algunos de ellos de cincuenta y sesenta leguas, que ni fueron compelidos ni llamados; y entre éstos había de doce naciones y doce lenguas diferentes.

Estos todos, después de haber oído los divinos oficios, hacían oración particular a Nuestra Señora de la Concepción, que así se llama aquel monasterio. Éstos que así vienen a las fiestas siempre traen consigo muchos para se bautizar, y casar, y confesar, y por esto hay siempre en este monasterio gran concurso de gente.

Restituyen muchos de los Indios lo que son a cargo, antes que vengan a los pies del confesor, teniendo por mejor pagar aquí, aunque queden pobres, que no en la muerte; y de esto hay cada cuaresma notables cosas, de las cuales diré una que aconteció en los primeros años que se ganó esta tierra.

Yéndose un Indio a confesar, era en cargo cierta cantidad, y como el confesor le dijese que no podía recibir entera absolución si no restituía primero lo que era en cargo, porque así lo mandaba la ley de Dios y lo requiere la caridad del prójimo, finalmente luego aquel día trajo diez tejuelos de oro, que cada uno pesaría a cinco o a seis pesos, que era la cantidad que él debía, queriendo él más quedar pobre que no que se le negase la absolución.

Aunque la hacienda que le quedaba no pienso que valía la quinta parte de lo que restituyó, mas quiso pasar su trabajo con lo que le quedaba, que no irse sin ser absuelto, y por no esperar en purgatorio a sus hijos o testamentarios que restituyesen por él lo que él en su vida podía hacer.

Había un hombre principal, de un pueblo llamado Cuauhquechollán, natural, llamado por nombre Juan; éste, con su mujer e hijos, por espacio de tres años venía por las pascuas y fiestas principales al monasterio de Huexotzinco, que son ocho leguas, y estaba en cada fiesta de éstas ocho o diez días, en los cuales él y su mujer se confesaban y recibían el Santo Sacramento, y lo mismo algunos de los que consigo traía.

Y como era el más principal después del señor, y casado con una señora del linaje del gran Moteuczoma, señor de México, seguíale mucha gente, así de su casa como otros que se le allegaban por su buen ejemplo, el cual era tanto, que algunas veces venía con él el señor principal con otra mucha gente; de los cuales muchos se bautizaban, otros se desposaban y confesaban, porque en su pueblo no había monasterio, ni le hubo desde en cuatro años.

Y como en aquel tiempo pocos despertasen del sueño de sus errores, edificábanse mucho, así los naturales como los Españoles, y maravillábanse tanto de aquel Juan, que decían que les daba gran ejemplo, así en la iglesia como en su posada.

Este Juan vino una Pascua de Navidad, y traía hecha una camisa, que entonces no se las vestían más de los que servían en la casa de Dios, y dijo a su confesor: «Ves aquí, traigo esta camisa para que me la bendigas y me la vistas; y pues que ya tantas veces me he confesado, como tú sabes, querría, si te parece que estoy para ello, recibir el Cuerpo de mi Señor Jesucristo, que cierto mi ánima lo desea en gran manera».

El confesor, como lo había confesado muchas veces y conocía la disposición que en él había, dióle el Santo Sacramento, tanto por el

Indio deseado; y cuando confesó y comulgó estaba sano, y luego, desde a tres días, adoleció y murió brevemente, llamando a Dios y dándole gracias por las mercedes que le había hecho.

Fue tenida entre los Españoles la muerte de este Indio por una cosa muy notada, y venida por los secretos juicios de Dios para salvación de su ánima, porque verdaderamente era tenido por buen cristiano, según se había mostrado en muchas buenas obras que en su vida hizo.

El señor de este pueblo de Cuauhquechollán, que se dice Don Martín, procuró mucho de llevar frailes a su pueblo, e hízose un devoto monasterio, aunque pequeño, que ha aprovechado mucho, porque la gente es de buena masa y bien inclinada; vienen allí de muchas partes a recibir los sacramentos.

En todas partes, y más en esta provincia de Tlaxcallán, es cosa muy de notar ver a las personas viejas y cansadas la penitencia que hacen, y cuán bien se quieren entregar en el tiempo que perdieron estando en el servicio del demonio. Ayunan muchos viejos la cuaresma, y levántanse cuando oyen la campana de maitines, y hacen oración y disciplínanse, sin nadie los poner en ello; y los que tienen de qué poder hacer limosna buscan pobres para la hacer, en especial en las fiestas; lo cual en el tiempo pasado no se solía hacer, ni había quien mendigase, que el pobre y el enfermo allegábase a algún pariente o a la casa del principal señor, y allí se estaban pasando mucho trabajo, y algunos de ellos se morían allí sin hallar quién los consolase.

En esta provincia de Cuauhnahuac había un hombre viejo, de los principales del pueblo, que se llamaba Pablo, y en el tiempo que yo en aquella casa moré todos le tenían por ejemplo; y, en la verdad, era persona que ponía freno a los vicios y espuelas a la virtud. Éste continuaba mucho en la iglesia, y siempre le veían con las rodillas desnudas en tierra, y aunque era viejo y todo vano, estaba tan derecho y recio, al parecer, como un mancebo.

Pues perseverando este Pablo en su buen propósito, vínose a confesar generalmente, que entonces pocos se confesaban, y luego, como se confesó, adoleció de su postrera enfermedad, en la cual se tornó a confesar otras dos veces, e hizo testamento, en el cual mandó distribuir con pobres algunas cosas.

El cual hacer de testamento no se acostumbraba en esta tierra, sino que dejaban las casas y heredades a sus hijos, y el mayor, si era hombre, lo poseía y tenía cuidado de sus hermanos y hermanas; y yendo los hermanos creciendo y casándose, el hermano mayor partía con ellos según tenía; y si los hijos eran por casar, entrábanse en la hacienda los mismos hermanos, digo en las heredades, y de ellas mantenían a sus sobrinos y de la otra hacienda.

Todas las mantas y ropas, los señores principales, después de traídas algunos días, que como son blancas y delgadas presto parecen viejas o se ensucian, guardábanlas; y cuando morían enterrábanlos con ellas, algunos con muchas, otros con pocas, cada uno conforme a quien era. También enterraban con los señores las joyas y piedras y oro que tenían. En otras partes dejábanlas a sus hijos, y si era señor, ya sabían, según su costumbre, cuál hijo había de heredar; señalaba, empero, algunas veces en la muerte el padre a algún hijo, cual él quería, para que quedase y heredase el estado, y era luego obedecido: ésta era su manera de hacer testamento.

Cuanto a la restitución que estos Indios hacen, es muy de notar, porque restituyen los esclavos que tenían antes que fuesen cristianos, y los casan, y ayudan, y dan con qué vivan. Pero tampoco se sirven estos Indios de sus esclavos con la servidumbre y trabajo que los Españoles, porque los tienen casi como libres en sus estancias y heredades, adonde labran cierta parte para sus amos, y parte para sí, y tienen sus casas, y mujeres, e hijos, de manera que no tienen tanta servidumbre que por ella se huyan y vayan de sus amos.

Vendíanse y comprábanse estos esclavos entre ellos, y era costumbre muy usada; ahora, como todos son cristianos, apenas se vende Indio, antes muchos de los convertidos tornan a buscar los que vendieron y los rescatan para darles libertad, cuando los pueden haber, y cuando no, hay muchos de ellos que restituyen el precio por que le vendieron.

Estando yo escribiendo esto, vino a mí un Indio pobre y díjome: «Yo soy a cargo de ciertas cosas; ves aquí, traigo un tejuelo de oro que valdrá la cantidad; dime cómo y a quién lo tengo de restituir; y también vendí un esclavo días ha, y héle buscado y no lo puedo descubrir; aquí tengo el precio de él: ¿bastará darlo a los pobres, o qué me mandas que haga?».

Restituyen asimismo las heredades que poseían antes que se convirtiesen, sabiendo que no las pueden tener con buena conciencia, aunque las hayan heredado ni adquirido según sus antiguas costumbres; y las que son propias suyas y tienen con buen título, reservan a los macehuales o vasallos de muchas imposiciones y tributos que les solían llevar. Y los señores y principales procuran mucho que sus macehuales sean buenos cristianos y vivan en la ley de Jesucristo.

Cumplen muy bien lo que les es mandado en penitencia, por grave cosa que sea, y muchos de ellos hay que, si cuando se confiesan no les mandan que se azoten, les pesa, y ellos mismos dicen al confesor: «¿Por qué no me mandas disciplinar?», porque lo tienen por gran mérito. Y así se disciplinan muchos de ellos todos los viernes de la cuaresma, de iglesia en iglesia, y lo mismo hacen en tiempo de falta de agua y de salud; y adonde yo creo que más esto se usa es en esta provincia de Tlaxcallán.

Una cuaresma, estando yo en Chololán, que es un gran pueblo cerca de la ciudad de los Ángeles, eran tantos los que venían a confesarse, que yo no podía darles recado como yo quisiera, y díjeles: que yo no tenía de confesar sino a los que trajeren sus pecados escritos y por figuras, que esto es cosa que ellos saben y entienden, porque ésta era su escritura.

Y no lo dije a sordos, porque luego comenzaron tantos a traer sus pecados escritos, que tampoco me podía valer; y ellos, con una paja apuntando, y yo con otra ayudándoles, se confesaban muy brevemente; y, de esta manera, hubo lugar de confesar a muchos, porque ellos lo traían tan bien señalado con caracteres y figuras, que poco más era menester preguntarles de lo que ellos traían allí escrito o figurado.

Y de esta manera se confesaban muchas mujeres de las Indias que son casadas con Españoles, mayormente en la ciudad de los Ángeles, que después de México es la mejor de toda la Nueva España, como se dirá adelante en la tercera parte.

Este mismo día que esto escribo, que es viernes de Ramos del presente año de 1537, falleció aquí en Tlaxcallán un mancebo natural de Chololán llamado Benito, el cual, estando sano y bueno, se vino a confesar, y desde a dos días adoleció en una casa lejos del monasterio; y, dos días antes que muriese, estando muy malo, vino a esta casa, que cuando yo le vi me espanté de ver cómo había podido llegar a ella, según su gran flaqueza, y me dijo que se venía a reconciliar porque se quería morir.

Y después de confesado, descansando un poco, díjome: que había sido llevado su espíritu al infierno, adonde de sólo el espanto había padecido mucho tormento; y cuando me lo contaba, temblaba del miedo que le había quedado, y díjome: que cuando se vio en aquel espantoso lugar, llamó a Dios demandándole misericordia, y que luego fue llevado a un lugar muy alegre, adonde le dijo un ángel:

—Benito, Dios quiere haber misericordia de ti; ve y confiésate, y aparéjate muy bien, porque Dios manda que vengas a este lugar a descansar.

Semejante cosa que ésta aconteció a otro mancebo natural de Chiautempán, que es una legua de Tlaxcallán, llamado Juan de la Cruz, el cual tenía cargo de saber los niños que nacían en aquel pueblo, y el domingo recogerlos y llevarlos a bautizar; y como adoleciese de la enfermedad de que murió, fue su espíritu arrebatado y llevado por unos negros, los cuales le llevaron por un camino muy triste y de mucho trabajo, hasta un lugar de muchos tormentos; y queriendo los que le llevaban echarle en ellos, comenzó a grandes voces a decir:

—Santa María, Santa María (que es su manera de llamar a Nuestra Señora): «Señora, ¿por qué me echan aquí? ¿Yo no llevaba los niños a hacer cristianos, y los llevaba a la casa de Dios? ¿Pues en esto yo no serví a Dios y a vos, Señora mía? Pues, Señora, valedme y sacadme de aquí, que de mis pecados yo me enmendaré».

Y diciendo esto fue sacado de aquel temeroso lugar, y vuelta su ánima al cuerpo; a esto dice la madre, que le tenía por muerto aquel tiempo que estuvo sin espíritu. Todas estas cosas, y otras de grande admiración, dijo aquel mancebo llamado Juan, el cual murió de la misma enfermedad, aunque duró algunos días doliente.

Muchos de estos convertidos han visto y cuentan diversas revelaciones y visiones, las cuales, visto la sinceridad y simpleza con que las dicen, parece que es verdad; mas, porque podría ser al contrario, yo no las escribo, ni las afirmo, ni las repruebo, y también porque de muchos no sería creído.

El Santísimo Sacramento se daba en esta tierra a muy pocos de los naturales, sobre lo cual hubo diversas opiniones y pareceres de letrados, hasta que vino una bula del papa Paulo III, por la cual, vista la información que se le hizo, mandó que no se les negase, sino que fuesen administrados como los otros cristianos.

En Huexotzinco, en el año 1528, estando un mancebo llamado Diego, criado en la casa de Dios, hijo de Miguel, hermano del señor del lugar, estando aquel hijo suyo enfermo, después de confesado demandó el Santísimo Sacramento muchas veces con mucha importunación, y como disimulasen con él, no se le queriendo dar, vinieron a él dos frailes en hábito de San Francisco y comulgáronle, y luego desaparecieron, y el Diego enfermo quedó muy consolado, y entrando luego su padre a darle de comer, respondió el hijo diciendo que ya había comido lo que él deseaba, y que no quería comer más, que él estaba satisfecho.

El padre, maravillado, preguntóle que quién le había dado de comer. Respondió el hijo:

—¿No viste aquellos dos frailes que de aquí salieron ahora? Pues aquellos me dieron lo que yo deseaba y tantas veces había pedido.

Y luego, desde a poco, falleció.

Muchos de nuestros Españoles son tan escrupulosos que piensan que aciertan en no comulgar, diciendo que no son dignos, en lo cual gravemente yerran y se engañan, porque si por merecimientos había de ser, ni los ángeles ni los santos bastarían; mas quiere Dios que baste que te tengas por indigno, confesándote y haciendo lo que es en ti; y el cura que lo tal niega al que lo pide, pecaría mortalmente.

CAPÍTULO V: DE DÓNDE COMENZÓ EN LA NUEVA ESPAÑA EL SACRAMENTO DEL MATRIMONIO

El sacramento del matrimonio en esta tierra de Anáhuac, o Nueva España, se comenzó en Tetzcoco. En el año de 1526, domingo 14 de octubre, se desposó y casó pública y solemnemente Don Hernando, hermano del señor de Tetzcoco, con otros siete compañeros suyos, criados todos en la casa de Dios, y para esta fiesta llamaron de México, que son cinco leguas, a muchas personas honradas, para que les honrasen y festejasen sus bodas; entre los cuales vinieron Alonso de Ávila y Pedro Sánchez Farfán, con sus mujeres, y trajeron otras personas honradas que ofrecieron a los novios a la manera de España, y les trajeron buenas joyas, y trajeron también mucho vino, que fue la joya con que más todos se alegraron.

Y porque estas bodas habían de ser ejemplo de toda la Nueva España, veláronse muy solemnemente, con las bendiciones y arras y anillo, como lo manda la Santa Madre Iglesia. Acabada la misa, los padrinos, con todos los señores y principales del pueblo (que Tetzcoco fue muy gran cosa en la Nueva España), llevaron sus ahijados al palacio o casa del señor principal, yendo delante muchos cantando y bailando; y después de comer hicieron muy gran netotiliztli o baile.

En aquel tiempo ayuntábanse a un baile de estos mil y dos mil Indios. Dichas las vísperas, y saliendo al patio adonde bailaban, estaba el tálamo bien aderezado, y allí, delante de los novios, ofrecieron, al uso de Castilla, los señores y principales y parientes del novio, ajuar de casa y atavíos para sus personas; y el marqués del Valle mandó a un su criado que allí tenía que ofreciese en su nombre, el cual ofreció muy largamente.

Pasaron tres o cuatro años que no se velaban sino los que se criaban en la casa de Dios, sino que todos se estaban con las mujeres que querían; y había algunos que tenían hasta doscientas mujeres, y de allí abajo cada uno tenía las que quería; y para esto, los señores y principales robaban todas las mujeres, de manera que cuando un Indio común se quería casar apenas hallaba mujer.

Y queriendo los religiosos españoles poner remedio en esto, no hallaban manera para lo hacer, porque como los señores tenían las más mujeres, no las querían dejar, ni ellos se las podían quitar, ni bastaban ruegos, ni amenazas, ni sermones, ni otra cosa que con ellos se hiciese, para que, dejadas todas, se casasen con una sola en haz de la Iglesia; y respondían que también los Españoles tenían muchas mujeres, y si les decíamos que las tenían para su servicio, decían que ellos también las tenían para lo mismo.

Y así, aunque estos Indios tenían muchas mujeres con quien, según su costumbre, eran casados, también las tenían por manera de granjería, porque las hacían a todas tejer y hacer mantas y otros oficios de esta manera; hasta que ya ha placido a Nuestro Señor que, de su voluntad, de cinco o seis años a esta parte, comenzaron algunos a dejar la muchedumbre de mujeres que tenían y a contentarse con una sola, casándose con ella como lo manda la Iglesia.

Y con los mozos que de nuevo se casan son ya tantos, que hinchen las iglesias, porque hay día de desposar cien pares, y días de doscientos, y de trescientos, y días de quinientos; y como los sacerdotes son tan pocos, reciben mucho trabajo, porque acontece a un solo sacerdote tener muchos que confesar, y bautizar, y desposar, y velar, y predicar, y decir misa, y otras cosas que no puede dejar.

En otras partes he visto que, a una parte, están unos examinando casamientos, otros enseñando los que se tienen de bautizar, otros que tienen cargo de los enfermos, otros de los niños que nacen, otros de diversas lenguas e intérpretes que declaran a los sacerdotes las necesidades con que los Indios vienen, otros que proveen para celebrar las fiestas de las parroquias y pueblos comarcanos, que, por quitarles y desarraigarles las fiestas viejas, celebran con solemnidad, así de oficios divinos y en la administración de los sacramentos, como con bailes y regocijos; y todo es menester, hasta desarraigarlos de las malas costumbres con que nacieron.

Mas, tornando al propósito, y para que se entienda el trabajo que los sacerdotes tienen, diré cómo se ocupó un sacerdote, que, estando escribiendo esto, vinieron a llamar de un pueblo una legua de Tlaxcallán, que se dice Santa Ana de Chiautempán, para que confesase ciertos enfermos y también para bautizar.

Llegado el fraile, halló más de treinta enfermos para confesar, y doscientos pares para desposar, y muchos que bautizar, y un difunto que enterrar, y también tenía de predicar al pueblo que estaba ayuntado. Bautizó este fraile aquel día, entre chicos y grandes, mil y quinientos, poniéndoles a todos óleo y crisma, y confesó en este mismo día quince personas, aunque era una hora de noche y no había acabado.

Esto no le aconteció a este solo sacerdote, sino a todos los que acá están, que se quieren dar a servir a Dios y a la conversión y salud de las ánimas de los Indios, y esto acontece muy ordinariamente.

En Tzompantzinco (407), que es pueblo de harta gente, con una legua a la redonda que todo es bien poblado, un domingo ayuntáronse todos para oír la misa, y desposáronse, así antes de misa como después por todo el día, cuatrocientos cincuenta pares, y bautizáronse más de setecientos niños y quinientos adultos. A la misa del domingo se velaron doscientos pares, y el lunes adelante se desposaron ciento cincuenta pares, y los más de éstos se fueron a velar a Tecoac, tras los frailes; y estos todos lo hacen ya de su propia voluntad, sin parecer que reciben ningún trabajo ni pesadumbre.

En Tecoac se bautizaron otros quinientos, y se desposaron doscientos cuarenta pares, y luego el martes se bautizaron otros ciento, y se desposaron cien pares. La vuelta fue por otros pueblos, adonde se bautizaron muchos, y hubo día que se desposaron más de setecientos cincuenta pares; y en esta casa de Tlaxcallán, y en otra, se desposaron en un día más de mil pares, y en los otros pueblos era de la misma manera, porque en este tiempo fue el fervor de casarse los Indios naturales con una sola mujer; y ésta tomaban, aquella con quien, estando en su gentilidad, primero habían contraído matrimonio.

Para no errar ni quitar a ninguno su legítima mujer, y para no dar a nadie, en lugar de mujer, manceba, había en cada parroquia quien conocía a todos los vecinos, y los que se querían desposar venían con todos sus parientes, y venían con todas sus mujeres, para que todas hablasen y alegasen en su favor, y el varón tomase la legítima mujer, y satisfaciese a las otras, y les diese con qué se alimentasen y mantuviesen los hijos que les quedaban.

Era cosa de verlos venir, porque muchos de ellos traían un hato de mujeres e hijos como de ovejas, y despedidos los primeros, venían otros Indios que estaban muy instruidos en el matrimonio y en la plática del árbol de la consanguinidad y afinidad; a éstos llamaban los Españoles licenciados, porque lo tenían tan entendido como si hubiesen estudiado sobre ello muchos años.

Éstos platicaban con los frailes los impedimentos; las grandes dificultades, después de examinadas y entendidas, enviábanlas a los señores obispos y a sus provisores, para que lo determinasen; porque todo ha sido bien menester, según las contradicciones que ha habido, que no han sido menores ni menos que las del bautismo.

De estos Indios se han visto muchos, con propósito y obra, determinados de no conocer otra mujer sino la con quien legítimamente se han casado después que se convirtieron, y también se han apartado del vicio de la embriaguez, y hánse dado tanto a la virtud y al servicio de Dios, que en este año pasado de 1536 salieron de esta ciudad de Tlaxcallán dos mancebos Indios confesados y comulgados, y sin decir nada a nadie se metieron por la tierra adentro más de cincuenta leguas, a convertir y enseñar otros Indios; y allá anduvieron padeciendo hartos trabajos e hicieron mucho fruto, porque dejaron enseñado todo lo que ellos sabían y puesta la gente en razón para recibir la palabra de Dios, y después son vueltos, y hoy día están en esta ciudad de Tlaxcallán.

Y de esta manera han hecho algunos otros en muchas provincias y pueblos remotos, adonde, por sola la palabra de éstos, han destruido sus ídolos, y levantado cruces, y puesto imágenes, adonde rezan eso poco que les han enseñado.

Como yo vi en este mismo año, que salí a visitar cerca de cincuenta leguas de aquí de Tlaxcallán hacia la costa del norte, por tan áspera tierra y tan grandes montañas, que en partes entramos mis compañeros y yo adonde, para salir, hubimos de subir sierra de tres leguas en alto; y la una legua iba por una esquina de una sierra, que a las veces subíamos por unos agujeros en que poníamos las puntas de los pies, y unos bejucos o sogas en las manos; y éstos no eran diez o doce pasos, mas uno pasamos de esta manera, de tanta altura como una alta torre.

Otros pasos muy ásperos subíamos por escaleras, y de éstas había nueve o diez; y hubo una que tenía diez y nueve escalones, y las escaleras eran de un palo solo, hechas unas concavidades, cavado un poco en el palo, en que cabía la mitad del pie, y sogas en las manos. Subíamos temblando de mirar abajo, porque era tanta la altura que se desvanecía la cabeza; y aunque quisiéramos volver por otro camino, no podíamos, porque después que entramos en aquella tierra había llovido mucho, y habían crecido los ríos, que eran muchos y muy grandes; aunque por esta tierra tampoco faltaban, mas los Indios nos pasaban algunas veces en balsas, y otras, atravesada una larga soga, y a volapié la soga en la mano.

Uno de estos ríos es el que los Españoles llamaron el río de Almería, el cual es un río muy poderoso. En este tiempo está la yerba muy grande, y los caminos tan cerrados, que apenas parecía una pequeña senda, y en éstas las más veces llega la yerba de la una parte a la otra a cerrar, y por debajo iban los pies, sin poder ver el suelo; y había muy crueles víboras.

Que aunque en toda esta Nueva España hay más y mayores víboras que en Castilla, las de la tierra fría son menos ponzoñosas, y los Indios tienen muchos remedios contra ellas; pero por esta tierra que digo son tan ponzoñosas, que al que muerden no llega a veinte y cuatro horas. Y como íbamos andando, nos decían los Indios: aquí murió uno, y allí otro, y acullá otro, de mordeduras de víbora; y todos los de la compañía iban descalzos; aunque Dios, por su misericordia, nos pasó a todos sin lesión ni embarazo ninguno.

Toda esta tierra que he dicho es habitable por todas partes, así en lo alto como en lo bajo, aunque en otro tiempo fue mucho más poblada, que ahora está muy destruida. En este mismo año vinieron los señores de Tepantitla al monasterio de Santa María de la Concepción de Tehuacán, que son veinte y cinco leguas, movidos de su propia voluntad, y trajeron los ídolos de toda su tierra, los cuales fueron tantos, que causaron admiración a los Españoles y naturales, y en ver de adonde venían y por donde pasaban.

De muchas supersticiones y hechicerías que tenían los Indios, y de cuán aprovechados están en la fe.

No se contentaba el demonio con el servicio que esta gente le hacía, adorándole en los ídolos, sino que también los tenía ciegos en mil maneras de hechicerías y ceremonias supersticiosas. Creían en mil agüeros y señales, y mayormente tenían gran agüero en el búho; y si le oían graznar o aullar sobre la casa que se asentaba, decían que muy presto había de morir alguno de aquella casa; y casi lo mismo tenían de las lechuzas y mochuelos y otras aves nocturnas.

También, si oían graznar un animalejo que ellos llaman cuzatli, le tenían por señal de muerte de alguno. Tenían también agüero en encuentro de culebras y de alacranes, y de otras muchas sabandijas que se mueven sobre la tierra.

Tenían también en que la mujer que paría dos de un vientre (lo cual en esta tierra acontece muchas veces), que el padre o la madre de los tales había de morir; y el remedio que el cruel demonio les daba era que mataban uno de los gemelos, y con esto creían que no moriría el padre ni la madre, y muchas veces lo hacían.

Cuando temblaba la tierra adonde había alguna mujer preñada, cubrían de pronto las ollas o quebrábanlas, porque no moviese; y decían que el temblar de la tierra era señal de que se había presto de gastar y acabar el maíz de las trojes.

En muchas partes de esta tierra tiembla muy a menudo la tierra, como es en Tecoatepec, que en medio año que allí estuve tembló muchas veces, y mucho más me dicen que tiembla en Cuauhtemallán. Si alguna persona enfermaba de calenturas recias, tomaban por remedio hacer un perrillo de masa de maíz, y poníanle sobre una penca de maguey, y luego de mañana sácanle a un camino, y dicen que el primero que pasa lleva el mal apegado en los zancajos, y con esto quedaba el paciente muy consolado.

Tenían también libros de los sueños y de lo que significaban, todo puesto por figuras y caracteres; y había maestros que los interpretaban, y lo mismo tenían acerca de los casamientos.

Cuando alguna persona perdía algo, hacían ciertas hechicerías con unos granos de maíz y miraban en un lebrillo o vasija de agua; y allí decían que veían al que lo tenía y la casa donde estaba, y también decían que en el agua veían si el que estaba ausente era muerto o vivo.

Para saber si los enfermos habían de vivir, tomaban un puñado de maíz de lo más grueso que podían hallar y lo echaban como quien echa unos dados; y si algún grano quedaba enhiesto, tenían por cierta la muerte del enfermo. Tenían otras muchas y endiabladas hechicerías e ilusiones con que el demonio los tenía engañados. Los más las han ya dejado de tal manera que, a quien no lo viere, no podrá creer la gran cristiandad y devoción que mora en todos estos naturales, que no parece sino que a cada uno le va la vida en procurar ser mejor que su vecino o conocido. Y verdaderamente hay tanto que decir y tanto que contar de la buena cristiandad de estos indios, que de solo ello se podría hacer un buen libro. Plegue a Nuestro Señor que los conserve y les dé gracia para que perseveren en su servicio y en las santas y buenas obras que han comenzado.

Han hecho los indios muchos hospitales, adonde curan a los enfermos y pobres, y de su poca riqueza los proveen abundantemente; porque, como son muchos, aunque cada uno da poco, de muchos pocos se hace mucho, y más siendo continuo. De manera que los hospitales están bien abastecidos. Y como ellos saben servir tan bien que parece que para ello nacieron, no les falta nada; y de cuando en cuando van por toda la provincia a buscar a los enfermos. Tienen sus médicos, de los naturales experimentados, que saben aplicar muchas hierbas y medicinas, que para ellos basta; y hay algunos de tanta experiencia que muchas enfermedades viejas y graves que habían padecido españoles largos días sin hallar remedio, estos indios las han curado.

En esta ciudad de Tlaxcala hicieron, en el año de 1537, un solemne hospital con su cofradía para servir y enterrar a los pobres y para celebrar las fiestas. El hospital se llama La Encarnación, y para aquel día estaba acabado y aderezado. Yendo a él con solemne procesión, por principio y estreno, metieron en el nuevo hospital ciento cuarenta enfermos y pobres; y el día siguiente, de Pascua de Flores, fue muy grande la ofrenda que el pueblo hizo, así de maíz, frijoles y ají, como de ovejas, puercos y gallinas de la tierra, que son tan buenas que dan tres y cuatro gallinas de las de España por una de ellas. De estas ofrecieron ciento cuarenta, y de las de Castilla, infinitas. También ofrecieron mucha ropa, y cada día ofrecen y hacen muchas limosnas; tanto, que aunque no hay más de siete meses que está fundado, lo que tiene en tierras y ganado vale cerca de mil pesos de oro, y crecerá mucho; porque, como los indios son recién venidos a la fe, hacen muchas limosnas.

Y entre ellas diré lo que he visto: que en el año pasado, en sola esta provincia de Tlaxcala, liberaron los indios a más de veinte mil esclavos, y pusieron grandes penas para que nadie hiciese esclavo, ni los comprase ni vendiese, porque la ley de Dios no lo permite.

Cada tercer día, después de decirse la misa, se dice la doctrina cristiana; y los domingos y fiestas también, de manera que casi chicos y grandes saben no solo los mandamientos, sino todo lo que están obligados a creer y guardar. Y como lo traen tan por costumbre, viene de aquí el confesarse a menudo; y aún hay muchos que no se acuestan con pecado mortal sin primero manifestarlo a su confesor. Y algunos hacen votos de castidad; otros, de religión, aunque a esto se les va mucho a la mano, por ser aún muy nuevos, y no les quieren dar el hábito, queriéndolos probar antes de tiempo. Porque en el año de 1527 dieron el hábito a tres o cuatro mancebos y no pudieron perseverar en él; y ahora son vivos y casados, y viven como cristianos, y dicen que entonces no sintieron lo que hacían; que, si ahora fuera, no volverían atrás aunque supieran morir. Y a este propósito contaré de uno que el año pasado hizo voto de ser fraile.

Un mancebo llamado don Juan, señor principal y natural de un pueblo de la provincia de Michoacán, que en aquella lengua se llama Turecato y en la de México Tepeoacán, este joven, leyendo la vida de San Francisco, que estaba traducida a su lengua, tomó tanta devoción que prometió ser fraile. Y para que su voto no se le imputase a liviandad, perseverando en su propósito, vistióse de sayal grosero y dio libertad a muchos esclavos que tenía; y predicóles y enseñóles los mandamientos y cuanto él sabía, y díjoles que, si hubiera tenido antes conocimiento de Dios y de sí mismo, les hubiera dado libertad mucho tiempo atrás; y que desde ese día supiesen que eran libres, y que les rogaba que se amasen unos a otros y que fuesen buenos cristianos; y que, si así lo hacían, él los tendría por hermanos.

Hecho esto, repartió las joyas y muebles que tenía y renunció el señorío. Demandó muchas veces el hábito en Michoacán, que está a cuarenta leguas de México; y, como no se lo quisiesen dar, se vino a México y allí volvió a pedirlo; y como tampoco se lo quisieron dar, fue al obispo de México, el cual, vista su habilidad y buena intención, se lo hubiera dado si pudiera. Lo amaba mucho y lo trataba muy bien. Y él, perseverando con su capotillo de sayal, llegada la Cuaresma se volvió a su tierra, para oír los sermones en su lengua y confesarse. Después de Pascua volvió al capítulo que se hizo en México, perseverando siempre en su demanda; y lo que se le otorgó fue que, con el mismo hábito que traía, anduviera entre los frailes, y que, si les pareciese tal su vida, le diesen el hábito.

Este mancebo, como era señor y muy conocido, ha sido gran ejemplo en toda la provincia de Michoacán, que es muy grande y muy poblada, donde ha habido grandes minas de todos los metales.

Algunos de estos naturales han visto, al tiempo de alzar la hostia consagrada, unos a un niño muy resplandeciente, otros a Nuestro Redentor crucificado con gran resplandor, y esto muchas veces; y cuando lo ven, no pueden estar sin caer de bruces, y quedan muy consolados. Asimismo, han visto sobre un fraile que les predicaba una corona muy hermosa, que unas veces parecía de oro y otras de fuego;

otras personas han visto en la misa, sobre el Santísimo Sacramento, un globo o llama de fuego.

Una persona que venía muy de mañana a la iglesia y halló la puerta cerrada, levantó sus ojos al cielo y vio que este se abría; y por aquella abertura le pareció ver dentro una cosa muy hermosa; y esto lo vio dos días. Todas estas cosas las supe de personas dignas de fe, y los que las vieron son de buen ejemplo y frecuentan los sacramentos. No sé a qué atribuirlo, sino a que Dios se manifiesta a estos sencillos, porque lo buscan de corazón y con limpieza de sus almas, como Él mismo se lo promete.

Del sentimiento que hicieron los indios cuando les quitaron los frailes, y de la diligencia que tuvieron para que se los diesen; y de la honra que hacen a la señal de la cruz.

En el capítulo que los frailes menores celebraron en México en el año de 1558, a 19 de mayo, que fue la cuarta Dominica después de Pascua, se ordenó, por la falta que había de frailes, que algunos monasterios cercanos a otros no fuesen conventos, sino que de otros fuesen provistos y visitados. Esto fue luego sabido por los indios de otra manera, pues les dijeron que los dejaban del todo sin frailes.

Y como se leyó la tabla del capítulo —que la estaban esperando los indios, y los señores tenían puestos mensajeros como en postas para saber a quién les daban por guardián o predicador que los enseñase—, y como para algunas casas no se nombraron frailes, sino que se proveyesen desde otras, una de las cuales fue Xochimilco, gran pueblo en la laguna dulce, a cuatro leguas de México, aunque se leyó la tabla un día ya muy tarde, luego por la mañana siguiente lo sabían todos los del lugar. Tenían en su monasterio tres frailes, y se juntó casi todo el pueblo y entraron en el monasterio, en la iglesia —que no es pequeña—, y muchos quedaron fuera en el patio porque no cupieron, pues dicen que eran más de diez mil almas.

Pusiéronse todos de rodillas ante el Santísimo Sacramento y comenzaron a clamar y rogar a Dios que no consintiese que quedaran desamparados, pues les había hecho tanta merced de traerlos a su conocimiento; con muchas otras palabras muy lastimeras y de compasión, cada uno las mejores que su deseo y necesidad le dictaba, y esto con grandes voces. Lo mismo hacían los del patio.

Y como los frailes vieron el gran ayuntamiento, y que todos lloraban y los tenían en medio, lloraban también sin saber por qué, porque aún no sabían lo que en el capítulo se había ordenado; y por mucho que trabajaban en consolarlos, era tanto el ruido que ni los unos ni los otros se podían entender. Duró esto todo el día entero, que era un jueves, y siempre acudía más gente. Y, estando la cosa de esta manera, acordaron algunos de ir a México, y ni los que iban ni los que quedaban se acordaban de comer.

Los que fueron a México llegaron a hora de misa, y entraron en la iglesia de San Francisco con tanto ímpetu que espantaron a los que en ella estaban. E hincándose de rodillas delante del Santísimo Sacramento, decía cada uno lo que mejor le parecía que convenía, y llamaban a Nuestra Señora para que les ayudase; otros a San Francisco y a otros santos, con tan vivas lágrimas que, las dos o tres veces que entré en la capilla y supe la causa, quedé fuera de mí, espantado, y me hicieron llorar al verlos tan tristes. Y aunque yo y otros frailes queríamos consolarlos, no nos querían oír, sino que nos decían:

—Padres nuestros, ¿por qué nos desamparáis ahora, después de bautizados y casados? Acordaos que muchas veces nos decíais que por nosotros habíais venido de Castilla, y que Dios os había enviado. Pues si ahora nos dejáis, ¿a quién iremos? Porque los demonios otra vez nos querrán engañar, como solían, y hacernos volver a su idolatría.

Nosotros no les podíamos responder por el mucho ruido que tenían, hasta que, hecho un poco de silencio, les dijimos la verdad de lo que pasaba, cómo en el capítulo se había ordenado aquello, consolándolos lo mejor que pudimos y prometiéndoles no dejarlos hasta la muerte. Muchos españoles que se hallaban presentes se maravillaron; y otros que oyeron lo que sucedía vinieron luego y vieron lo que no creían, y volvían admirados al ver la armonía que aquella pobre gente tenía con Dios, con su Madre y con los santos.

Porque muchos españoles están incrédulos en esto de la conversión de los indios; y otros, como si morasen a mil leguas de ellos, no saben ni ven nada, por estar demasiado atentos y ocupados en adquirir el oro que vinieron a buscar para, teniéndolo, volverse con ello a España. Y para mostrar su intención es siempre su ordinario juramento: "Así Dios me lleve a España." Pero los nobles y caballeros virtuosos y cristianos están muy edificados de ver la buena conversión de estos indios naturales.

Estuvieron los indios de la manera que está dicha hasta que salimos del refectorio a dar gracias; y entonces el provincial, consolándolos mucho, les dio dos frailes para que fuesen con ellos, con lo cual quedaron tan contentos y regocijados como si les hubiesen dado el mundo entero.

Cholollán era una de las casas adonde también quitaban los guardianes; y aunque está de México casi veinte leguas, lo supieron en breve tiempo, y de la misma manera que los de Xochimilco. Y lo primero que hicieron fue juntarse todos e ir al monasterio de San Francisco, con las mismas lágrimas y alboroto que en la otra parte habían hecho; y no contentos con esto, se fueron para México, y no tres o cuatro, sino ochocientos de ellos —y aún algunos decían que eran más de mil—, y llegaron con gran ímpetu, y mojados hasta los huesos porque llovía muy fuerte, a San Francisco de México. Y comenzaron a llorar y a decir que se compadecieran de ellos y de todos los que quedaban en Cholollán, y que no les quitasen los frailes; y que, si ellos, por ser pecadores, no lo merecían, que lo hiciesen por los muchos niños inocentes que se perderían si no tuviesen quien les enseñase la ley de Dios. Y con esto decían muchas y muy buenas palabras, que bastaron para alcanzar lo que pedían.

Y porque la misericordia de Dios no dejase de alcanzar a todas partes —como siempre lo hizo, hace y hará, y más donde hay mayor necesidad—, proveyó que, estando la cosa de la manera dicha, vinieran de España veinticinco frailes, que bastaron para suplir la falta que había en aquellas casas. Y no solo esto: pues cuando el general de la Orden de los Menores no quería dar frailes, y todos los provinciales de la dicha orden estorbaban que no pasase aquí ninguno, y así estaba casi cerrada la puerta de toda esperanza humana... movió Dios a la emperatriz doña Isabel —que sea en gloria— y mandó que viniesen de España más de cien frailes, aunque de ellos no llegaron sino cuarenta, los cuales hicieron mucho fruto en la conversión de estos naturales.

En México, en el año de 1528, la justicia sacó a un hombre del monasterio de San Francisco por fuerza, y por causa tan liviana que, aunque lo hubieran prendido en la plaza, se librara si quisieran oírlo por su juicio, procurador o abogado; porque sus delitos eran ya viejos y estaba libre de ellos. Mas como no lo quisieron oír, fue ajusticiado. Y antes de esto, había sacado la justicia del mismo monasterio a otros tres o cuatro con mucha violencia, quebrantando el monasterio; y los delitos de estos no merecían muerte, y sin oírlos fueron ajusticiados, sin casi darles lugar para confesarse, siendo esto contra derecho divino y humano.

Y ni por estas muertes ni por la ya dicha hizo la justicia penitencia ni satisfacción ninguna a la Iglesia ni a los difuntos, sino que los absolvieron ad reincidentiam, o no sé cómo; aunque Dios no ha dejado sin castigo a alguno de ellos, y yo lo he notado bien; y así hará a los demás si no se humillan, porque un ignorante los absolvió sin que penitencia alguna se haya visto por tan enorme pecado público. Y por estas causas y otras de esta calidad, el prelado de los frailes sacó a los frailes del monasterio de San Francisco de México, y consumieron el Santísimo Sacramento y descompusieron los altares, sin que por ello respondiesen ni lo sintiesen los españoles vecinos de México. No tenían razón para hacerlo, pues los frailes franciscanos fueron sus capellanes y predicadores en la conquista, y tres frailes de muy buena vida y gran ejemplo murieron en Tetzcoco antes que se poblara México; y los que quedaron perseveraron siempre en su compañía.

San Francisco fue la primera iglesia de toda esta tierra, y adonde primero se puso el Sacramento; y siempre han predicado a los españoles y a sus indios, y son ellos quienes descargan sus conciencias, porque con esa condición les da el rey los indios. Y con todo esto estuvo San Francisco de México sin frailes y sin Sacramento más de tres meses, sin que hubiera gran sentimiento entre los cristianos viejos; y si lo tuvieron, callaron por temor de la justicia. Pero los recién convertidos, porque no les quitasen este Sacramento y sus maestros que les enseñaban y doctrinaban, hicieron lo que está dicho.

Está tan ensalzada en esta tierra la señal de la cruz por todos los pueblos y caminos, que se dice que en ninguna parte de la cristiandad está más exaltada, ni adonde haya tantas ni tan altas cruces. En especial las de los patios de las iglesias son muy solemnes, y cada domingo y cada fiesta las adornan con muchas rosas y flores, espadañas y ramos. En las iglesias y en los altares las tienen de oro, de plata y de pluma, no macizas, sino de hoja de oro y pluma sobre palo. Muchas otras cruces se han hecho y se hacen de piedras de turquesa —que en esta tierra hay muchas, aunque sacan pocas de tumba, sino planas—. Estas, después de hecha la talla de la cruz o labrada en palo y puesto un fuerte betún o engrudo, y labradas las piedras, van con fuego sutilmente ablandando el engrudo y asentando las turquesas hasta cubrir toda la cruz; y entre estas turquesas asientan otras piedras de otros colores. Estas cruces son muy vistosas, y los lapidarios las estiman mucho, y dicen que son de gran valor.

De una piedra blanca, transparente y clara hacen también cruces, con sus pies, muy bien labradas; estas sirven de portapaces en los altares, porque las hacen del tamaño de un palmo o poco mayores. Casi en todos los retablos pintan en medio la imagen del Crucifijo. Hasta ahora, que no tenían oro batido, en los retablos —que no son pocos— ponían a las imágenes diademas de hoja de oro. Otros Crucifijos hacen de bulto, así de palo como de otros materiales, de manera que, aunque el Crucifijo sea del tamaño de un hombre, lo levantaría un niño del suelo con una mano. Delante de esta señal de la cruz han acontecido algunos milagros, que dejo de decir por brevedad; mas digo que los indios la tienen en tanta veneración, que muchos ayunan los viernes y se abstienen ese día de tocar a sus mujeres, por devoción y reverencia de la cruz.

Los que con temor y por fuerza daban sus hijos para que los enseñasen y doctrinasen en la casa de Dios, ahora vienen rogando para que los reciban y les enseñen la doctrina cristiana y las cosas de la fe. Y son ya tantos los que se instruyen, que hay monasterios adonde se enseñan trescientos, cuatrocientos, seiscientos y hasta mil de ellos, según los pueblos y provincias. Y son tan dóciles y mansos, que más ruido hacen diez españoles que mil indios. Además de los que se enseñan aparte en las salas de las casas —que son hijos de personas principales—, hay otros muchos hijos de gente común y humilde, que se instruyen en los patios, porque tienen por costumbre que, luego de mañana, cada día oigan misa y luego les enseñen un rato; y con esto se van a servir y ayudar a sus padres. Y de estos salen muchos que sirven en las iglesias, y después se casan y ayudan a la cristiandad por todas partes.

En estas tierras es costumbre general que, al nacer un hijo o hija, le hacen una cunita pequeña de palos delgados, como jaula de pájaros, en la cual ponen al niño desde que nace. Y cuando la madre se levanta, lo lleva sobre sus hombros a la iglesia o adonde vaya. Y desde que llegan a cinco o seis meses, los ponen desnudos inter scapulas (entre los hombros), y se echan una manta encima con la que cubren al hijuelo, dejando la cabeza de fuera; y atan la manta a sus pechos la madre, y así anda con ellos por caminos y tierras adondequiera que va, y allí se duermen como en buena cama. Y hay quienes, llevándolos así a cuestas, los llevan desde pueblos distantes para bautizarlos; otros los llevan al nacer o a pocos días, y muchas veces los traen recién nacidos. Y el primer alimento que prueban es la sal que les ponen en el bautismo, y antes son lavados en el agua del Espíritu Santo que probar la leche de su madre. Porque en esta tierra es costumbre tener a los niños un día natural sin mamar; y después les ponen la teta en la boca, y como están con apetito y gana, maman sin necesitar quien los ayude ni miel para paladearles. Y los envuelven en pañales pequeños, ásperos y pobres, aumentando el trabajo del desterrado hijo de Eva que nace en este valle de lágrimas y viene a llorar.

CAPÍTULO VI: DE ALGUNOS ESPAÑOLES QUE HAN TRATADO MAL A LOS INDIOS, Y DEL FIN QUE HAN TENIDO

Hase visto por experiencia en muchos, y muchas veces, que los españoles que con estos indios han sido crueles, mueren malas muertes, y arrebatadas, tanto que se trae ya por refrán: «El que con los indios es cruel, Dios lo será con él». Y no quiero contar crueldades, aunque sé muchas, de ellas vistas y de ellas oídas; mas quiero decir algunos castigos que Dios ha dado a ciertas personas que trataban mal a sus indios.

Un español, que era cruel con los indios, yendo por un camino con indios cargados, y llegando en medio del día por un monte, iba apaleando a los indios que iban cargados, llamándolos perros, y no cesando de apalearlos: perros acá y perros acullá. A esta sazón salió un tigre y atrapó al español, y llévalo atravesado en la boca y métese en el monte y cómesele; y así el cruel animal libró a los mansos indios de aquel que cruelmente los trataba.

Otro español, que venía del Perú, de aquella tierra adonde se ha bien ganado el oro, y traía muchos tlamemes, que son indios cargados, y había de pasar un despoblado, y dijéronle: «No durmáis en tal parte, que hay leones y tigres encarnizados»; y él, pensando más en su codicia y en hacer andar a los indios demasiadamente, y que con ellos se escudaría, le fue forzoso dormir en el campo. Y comenzó a llamar perros a los indios y a mandar que todos lo cercasen, y él echado en medio. A media noche vino el león o el tigre y entra en medio de todos y saca al español y allí cerca lo comió.

Semejantemente aconteció a otro calpixque o estanciero, que llevaba ciento cincuenta indios, y él, tratándolos mal y apaleándolos, paró una noche a dormir en el campo, y llegó el tigre y sacóle de en medio de todos los indios y se lo comió; y yo estuve luego cerca del lugar adonde fue comido.

Tienen estos indios en grandísima reverencia el santísimo Nombre de Jesús contra las tentaciones del demonio; que han sido muy muchas veces las que los demonios les han puesto las manos encima queriéndolos matar, y, nombrando el Nombre de Jesús, son dejados. A muchos se les ha parecido el demonio muy espantoso y diciéndoles con mucha furia: «¿Por qué no me servís?, ¿por qué no me llamáis?, ¿por qué no me honráis como solíais?, ¿por qué me habéis dejado?, ¿por qué te has bautizado?», etcétera; y estos, llamando y diciendo: «Jesús, Jesús, Jesús», son librados y se han escapado de sus manos, y algunos han salido muy maltratados y heridos de sus manos, quedándoles bien qué contar. Y así el Nombre de Jesús es conhorte y defensa contra todas las astucias de nuestro adversario el demonio; y ha Dios magnificado su benditísimo Nombre en los corazones de estas gentes, que lo muestran con señales de fuera, porque cuando en el Evangelio se nombra a Jesús, hincan muchos indios ambas las rodillas en tierra, y lo van tomando muy por costumbre, cumpliendo con lo que dice san Pablo.

También derrama Dios la virtud de su santísimo Nombre de Jesús tanto, que aun por las partes aún no conquistadas, y adonde nunca clérigo, ni fraile, ni español ha entrado, está este santísimo Nombre pintado y reverenciado. Está en esta tierra tan multiplicado, así escrito como pintado, en las iglesias y templos, de oro y de plata y de pluma y oro; y hay de todas estas maneras en muy gran número. Y por las casas de los vecinos y por otras muchas partes lo tienen entallado de palo, con su festón; y cada domingo y fiesta lo enrosan y componen de mil maneras de rosas y flores.

Pues, concluyendo con esta segunda parte, digo: ¿quién no se espantará viendo las nuevas maravillas y misericordias que Dios hace con esta gente? ¿Y por qué no se alegrarán los hombres de la tierra, delante cuyos ojos Dios hace estas cosas, y más los que con buena intención vinieron y conquistaron tan grandes provincias como son estas, para que Dios fuese en ellas conocido y adorado? Y, aunque algunas veces tuviesen codicia de adquirir riquezas, de creer es que sería accesoria y remotamente. Pues a los hombres que Dios dotó de razón, y se vieron en tan grandes necesidades y peligros de muerte, tantos y tantas veces, ¿quién no creerá que formarían y reformarían sus conciencias e intenciones, y se ofrecerían a morir por la fe y por la ensalzar entre los infieles, y que esta fuese su singular y principal demanda?

Y estos conquistadores y todos los cristianos amigos de Dios se deben mucho alegrar de ver una cristiandad tan cumplida en tan poco tiempo, e inclinada a toda virtud y bondad; por tanto, ruego a todos los que esto leyeren que alaben y glorifiquen a Dios con lo íntimo de sus entrañas. Digan estas alabanzas que se siguen, que, según san Buenaventura, en ellas se encierran y se hallan todas las maneras de alabar a Dios que hay en la Sagrada Escritura: «Alabanzas y bendiciones, engrandecimientos y confesiones, gracias y glorificaciones, sobresalzamientos, adoraciones y satisfacciones sean a vos, Altísimo Señor Dios nuestro, por las misericordias hechas con estos indios nuevos convertidos a vuestra santa fe. Amén, amén, amén».

En esta Nueva España siempre había muy continuas y grandes guerras, los de unas provincias con los de otras, donde morían muchos, así en las peleas como en los que prendían para sacrificar a sus demonios. Ahora, por la bondad de Dios, se han convertido y vuelto en tanta paz y quietud, y están todos en tanta justicia, que un español o un mozo puede ir cargado de barras de oro trescientas y cuatrocientas leguas, por montes y sierras, y despoblados y poblados, sin más temor que iría por la rúa de Benavente. Y es verdad que, en fin de este mes de febrero del año de 1541, en un pueblo llamado Zapotitlán sucedió que un indio dejó en medio del mercado, en un sitio, más de cien cargas de mercadería, y estuvieron de noche y de día en el mercado sin faltar cosa ninguna. El día del mercado, que es de cinco en cinco días, pónese cada uno junto a su mercadería a vender; y entre estos cinco días hay otro mercado pequeño, y por esto está siempre la mercadería en el tianquizco o mercado, si no es tiempo de las aguas; aunque esta simplicidad no ha llegado a México ni a su comarca.

De cómo los indios notaron el año que vinieron los españoles, y también notaron el año que vinieron los frailes. Cuenta algunas maravillas que en la tierra acontecieron.

Mucho notaron estos naturales indios, entre las cuentas de sus años, el año que vinieron y entraron en esta tierra los españoles, como cosa muy notable, y que al principio les puso muy gran espanto y admiración, ver una gente venida por el agua (lo que ellos nunca habían visto ni oído que se pudiese hacer), de traje tan extraño del suyo, tan denodados y animosos, tan pocos, entrar por todas las provincias de esta tierra con tanta autoridad y osadía, como si todos los naturales fueran sus vasallos.

Asimismo se admiraban y espantaban de ver los caballos y lo que hacían los españoles encima de ellos; y algunos pensaron que el hombre y el caballo fuesen todo una persona, aunque esto fue al principio, en los primeros pueblos; porque después todos conocieron ser el hombre por sí y el caballo ser bestia, que esta gente mira y nota las cosas. Y, en viéndolos apear, llamaron a los caballos castillan mazatl, que quiere decir "ciervo de Castilla", porque acá no había otro animal a quien mejor los comparar.

A los españoles llamaron teteuh, que quiere decir "dioses", y los españoles, corrompiendo el vocablo, decían teules, el cual nombre les duró más de tres años, hasta que dimos a entender a los indios que no había más de un solo Dios, y que a los españoles los llamasen cristianos; de lo cual algunos españoles necios se agraviaron y quejaron, e indignados contra nosotros decían que les quitábamos su nombre, y esto muy en forma; y no miraban, los pobres de entendimiento, que ellos usurpaban el nombre que solo a Dios pertenece. Después que fueron muchos los indios bautizados, llamáronlos españoles.

Asimismo los indios notaron y señalaron, para tener cuenta, el año que vinieron los doce frailes juntos. Y aunque al principio, entre los españoles, vinieron frailes de San Francisco, o por venir de dos en dos, o por el embarazo que con las guerras tenían, no hicieron caso de ellos; y este año, digo, lo notaron y tienen por más principal que otro, porque desde allí comienzan a contar como año de la venida o advenimiento de Dios. Y así, comúnmente dicen: «El año que vino nuestro Señor; el año que vino la fe»; porque luego que los frailes llegaron a México, dentro de quince días tuvieron capítulo y se repartieron los doce frailes y otros cinco que estaban en México. Todos estos diecisiete fueron repartidos por las principales provincias de esta tierra, y luego comenzamos a aprender la lengua y a predicar con intérprete.

Había asimismo en México otros dos o tres clérigos, y no muchos españoles, porque en obra de un año salieron con Pedro de Alvarado para Cuauhtemallán un buen escuadrón de gente de a pie y razonable de caballos. Fue luego a las Higueras otro con Cristóbal de Olid, y fue luego sobre él, con otro, Francisco de las Casas; y no pasaron muchos días cuando el marqués Hernando Cortés se partió con toda la más lucida gente y la mayor parte de los caballeros que había, que me parece que podrían quedar en México hasta cincuenta caballos y doscientos españoles infantes, poco más o menos.

Y a esta sazón estaban todos los señores naturales de la tierra hechos a una y concertados para se levantar y matar a todos los cristianos; y entonces aún vivían muchos de los señores viejos, porque cuando los españoles vinieron estaban todos los señores y todas las provincias muy diferentes, y andaban todos embarazados en guerras que tenían los unos con los otros. Y a este tiempo que digo, que esta gente salió de México, yo los vi a todos tan unidos y ligados unos con otros, y tan apercibidos de guerra, que tenían por muy cierto salir con la victoria, comenzando la cosa; y así fuera de hecho, si no fuera que Dios maravillosamente los cegó y embarazó. Y también fue mucha parte lo que los frailes hicieron, así por la oración y predicación, como por el trabajo que pusieron en pacificar las disensiones y bandos de los españoles, que en esta sazón estaban muy encendidos, y tan trabados que vinieron a las armas, sin haber quien los pusiese en paz ni se metiese entre las espadas y lanzas sino los frailes; y a estos dio Dios gracia para ponerlos en paz. Estaban las pasiones tan trabadas como ahora dicen que están los españoles del Perú (Dios les envíe quien los ponga en paz, aunque dicen que ni quieren paz ni frailes). Bien pudiera alargarme en esto de los bandos de México, porque me hallé presente a todo cuanto pasé; mas paréceme que sería meterme en escribir historia de hombres.

En este mismo tiempo se descubrieron unas muy ricas minas de plata, a las cuales iban muchos de los españoles, y donde había pocos en México quedaban menos; y los que querían ir iban en mayor peligro de las vidas, pues ciegos con su codicia no lo entendían. Y por las represiones, predicaciones y consejos de los frailes, así en general como en particular, pusieron guardas y velaron la ciudad, y mandaron poner silencio a las minas y recoger a los que estaban por las estancias; y desde a pocos días lo remedió Dios, cerrando aquellas minas con una gran montaña que les echó encima, de manera que nunca jamás parecieron.

Por otra parte, con los indios, que ya conocían a los frailes y daban crédito a sus consejos, los detuvieron por muchas vías y maneras que serían largas de contar. El galardón que de esto recibieron fue decir: «Estos frailes nos destruyen y quitan que no estemos ricos, y nos quitan que se hagan los indios esclavos; estos hacen abajar los tributos y defienden a los indios, y los favorecen contra nosotros; son unos tales y unos cuales». Y no miran los españoles que, si por los frailes no fuera, ya no tuvieran de quién se servir, ni en casa ni en las estancias, que todos los hubieran ya acabado, como parece por experiencia en Santo Domingo y en las otras islas, adonde acabaron los indios.

Cuanto a lo demás, esta gente de indios naturales son tan encogidos y callados, que por esta causa no se saben los muchos y grandes milagros que Dios entre ellos hace; mas de que yo veo venir, a doquiera que hay casa de nuestro padre san Francisco, muchos enfermos de todos géneros de enfermedades, y muchos muy peligrosos, y verlos convalecidos y sanos volverse con grande alegría a sus casas y tierras. Y sé que particularmente tienen gran devoción con el hábito y cordón de san Francisco, con el cual cordón se han librado muchas mujeres preñadas de partos muy peligrosos, y esto ha sido en muchos pueblos y muchas veces; y aquí en Tlaxcala es muy común, y no ha muchos días que se ha bien experimentado. Por lo cual tiene el portero un cordón para darlo luego a los que se lo vienen a demandar, aunque yo bien creo que obra tanto la devoción que en el cordón tienen como la virtud que en él hay, aunque también creo que la virtud no es poca, como se parecerá claro por lo que aquí diré.

En un pueblo que se dice Atlacuihuaya, cerca de Chapultepec, adonde nace el agua que va a México, que está a una legua de México, se enfermó un hijo de un hombre por nombre llamado Domingo, de oficio tezozonqui, que quiere decir carpintero o cantero. Este, con su mujer e hijos, son devotos de san Francisco y de sus frailes. Cayó enfermo uno de sus hijos, de edad de siete u ocho años, el cual se llamaba Ascensio, que en esta tierra se acostumbra dar a cada uno el nombre del día en que nacen, y a los que se bautizan grandes, el del día en que se bautizan; y a este niño llamáronle Ascensio por haber nacido el día de la Ascensión.

Cuando enfermó, acudieron a nuestro monasterio invocando el nombre de san Francisco; y cuanto más crecía la enfermedad del niño, los padres con más importunación venían a demandar la ayuda y favor del santo. Y como Dios tenía ordenado lo que había de ser, permitió que el niño Ascensio muriese; el cual murió un día por la mañana, dos horas después de salido el sol. Y muerto, no por eso dejaban los padres, con muchas lágrimas, de llamar a san Francisco, en el cual tenían mucha confianza. Y ya que pasó de medio día, amortajaron al niño, y antes que le amortajasen vio mucha gente al niño estar muerto, frío y yerto, y la sepultura abierta. Y ya que lo querían llevar a la iglesia, dicen hoy en día sus padres que siempre tuvieron esperanza de que san Francisco lo había de resucitar, alcanzando de Dios la merced de la vida del niño.

Y cuando a la hora que lo querían llevar a enterrar, los padres tornaron a rogar y llamar a san Francisco, comenzó a moverse el niño, y de presto comenzaron a desatar y deshacer la mortaja, y tomó a revivir el que era muerto. Esto sería a hora de vísperas, de lo cual todos los que allí estaban, que eran muchos, quedaron muy espantados y consolados. E hiciéronlo saber a los frailes de san

Francisco, y vino el que tenía cargo de enseñarlos, que se llamaba fray Pedro de Gante; y, llegando con su compañero, vio al niño vivo y sano, y, certificado por sus padres y por todos los que presentes se hallaron, que eran dignos de fe, juntaron todo el pueblo, y delante de todos dio el padre del niño resucitado testimonio de cómo era verdad que su hijo se había muerto y resucitado. Y este milagro se publicó y divulgó por todos aquellos pueblos de alrededor, y fue causa de que muchos se edificasen más en la fe y comenzasen a creer los otros milagros y maravillas que de nuestro Redentor y de sus santos se les predicaban. Este milagro, tal como aquí lo escribo, lo recibí del dicho fray Pedro de Gante, el cual en México y su tierra fue maestro de los niños, y tuvo cargo de visitar y doctrinar aquellos pueblos más de once años.

Es tanta la devoción que en esta tierra, así los españoles como los indios naturales, tienen con san Francisco, y ha hecho Dios en su nombre tantos milagros y tantas maravillas, y tan manifiestas, que verdaderamente se puede decir que Dios le tenía guardada la conversión de estos indios, como dio a otros de sus apóstoles la de otras Indias y tierras apartadas. Y por lo que aquí digo, y por lo que he visto, barrunto, y aun creo, que una de las cosas y secretos que en el seráfico coloquio pasaron entre Jesucristo y san Francisco en el monte Averna —que mientras san Francisco vivió nunca lo dijo— fue esta riqueza que Dios aquí le tenía guardada, adonde se ha de extender y ensanchar mucho su sacra religión. Y digo que san Francisco, padre de muchas gentes, vio y supo de este día.

CAPÍTULO VII: DE LOS FRAILES QUE HAN MUERTO EN LA CONVERSIÓN DE LOS INDIOS DE LA NUEVA ESPAÑA

Perseverando y trabajando fielmente en la conversión de los indios, son ya difuntos en esta Nueva España más de treinta frailes menores, los cuales acabaron sus días llenos en la obediencia de su profesión, ejercitados en la caridad de Dios y del prójimo y en la confesión de nuestra santa fe, recibiendo los sacramentos, algunos de los cuales fueron adornados de muchas virtudes. Mas el que entre todos dio mayor ejemplo de santidad y doctrina, así en la Vieja España como en la Nueva, fue el padre de santa memoria fray Martín de Valencia, primer prelado y custodio en esta Nueva España: fue el primero que Dios envió a este Nuevo Mundo con autoridad apostólica.

Las cosas que aquí diré no querría que nadie las ponderase más de lo que las leyes divinas y humanas permiten y la razón demanda, dejando por juez a aquel que lo es de los vivos y de los muertos, en cuyo acatamiento todas las vidas de los mortales son muy claras y manifiestas, y dando la determinación a su santa Iglesia, a cuyos pies toda esta obra va sometida. Porque los hombres pueden ser engañados en sus juicios y opiniones, y Dios siempre es recto en la balanza de su juicio, y los hombres no. Por lo cual dice san Agustín que muchos tiene la Iglesia en veneración que están en el infierno, esto es, de aquellos que no están canonizados por la Iglesia romana, regida por el Espíritu Santo. Y con esta protestación comenzaré a escribir en breve, lo más que a mí fuere posible, la vida del siervo de Dios fray Martín de Valencia, aunque sé que un fraile devoto suyo la tiene más largamente escrita.

Este buen varón fue natural de la villa de Valencia, que dicen de don Juan, que está entre la ciudad de León y la villa de Benavente, en la ribera del río que se dice Esla; es en el obispado de Oviedo. De su juventud no hay relación en esta Nueva España, más del argumento de la vida que en su mediana y última edad hizo. Recibió el hábito en la villa de Mayorga, lugar del conde de Benavente, que es convento de la provincia de Santiago y de las más antiguas casas de España.

Tuvo por maestro a fray Juan de Argumanes, que después fue provincial de la provincia de Santiago; con la doctrina del cual, y con su gran estudio, fue alumbrado su entendimiento para seguir la vida de nuestro Redentor Jesucristo. De donde, como ya después de profeso entrasen a la villa de Valencia, que es muy cerca de Mayorga, viéndose distraído por estar entre sus parientes y conocidos, rogó a su compañero que saliesen presto de aquel pueblo; y desnudándose el hábito, púsole delante de los pechos y echóse el cordón a la garganta como malhechor, y quedó en carnes con solo los paños menores, y así salió en medio del día, viéndole sus deudos y amigos, por mitad del pueblo, llevándole el compañero tirándole por la cuerda.

Después que cantó misa fue siempre creciendo de virtud en virtud; porque, además de lo que yo vi en él —pues le conocí por más de veinte años—, oí decir a muchos buenos religiosos que en su tiempo no habían conocido religioso de tanta penitencia ni que con tanto tesón perseverase siempre en allegarse a la cruz de Jesucristo; tanto, que cuando iba por otros conventos o provincias a los capítulos, parecía que a todos reprendía su aspereza, humildad y pobreza. Y como fuese dado a la oración, procuró licencia de su provincial para ir a morar a unos oratorios de la misma provincia de Santiago, que están no muy lejos de Ciudad Rodrigo, que se llaman los Ángeles y El Hoyo, casas muy apartadas de conversación y muy dispuestas para contemplar y orar. Alcanzada licencia para ir a morar a Santa María del Hoyo, queriendo pues el siervo de Dios recogerse y darse a Dios en el dicho lugar, el enemigo le procuró muchas maneras de tentaciones, permitiéndolo Dios para mayor aprovechamiento de su alma.

Comenzó a tener en su espíritu muy gran sequedad y dureza, y tibieza en la oración; aborrecía el yermo; los árboles le parecían demonios; no podía ver a los frailes con amor y caridad; no tomaba gusto en cosa espiritual alguna; cuando se ponía a orar, hacíalo con gran pesadumbre; vivía muy atormentado. Vínole una terrible tentación de blasfemia contra la fe, sin poderla lanzar de sí; parecíale que cuando celebraba y decía misa no consagraba, y como quien se hace grandísima fuerza, y a regañadientes, comulgaba. Tanto le fatigaba esta imaginación, que no quería ya celebrar ni podía comer. Con estas tentaciones se había puesto tan flaco, que no parecía sino tener los huesos y el cuero, y parecíale a él que estaba muy esforzado y bueno.

Esta sutil tentación le traía Satanás para derrocarle, de tal manera que cuando ya le sintiese del todo sin fuerzas naturales le dejase, y así desfalleciese y no pudiese tornar en sí, y se saliese de juicio. Y para esto también le desvelaba, que es mucha ocasión para enloquecer. Pero, como nuestro Señor nunca desampara a los suyos ni quiere que caigan, ni da a nadie más de aquella tentación que puede sufrir, le dejó llegar hasta donde pudo sufrir la tentación sin detrimento de su alma, y convirtiola en su provecho, permitiendo que una pobrecilla mujer le despertase y diese medicina para su tentación; que no es pequeña materia para considerar la grandeza de Dios, que no escoge a los sabios sino a los simples y humildes por instrumentos de sus misericordias. Y así lo hizo con esta simple mujer que digo.

Porque, como el varón de Dios fuese a pedir pan a un lugar que se dice Robleda, que son cuatro leguas de El Hoyo, la hermana de los frailes del dicho lugar, viéndole tan flaco y debilitado, díjole:

—¡Ay, padre! ¿Y vos qué tenéis? ¿Cómo andáis, que parece que queréis expirar de flaco? ¿Y cómo no miráis por vos, que parece que os queréis morir?

Así entraron en el corazón del siervo de Dios estas palabras, como si se las dijera un ángel; y, como quien despierta de un pesado sueño, así comenzó a abrir los ojos de su entendimiento y a pensar cómo no comía casi nada, y dijo entre sí: «Verdaderamente esta es tentación de Satanás». Y encomendándose a Dios que le alumbrase y sacase de la ceguera en que el demonio lo tenía, dio la vuelta a su vida. Viéndose Satanás descubierto, apartóse de él y cesó la tentación. Luego el varón de Dios comenzó a sentir gran flaqueza y desmayo, tanto, que apenas se podía tener en los pies; y de ahí adelante comenzó a comer, y quedó avisado para sentir los lazos y astucias del demonio.

Después que fue librado de aquellas tentaciones, quedó con gran serenidad y paz en su espíritu; gozábase en el yermo, y los árboles, que antes aborrecía, con las aves que en ellos cantaban, parecíanle un paraíso. Y de allí le quedó que, doquiera que estaba, luego plantaba una arboleda, y cuando era prelado a todos rogaba que plantasen árboles, no solo frutales, sino también monteses, para que los frailes se fuesen allí a orar.

Asimismo le consoló Dios en la celebración de las misas, las cuales decía con mucha devoción y preparación, que después de maitines o no dormía nada, o muy poco, por mejor se disponer; y casi siempre decía misa muy de mañana, y con muchas lágrimas muy cordiales, que regaban y adornaban su rostro como perlas. Celebraba casi todos los días, y comúnmente se confesaba cada tercer día.

Otrosí: de allí adelante tuvo gran amor a los otros frailes; y cuando alguno venía de fuera, recibíalo con tanta alegría y con tanto amor, que parecía que le quería meter en las entrañas; y gozábase de los bienes y virtudes ajenas como si fueran suyas propias. Y así, perseverando en esta caridad, trájole Dios a un amor entrañable del prójimo, tanto que, por el amor general de las almas, vino a desear padecer martirio y pasar entre los infieles a convertirlos y predicarles. Este deseo y santo celo alcanzó el siervo de Dios con mucho trabajo y ejercicios de penitencia, ayunos, disciplinas, vigilias y muy continuas oraciones.

Pues, perseverando el varón de Dios en sus santos deseos, quiso el Señor visitarle y consolarle de esta manera: estando él una noche en maitines, en tiempo de Adviento, que en el coro se rezaba la cuarta matinada, luego que se comenzaron los maitines comenzó a sentir nueva manera de devoción y mucha consolación en su alma; y vínole a la memoria la conversión de los infieles. Y, meditando en esto, en los salmos que iba diciendo en muchas partes hallaba entendimientos devotos a este propósito, en especial en aquel salmo que comienza Eripe me de inimicis meis; y decía el siervo de Dios entre sí: «¡Oh! ¿Y cuándo será esto? ¿Cuándo se cumplirá esta profecía? ¿No sería yo digno de ver esta conversión, pues ya estamos en la tarde y fin de nuestros días, y en la última edad del mundo?».

Pues, ocupado el varón de Dios todos los salmos en estos piadosos deseos, y lleno de caridad y amor del prójimo, por divina dispensación, aunque no era hebdomadario ni cantor del coro, le encomendaron que dijese las lecciones; y se levantó y las comenzó a decir, y las mismas lecciones, que eran del profeta Isaías y hacían a su propósito, levantábanle más y más su espíritu, tanto que, estándolas leyendo en el púlpito, vio en espíritu muy gran muchedumbre de almas de infieles que se convertían y venían a la fe y al bautismo.

Fue tanto el gozo y alegría que su alma sintió interiormente, que no se pudo sufrir ni contener sin salir fuera de sí; y, alabando a Dios y bendiciéndole, dijo en alta voz tres veces: «Loado sea Jesucristo, loado sea Jesucristo, loado sea Jesucristo»; y esto dijo con voz muy alta, porque no fue en su mano dejar de hacerlo así. Los frailes, viéndole que parecía estar fuera de sí, no sabiendo el misterio, pensaron que se tornaba loco, y tomándole le llevaron a una celda, y enclavando la ventana y cerrando la puerta por de fuera, tornaron a acabar los maitines.

Estuvo el varón de Dios así atónito en la cárcel hasta que fue buen rato del día, que tornó en sí; y, como se halló encerrado y a oscuras, quiso abrir la ventana, porque no había sentido que la habían enclavado, y como no la pudo abrir, dice que se sonrió, de que conoció el temor que los frailes habían tenido, de que, como loco, no se echase por la ventana. Y desde que se vio así encerrado, tornó a pensar y contemplar la visión que había visto y a rogar a Dios que se la dejase ver con los ojos corporales; y desde entonces creció en él más el deseo que tenía de ir entre los infieles, y predicarles y convertirlos a la fe de Jesucristo.

Esta visión quiso Nuestro Señor mostrar a su siervo cumplida en esta Nueva España, adonde, cuando el primer año que a esta tierra vino visitó siete u ocho pueblos cerca de México, y como se juntasen muchos a la doctrina y viniesen muchos a la fe y al bautismo, viendo el siervo de Dios tanta muestra de cristiandad en aquellos, y creyendo (como de hecho fue así) que había de ir creciendo, dijo a su compañero:

—Ahora veo cumplido lo que el Señor me mostró en espíritu.

Y le declaró la visión que en España había visto, en el monasterio de Santa María del Hoyo, en Extremadura.

Antes de esto, no sabiendo él cuándo ni cómo se había de cumplir lo que Dios le había mostrado, comenzó a desear pasar a tierra de infieles y a demandarlo a Dios con muchas oraciones; y comenzó a mortificar la carne y a sujetarla con muchos ayunos y disciplinas. Que, además de las veces que la comunidad se disciplinaba, se disciplinaba él dos veces, para que, así ejercitado mediante la gracia del Señor, se aparejase a recibir martirio. Y como la regla de los frailes menores diga: «Si algún fraile, por divina inspiración, fuere movido a desear ir entre los moros y otros infieles, pida licencia a su provincial para efectuar su deseo», este siervo de Dios demandó esta licencia por tres veces.

Y una de estas veces había de pasar un río, el cual llevaba mucha agua e iba recio, tanto que tuvo que hacer en pasarse a sí solo; y fue menester que soltase unos libros que llevaba, entre los cuales iba una Biblia, y el río se los llevó un buen trecho. Y él, encomendando al Señor sus libros y rogándole que se los guardase, y suplicando a Nuestra Señora que no perdiese sus libros, en los cuales tenía cosas notadas para su espiritual consolación, fue a tomarlos buen rato río abajo, sin haber padecido detrimento ninguno del agua.

En todas estas tres veces no le fue concedida por su provincial la licencia que demandaba; mas él nunca dejó de suplicarlo a Dios con muy continuas oraciones. Y asimismo, para alcanzar y merecer esto, ponía por intercesora a la Madre de Dios, a la cual tenía singular devoción; y así celebraba sus fiestas, festividades y octavas con toda la solemnidad que podía y con tan grande alegría, que bien parecía salirle de lo íntimo de sus entrañas.

En este tiempo estaba en la custodia de la Piedad el padre de santa memoria fray Juan de Guadalupe, el cual, con otros compañeros, vivían en suma pobreza. Pues allí trabajó fray Martín de Valencia por pasarse a su compañía, para lo cual alcanzar no le faltaron hartos trabajos. Y habida la licencia con harta dificultad, moró con él algún tiempo. Pero, como aun aquella provincia —que entonces era custodia— tuviese muchas contradicciones y contradictores, así de otras provincias, porque quizá les parecía que su extremada pobreza y vida muy áspera era intolerable, o porque muchos buenos frailes procuraban pasarse a la compañía del dicho fray Juan de Guadalupe, el cual tenía facultad del Papa para los recibir, procuraron contra ellos favores de los Reyes Católicos y del rey de Portugal para echarlos de sus reinos.

Y creció tanto esta persecución, que vino tiempo en que, tomadas las casas y monasterios, y algunas de ellas derribadas por tierra, y ellos perseguidos de todas partes, se fueron a meter en una isla que se hace entre dos ríos, que ni bien es en Castilla ni bien en Portugal. Los ríos se llaman Tajo y Guadiana, adonde, pasando harto trabajo, estuvieron algunos días, hasta que, pasada esta persecución y favoreciendo Dios a los que celaban y querían guardar perfectamente su estado, tornaron a reedificar sus monasterios y añadir otros, de los cuales se hizo la provincia de la Piedad en Portugal, y quedaron otras cuatro casas en Castilla.

En este tiempo los frailes de la provincia de Santiago rogaron a fray Martín de Valencia que se tornase a su provincia, y que le darían una casa cual él quisiese, en la cual pusiese toda la perfección y estrechura que él quisiese. Y él, aceptándolo, edificó una casa junto a Belvís, adonde hizo un monasterio que se llama Santa María del

Berrocal, donde moró algunos años, dando tan buen ejemplo y doctrina, así en aquella villa de Belvís como en toda aquella comarca, que le tenían por un apóstol, y todos le amaban y obedecían como a padre.

MORANDO en la casa, como siempre tuviese en su memoria la visión que había visto y en su alma tuviese confianza de verla cumplida, en aquel tiempo crecía la fama de la sierva de Dios, la beata del Barco de Ávila, a quien Dios comunicaba muchos secretos. Determinó el siervo de Dios ir a visitarla para tomar su parecer y consejo sobre el cumplimiento de su deseo, que era ir entre infieles. Ella, oída su embajada y encomendándolo a Dios, le respondió que no era la voluntad de Dios que por entonces procurase la ida, porque, llegada la hora, Dios lo llamaría, y que de ello estuviese cierto.

Pasado algún tiempo, hízose la custodia de San Gabriel de aquellas cuatro casas que dije que tenían los compañeros de fray Juan de Guadalupe, y de otras siete que dio la provincia de Santiago, una de las cuales era la de Belvís, que el mismo fray Martín había edificado. Todas ellas caían debajo de los términos de la provincia de Santiago. Y, juntos los frailes de todas once casas el año del Señor de 1516, vigilia de la Concepción de Nuestra Señora, fue elegido por primer custodio fray Miguel de Córdoba, varón de alta contemplación.

En este mismo capítulo rogó el conde de Feria que enviasen al siervo de Dios fray Martín de Valencia a San Onofre de la Lapa, que es un monasterio de los siete, y está a dos leguas de Zafra, en tierra del conde. Fue procurado por la fama de su santidad para consolación del conde; y llevole Dios para que pusiese paz y concordia entre las dos casas que muy poco antes se habían juntado, a saber, la casa de Priego y la de Feria. Y aunque el marqués y la marquesa eran buenos casados y muy católicos cristianos, los caballeros y criados de aquellas casas estaban muy discordes.

Entonces el marqués envió por el padre fray Martín, y estuvo con él en Montilla una cuaresma, predicando y confesando; y también confesé al marqués. Y puso tanta concordia y paz entre las dos casas, que más les pareció a todos ángel del Señor que no persona terrenal, y así todos atribuían a sus oraciones aquella concordia de las dos casas.

También hizo mucho fruto en los vecinos de aquel pueblo, y fueron muy edificados y consolados por el grande ejemplo que en aquella cuaresma les dio. Y lo mismo era en todas las partes donde moraba: así dentro de casa, con los frailes, como fuera, con la tierra y comarca; porque todos le tenían por espejo de doctrina y santidad.

Después, en el año de 1518, vigilia de la Asunción de Nuestra Señora, fue aquella custodia de San Gabriel hecha provincia, y elegido por primer provincial el padre fray Martín de Valencia, el cual la gobernó con mucho ejemplo de humildad y penitencia, predicando y amonestando a sus frailes, más por ejemplos que por palabras. Y aunque siempre iba aumentando en su penitencia, en aquel tiempo se esforzó más, pues siempre traía cilicio y muchos días ayunaba, además de los ayunos de la Iglesia y de la regla; y llevaba ceniza para echarla en la comida, y a las veces en el caldo; y en lo que comía, si estaba sabroso, le echaba un golpe de agua encima por salsa, acordándose de la hiel y vinagre que dieron a Jesucristo.

Venían muchos frailes y buenos religiosos a la provincia por su buena fama, y el siervo de Dios recibíalos con entrañas de amor. Muchas veces, cuando quería tener capítulo a los frailes y oír las culpas de los otros, primero se acusaba él a sí mismo delante de todos, no tanto por lo que a él tocaba cuanto por dar ejemplo de humildad, porque él se reputaba por indigno de que otro le dijese sus culpas; y luego, allí delante de todos, se disciplinaba, y levantándose besaba los pies a sus frailes. Con tal ejemplo no había súbdito que no se humillase hasta la tierra.

Acabado esto, comenzaba su oficio de prelado, y asentado en su lugar con autoridad pastoral, todos los súbditos decían sus culpas, según es costumbre en las religiones, y el siervo de Dios reprendía caritativamente. Y después hablaba cordialmente, ya de la virtud de la pobreza, ya de la obediencia y humildad, ya de la oración; y de esta, como él siempre la tenía de ejercicio, hablaba más largo y más comúnmente.

Habiendo regido la provincia de San Gabriel y estando siempre con su continuo deseo de pasar a los infieles, cuando más descuidado estaba le llamó Dios de esta manera.

Siendo ministro general el reverendísimo fray Francisco de los Ángeles, que después fue cardenal de Santa Cruz, y viniendo visitando, llegó a la provincia de San Gabriel e hizo capítulo en el monasterio de Belvís, en el año de 1523, día de san Francisco, en el tiempo que había dos años que esta tierra se había ganado por Hernando Cortés y sus compañeros. Pues, estando en este capítulo, el general llamó a fray Martín de Valencia e hízole un muy buen razonamiento, diciéndole cómo esta tierra de la Nueva España era nuevamente descubierta y conquistada, adonde, según las nuevas de la muchedumbre de las gentes y de su calidad, creía y esperaba que se haría muy gran fruto espiritual, habiendo tales obreros como él; y que él estaba determinado de pasar en persona al tiempo que le eligieron por general, cargo que le embarazó la pasada que tanto deseaba. Por tanto, que le rogaba que él pasase con doce compañeros, porque si lo hiciese tenía gran confianza en la bondad divina de que sería grande el fruto y convertimiento de gentes que de su venida se esperaba.

El varón de Dios, que tanto tiempo había que estaba esperando que Dios había de cumplir sus deseos, bien puede cada uno pensar qué gozo y alegría recibiría su alma con tal nueva, por él tan deseada, y cuántas gracias debió dar a Nuestro Señor. Aceptó luego la venida como hijo de obediencia y acordóse bien entonces de lo que la beata del Barco de Ávila le había dicho.

Pues luego, lo más brevemente que le fue posible, escogió los doce compañeros y, tomada la bendición de su mayor y ministro general, partieron del puerto de Sanlúcar de Barrameda el día de la Conversión de san Pablo, que aquel año fue en martes. Vinieron a la Gomera a 4 de febrero, y allí dijeron misa en Santa María del Paso y recibieron el Cuerpo de nuestro Redentor muy devotamente, y luego se tornaron a embarcar.

Llegaron a la isla de San Juan y desembarcaron en Puerto Rico en veintisiete días de navegación, que fue tercero día de marzo, que en aquel año partió la cuaresma por medio. Estuvieron allí, en la isla de San Juan, diez días; partiéronse Dominica in Passione, y el miércoles siguiente entraron en Santo Domingo. En la isla Española estuvieron seis semanas, y después embarcáronse y vinieron a la isla de Cuba, adonde desembarcaron postrero día de abril. En la Trinidad estuvieron solo tres días.

Tornados a embarcar, vinieron a San Juan de Ulúa a 12 de mayo, que aquel año fue vigilia de Pentecostés; y en Medellín estuvieron diez días. Y de allí, dadas a Nuestro Señor muchas gracias por el buen viaje que les había dado, vinieron a México, y luego se repartieron por las provincias más principales.

En todo este viaje el padre fray Martín padeció mucho trabajo, porque, como era persona de edad y andaba a pie y descalzo, y el Señor, que muchas veces le visitaba con enfermedades, fatigábase mucho; y por dar ejemplo, como buen caudillo, siempre iba delante, y no quería tomar para su necesidad más que sus compañeros, ni aun tanto, por no dar materia de relajación adonde venía a plantar de nuevo; y así trabajó mucho. Porque, además de su disciplina y abstinencia ordinaria, que era mucha, y del mucho tiempo que se ocupaba en oración, trabajó mucho en aprender la lengua; pero como era ya de edad, de cincuenta años, y también por no dejar lo que Dios le había comunicado, no pudo salir con la lengua, aunque tres o cuatro veces trabajó de entrar en ella.

Quedó con algunos vocablos comunes para enseñar a leer a los niños, que trabajó mucho en esto; y porque no podía predicar en la lengua de los indios, holgábase mucho cuando otros predicaban, y poníase junto a ellos a orar mentalmente y a rogar a Dios que enviase su gracia al predicador y a los que le oían.

Asimismo, en la vejez aumentó la penitencia a ejemplo del santo abad Hilarión, que ordinariamente ayunaba cuatro días en la semana con pan y legumbres; y en su tiempo muchos de sus súbditos, viendo que él, con ser tan viejo, les daba tal ejemplo, lo imitaron. Añadió también hincarse de rodillas muchas veces en el día, y estar cada vez un cuarto de hora, en lo cual parecía recibir mucho trabajo, porque al cabo del ejercicio quedaba acezando y muy cansado. En esto pareció imitar a los gloriosos apóstoles Santiago el Menor y san Bartolomé, de entrambos los cuales se lee haber tenido este ejercicio.

Desde Dominica in Passione hasta la Pascua de Resurrección se daba tanto a contemplar en la Pasión del Hijo de Dios, más que en otro tiempo, que muy claramente se le parecía en lo exterior. Y una vez, en este tiempo que digo, viéndole un fraile, buen religioso, muy flaco y debilitado, le preguntó y dijo:

—Padre, ¿estáis mal dispuesto? Por cierto, os veo muy flaco y debilitado. Si no es enfermedad, dígame Vuestra Reverencia la causa de su flaqueza.

Respondió:

—Creedme, hermano, pues me compeléis a que os diga la verdad, que desde la Dominica in Passione, que el vulgo llama Domingo de Lázaro, hasta la Pascua, en estas dos semanas siente tanto mi espíritu, que no lo puedo sufrir sin que exteriormente el cuerpo lo sienta y lo muestre, como veis.

En la Pascua tornaba a tomar fuerzas de nuevo. Estas cosas no las decía el varón de Dios a todos, sino a aquellos religiosos que eran más sus familiares, y a quienes él sentía que convenía y cabía bien decirlas; porque era muy enemigo de manifestar a nadie sus secretos. Y que esto sea verdad, se verá por lo que ahora contaré.

Estando el siervo de Dios en España, en el monasterio de Belvís, predicando la Pasión, llegando al paso de cuando Nuestro Señor fue puesto y enclavado en la cruz, fue tanto el sentimiento que tuvo, que, saliendo de sí, fue arrebatado, y se quedó yerto como un palo, hasta que lo quitaron del púlpito. Otras dos veces le aconteció lo mismo, aunque la una —que fue morando en el monasterio de la Lapa— tornó en sí más pronto, y quiso acabar de predicar la Pasión, aunque ya la gente se había ido del monasterio.

Por mucho que huía del mundo y de los frailes, para mejor vacar a sólo Dios, a tiempos no le valía esconderse; porque, como colgaban de él tantos negocios, así de su oficio como de casos de conciencia que iban a comunicar con él, no le dejaban. Y muchas veces los que le iban a buscar, hablándole, le veían tan fuera de sí, que les respondía como quien despierta de algún pesado sueño. Otras veces, aunque hablaba y comunicaba con los frailes, parecía que no oía ni veía, porque tenía el sentido ocupado con Dios.

Era tan enemigo de su cuerpo, que apenas le dejaba tomar lo necesario, así del sueño como de comer. En las enfermedades, con ser ya viejo, no quería más cama que un colchón o una tabla, ni beber un poco de vino, ni quería tomar otras medicinas. Aunque estuvo muchas veces enfermo, jamás le vimos curarse con médico, ni curaba de otras medicinas sino de la que daba salud a su alma.

Vivió el siervo de Dios fray Martín de Valencia en esta Nueva España diez años, y cuando a ella vino tenía cincuenta, que son por todos sesenta. De los diez que digo, seis fue provincial y cuatro fue guardián en Tlaxcala; y él edificó aquel monasterio y le llamó «La Madre de Dios». Y mientras en esta casa moré, enseñaba a los niños desde el A B C hasta leer por latín, y poníalos a tiempos en oración, y después de maitines cantaba con ellos himnos; y también les enseñaba a rezar en cruz, en pie, levantados y abiertos los brazos, siete Pater noster y siete Ave María, lo cual él acostumbró siempre hacer.

Enseñaba a todos los Indios, chicos y grandes, así por ejemplo como por palabra, y por esta causa siempre tenía intérprete. Y es de notar que los tres intérpretes que tuvo todos vinieron a ser frailes, y salieron muy buenos religiosos.

El año postrero, que dejó de tener oficio por su voluntad, escogió ser morador en un pueblo que se dice Tlalmanalco, que está a ocho leguas de México, y cerca de este monasterio está otro que se visita desde él, en un pueblo que se dice Amaquemecán, que es casa muy quieta y aparejada para orar; porque está en la ladera de una terracilla, y es un eremitorio devoto. Y junto a esta casa está una cueva devota y muy al propósito del siervo de Dios para a tiempos darse allí a la oración; y a veces salíase fuera de la cueva a una arboleda, y entre aquellos árboles había uno muy grande, debajo del cual se iba a orar por la mañana. Y certifícanme que, luego que allí se ponía a rezar, el árbol se henchía de aves, las cuales, con su canto, hacían dulce armonía, con lo cual sentía él mucha consolación y alababa y bendecía al Señor; y, como él se partía de allí, las aves también se iban. Y que, después de la muerte del siervo de Dios, nunca más se ayuntaron las aves de aquella manera.

Lo uno y lo otro fue notado de muchos que allí tenían alguna conversación con el siervo de Dios, así en verlas ayuntar e irse para él, como en no parecer más después de su muerte. He sido informado por un religioso de buena vida que en aquel eremitorio de Amaquemecán se aparecieron al varón de Dios san Francisco y san Antonio, y, dejándole muy consolado, se partieron de su presencia.

Pues estando muy consolado en esta manera de vida, llegósele la muerte debida, que todos debemos. Y estando bueno, el día de san Gabriel dijo a su compañero:

—Ya se acaba.

El compañero respondió:

—¿Qué, padre?

Y él, callando, de ahí a un rato dijo:

—La cabeza me duele.

Y desde entonces fue en crecimiento su enfermedad. Fue con su compañero al convento de San Luis de Tlalmanalco, y, como su enfermedad creciese, habiendo recibido los sacramentos, por mandato y obediencia de su guardián le llevaban a curar a México, aunque muy contra su voluntad; y, poniéndole en una silla, le llevaron hasta el embarcadero, que son dos leguas de Tlalmanalco, para desde allí embarcarle y llevarle por agua hasta México. Iban con él tres frailes, y, en llegando allí, sintió serle cercana la muerte; y, encomendando su alma a Dios que la crió, espiró allí, en aquel campo o ribera.

Él mismo había dicho muchos años antes que no había de morir en casa ni en cama, sino en el campo; y así pareció cumplirse. Estuvo enfermo no más de cuatro días. Falleció víspera del Domingo de Lázaro, sábado, día de san Benito, que es a 21 de marzo, año del Señor de 1534. Volvieron su cuerpo a enterrar al monasterio de San Luis de Tlalmanalco.

Sabida la muerte de este buen varón por el provincial o custodio, que estaba a ocho leguas de allí, vino luego, y, habiendo cuatro días que estaba enterrado, mandó desenterrarlo y púsole en un ataúd, y dijo misa de san Gabriel por él, porque sabía que le era devoto. A la cual misa dijo una persona de crédito (según la manera y el tiempo en que lo dijo), que vio delante de su misma sepultura al siervo de Dios fray Martín de Valencia levantado en pie, con su hábito y cuerda, las manos compuestas, metidas en las mangas, y los ojos bajos; y que de esta manera le vio desde que se comenzó la Gloria hasta que hubo consumido.

No es maravilla que este buen varón haya tenido necesidad de algunos sufragios, porque varones de gran santidad leemos haberlos tenido y haber sido detenidos en purgatorio, y por eso no dejan de hacer milagros. Hánme dicho que resucitó un muerto que a él se encomendó, y que sanó una mujer enferma que con devoción le llamó; y que un fraile que era afligido de una recia tentación fue por él librado; y otras muchas cosas, las cuales, porque de ellas no tengo bastante certidumbre, ni las creo ni las dejo de creer, más de que, como a amigo de Dios —y que piadosamente creo que Dios le tiene en su gloria—, le llamo e invoco su ayuda e intercesión.

Los nombres de los frailes que de España vinieron con este santo varón son: fray Francisco de Soto, fray Martín de la Coruña, fray Antonio de Ciudad Rodrigo, fray García de Cisneros, fray Juan de Ribas, fray Francisco Jiménez, fray Juan Juárez, fray Luis de Fuensalida, fray Toribio Motolinía; estos diez, sacerdotes; y dos legos: fray Juan de Palos, fray Andrés de Córdoba. Los sacerdotes todos tomaron el hábito en la provincia de Santiago.

Otros vinieron después, que han trabajado y trabajan mucho en esta santa obra de la conversión de los Indios, cuyos nombres creo yo que tiene Dios escritos en el libro de la vida mejor que no otros que también han venido de España, que, aunque parecen buenos religiosos, no han perseverado. Y los que solamente se dan a predicar a los Españoles, ya que algún tiempo se hallan consolados mientras sus predicaciones son regadas con el agua del loor humano, en faltando este cebo se hallan más secos que un palo, hasta que se vuelven a Castilla. Y pienso que esto les viene por juicio de Dios, porque los que acá pasan no quiere que se contenten con solo predicar a los Españoles —que para esto más aparejo tenían en España—, sino que quiere también que aprovechen a los Indios, como a más necesitados y para quienes fueron enviados y llamados.

Y es verdad que Dios ha castigado por muchas vías a los que aborrecen o desfavorecen a esta gente. Hasta los frailes que de estos Indios sienten flacamente, o les tienen manera de aborrecimiento, los trae Dios desconsolados, y están en esta tierra como en tormentos, hasta que la tierra los lanza y echa de sí como a cuerpos muertos y sin provecho. Y a esta causa algunos de ellos han dicho en España cosas ajenas de la verdad, quizá pensando que era así, porque acá los tuvo Dios ciegos.

Y también permite Dios que a los tales los Indios los tengan en poco, no recibiéndolos en sus pueblos, y a veces van a otras partes a buscar los sacramentos, porque sienten que no les tienen el amor que sería razón. Y ha acontecido que, viniendo los tales frailes a los pueblos, huyan de ellos los Indios; en especial en un pueblo que se llama Yeticlatlán, que, yendo por allí un fraile de cierta orden que no les ha sido muy favorable en obra ni en palabra, y queriendo bautizar a los niños de aquel pueblo, el Español a quien estaban encomendados puso mucha diligencia en juntar a los niños y a toda la otra gente, porque había mucho tiempo que no habían ido por allí frailes a visitar, y deseaban la venida de algún sacerdote. Y como por la mañana fuese el fraile con el Español de los aposentos a la iglesia, adonde la gente estaba juntada, y los Indios mirasen no sé de qué ojo al fraile, en un instante se alborotan todos y dan a huir cada uno por su parte, diciendo:

—Amo, Amo.

Que quiere decir: «No, no: que no queremos que éste nos bautice a nosotros ni a nuestros hijos». Y ni bastó el Español ni los frailes a poderlos hacer juntar, hasta que después fueron los que ellos querían. De lo cual no quedó poco maravillado el Español que los tenía a cargo, y así lo contaba como cosa de admiración.

Y aunque este ejemplo haya sido particular, yo lo digo por todos en general, por los frailes de todas las órdenes que acá pasan; y digo: que los que de ellos acá no trabajan fielmente, y los que se vuelven a Castilla, les demandará Dios estrechísima cuenta de cómo emplearon el talento que se les encomendó. ¿Pues qué diré de los Españoles seglares que con éstos han sido y son tiranos y crueles, que no miran más que a sus intereses y a una codicia que los ciega, deseando tenerlos por esclavos y hacerse ricos con sus sudores y trabajo?

Muchas veces oí decir que los Españoles crueles contra los Indios morían a manos de los mismos Indios, o morían muertes muy desastradas; y de éstos oí nombrar muchos. Y, después que yo estoy en esta tierra, lo he visto muchas veces por experiencia, y notado en personas que yo conocía y había reprendido el tratamiento que les hacían.

CAPÍTULO VIII: DEL MUCHO TRABAJO EN QUE SE VIERON HASTA QUITAR A LOS INDIOS LAS MUCHAS MUJERES QUE TENÍAN

Según el consejo del Sabio, no deben ser los hombres loados en esta caduca vida de absoluta alabanza, porque aún navegan en este grande y peligroso mar, y no saben si hallarán día para tomar el puerto seguro. A aquel se debe con razón alabar, que Dios tiene guiado de manera que está ya puesto en salvamento y llegado al puerto de salvación, porque al fin se canta la gloria.

Y este es mi intento: no alabar a ningún vivo en particular, sino decir loores de la buena vida y ejemplo que los frailes menores en esta tierra han tenido; los cuales, obedeciendo a Dios, salieron de su tierra dejando a sus parientes y a sus padres, dejando las casas y monasterios en que moraban, que todos están apartados de los pueblos y muchos en las montañas, ocupados en la oración y contemplación, con grande abstinencia y mayor penitencia. Y muchos de ellos vinieron con deseos de martirio y lo procuraron mucho tiempo antes, y habían demandado licencia para ir entre infieles, aunque hasta ahora Dios no ha querido que padezcan martirio de sangre.

Mas trájolos a esta tierra de Canaán para que le edificasen nuevo altar entre esta gentilidad e infieles, y para que multiplicasen y ensanchasen su santo Nombre y fe, como parece en muchos capítulos de este libro, de los pueblos y provincias que convirtieron y bautizaron en el principio de la conversión, cuando la multitud venía al bautismo; que eran tantos los que se venían a bautizar, que a los sacerdotes bautizantes muchas veces les acontecía no poder levantar el jarro con que bautizaban, por tener el brazo cansado. Y aunque mudaban el jarro, se les cansaban ambos brazos, y de traer el jarro en las manos se les hacían callos y aun llagas.

A un fraile aconteció que, como hubiese poco que se había rapado la corona y la barba, bautizando en un gran patio a muchos Indios —que aún entonces no había iglesias, y el sol ardía tanto—, le quemó toda la cabeza y la cara, de tal manera que mudó los cueros de la cabeza y del rostro.

En aquel tiempo acontecía a un solo sacerdote bautizar en un día cuatro, cinco y seis mil; y en Xochimilco bautizaron, en un día, dos sacerdotes más de quince mil: el uno ayudó a tiempos y a tiempos descansó; éste bautizó poco más de cinco mil, y el otro, que más tuvo la tela, bautizó más de diez mil, por cuenta.

Y porque eran muchos los que buscaban el bautismo, visitaban y bautizaban en un día tres y cuatro pueblos, y hacían el oficio muchas veces al día. Y salían los Indios a recibirlos y a buscarlos por los caminos, y dábales muchas rosas y flores, y algunas veces les daban cacao, que es una bebida que en esta tierra se usa mucho, en especial en tiempo de calor.

Este acatamiento y recibimiento que hacen a los frailes vino de mandarlo el señor marqués del Valle don Hernando Cortés a los Indios; porque desde el principio les mandó que tuviesen mucha reverencia y acatamiento a los sacerdotes, como ellos solían tener a los ministros de sus ídolos.

Y también hacían entonces recibimientos a los españoles, lo cual ya todos no lo han querido consentir, y han mandado a los indios que no lo hagan, y aun con todo esto en algunas partes no basta.

Después que los frailes vinieron a esta tierra, dentro de medio año comenzaron a predicar, a las veces por intérprete y otras por escrito; pero después que comenzaron a hablar la lengua predican muy a menudo los domingos y fiestas, y muchas veces entre semana, y en un día iban y andaban muchas parroquias y pueblos. Día hay que predican dos y tres veces, y, acabado de predicar, siempre hay algunos que bautizar.

Buscaron mil modos y maneras para traer a los indios al conocimiento de un solo Dios verdadero; y para apartarlos del error de los ídolos diéronles muchas maneras de doctrina. Al principio, para darles gusto, enseñáronles el Per signum Crucis, el Pater noster, Ave María, Credo, Salve, todo cantado de un tono muy llano y gracioso. Sacáronles, en su propia lengua de Anáhuac, los mandamientos en metro y los artículos de la fe, y los sacramentos también cantados; y aún hoy día los cantan en muchas partes de la Nueva España.

Asimismo les han predicado en muchas lenguas y sacado doctrinas y sermones. En algunos monasterios se juntan dos y tres lenguas diversas; y hay fraile que predica en tres lenguas todas diferentes, y así van discurriendo y enseñando por muchas partes, adonde nunca fue oída ni recibida la palabra de Dios.

No tuvieron tampoco poco trabajo en quitar y desarraigar a estos naturales la multitud de las mujeres, lo cual era cosa de mucha dificultad, porque se les hacía muy dura cosa dejar la antigua costumbre carnal, y cosa que tanto abraza la sensualidad; para lo cual no bastaban fuerzas ni industrias humanas, sino que el Padre de las misericordias les diese su divina gracia. Porque, no mirando a la honra y parentesco que mediante las mujeres con muchos contraían, y gran favor que alcanzaban, tenían con ellas mucha granjería, y quien les tejía y hacía mucha ropa; y eran muy servidos, porque las mujeres principales llevaban consigo otras criadas.

Después de venidos al matrimonio tuvieron muy grandes trabajos y muchos escrúpulos hasta darles la verdadera y legítima mujer.

Por los muy arduos y muy nuevos casos y en gran manera intrincados contraimientos que en estas partes se hallan, habían éstos contraído con las hijas de los hombres o del demonio, de donde procedieron gigantes, que son los enormes y grandes pecados; y no se contentaban con una mujer, porque un pecado llama y trae otro pecado, de que se hace la cadena de muchos eslabones de pecados con que el demonio los trae encadenados. Mas ahora ya todos reciben el matrimonio y ley de Dios, aunque en algunas provincias aún no han dejado todas las mancebas y concubinas.

El continuo y mayor trabajo que con estos indios se pasó fue en las confesiones, porque son tan continuas que todo el año es una cuaresma, a cualquier hora del día y en cualquier lugar, así en las iglesias como en los caminos; y sobre todo son continuos los enfermos. Las cuales confesiones son de muy gran trabajo, porque, como los agravia la enfermedad, y muchos de ellos nunca se confesaron, la caridad demanda ayudarlos y disponerlos como quien está in articulo mortis, para que vayan en vía de salvación.

Muchos de éstos son sordos, otros llagados, que cierto los confesores en esta tierra no han de ser delicados ni asquerosos para sufrir esta carga; y muchos días son tantos los enfermos, que los confesores están como un Josué, rogando a Dios que detenga el sol y alargue el día para que se acaben de confesar los enfermos. Bien creo yo que los que en este trabajo se ejercitaren y perseveraren fielmente, que es género de martirio y delante de Dios muy acepto servicio; porque son éstos como los ángeles que señalan con el tau a los gimientes y dolientes. ¿Qué otra cosa es bautizar, desposar, confesar, sino señalar siervos de Dios para que no sean heridos del ángel percuciente, y los así señalados trabajen de defenderlos y guardarlos de los enemigos para que no los consuman y acaben?

Tiempo fue, y algunos años duró, que los que de oficio debieran defender y conservar los indios los trataban de tal manera, que entraban buenas manadas de esclavos en México, hechos como Dios sabe. Y los tributos de los indios no pequeños, y las obras que sobre todo esto les cargaban encima no pocas, y los materiales a su costa, iba la cosa de tal manera, que, como quien se come una manzana, se iban a tragar los indios; pero el pastor de ellos, al cual principalmente pertenecían de oficio —que fue el primer obispo de México, don fray Juan de Zumárraga—, y aquellos de quien al presente hablo, que son escorias y heces del mundo, opusiéronse de tal manera para que no tragasen la manzana sin las mondaduras, y así les amargaron las cortezas, que no se tragaron ni acabaron los indios. Porque Dios, que tiene a muchos de estos indios, y muchos de sus hijos y nietos, predestinados para su gloria, lo remedió; y el emperador, desde que fue informado, proveyó de tales personas que desde entonces les va a los indios de bien en mejor.

Bien son dignos de perpetua memoria los que tan buen remedio pusieron en esta tierra; éstos fueron el obispo don Sebastián Ramírez, presidente de la Audiencia Real, el cual tuvo singular amor a estos indios y los defendió y conservó sabiamente, y rigió la tierra en mucha paz, con los buenos coadjutores que tuvo, los cuales no menos gracias merecen, que fueron los oidores que con él fueron proveídos. De la cual Audiencia habría mucho que decir, y de cómo remediaron esta tierra, que la hallaron con la candela en la mano, que si mucho se tardaran bien le pudieran hacer la sepultura, como a las otras islas; más es de esto lo que siento que lo que digo. Yo creo que son dignos de gran corona delante del Rey del cielo y del de la tierra también.

Y para todo buen aprovechamiento trajo Dios al señor don Antonio de Mendoza, virrey y gobernador, que ha echado el sello, y en su oficio ha procedido prudentemente, y ha tenido y tiene grande amor a esta patria, conservándola en todo buen regimiento de cristiandad y policía. Los oidores fueron el licenciado Juan de Salmerón, el licenciado Alonso Maldonado, el licenciado Ceynos, el licenciado Quiroga.

Fue tanta la humildad y mansa conversación que los frailes menores tuvieron en el tratamiento e inteligencia que con los indios tenían, que, como algunas veces en los pueblos de los indios quisiesen entrar a poblar y hacer monasterios religiosos frailes de otras órdenes, iban los mismos indios a rogar al que estaba en lugar de Su Majestad, que regía la tierra —que entonces era el señor obispo don Sebastián Ramírez—, diciéndole que no les diesen otros frailes sino de los de San Francisco, porque los conocían y amaban, y eran de ellos amados.

Y como el señor presidente les preguntase la causa por qué querían más a aquellos que a otros, respondían los indios:

«Porque éstos andan pobres y descalzos como nosotros, comen de lo que nosotros, se sientan entre nosotros, conversan entre nosotros mansamente».

Otras veces, queriendo dejar algunos pueblos para que entrasen frailes de otras órdenes, venían los indios llorando a decir:

«Que si se iban y los dejaban, que también ellos dejarían sus casas y se irían tras ellos».

Y de hecho lo hacían y se iban tras los frailes; esto yo lo vi por mis ojos.

Y por esta buena humildad que los frailes tenían con los indios, todos los señores de la Audiencia Real les tuvieron mucho miramiento; aunque al principio venían de Castilla indignados contra ellos, y con propósito de reprenderlos y abatirlos, porque venían informados de que los frailes, con soberbia, mandaban a los indios y se enseñoreaban de ellos. Pero, después que vieron lo contrario, tomáronles mucha afición, y conocieron haber sido pasión lo que en España de ellos se decía.

Algunos trataron y conversaron con personas que pudieran ser parte para procurarles obispados, y no lo admitieron; otros fueron elegidos obispos, y, venidas las elecciones, las renunciaron humildemente, diciendo que no se hallaban suficientes ni dignos para tan alta dignidad. Aunque en esto hay diversos pareceres, si acertaron o no en renunciar; porque para esta nueva tierra y entre esta humilde generación convenía mucho que fueran los obispos como en la primitiva Iglesia, pobres y humildes, que no buscasen rentas, sino almas; ni fuera menester llevar tras sí más de su pontifical, y que los indios no vieran obispos regalados, vestidos de camisas delgadas y durmiendo en sábanas y colchones y vistiéndose de muelles vestiduras. Porque los que tienen almas a su cargo han de imitar a Jesucristo en humildad y pobreza, y traer su cruz a cuestas y desear morir en ella. Pero, como renunciaron simplemente y por allegarse a la humildad, creo que delante de Dios no serán condenados.

Una de las buenas cosas que los frailes tienen en esta tierra es la humildad, porque muchos de los españoles los humillan con injurias y murmuraciones; pues, de parte de los indios, no tienen de qué tomar vanagloria, porque ellos les exceden en penitencia y en menosprecio.

Y así, cuando algún fraile de nuevo viene de Castilla, que allá era tenido por muy penitente, y que hacía raya a los otros, venido acá es como río que entra en la mar, porque acá toda la comunidad vive estrechamente y guarda todo lo que se puede guardar. Y si miran a los indios, verlos han paupérrimamente vestidos y descalzos, las camas y moradas en extremo pobres; pues en la comida, al más estrecho penitente exceden, de manera que no hallarán de qué tener vanagloria ninguna. Y si se rigen por razón, mucho menos tendrán soberbia, porque todas las cosas son de Dios, y el que afirma alguna cosa buena ser suya es blasfemia, porque es querer hacerse Dios; pues luego locura es gloriarse el hombre de las cosas ajenas.

Porque, para esperar y recibir los bienes de gloria que por Jesucristo nos son prometidos, y para sufrir los males y adversidades que a cada paso se ofrecen a los que piadosa y justamente quieren vivir, patientia necessaria est. Ésta sufre y lleva la carga de todas las tribulaciones, y sufre los golpes de los enemigos sin ser herida el alma; así como contra los bravos tiros de la artillería ponen cosas muelles y blandas en que ejecuten su furia, bien así, contra las tribulaciones y tentaciones del demonio y del mundo y de la carne, se debe poner la paciencia; que, con lo contrario, nuestra alma será presto turbada y rendida.

De esta manera ponían los frailes la paciencia por escudo contra las injurias de los españoles; y cuando ellos, muy indignados, decían que los frailes destruían la tierra en favorecer a los indios contra ellos, los frailes, para mitigar su ira, respondían con paciencia:

«Si nosotros no defendiésemos a los indios, ya vosotros no tendríades quién os sirviese. Si nosotros los favorecemos, es para conservarlos, y para que tengáis quién os sirva; y en defenderlos y enseñarlos, a vosotros servimos y vuestras conciencias descargamos. Porque, cuando de ellos os encargasteis, fue con obligación de enseñarlos; y no tenéis otro cuidado sino que os sirvan y os den cuanto tienen y pueden haber. Pues ya que tienen poco o nada, si los acabásedes, ¿quién os serviría?».

Y así, muchos de los españoles, a lo menos los nobles y los virtuosos, decían y dicen muchas veces que, si no fuera por los frailes de San Francisco, la Nueva España fuera como las islas, que ni hay indio a quien enseñar la ley de Dios, ni quien sirva a los españoles.

Los españoles también se quejaban y murmuraban diciendo mal de los frailes, porque mostraban querer más a los indios que no a ellos, y que los reprendían ásperamente; lo cual era causa de que les faltasen muchos con sus limosnas, y les tuviesen una cierta manera de aborrecimiento. A esto respondían los frailes diciendo:

«Que siempre habían tenido a los españoles por domésticos de la fe; y que si alguno o algunos de ellos alguna vez tenían alguna necesidad espiritual o corporal, más aína acudían a ellos que no a los indios. Mas, como los españoles en comparación de los indios son muy pocos, y saben bien buscar su remedio, así espiritual como corporal, mejor que los indios, que no tienen otros sino aquellos que han aprendido la lengua —porque los principales y casi todos son de los frailes menores—, hay razón que se vuelvan a remediar a los indios, que son tantos y tan necesitados de remedio; y aun con éstos no pueden cumplir, por ser tantos. Y es mucha razón que se haga así, pues no costaron menos a Jesucristo las almas de estos indios que las de los españoles y romanos; y la ley de Dios obliga a favorecer y a animar a éstos, que están con la leche de la fe en los labios, que no a los que la tienen ya tragada con la costumbre».

Por la defensa de los indios, y por procurarles algún tiempo en que pudiesen ser enseñados en la doctrina cristiana, y porque no los ocupasen en domingos ni fiestas, y por procurarles moderación en sus tributos —los cuales eran tan grandes que muchos pueblos, no pudiendo cumplirlos, vendían a mercaderes que solía haber entre ellos los hijos de los pobres y las tierras—, y como los tributos eran ordinarios, y no bastase para ellos vender lo que tenían, algunos pueblos casi del todo se despoblaron, y otros se iban despoblando, si no se pusiera remedio en moderar los tributos.

Lo cual fue causa de que los españoles se indignasen tanto contra los frailes, que estuvieron determinados de matar a algunos de ellos, porque les parecía que por su causa perdían el interés que sacaban de los pobres indios. Y, estando por esta causa para dejar los frailes del todo esta tierra y volverse a Castilla, Dios, que socorre en las mayores tribulaciones y necesidades, no lo consintió; porque, siendo la católica majestad del emperador don Carlos informado de la verdad, procuró una bula del papa Paulo III, para que de la Vieja España viniesen a esta tierra ciento y cincuenta frailes.

CAPÍTULO IX: DE CÓMO FRAY MARTÍN DE VALENCIA PROCURÓ DE PASAR ADELANTE EN CONVERTIR NUEVAS GENTES

Después que el padre fray Martín de Valencia hubo predicado y enseñado con sus compañeros en México y en las provincias comarcanas ocho años, quiso pasar adelante y entrar en la tierra de más adentro, haciendo su oficio de predicación evangélica; y como en aquella sazón él fuese prelado, dejó en su lugar un comisario, y, tomando consigo ocho compañeros, se fue a Tecoantepec, puerto de la mar del Sur, que está de México más de cien leguas, para embarcarse allí para ir adelante; porque siempre tuvo opinión que en aquel paraje de la mar del Sur había muchas gentes que estaban por descubrir.

Y para efectuar este viaje, don Hernando Cortés, marqués del Valle, le había prometido darle navíos, para que lo pusiesen adonde tanto deseaba, para que allí predicasen el Evangelio y palabra de Dios, sin que precediese conquista de armas. Estuvo en el puerto de Tecoantepec esperando los navíos siete meses, para el cual tiempo habían quedado los maestros de darlos acabados; y para mejor cumplir su palabra, el marqués en persona, desde Cuauhnáhuac —que es un pueblo de su marquesado adonde siempre reside, que está de México once leguas— fue a Tecoantepec a despachar y dar los navíos, y con toda la diligencia que él pudo poner no se acabaron; porque en esta tierra, con mucha dificultad, y costa y tiempo, se echan los navíos al agua.

Pues viendo el siervo de Dios que los navíos le faltaban, dio la vuelta para México, dejando allí tres compañeros de los suyos para que, acabados los navíos, fuesen en ellos a descubrir.

En el tiempo que fray Martín de Valencia estuvo en Tecoantepec —que fueron siete meses—, siempre él y sus compañeros trabajaron en enseñar y doctrinar a la gente de la tierra, sacándoles la doctrina cristiana en su lengua, que es de zapotecas; y no sólo a éstos, pero en todas las lenguas y pueblos por donde iban, predicaban y bautizaban.

Entonces pasaron por un pueblo que se dice Mictlán, que en esta lengua quiere decir "infierno", adonde hallaron algunos edificios más de ver que en parte ninguna de la Nueva España; entre los cuales había un templo del demonio y aposento de sus ministros, muy de ver, en especial una sala como de artesones. La obra era de piedra, hecha con muchos lazos y labores. Había muchas portadas, cada una de tres piedras grandes, dos a los lados y una por encima, las cuales eran muy gruesas y muy anchas.

Había en aquellos aposentos otra sala, que tenía unos pilares redondos, cada uno de una sola pieza, tan gruesos que dos hombres abrazados con un pilar apenas se tocaban las puntas de los dedos; serían de cinco brazas de alto.

Decía fray Martín que se descubrirían en aquella costa gentes más hermosas y de más habilidad que éstas de la Nueva España, y que si Dios le diese vida, que la gastaría con aquellas gentes como había hecho con estas otras; mas Dios no fue servido de que por él fuese descubierto lo que tanto deseaba, aunque permitió que fuese descubierto por frailes menores.

Porque, como uno de los compañeros del dicho fray Martín de Valencia, llamado fray Antonio de Ciudad Rodrigo, siendo provincial en el año de 1537, envió cinco frailes a la costa de la mar del Norte; y fueron predicando y enseñando por los pueblos de Coatzacoalco y Puitla (aquí está poblado de españoles, y el pueblo se llama Santa María de la Victoria; ya esto es en Tabasco), pasaron a Xicalango, adonde en otro tiempo había muy gran trato de mercaderes, e iban hasta allí mercaderes mexicanos, y aun ahora van algunos.

Y pasando la costa adelante allegaron los frailes a Champotón y a Campeche; a este Campeche llaman los españoles Yucatán. En este camino y entre esta gente estuvieron dos años, y hallaban en los indios habilidad y disposición para todo bien, porque oían de grado la doctrina y palabra de Dios.

Dos cosas notaron mucho los frailes en aquellos indios: la primera, ser gente de mucha verdad; la segunda, no tomar cosa ajena aunque estuviese caída muchos días.

Saliéronse los frailes de esta tierra por ciertas diferencias que hubo entre los españoles y los indios naturales.

En el año de 1538 envió otros tres frailes en unos navíos del marqués del Valle, que fueron a descubrir por la mar del Sur; de éstos, aunque se sonó y dijo que habían hallado tierra poblada y muy nueva, no está muy averiguado, ni hasta ahora —que es en el principio del año de 1540— ha venido nueva cierta.

Este mismo año envió este mismo provincial, fray Antonio de Ciudad Rodrigo, dos frailes por la costa de la mar del Sur, la vuelta hacia el Norte, por Xalisco y por la Nueva Galicia, con un capitán que iba a descubrir; y ya que pasaban la tierra que por aquella costa está descubierta y conocida y conquistada, hallaron dos caminos bien abiertos.

El capitán escogió y se fue por el camino de la derecha, que declinaba la tierra adentro, el cual, a muy pocas jornadas, dio en unas sierras tan ásperas que no las pudieron pasar; le fue forzado volverse por el mismo camino que había ido. De los dos frailes adoleció el uno, y el otro, con dos intérpretes, tomó por el camino de la mano izquierda, que iba hacia la costa, y hallóle siempre abierto y seguido; y a pocas jornadas dio en tierra poblada de gente pobre, los cuales salieron a él llamándole "mensajero del cielo", y, como tal, le tocaban todos y besaban el hábito.

Acompañábanle de jornada en jornada trescientas y cuatrocientas personas, y a veces muchas más; de los cuales algunos, en siendo hora de comer, iban a caza —de la cual había mucha, mayormente de liebres, conejos y venados—, y ellos, que se saben dar buena maña, en poco espacio tomaban cuanto querían; y, dando primero al fraile, repartían entre sí lo que había.

De esta manera anduvo más de trescientas leguas, y casi en todo este camino tuvo noticia de una tierra muy poblada de gente vestida, y que tienen casas de terrado, y de muchos sobrados. Estas gentes dicen estar pobladas a la ribera de un gran río, adonde hay muchos pueblos cercados, y a tiempos tienen guerras los señores de los pueblos contra los otros; y dicen que, pasado aquel río, hay otros pueblos mayores y más ricos.

Lo que hay en los pueblos que están en la primera ribera dicen que son vacas menores que las de España, y otros animales muy diferentes de los de Castilla; buena ropa, no sólo de algodón, mas también de lana, y que hay ovejas de que se saca aquella lana. Estas ovejas no se sabe de qué manera sean. Esta gente usa de camisas y vestiduras con que se cubren sus cuerpos. Tienen zapatos enteros que cubren todo el pie, lo cual no se ha hallado en todo lo hasta ahora descubierto.

También traen de aquellos pueblos muchas turquesas, las cuales, y todo lo demás que aquí digo, había entre aquella gente pobre adonde llegó el fraile; no que en sus tierras se criasen, sino que las traían de aquellos pueblos grandes, adonde iban a tiempos a trabajar y a ganar su vida, como hacen en España los jornaleros.

En demanda de esta tierra habían salido ya muchas armadas, así por mar como por tierra, y de todos la escondió Dios, y quiso que un pobre fraile descalzo la descubriese; el cual, cuando trajo la nueva, al tiempo que lo dijo, le prometieron que no la conquistarían a fuego y a sangre, como se ha conquistado casi todo lo que en esta tierra firme está descubierto, sino que se les predicaría el Evangelio. Pero, como esta nueva fue derramada, voló brevemente por todas partes, y, como a cosa hallada, muchos la quisieron ir a conquistar.

Por más bien, o menos mal, tomó la delantera el virrey de esta Nueva España, don Antonio de Mendoza, llevando santa intención y muy buen deseo de servir a Dios en todo lo que en sí fuere, sin hacer agravio a los prójimos.

En el año de 1539, dos frailes entraron por la provincia de Michoacán a unas gentes que se llaman chichimecas, que ya otras veces habían consentido entrar en sus tierras frailes menores, y los habían recibido de paz y con mucho amor; que de los españoles siempre se han defendido y vedado la entrada, así por ser gente belicosa, y que poco más poseen de un arco con sus flechas, como porque los españoles ven poco interés en ellos.

Aquí descubrieron estos dos frailes que digo cerca de treinta pueblos pequeños, que el mayor de ellos no tendría seiscientos vecinos. Éstos recibieron de muy buena voluntad la doctrina cristiana y trajeron sus hijos al bautismo; y para tener más paz y mejor disposición para recibir la fe, demandaron libertad por algunos años, y que después darían un tributo moderado de lo que cogen y crían en sus tierras, y que de esta manera darían la obediencia al rey de Castilla. Todo se les concedió: el virrey don Antonio de Mendoza les dio diez años de libertad para que no pagasen ningún tributo.

Después de estos pueblos se siguen unos llanos, los mayores que hay en toda la Nueva España: son de tierra estéril, aunque poblada toda de gente muy pobre y muy desnuda, que no cubren sino sus vergüenzas; y en tiempo de frío se cubren con cueros de venados, que en todos aquellos llanos hay mucho número de ellos, y de liebres y conejos, y culebras y víboras; y de esto comen asado, que cocido ninguna cosa comen.

Ni tienen choza, ni casa, ni hogar, más de que se abrigan bajo de algunos árboles, y aun de éstos no hay muchos, sino tunales, que son unos árboles que tienen las hojas del grueso de dos dedos, unas más y otras menos, tan largas como un pie de un hombre y tan anchas como un palmo. De una hoja de éstas se planta, y van procediendo de una hoja en otra, y a los lados también van echando hojas, y haciéndose de ellas árbol. Las hojas del pie engordan mucho y fortalécense tanto, hasta que se hacen como pie o tronco de árbol.

Este vocablo tunal, y tuna por su fruta, es nombre de las islas, porque en ellas hay muchos de estos árboles, aunque la fruta no es tanta ni tan buena como la de esta tierra. En esta Nueva España al árbol llaman nopal, y a la fruta nochtli. De este género de nochtli hay muchas especies: unas llaman montesinas, éstas no las comen sino los pobres; otras hay amarillas y son buenas; otras llaman picadillas, que son entre amarillas y blancas, y también son buenas; pero las mejores de todas son las blancas, y a su tiempo hay muchas y duran mucho, y los españoles son muy golosos de ellas, mayormente en verano y de camino, con calor, porque refrescan mucho. Hay algunas tan buenas que saben a peras, y otras a uvas.

Otras hay muy coloradas y no son nada apreciadas, y, si alguno las come, es porque vienen primero que otras ningunas. Tiñen tanto, que hasta la orina del que las come tiñen, de manera que parece poco menos que sangre; tanto, que de los primeros conquistadores que vinieron con Hernando Cortés, llegando un día adonde había muchos de estos árboles, comieron mucho de aquella fruta sin saber lo que era, y como después todos se viesen que orinaban sangre, tuvieron mucho temor, pensando que habían comido alguna fruta ponzoñosa y que todos habían de ser muertos; hasta que después fueron desengañados por los indios.

En estas tunas, que son coloradas, nace la grana, que en esta lengua se llama nocheztli. Es cosa tenida en mucho precio, porque es muy subido colorado; entre los españoles se llama carmesí.

Estos indios que digo, por ser la tierra tan estéril que a tiempo carece de agua, beben del zumo de estas hojas de nopal. Hay también en aquellos llanos muchas turmas de tierra, las cuales no sé yo que en parte ninguna de esta Nueva España se hayan hallado sino allí.

No son de menos fruto y provecho las salidas y visitaciones que continuamente se hacen de los monasterios adonde residen los frailes que las ya dichas; porque, además de los pueblos cercanos y que visitan a menudo, salen a otros pueblos y tierras que están apartadas cincuenta y cien leguas, de los cuales, antes que acaben la visita y vuelvan a sus casas, han andado ciento y cincuenta leguas, y a veces doscientas.

Porque es cierto que, adonde no llegan frailes, no hay verdadera cristiandad; porque todos los españoles pretenden su interés, no curan de enseñarlos y doctrinarlos, ni hay quien les diga lo que toca a la fe y creencia de Jesucristo, verdadero Dios y universal Señor, ni quien procure destruir sus supersticiones y ceremonias y hechicerías, muy anejas a la idolatría; y es muy necesario andar por todas partes.

Y esta Nueva España está toda llena de sierras, tanto, que, puesto uno en la mayor vega o llano, mirando a todas partes, hallará sierra o sierras a seis y a siete leguas, salvo en aquellos llanos que dije en el capítulo pasado y en algunas partes de la costa de la mar. Especialmente va una cordillera de sierras sobre la mar del Norte — esto es, encima del mar Océano, que es la mar que traen los que vienen de España—.

Estas sierras van muchas leguas de largo, que es todo lo descubierto, que son ya más de cinco mil leguas, y todavía pasan adelante y van descubriendo más tierra. Esta tierra se angosta tanto, que queda de mar a mar en solas quince leguas; porque desde Nombre de Dios, que es un pueblo en la costa de la mar del Norte, hasta

Panamá, que es otro pueblo en la costa de la mar del Sur, no hay más de solas quince leguas.

Y estas sierras que digo, pasada esta angostura de tierra, hacen dos piernas: la una prosigue la misma costa de la mar del Norte, y la otra la vuelta de la tierra del Perú, en muy altas y fragosas sierras, mucho más sin comparación que los Alpes ni que los montes Pirineos. Y pienso que, en toda la redondez de la tierra, no hay otras montañas tan altas ni tan ásperas, y pueden sin falta llamarse estos montes los mayores y más ricos del mundo, porque ya de esta cordillera de sierras —sin la que vuelve al Perú— están, como digo, descubiertas más de cinco mil leguas, y no las han llegado al cabo.

Y lo que más es de considerar, y que causa grandísima admiración, es que tantos y tan grandes montes hayan estado encubiertos tanta multitud de años como ha que pasó el gran diluvio general, estando en el mar Océano, adonde tantas naos navegan, y los recios temporales y grandes tormentas y tempestades han echado y derramado tantas naos muy fuera de la derrota que llevaban, y muy lejos de su navegación; y siendo tantas y en tantos años y tiempos, nunca con estas sierras toparon, ni estos montes parecieron.

La causa de esto debemos dejarla para el que es causa de todas las causas, creyendo que, pues él ha sido servido de que no se manifestasen ni se descubriesen hasta nuestros tiempos, esto ha sido lo mejor y lo que más conviene a la fe y religión cristiana.

Lo más alto de esta Nueva España, y los más altos montes, por estar en la más alta tierra, parecen ser los que están alrededor de México. Está México toda cercada de montes, y tiene una muy hermosa corona de sierras alrededor de sí, y ella está puesta en medio, lo cual le causa gran hermosura y ornato, y mucha seguridad y fortaleza; y también le viene de aquellas sierras mucho provecho, como se dirá adelante.

Tiene muy hermosos montes, los cuales la cercan toda como un muro. En ella asiste la presencia divina en el Santísimo Sacramento, así en la iglesia catedral como en tres monasterios que en ella hay, de agustinos, dominicos y franciscanos, y, sin éstas, hay otras muchas iglesias.

En la iglesia mayor reside el obispo con sus dignidades, canónigos, curas y capellanes. Está muy servida y muy adornada de vasijas y ornamentos para el culto divino, como de instrumentos musicales. En los monasterios hay muchos y muy devotos religiosos, de los cuales salen muchos predicadores, que no sólo en lengua española, mas en otras muchas lenguas de las que hay en las provincias de los indios, los predican y convierten a la creencia verdadera de Jesucristo.

Asimismo está en México, representando la persona del Emperador y gran monarca Carlos V, el virrey y Audiencia Real que en México reside, rigiendo y gobernando la tierra y administrando justicia. Tiene esta ciudad su cabildo o regimiento muy honrado, el cual la gobierna y ordena en toda buena policía. Hay en ella muy nobles caballeros y muy virtuosos casados, liberalísimos en hacer limosnas.

Tienen muchas y muy buenas cofradías, que honran y solemnizan las fiestas principales, y consuelan y recrean muchos pobres enfermos, y entierran honradamente los difuntos. Tiene esta ciudad un muy solemne hospital, que se llama de la Concepción de Nuestra Señora, dotado de grandes indulgencias y perdones, las cuales ganó don Hernando Cortés, marqués del Valle, que es su patrón. Tiene también este hospital mucha renta y hacienda.

Está esta ciudad tan llena de mercaderes y oficiales como lo está una de las mayores de España. Está esta ciudad de México o Tenochtitlán muy bien trazada y mejor edificada, de muy buenas, grandes y muy fuertes casas: es muy proveída y abastecida de todo lo necesario, así de lo que hay en la tierra como de cosas de España. Andan ordinariamente cien arrias o recuas desde el puerto que se llama la Vera Cruz proveyendo esta ciudad, y muchas carretas que hacen lo mismo; y cada día entran gran multitud de indios, cargados de bastimentos y tributos, así por tierra como por agua, en acallis o barcas, que en lengua de las islas llaman canoas.

Todo esto se gasta y consume en México, lo cual pone alguna admiración, porque se ve claramente que se gasta más en sola la ciudad de México que en dos ni en tres ciudades de España de su tamaño. La causa de esto es que todas las casas están muy llenas de gentes, y también que, como están todos holgados y sin necesidad, gastan largo.

Hay en ella muchos y muy hermosos caballos; porque los hace el maíz y el continuo verde que tienen, que lo comen todo el año, así de la caña del maíz —que es mucho mejor que alcacer—, y dura mucho tiempo este pienso, y después entra un junquillo muy bueno, que siempre lo hay verde en el agua, de que la ciudad está cercada.

Tiene muchos ganados de vacas, y yeguas, y ovejas, y cabras, y puercos. Entra en ella por una calzada un grueso caño de muy gentil agua, que se reparte por muchas calles; por esta misma calzada tiene una muy hermosa salida, de una parte y de otra llena de huertas, que darán una legua.

¡Oh México, que tales montes te cercan y te coronan! Ahora con razón volará tu fama, porque en ti resplandece la fe y Evangelio de Jesucristo. Tú, que antes eras maestra de pecados, ahora eres enseñadora de verdad; y tú, que antes estabas en tinieblas y oscuridad, ahora das resplandor de doctrina y cristiandad. Más te ensalza y engrandece la sujeción que tienes al invictísimo César don Carlos, que el tirano señorío con que otro tiempo a todos querías sujetar.

Eras entonces una Babilonia, llena de confusiones y maldades; ahora eres otra Jerusalén, madre de provincias y reino. Andabas e ibas a do querías, según te guiaba la voluntad de un idiota gentil, que en ti ejecutaba leyes bárbaras; ahora muchos velan sobre ti, para que vivas según leyes divinas y humanas.

Otro tiempo, con autoridad del príncipe de las tinieblas, anhelando amenazabas, prendías y sacrificabas, así hombres como mujeres, y su sangre ofrecías al demonio en cartas y papeles; ahora, con oraciones y sacrificios buenos y justos, adoras y confiesas al Señor de los señores.

¡Oh México! Si levantases los ojos a tus montes, de que estás cercada, verías que son en tu ayuda y defensa más ángeles buenos que demonios fueron contra ti en otro tiempo, para hacerte caer en pecados y yerros.

Ciertamente, de la tierra y comarca de México —digo de las aguas vertientes de aquella corona de sierras que tiene a la vista en rededor— no hay poco que decir sino muy mucho. Todos los derredores y laderas de las sierras están muy pobladas, en el cual término hay más de cuarenta pueblos grandes y medianos, sin otros muchos pequeños a éstos sujetos.

Están en sólo este circuito que digo nueve o diez monasterios bien edificados y poblados de religiosos, y todos tienen bien en qué entender, en la conversión y aprovechamiento de los indios. En los pueblos hay muchas iglesias, porque hay pueblo, fuera de los que tienen monasterio, de más de diez iglesias; y éstas muy bien aderezadas, y en cada una su campana o campanas muy buenas.

Son todas las iglesias por de fuera muy lucidas y almenadas, y la tierra, que en sí es alegre y muy vistosa, por causa de la frescura de las montañas que están en lo alto, y el agua en lo bajo, de todas partes parece muy bien, y adornan mucho a la ciudad.

Parte de las laderas y lo alto de los montes son de las buenas montañas del mundo, porque hay cedros y muchos cipreses, y muy grandes; tanto, que muchas iglesias y casas son de madera de ciprés. Hay muy gran número de pinos, y en extremo grandes y derechos; y otros que también los españoles llaman pinos o hayas. Hay muchas y muy grandes encinas y madroños, y algunos robles.

De estas montañas bajan arroyos y ríos, y en las laderas y bajos salen muchas y muy grandes fuentes. Toda esta agua, y más la llovediza, hace una gran laguna, y la ciudad de México está asentada parte dentro de ella y parte a la orilla.

A la parte de occidente, por medio del agua, va una calzada que la divide: la una parte es de muy pestífera agua, y la otra parte es de agua dulce, y la dulce entra en la salada porque está más alta; y aquella calzada tiene cuatro o cinco ojos con sus puentes, por donde sale de la agua dulce a la salada mucha agua.

Estuvo México al principio fundada más baja que ahora está, y toda la mayor parte de la ciudad la cercaba agua dulce, y tenía dentro de sí muchas frescas arboledas de cedros, y cipreses, y sauces, y de otros árboles de flores; porque los indios señores no procuran árboles de fruta —porque se la traen sus vasallos—, sino árboles de floresta, de donde cojan rosas y adonde se crían aves, así para gozar del canto como para tirarlas con cerbatana, de la cual son grandes tiradores.

Como México estuviese así fundada dentro de la laguna, obra de dos leguas adelante, hacia la parte de oriente, se abrió una gran boca, por la cual salió tanta agua, que, en pocos días que duró, hizo crecer a toda la laguna, y subió sobre los edificios bajos, o sobre el primer suelo, más de medio estado. Entonces los más de los vecinos se retrajeron hacia la parte de poniente, que era tierra firme.

Dicen los indios que salían por aquella boca muchos peces, tan grandes y tan gruesos como el muslo de un hombre; lo cual les causaba grande admiración, porque en el agua salada de la laguna no se crían peces, y en la dulce son tan pequeños, que los mayores son como un palmo de un hombre.

Esta agua que así reventó debe ser de algún río que anda por aquellos montes, porque ya ha salido otras dos veces por entre dos sierras nevadas que México tiene a la vista delante de sí, hacia la parte de occidente y mediodía: la una vez fue después que los cristianos están en la tierra, y la otra pocos años antes.

La primera vez fue tanta el agua, que los indios señalan ser dos tantos que el río grande de la ciudad de los Ángeles, el cual río, por las más partes, siempre se pasa por puente; y también salían aquellos grandes pescados como cuando se abrió por la laguna. Entonces el agua vertió de la otra parte de la sierra hacia Huexotzinco, y yo he estado cerca de donde salió esta agua que digo, y me he certificado de todos los indios de aquella tierra.

Entre estas dos sierras nevadas está el puente que al principio solían pasar, yendo de la ciudad de los Ángeles para México, el cual ya no se sigue, porque los españoles han descubierto otros caminos mejores. A la una de estas sierras llaman los indios "sierra blanca", porque siempre tiene nieve; a la otra llaman "sierra que echa humo"; y aunque ambas son bien altas, la del humo me parece ser más alta, y es redonda desde lo bajo, aunque el pie baja y se extiende mucho más.

La tierra que esta sierra tiene de todas partes es muy hermosa y muy templada, en especial la que tiene al mediodía. Este volcán tiene arriba, en lo alto de la sierra, una gran boca, por la cual solía salir un grandísimo golpe de humo, el cual algunos días salía tres y cuatro veces.

Había de México a lo alto de esta sierra o boca doce leguas, y cuando aquel humo salía parecía ser tan claro como si estuviera muy cerca, porque salía con grande ímpetu y muy espeso; y después que subía en tanta altura y grosor como la torre de la iglesia mayor de Sevilla, aflojaba la furia y declinaba a la parte que el viento le quería llevar.

Este salir de humo cesó desde el año de 1528, no sin grande nota de los españoles y de los indios. Algunos querían decir que era boca del infierno.

CAPÍTULO X: DEL ESTADO Y GRANDEZA DEL SEÑOR DE MÉXICO, LLAMADO MOTEUCZOMA.

México, según la etimología de esta lengua, algunos la interpretan "fuente" o "manadero"; y en la verdad, que en ella a la redonda hay muchos manantiales, por lo cual la interpretación no parece ir muy fuera de propósito. Pero los naturales dicen que aquel nombre de México trajeron aquellos sus primeros fundadores, los cuales dicen que se llamaban Mexiti, y aun después de algún tiempo los moradores de ella se llamaron Mexitis; el cual nombre ellos tomaron de su principal dios o ídolo.

Porque el sitio en que poblaron, y a la población que hicieron, llamaron Tenochtitlán, por causa de un árbol que allí hallaron, que se llamaba nochtli, el cual salía de una piedra, a la cual piedra llamaban tetl; de manera que se diría "fruta que sale de piedra".

Después, andando el tiempo y multiplicándose el pueblo y creciendo la vecindad, hízose de esta ciudad dos barrios o dos ciudades: al más principal barrio llamaron México, y a los moradores de él llamaron mexicanos. Estos mexicanos fueron en esta tierra como en otro tiempo los romanos.

En este barrio, llamado México, residía el gran señor de esta tierra, que se llamaba Moteuczoma, y nombrado con mejor crianza y más cortesía y acatamiento le decían Moteuczomatzín, que quiere decir "hombre que está enojado o grave".

Aquí, en esta parte, como más principal, fundaron los españoles su ciudad; y este solo barrio es muy grande, y también hay en él muchas casas de indios, aunque fuera de la traza de los españoles.

Al otro barrio llaman Tlatilolco, que en su lengua quiere decir "isleta", porque allí estaba un pedazo de tierra más alto y más seco que lo otro todo, que era manantiales y carrizales. Todo este barrio está poblado de indios; son muchas las casas y muchos más los moradores.

En cada ciudad o barrio de éstos hay una muy gran plaza, adonde cada día, ordinariamente, se hace un mercado grande, en el cual se junta infinita gente a comprar y vender; y en estos mercados, que los indios llaman tianquizco, se venden de cuantas cosas hay en la tierra, desde oro y plata hasta cañas y hornija.

Llaman los indios a este barrio San Francisco de México, porque fue la primera iglesia de esta ciudad y de toda la Nueva España. Al otro barrio llaman Santiago de Tlatilolco; y aunque en este barrio hay muchas iglesias, la más principal es Santiago, porque es una iglesia de tres naves; y a la misa que se dice a los indios de mañana, siempre se hinche de ellos, y por la mañana, que abren la puerta, ya los indios están esperando; porque, como no tienen mucho que ataviarse ni que se componer, en esclareciendo tiran para la iglesia.

Aquí, en esta iglesia, está el colegio de los indios, con frailes que los enseñan y doctrinan en lo que tienen de hacer. En toda la tierra nombran los indios primero el santo que tienen en su principal iglesia y después el pueblo, y así nombran: Santa María de Tlaxcallán, San Miguel de Huexotzinco, San Antonio de Tetzcoco.

No piense nadie que me he alargado en contar el blasón de México, porque, en la verdad, muy brevemente he tocado una pequeña parte de lo mucho que de ella se podría decir; porque creo que en toda nuestra Europa hay pocas ciudades que tengan tal asiento y tal comarca, con tantos pueblos a la redonda de sí, y tan bien asentados. Y aun más digo y me afirmo: que dudo si hay alguna tan buena y tan opulenta cosa como Tenochtitlán, y tan llena de gente.

Porque tiene esta gran ciudad Tenochtitlán, de frente de sí, a la parte de oriente, la laguna en medio, el pueblo de Tetzcoco, que habrá cuatro o cinco leguas de traviesa, que la laguna tiene de ancho, y de largo tiene ocho: esto es la salada, y casi otro tanto tendrá la laguna dulce.

Esta ciudad de Tetzcoco era la segunda cosa principal de la tierra, y asimismo el señor de ella era el segundo señor de la tierra: sujetaba debajo de sí quince provincias, hasta la provincia de Tuzapán, que está a la costa de la mar del Norte; y así había en Tetzcoco muy grandes edificios, de templos del demonio, y muy gentiles casas y aposentos de señores.

Entre los cuales fue muy cosa de ver la casa del señor principal, así la vieja, con su huerta cercada de más de mil cedros muy grandes y muy hermosos, de los cuales hoy día están los más en pie, aunque la casa está asolada; otra casa tenía que se podía aposentar en ella un ejército, con muchos jardines, y un muy grande estanque, que por debajo de tierra solían entrar a él con barcas.

Es tan grande la población de Tetzcoco, que toma más de una legua en ancho, y más de seis en largo, en la cual hay muchas parroquias e innumerables moradores.

A la parte de oriente tiene México Tenochtitlán, a una legua, la ciudad o pueblo de Tlacopán, adonde residía el tercero señor de la tierra, al cual estaban sujetas diez provincias: estos dos señores ya dichos se podrían bien llamar reyes, porque no les faltaba nada para lo ser.

A la parte del norte o septentrión, a cuatro leguas de Tenochtitlán, está el pueblo de Cuautitlán, adonde residía el cuarto señor de la tierra, el cual era señor de otros muchos pueblos. Entre este pueblo y México hay otros grandes pueblos, que por causa de brevedad, y por ser nombres extraños, no los nombro.

Tiene México, a la parte de mediodía, a dos leguas, el pueblo de Coyoacán; el señor de él era el quinto señor, y tenía muchos vasallos: es pueblo muy fresco. Aquí estuvieron los españoles después que ganaron a Tenochtitlán, hasta que tuvieron edificado en México adonde pudiesen estar, porque de la conquista había quedado todo lo más y mejor de la ciudad destruido.

Dos leguas más adelante, también hacia el mediodía, que son cuatro de México, está la gran población de Xochimilco; y desde allí, hacia donde sale el sol, están los pueblos que llaman de la laguna dulce, y Tlalmanalco con su provincia de Chalco, do hay infinidad de gente.

De la otra parte de Tetzcoco, hacia el norte, está lo muy poblado de Otompa y Tepepolco.

Estos pueblos ya dichos y otros muchos tiene Tenochtitlán a la redonda de sí dentro de aquella corona de sierras, y otros muy muchos que están pasados los montes; porque por la parte más ancha de lo poblado hacia México, a los de las aguas vertientes afuera, hay seis leguas, y a todas las partes, a la redonda, va muy poblada y hermosa tierra.

Los de las provincias y principales pueblos eran como señores de salva o de dictado, y sobre todos eran los más principales los dos, el de Tetzcoco y el de Tlacopán; y éstos, con todos los otros, todo lo más del tiempo residían en México, y tenían corte a Moteuczoma, el cual servía como rey, y era muy tenido y en extremo obedecido.

Celebraba sus fiestas con tanta solemnidad y triunfo, que los españoles que a ellas se hallaron presentes estaban espantados, así de esto, como de ver la ciudad y los templos y los pueblos de a la redonda. El servicio que tenía, y el aparato con que se servía, y las suntuosas casas que tenía Moteuczoma y las de los otros señores; la solicitud y multitud de los servidores, y la muchedumbre de la gente, que era como hierbas en el campo, visto esto estaban tan admirados, que unos a otros se decían:

«¿Qué es aquesto que vemos? ¿Ésta es ilusión o encantamiento? ¡Tan grandes cosas y tan admirables han estado tanto tiempo encubiertas a los hombres que pensaban tener entera noticia del mundo!»

Tenía Moteuczomatzin en esta ciudad, de todos los géneros de animales, así brutos y reptiles como de aves de todas maneras, hasta aves de agua que se mantienen de pescado, y hasta pájaros de los que se ceban de moscas, y para todas tenía personas que les daban sus raciones y les buscaban sus mantenimientos; porque tenía en ello tanta curiosidad, que si Moteuczoma veía ir por el aire, volando, un ave que le agradase, mandábala tomar, y aquella misma le traían.

Y un español digno de crédito, estando delante de Moteuczoma, vio que le había parecido bien un gavilán que iba por el aire volando, o fue para mostrar su grandeza delante de los españoles, mandó que se lo trajesen, y fue tanta la diligencia y los que tras él salieron, que el mismo gavilán bravo le trajeron a las manos.

Asimismo tenía muchos jardines y vergeles y en ellos sus aposentos: tenía peñones cercados de agua, y en ellos mucha caza: tenía bosques y montañas cercados, y en ellas muy buenas casas y frescos aposentos, muy barridos y limpios, porque de gente de servicio tenía tanta como el mayor señor del mundo.

Estaban tan limpias y tan barridas las calles y calzadas de esta gran ciudad, que no había cosa en que tropezar; y por doquiera que salía Moteuczoma, así en ésta como por do había de pasar, era tan barrido y el suelo tan asentado y liso, que aunque la planta del pie fuera tan delicada como la de la mano, no recibiera el pie detrimento ninguno en andar descalzo.

¿Pues qué diré de la limpieza de los templos del demonio, y de sus gradas y patios, y las casas de Moteuczoma y de los otros señores, que no sólo estaban muy encaladas, sino muy bruñidas, y cada fiesta las renovaban y bruñían?

Para entrar en su palacio, a que ellos llaman tecpan, todos se descalzaban, y los que entraban a negociar con él habían de llevar mantas groseras encima de sí; y, si eran grandes señores o en tiempo de frío, sobre las mantas buenas que llevaban vestidas, ponían una manta grosera y pobre; y para hablarle estaban muy humillados y sin levantar los ojos; y cuando él respondía era con tan baja voz y con tanta autoridad, que no parecía menear los labios, y esto era pocas veces, porque las más respondía por sus privados y familiares, que siempre estaban a su lado para aquel efecto, que eran como secretarios.

Y esta costumbre no la había solamente en Moteuczoma, sino en otros de los señores principales lo vi yo mismo usar al principio, y esta gravedad tenían más los mayores señores. Lo que los señores hablaban y la palabra que más ordinariamente decían al fin de las pláticas y negocios que se les comunicaban, era decir con muy baja voz tlaa, que quiere decir «sí, o bien, bien».

Cuando Moteuczoma salía fuera de su palacio, salían con él muchos señores y personas principales, y toda la gente que estaba en las calles por donde había de pasar se le humillaban y hacían profunda reverencia y grande acatamiento, sin levantar los ojos a le mirar, sino que todos estaban, hasta que él era pasado, tan inclinados como frailes en el Gloria Patri.

Teníanle todos sus vasallos, así grandes como pequeños, gran temor y respeto, porque era cruel y severo en castigar. Cuando el marqués del Valle entró en la tierra, hablando con un señor de una provincia le preguntó: «¿Si reconocía señorío o vasallaje a Moteuczoma?», y el indio le respondió: «¿Quién hay que no sea vasallo y esclavo de Moteuczomatzin? ¿Quién tan grande señor como Moteuczomatzin?», queriendo sentir que en toda la tierra no había superior suyo, ni aun igual.

Tenía Moteuczomatzin en su palacio enanos y corcobadillos, que de industria, siendo niños, los hacían gibosos, y los quebraban y descoyuntaban, porque de éstos se servían los señores en esta tierra como ahora hace el Gran Turco de eunucos.

Tenía águilas reales, que las de esta Nueva España se pueden con verdad decir reales, porque son en extremo grandes; las jaulas en que estaban eran grandes y hechas de unos maderos rollizos, tan gruesos como el muslo de un hombre. Cuando el águila se allegaba a la red adonde estaba metida, así se apartaban y huían de ella como si fuera un león u otra bestia fiera: tienen muy fuertes presas, la mano y los dedos tienen tan gruesos como un hombre, y lo mismo el brazo; tienen muy gran cuerpo y el pico muy fiero.

De sola una comida come un gallo de papada, que es tan grande y mayor que un buen pavo español; y este gallo que digo tiene más de pavo que de otra ave, porque hace la rueda como el pavo, aunque no tiene tantas ni tan hermosas plumas, y en la voz es tan feo como el pavo.

En esta tierra he tenido noticia de grifos, los cuales dicen que hay en unas sierras grandes, que están cuatro o cinco leguas de un pueblo que se dice Tehuacán, que es hacia el norte, y de allí bajaban a un valle llamado Ahuacatlán, que es un valle que se hace entre dos sierras de muchos árboles; los cuales bajaban y se llevaban en las uñas los hombres hasta las sierras adonde se los comían, y fue de tal manera, que el valle se vino a despoblar por el temor que de los grifos tenían.

Dicen los indios que tenían las uñas como de hierro, fortísimas. También dicen que hay en estas sierras un animal que es como león, el cual es lanudo, sino que la lana o vello tira algo a pluma; son muy fieros, y tienen tan fuertes dientes, que los venados que toman comen hasta los huesos: llámase este animal ocotochtli. De estos animales he yo visto uno de ellos; de los grifos hay más de ochenta años que no parecen ni hay memoria de ellos.

Tornemos al propósito de Tenochtitlán y de sus fundadores y fundamento. Los fundadores fueron extranjeros, porque los que primero estaban en la tierra llámanse Chichimecas y Otomíes.

Éstos no tenían ídolos, ni casas de piedra ni de árboles, sino chozas pajizas; manteníanse de caza, no todas veces asada, sino cruda o seca al sol; comían alguna poca de fruto que la tierra de suyo producía, y raíces y hierba; en fin, vivían como brutos animales.

Fueron señores en esta tierra, como ahora son y han sido los españoles, porque se enseñorearon de la tierra, no de la manera que los españoles, sino muy poco a poco y en algunos años; y como los españoles han traído tras sí muchas cosas de las de España, como son caballos, vacas, ganados, vestidos, trajes, aves, trigo, plantas, y muchos géneros de semillas, así de flores como de hortalizas &c., bien así, en su manera, los mexicanos trajeron muchas cosas que antes no las había, y enriquecieron esta tierra con su industria y diligencia; desmontáronla y cultiváronla, que antes estaba hecha toda bravas montañas, y los que antes la habitaban vivían como salvajes.

Trajeron estos mexicanos los primeros ídolos, y los trajes de vestir y calzar, el maíz y algunas aves; comenzaron los edificios, así de adobes como de piedra, y así hoy día casi todos los canteros de la tierra son de Tenochtitlán o de Tetzcoco, y éstos salen a edificar y a labrar por sus jornales por toda la tierra, como en España vienen los vizcaínos y montañeses.

Hay entre todos los indios muchos oficios, y de todos dicen que fueron inventores los mexicanos.

CAPÍTULO XI: DEL TIEMPO EN QUE MÉXICO SE FUNDÓ, Y DE LA GRAN RIQUEZA QUE HAY EN SUS MONTES Y COMARCA

Entraron a poblar en esta tierra los mexicanos, según que por sus libros se halla, y por memorias que tienen en libros muy de ver, de figuras y de caracteres muy bien pintadas, las cuales tenían para memoria de sus antigüedades, así como linajes, guerras, vencimientos y otras muchas cosas de esta calidad, dignas de memoria.

Por los cuales libros se halla que los mexicanos vinieron a esta Nueva España, contando hasta este presente año de 1540, cuatrocientos cuarenta y ocho años; y ha que se edificó Tenochtitlán doscientos y cuarenta años; y hasta hoy no se ha podido saber ni averiguar qué gente hayan sido estos mexicanos, ni de adónde hayan traído origen.

Lo que por más cierto se tuvo algún tiempo fue que habían venido de un pueblo que se dice Teocolhuacán, que los españoles nombran Culiacán: está este pueblo de México doscientas leguas; mas después que este pueblo de Culiacán se descubrió y conquistó, hállase ser de muy diferente lengua de la que hablan los naturales de México; y, demás de la lengua ser otra, tampoco en ella hubo memoria por do se creyese ni aun sospechase haber salido los mexicanos de Culiacán. La lengua de los mexicanos es la de los nahuales.

México, en el tiempo de Moteuczoma, y cuando los españoles vinieron a ella, estaba toda muy cercada de agua, y desde el año de 1524 siempre ha ido menguando. Entonces por solas tres calzadas podían entrar a México: por la una, que es al poniente, salían a tierra firme a media legua, porque de esta parte está México cercana a la tierra; por las otras dos calzadas, que son al mediodía y al norte, por la que está a mediodía habían de ir una legua hasta salir a tierra firme; de la parte de oriente está cercada toda de agua y no hay calzada ninguna.

Estaba México muy fuerte y bien ordenada, porque tenía unas calles de agua anchas y otras calles de casas: una calle de casas y otra de agua; en la acera de las casas pasaba o iba por medio un callejón o calle angosta, a la cual salían las puertas de las casas. Por las calles de agua iban muchos puentes que atravesaban de una parte a otra.

Además de esto, tenía sus plazas y patios delante de los templos del demonio y de las casas del señor. Había en México muchas acallis o barcas para servicio de las casas, y otras muchas de tratantes que venían con bastimentos a la ciudad, y todos los pueblos de la redonda, que están llenos de barcas que nunca cesan de entrar y salir a la ciudad, las cuales eran innumerables. En las calzadas había puentes que fácilmente se podían alzar; y para guardarse de la parte del agua eran las barcas que digo, que eran sin cuento, porque hervían por el agua y por las calles.

Los moradores y gente era innumerable. Tenía por fortaleza los templos del demonio y las casas de Moteuczoma, señor principal, y las de los otros señores; porque todos los señores sujetos a México tenían casas en la ciudad, porque residían mucho en ella, que por gran señor que fuese, holgaba de tener palacio a Moteuczoma; y si de esto algún señor tenía exención, era sólo el de Tetzcoco.

Para indios no era poca ni mala su munición, porque tenían muchas casas de varas con sus puntas de pedernal, y muchos arcos y flechas, y sus espadas de palo largas, de un palo muy fuerte, engastadas de pedernales agudísimos, que de una cuchillada cortaban a cercén el pescuezo de un caballo; y de estos mismos pedernales tenían unos como lanzones. Tenían también muchas hondas, que cuando comenzaban a disparar juntamente las hondas y las flechas y las varas, parecía lluvia muy espesa; y así estaba tan fuerte esta ciudad, que parecía no bastar poder humano para ganarla;

porque, además de su fuerza y munición que tenía, era cabeza y señora de toda la tierra, y el señor de ella, Moteuczoma, gloriábase en su silla y en la fortaleza de su ciudad y en la muchedumbre de sus vasallos; y desde ella enviaba mensajeros por toda la tierra, los cuales eran muy obedecidos y servidos: otros, de lejos, oída su potencia y fama, venían con presentes a darle la obediencia; mas contra los que se rebelaban o no obedecían sus mandamientos y a sus capitanes, que por muchas partes enviaba, mostrábase muy severo vengador.

Nunca se había oído en esta tierra señor tan temido y obedecido como Moteuczoma, ni nadie así había ennoblecido y fortalecido a México; tanto, que de muy confiado se engañó, porque nunca él ni ningún otro señor de los naturales podían ni pudieran creer que había en el mundo tan bastante poder que pudiese tomar a México; y con esta confianza recibieron en México a los españoles, y los dejaron entrar de paz y estar en la ciudad, diciendo:

«Cuando los quisiéremos echar de nuestra ciudad y de toda la tierra, será en nuestra mano, y cuando los quisiéremos matar, los mataremos, que en nuestra voluntad y querer será».

Pero Dios entregó la gran ciudad en las manos de los suyos, por los muy grandes pecados y abominables cosas que en ella se cometían; y también en esto es mucho de notar la industria y ardid inaudito que don Hernando Cortés, marqués del Valle, tuvo en hacer los bergantines para tomar a México, porque sin ellos fuera cosa imposible ganarla, según estaba fortalecida.

Ciertamente esto que digo, y la determinación que tuvo, y el ánimo que mostró cuando echó los navíos en que había venido al través, y después, cuando le echaron de México y salió desbaratado, y esos pocos compañeros que le quedaron, no tornar ni arrostrar a la costa, por mucho que se lo requerían, y cómo se hubo sagaz y esforzadamente en toda la conquista de esta Nueva España, cosas son para le poder poner en el paño de la fama, y para igualar y poner su persona al parangón con cualquiera de los capitanes y reyes y emperadores antiguos, porque hay tanto que decir de sus proezas y ánimo invencible, que de solo ello se podría hacer un gran libro.

Algunas veces tuve pensamiento de escribir y decir algo de las cosas que hay en esta Nueva España, naturales y criadas en ella, como de las que han venido de Castilla, cómo se han hecho en esta tierra; y veo que, aun por falta de tiempo, esto va remendado y no puedo salir bien con mi intención en lo comenzado, porque muchas veces me corta el hilo la necesidad y caridad con que soy obligado a socorrer a mis prójimos, a quien soy compelido a consolar cada hora.

Mas, ya que he comenzado, razón será de decir algo de estos montes, que dije ser grandes y ricos. De la grandeza ya está dicho; diremos de su riqueza, y de la que hay en ellos y en los ríos que de ellos salen, que hay mucho oro y plata, y todos los metales y piedras de muchas maneras, en especial turquesas, y otras que acá se dicen chalchihuitl; las finas de éstas son esmeraldas.

En la costa de estos montes está la Isla de las Perlas, aunque lejos de esta Nueva España, y es una de las grandes riquezas del mundo. Hay también alumbres y pastel, la simiente de lo cual se trajo de Europa, y entre estos montes se hace en extremo muy buena, y se coge más veces, y de más paños, que en ninguna parte de Europa. Hay también mucho brasil y muy bueno.

La tierra que alcanzan estas montañas, en especial lo que llaman Nueva España o hasta el Golfo Dulce, cierto es preciosísima, y más si la hubieran plantado de plantas que en ella se harían muy bien, como son viñas y olivares; porque estos montes hacen muchos valles y laderas y quebradas en que se harían extremadas viñas y olivares.

En esta tierra hay muchas zarzamoras; su fruta es más grande que la de Castilla. Hay en muchas partes de estos montes parras bravas muy gruesas, sin se saber quién las haya plantado, las cuales echan muy largos vástagos y cargan de muchos racimos, y vienen a se hacer uvas que se comen verdes; y algunos españoles hacen de ellas vinagre, y algunos han hecho vino, aunque ha sido muy poco.

Dase en esta tierra mucho algodón y muy bueno. Hay mucho cacao, que la tierra adonde se da el cacao tiene de ser muy buena; y porque este cacao es comida y bebida, y moneda de esta tierra, quiero decir qué cosa es y cómo se cría.

El cacao es una fruta de un árbol mediano, el cual, luego como le plantan de su fruto —que son unas almendras casi como las de Castilla, sino que lo bien granado es más grueso—, en sembrándolo, ponen par de él otro árbol que crece en alto y le va haciendo sombra, y es como madre del cacao. Da la fruto en unas mazorcas, con unas tajadas señaladas en ella como melones pequeños; tiene cada mazorca de éstas comúnmente treinta granos o almendras de cacao, poco más o menos.

Cómese verde desde que se comienzan a cuajar las almendras, y es sabroso, y también lo comen seco, y esto pocos granos y pocas veces; mas lo que más generalmente de él se usa es para moneda, y corre por toda esta tierra: una carga tiene tres números, vale o suma este número ocho mil, que los indios llaman xiquipilli; una carga son veinticuatro mil almendras o cacaos.

Adonde se coge vale la carga cinco o seis pesos de oro; llevándolo la tierra adentro va creciendo el precio, y también sube y baja conforme al año, porque en buen año multiplica mucho; grandes fríos es causa de haber poco, que es muy delicado. Es este cacao una bebida muy general, que, molido y mezclado con maíz y otras semillas también molidas, se bebe en toda la tierra, y en esto se gasta; en algunas partes le hacen bien hecho, es bueno y se tiene por muy sustancial bebida.

Hállanse en estos montes árboles de pimienta, la cual difiere de la de Malabar porque no requema tanto ni es tan fina; pero es pimienta natural más doncel que la otra. También hay árboles de canela; la canela es más blanca y más gorda.

Hay también muchas montañas de árboles de liquidámbar; son hermosos árboles, y muchos de ellos muy altos; tienen la hoja como hoja de hiedra; el licor que de ellos sacan llaman los españoles liquidámbar: es suave en olor, y medicinable en virtud, y de precio entre los indios; los indios de la Nueva España mézclanlo con su misma corteza para lo cuajar, que no lo quieren líquido, y hacen unos panes envueltos en unas hojas grandes. Úsanlo para olores, y también curan con ello algunas enfermedades.

Hay dos géneros de árboles de que sale y se hace el bálsamo, y de ambos géneros se hace mucha cantidad; del un género de estos árboles, que se llama xiloxóchitl, hacen el bálsamo los indios y lo hacían antes que los españoles viniesen; éste de los indios es algo más odorífero, y no toma tan prieto como el que hacen los españoles.

Estos árboles se dan en las riberas de los ríos que salen de estos montes hacia la mar del Norte, y no a la otra banda, y lo mismo es de los árboles de donde sacan el liquidámbar, y del que los españoles sacan el bálsamo; todos se dan a la parte del norte, aunque los árboles del liquidámbar y del bálsamo de los españoles también los hay en lo alto de los montes.

Este bálsamo es precioso, y curan y sanan con él muchas enfermedades; hácese en pocas partes; yo creo que es la causa que aún no han conocido los árboles, en especial aquel xiloxóchitl, que creo que es el mejor, porque está ya experimentado.

De género de palmas hay diez o doce especies, las cuales yo he visto: algunas de ellas llevan dátiles; yo creo que si los curasen y adobasen serían buenos; los indios, como son pobres, los comen así verdes, sin curarse mucho de los curar, hallándolos buenos porque los comen con salsa de hambre.

Hay cañafístolos bravos, que si los injertasen se harían buenos, porque acá se hacen bien los otros árboles de la cañafístola. Este árbol plantaron en la Isla Española los frailes menores primero que otra persona los plantase, y acá en la Nueva España los mismos frailes han plantado casi todos los árboles de fruta, y persuadieron a los españoles para que plantasen ellos también; y enseñaron a muchos a injertar, lo cual ha sido causa que hay hoy muchas y muy buenas huertas, y ha de haber muchas más; porque los españoles, visto que la tierra produce ciento por uno de lo que en ella plantan, danse mucho a plantar e injertar buenas frutas y árboles de estima.

También se han hecho palmas de los dátiles que han traído de España, y en muy breve tiempo han venido a dar fruto. Hállase en estas montañas ruiponce, y algunos dicen que hay ruibarbo, mas no está averiguado.

Hay otras muchas raíces y hierbas medicinales, con que los indios se curan de diferentes enfermedades, y tienen experiencia de su virtud. Hay unos árboles medianos que echan unos erizos como los de las castañas, sino que no son tan grandes ni tan ásperos, y de dentro están llenos de grana colorada; son los granos tan grandes como los de la simiente del culantro.

Esta grana mezclan los pintores con la otra que dije que es muy buena, que se llama nocheztli, de la cual también hay alguna en estos montes. Hay muchos morales y moreras; las moras que dan son muy menudas. Poco tiempo ha que se dan a criar seda; dase muy bien, y en menos tiempo que en España. Hay mucho aparejo para criar mucha cantidad andando el tiempo; y aunque se comienza ahora, hay personas que sacan trescientas y cuatrocientas libras, y aun me dicen que hay persona que en este año de 1540 sacará mil libras de seda.

De la que acá se ha sacado se ha teñido alguna, y sube en fineza; y metida en la colada no desdice por la fineza de los colores. Las mejores colores de esta tierra son colorado, azul y amarillo; el amarillo, que es de peña, es el mejor. Muchas colores hacen los indios de flores, y cuando los pintores quieren mudar el pincel de una color en otra, limpian el pincel con la lengua, por ser las colores hechas de zumo de flores.

Hay en estas montañas mucha cera y miel, en especial en Campech; dicen que hay allí tanta miel y cera, y tan buena, como en Safi, que es en África. A este Campech llamaron los españoles al principio, cuando vinieron a esta tierra, Yucatán, y de este nombre se llamó esta Nueva España Yucatán; mas tal nombre no se hallará en todas estas tierras, sino que los españoles se engañaron cuando allí llegaron: porque hablando con aquellos indios de aquella costa, a lo que los españoles preguntaban los indios respondían: «Tectetán, Tectetán», que quiere decir: «No te entiendo, no te entiendo»; los cristianos corrompieron el vocablo, y no entendiendo lo que los indios decían, dijeron: «Yucatán se llama esta tierra»; y lo mismo fue en un cabo que allí hace la tierra, al cual también llamaron cabo de Cotoch; y Cotoch en aquella lengua quiere decir casa.

Es tanta la abundancia y tan grande la riqueza y fertilidad de esta tierra llamada la Nueva España, que no se puede creer; mas lo más y mejor de ella, y lo que más ventaja hace a todas las tierras y provincias, son aquellos montes y corona de sierras, que, como está dicho, están en la redonda de la ciudad de México, en los cuales se halla en abundancia todo lo que está dicho y mucho más; y además de las muchas maneras de árboles y plantas y hierbas virtuosas que en ellos se hallan, tienen entre sí tres calidades o diferencias de tierra;

porque en el medio, en las cumbres, es fría, pero no tanto que se cubra de nieve, sino en unas sierras altas que se hacen cerca del camino que va de la Vera-Cruz para México, o en algunas otras puntas de sierras, que se cuaja algún poco de nieve en años fuertes y tempestuosos y de mucho frío. En estos altos hay pinares muy grandes, y la madera es en extremo buena, y tan hermosa que cuando la labran parece de naranjo o de box.

De lo alto, bajando hacia la costa del Norte, va todo tierra templada, y mientras más va y más se acerca a la costa es más caliente. Esta parte del Norte es muy fresca y muy fértil, y lo más del año o llueve o mollina, o en lo alto de las sierras hay nieblas. Hay muchos géneros de árboles no conocidos hasta ahora por los españoles, y como son de diversos géneros, y de hoja muy diferente los unos de los otros, hacen las más hermosas y frescas montañas del mundo.

Es muy propia tierra para ermitaños y contemplativos, y aun creo que los que vinieren antes de mucho tiempo, han de ver que, como esta tierra fue otra Egipto en idolatrías y pecados, y después floreció en gran santidad, bien así estas montañas y tierra han de florecer, y en ella tiene de haber ermitaños y penitentes contemplativos; y aun de esto que digo comienza ya a haber harta muestra, como se dirá adelante en la cuarta parte de esta narración o historia, si Dios fuese servido de sacarla a luz.

Por tanto, noten los que vinieren, y veremos cómo la cristiandad ha venido desde Asia, que es en Oriente, a parar en los fines de Europa, que es nuestra España, y de allí se viene a más andar a esta tierra, que es en lo más último de Occidente.

¿Pues por ventura estórbalo la mar? No, por cierto, porque la mar no hace división ni apartamiento a la voluntad y querer del que la hizo. ¿Pues no llegará el querer y gracia de Dios hasta adonde llegan las naos? Sí; y muy más adelante, pues en toda la redondez de la tierra ha de ser el nombre de Dios loado, y glorificado, y ensalzado; y como floreció en el principio la Iglesia en Oriente, que es el principio del mundo, bien así ahora, en el fin de los siglos, tiene de florecer en Occidente, que es fin del mundo.

Pues tornando a nuestro propósito, digo: que hay en esta tierra sierras de yeso muy bueno, en especial en un pueblo que se dice Cozcatlán: en toda la tierra lo hay, pero es piedra blanca, de lo cual se ha hecho y sale bueno; mas estotro que digo es de lo de los espejos, y es mucho y muy bueno.

Hay también fuentes de sal viva, que es cosa muy de ver los manantiales blancos, que están siempre haciendo unas venas muy blancas, que, sacada el agua y echada en unas eras pequeñas y encaladas, y dándoles el sol, en breve se vuelven en sal.

Entre muchas frutas que hay en estos montes y en toda la Nueva España, es una que llaman ahuacatl; en el árbol parece, y así está colgando, como grandes brevas, aunque en el sabor tiran a piñones. De estos aguacates hay cuatro o cinco diferencias: los comunes y generales por toda esta tierra, y que todo el año los hay, son los ya dichos, que son como brevas, y de éstos se ha hecho ya aceite, y sale muy bueno, así para comer como para arder; otros hay tan grandes como muy grandes peras, y son tan buenos, que creo que es la mejor fruta que hay en la Nueva España en sabor y virtud; otros hay mayores que son como calabazas pequeñas, y éstos son de dos maneras: los unos tienen muy grande hueso y poca carne, los otros tienen más carne y son buenos. Todos estos tres géneros de grandes se dan en tierra bien caliente. Otros hay muy pequeñitos, poco más que aceitunas cordobesas, y de este nombre pusieron los indios a las aceitunas cuando acá las vieron, que las llamaron aguacates pequeños.

Ésta es tan buena fruta que se da a los enfermos; de éstos se abstenían los indios en sus ayunos por ser fruta de sustancia. Digo de todos estos géneros de aguacates cómenlos los perros y los gatos mejor que gallinas; porque yo he visto que, después de un perro harto de gallina, darle aguacates, y comerlos de muy buena gana, como un hombre harto de carne que come una aceituna.

El árbol es tan grande como grandes perales; la hoja ancha y muy verde, huele muy bien, es buena para agua de piernas, y mejor para agua de barbas. Otras muchas cosas se hallan aguas vertientes de estas montañas a la costa del Norte, y he notado y visto por experiencia, que las montañas y tierra que está hacia el Norte y gozan de este viento Aquilón, está más fresca y más fructífera.

La tierra adentro, hacia la parte del Sur y Poniente, en estos mismos montes es tierra seca, y no llueve sino cuando es el tiempo de las aguas, y aun menos que en las otras partes de esta Nueva España, y así es muy grande la diferencia que hay de la una parte a la otra; porque, puesto uno en la cumbre de los montes de la parte del Norte, como está dicho que lo más del año llueve, o mollina, o niebla, tiene cubiertas las puntas de las sierras; y de la otra parte, a un tiro de ballesta, poco más, está lo más del tiempo seco; lo cual es muy de notar, que en tan poco espacio haya dos tan grandes extremos.

En esta parte seca se hallan árboles diferentes de los de la otra parte, como es el guayacán, que es un árbol con que se curan los que tienen el mal de las bubas, que acá se llaman las "infinitas"; yo creo que este nombre han traído soldados y gente plática que de poco han venido de Castilla.

Ahora, de poco tiempo acá, han hallado una hierba que llaman la zarzaparrilla; con el agua de ésta se han curado muchos y sanado de la misma enfermedad; de esta zarzaparrilla hay mucha.

Y porque sería nunca acabar si hubiese de explicar y particularizar las cosas que hay en estos montes, digo: que en la costa, que es tierra caliente conforme a las Islas, aquí se hallan todas las cosas que en la Española y en las otras islas, y otras muchas que allá no hay, así de las naturales como de las traídas de Castilla; aunque es verdad que no se han acá criado tantos árboles de cañafístola ni tantas cañas de azúcar; pero podríase criar, y mucho más que allá, porque además de algunos ingenios que hay hechos, son los indios tan amigos de cañas de azúcar para las comer en caña, que han plantado muchas y se dan muy bien, y los indios mejor a ellas, y las venden en sus mercados todo el año como otra cualquiera fruta.

En la tierra adentro, lo que ella en sí tenía, y con lo que se ha traído de España, y ella en sí es capaz de producir y criar, tiene aparejo para fructificar todo lo que hay en Asia, y en África, y en Europa; por lo cual se puede llamar otro Nuevo Mundo.

Lo que esta tierra ruega a Dios es, que dé mucha vida a su rey y muchos hijos, para que le dé un infante que la señoree y ennoblezca, y prospere así en lo espiritual como en lo temporal, porque en esto le va la vida; porque una tierra tan grande y tan remota y apartada no se puede desde tan lejos bien gobernar, ni una cosa tan divisa de Castilla y tan apartada no puede perseverar sin padecer grande desolación y muchos trabajos, e ir cada día de caída, por no tener consigo a su principal cabeza y rey que la gobierne y mantenga en justicia y perpetua paz, y haga merced a los buenos y leales vasallos, castigando a los rebeldes y tiranos que quieren usurpar los bienes del patrimonio real.

La mayor necesidad que la tierra tiene, y lo que la hace ser buena, es tener abundancia de agua, de la cual hay mucha en estos montes, así de la que llueve del cielo, de la cual muy a menudo es regada, como de fuentes y manantiales, que de todo es abundantísima, digo a la parte del Norte y Mediodía; que son tantos los arroyos y ríos que por todas partes corren de estos montes, que en la verdad me aconteció, en espacio de dos leguas, contar veinte y cinco ríos y arroyos, y esto no es en la tierra adonde más agua había, sino así acaso, yendo de camino, se me antojó de contar los ríos y arroyos que podía haber en dos leguas, para dar testimonio de la verdad, y hallé estos veinte y cinco ríos y arroyos que digo, y por otras muchas partes de estos montes se hallará esto que digo y mucho más, porque es la tierra muy doblada.

Hay en toda esta Nueva España muy grandes y muy hermosas fuentes, y algunas de ellas tan grandes, que luego como nacen de una fuente se hace un río, y esto he visto en muchas partes, entre las cuales dos me parecen ser dignas de memoria, y para dar gloria y alabar al Señor que las crió, porque todos los españoles que las han visto les ha sido mucha materia de alabar y bendecir a Dios que tal crió, y todos dicen y confiesan no haber visto semejante cosa en todas las partidas que han andado.

Ambas nacen al pie de estos montes y son de muy gentil y clara agua. La una llaman los españoles la fuente de Ahuilizapán, porque nace en un pueblo que se llama de aquel nombre, que en nuestra lengua quiere decir "agua blanca", y así lo es, muy clara, y sale con mucho ímpetu.

La otra fuente está en un pueblo que se llama Atiepac. Ésta es una fuente redonda, tan grande, que una persona tendrá que hacer con un arco echar un bodoque de la una parte a la otra; es en el medio muy honda, y por las orillas tiene siete u ocho estados de agua, y está en toda ella el agua tan clara, que en todas partes se ve el suelo, o por mejor decir las piedras, porque nace de entre unas grandes piedras y peñas, y vese todo tan claro como si fuese a medio estado.

Luego desde la fuente sale tanta agua, que se hace un grande río ancho y lleno de pescado, y en el mismo nacimiento hay muchos peces y buenos. Esta fuente que digo nace al pie de dos sierras, y tiene encima de sí un muy notable y hermosísimo peñón de muy graciosa arboleda, que ni pintado ni, como dicen, hecho de cera, no podía ser más lindo, ni más entallado ni mejor proporcionado; es por debajo muy redondo, y ya subiendo y ensangostándose igualmente por todas partes; tendrá de altura más de cien estados, y así en el peñón como en la fuente, había antiguamente grandes sacrificios, como en lugares notables.

Es cierto cosa muy de mirar y de grande admiración, ver algo desviado unos montes tan altos y tan grandes que parece cosa imposible que por allí pueda pasar río, y allá en lo profundo da Dios a los ríos sus canales y cursos, ya anchas, ya llanas, angostas y apartadas; en partes corren con gran mansedumbre, y por otras partes corren con tanta furia, que ponen temor y espanto a los que los miran, de verlos ir por entre altas y grandes rocas de peña tajada, y ver entrar un grande río por muy estrecha canal; otras veces hace caer los ríos de tan grande altura, que apenas se ve lo profundo, ni hay quien se ose acercar a lo mirar, y si algún monte se le pone delante, con su furia lo mina y barrena, y hace paso por donde pueda colar y pasar su furia a la otra parte, dejando encima hecha puente firme y segura del mismo monte, por donde sin peligro se pueda pasar.

En lo alto de estos montes y en lo bajo todo es tierra poblada, y también en las riberas de los ríos, y por las laderas hay poblaciones vistosas de lejos, que adornan y hermosean en gran manera toda aquella comarca.

Cuando los frailes de sus monasterios iban a predicar y a bautizar por los pueblos que están en estos montes, que están desviados de los monasterios, luego como por la tierra se sabe, salen al camino los señores de los pueblos, o envían a ellos sus mensajeros de treinta y cuarenta leguas, a rogarles que vayan a sus pueblos a bautizar a mucha gente que los están esperando, para que les enseñen la palabra de Dios;

los unos pueblos están en lo alto de los montes, otros están en lo profundo de los valles, y por esto los frailes es menester que suban a las nubes —que por ser tan altos los montes están siempre llenos de nubes—, y otras veces tienen de abajar a los abismos, y como la tierra es muy doblada y, con la humedad, por muchas partes llena de lodo y resbaladeros aparejados para caer, no pueden los pobres frailes hacer estos caminos sin padecer en ellos grandísimos trabajos y fatigas.

Yo soy cierto que los que esta tierra anduvieren, que se les acuerde bien de lo que digo, y confiesen y digan ser todo esto verdad. Con todo esto los frailes los van a buscar, y a administrar los sacramentos, y predicarles la palabra y Evangelio de Jesucristo; porque viendo la fe y necesidad con que lo demandan, ¿a qué trabajo no se pondrán por Dios y por las ánimas que él crió a su imagen y semejanza, y redimió con su preciosa sangre, por los cuales él mismo dice haber pasado días de dolor y de mucho trabajo?

Los pueblos que están más abajo a la costa, en sabiendo que los frailes andan visitando, luego van a recibirlos y llevar en acallis o barcas, en que vengan a sus pueblos, que la tierra hacia la costa en muchas partes se anda por los ríos, por estar perdidos los caminos, por la falta de la gente, porque está muy despoblada según lo que solía ser bien poblada y abundante de gente, que por una parte los grandes tributos y servicios, y casas que hacían a los españoles lejos de sus pueblos, y esclavos que sacaron y los hicieron sin lo ser, y en otras partes guerras y entradas, han quedado pocos indios; y por otra parte los tigres y leones han comido mucha gente, lo cual no solían hacer antes que los españoles viniesen; la causa de esto se cree que es, que cuando la gente era mucha, los tigres y leones no osaban salir ni bajar de las montañas altas a lo bajo, y después encarnizáronse en los indios que morían por los caminos, o fue por permisión de Dios, porque cuando todos los otros pueblos de la tierra recibían la fe y el bautismo, entonces también fuera razón que ellos despertaran y buscaran al verdadero Dios, y no lo hicieron.

Acontecióles a éstos como a los gentiles advenedizos que poblaron a Samaria, que porque no temieron a Dios ni le adoraron, mandó Dios a los leones que descendiesen de las montañas y los matasen y comiesen; de esta manera acá en este tiempo que digo los leones y tigres salían a los pueblos de las costas y mataron y comieron muchos indios, y algunos españoles a vueltas, tanto, que casi se despoblaron muchos pueblos, y a los indios les fue forzado a desamparar la tierra, y los que quedaron en ella morar juntos, y hacer cercados y palenques, y aun con todo esto, si de noche no se velaban, no estaban seguros.

Otros pueblos vi yo mismo que los moradores de ellos cada noche se acogían a dormir en alto, que ellos tienen sus casillas de paja armadas sobre cuatro pilares de palo, y en aquella concavidad que cubre la paja se hace un desván o barbacoa cerrado por todas partes, y cada noche se suben allí a dormir, y allí meten consigo sus gallinas y perrillos y gatos, y si algo se les olvida de encerrar, son tan ciertos los tigres y leones que comen todo cuanto abajo se olvida; pero están tan diestros los perros y gatos y aves, que venida la tarde todos se ponen en cobro, sin que sea menester tañer a queda, porque todos tienen cuidado de ponerse en cobro a tiempo, so pena de la vida y de ser comidos de los leones y tigres.

Después que se han bautizado y se confiesan y han hecho iglesias, ha cesado mucho la crueldad de aquellos animales.

Los españoles para defender y conservar a sus indios buscaron buenos perros que trajeron de Castilla, con los cuales han muerto muchos tigres y leones. En un pueblo que se dice Chocamán se han muerto, por cuenta, ciento y diez tigres y leones, y en otro pueblo que se dice Amatlán, el indio señor de este pueblo hubo dos perros de los de España, el uno de ellos era muy bueno, con los cuales ha muerto ciento y veinte leones y tigres; yo vi muchos de los pellejos.

Cuando los matan es menester ayudar a los perros, porque en estas partes los tigres y leones, en viéndose acosados, luego se encaraman por los árboles; y para echarlos abajo es menester flecharlos, porque muchas veces no alcanzan con una larga lanza adonde ellos se encaraman, porque suben por un árbol como un gato.

Cuando algunos caminan en compañía por estas tierras y duermen en el campo, hacen a la redonda de sí muchos fuegos, porque los leones y tigres tienen mucho temor al fuego y huyen de él; por estas causas dichas lo más del trato y camino de los indios en aquella tierra es por acallis o barcas por el agua. Acalli en esta lengua quiere decir casa hecha sobre agua; con éstas navegan por los grandes ríos, como son los de la costa, y para sus pesquerías y contrataciones; y con éstas salen a la mar, y con las grandes de estas acallis navegan de una isla a otra, y se atreven a atravesar algún golfo pequeño.

Estas acallis o barcas cada una es de una sola pieza, de un árbol tan grande y tan grueso como lo demanda la longitud, y conforme al ancho que le pueden dar, que es de lo grueso del árbol de que se hacen, y para esto hay sus maestros como en Vizcaya los hay de navíos; y como los ríos se van haciendo mayores cuanto más se allegan a la costa, tanto son mayores estos acallis o barcas.

En todos los ríos grandes de la costa, y muchas leguas la tierra adentro, hay tiburones y lagartos, que son bestias marinas; algunos quieren decir que estos lagartos sean de los cocodrilos. Son algunos de tres brazas en largo, y aun me dicen que en algunas partes los hay mayores, y son casi del grueso y cuerpo de un caballo; otros hay menores.

Adonde éstos o los tiburones andan encarnizados nadie osa sacar la mano fuera de la barca, porque estas bestias son muy prestas en el agua, y cuanto alcanzan tanto cortan, y llévanse un hombre atravesado en la boca. También éstos han muerto muchos indios y algunos pocos españoles.

Los lagartos salen fuera del agua, y están muy armados de su mismo cuero, el cual es tan duro, que no es más dar en él con una lanza o con una saeta que dar en una peña.

Las noches que los indios duermen en el agua en aquellos acallis, no se tienen de descuidar por temor de las bestias marinas; y por temor de los tigres y leones no osan salir a tierra. También hacen los ríos, antes que entren en el mar, muy grandes esteros y lagunas muy anchas, tanto, que de la una parte a la otra, y a la redonda, casi se pierde la tierra de vista; con temporal recio hacen estas lagunas grandes olas, como en la mar, con tanta furia, que si toma dentro algunos indios que van a pescar en aquellos acallis, los pone temor y hace peligrar algunos; de manera que, como dice San Pablo, todo este mundo está lleno de barrancos, y peligros, y lazos, y asechanzas, de lo cual todo libra Dios a los que entienden y se ocupan en su servicio; como hace a los que entienden en la conversión de estos indios, porque hasta hoy no se sabe que a ningún fraile hayan muerto bestias bravas, aunque algunos se han visto entre ellas, ni muerto ningún fraile en ninguna nao de las que han venido de España, ni se ha perdido nao en que viniesen frailes, porque Dios los guarda maravillosamente.

Habiendo dicho algo de los montes, aunque sumariamente, justo será decir algo de los ríos que de ellos salen, que son muchos y grandes, según que parece por la carta del navegar, adonde claramente se ve su grandeza ser tanta, que de muchos de ellos se coge agua dulce dentro en la mar alta, y se navega y suben por ellos muchas leguas, y todas sus riberas solían ser muy pobladas de indios, aunque ahora en muchas partes y provincias las conquistas y entradas que han hecho las armadas han despoblado mucho la tierra, y los indios que han quedado, temerosos, se han metido la tierra adentro.

De estos ríos que digo he visto algunos, pero de sólo uno quiero aquí decir, que ni es de los mayores ni de los menores, y por éste se podrá entender la grandeza que los otros deben tener, y qué tales deben ser.

Este río de quien trato se llama en lengua de los indios Papaloapán, y es buen nombre, porque él papa y recoge en sí muchos ríos. La tierra que este río riega es de la buena y rica que hay en toda la Nueva España, y adonde los españoles echaron el ojo como a tierra rica; y los que en ella tuvieron repartimiento llevaron y sacaron de ella grandes tributos, y tanto la chuparon, que la dejaron más pobre que otra, y como estaba lejos de México no tuvo valedores.

A este río pusieron los españoles por nombre el río de Alvarado, porque cuando vinieron a conquistar esta tierra, el adelantado Pedro de Alvarado se adelantó con el navío que tenía, y entró por este río arriba la tierra adentro. El principio de este río y su nacimiento es de las montañas de Tzonquilica, aunque la principal y mayor fuente que tiene es la que dije de Aticpac.

En este río de Papaloapán entran otros grandes ríos, como son el río de Quimichtepec y el de Huitzila, y el de Chinantla, y el de

Quauhquepaltepec, y el de Tochtlán, y el de Teuhziyuca. En todos estos ríos hay oro y no poco, pero el más rico es el de Huitzila. Cada uno de estos ríos, por ser grandes, se navegan con acallis, y hay en ellos mucho pescado y muy bueno.

Después que todos entran en la madre, hácese un muy hermoso río y de muy hermosa ribera, llena de grandes arboledas. Cuando va de avenida arranca aquellos árboles, que cierto es cosa de ver su braveza, y lo que hinche; antes que entre en la mar, revienta e hinche grandes esteros y hace grandes lagunas, y con todo esto, cuando va más bajo, lleva dos estados y medio de altura, y hace tres canales, la una de peña, la otra de lama, y la otra de arena.

Es tanto el pescado que este río lleva, que todos aquellos esteros y lagunas están cuajados, que parece hervir los peces por todas partes. Mucho habría que decir de este río y de su riqueza, y para que algo se vea quiero contar de un solo estero, que dura siete u ocho leguas, que se llama el Estanque de Dios.

Este estero o laguna que digo parte términos entre dos pueblos; al uno llaman Quauhquepaltepec, y al otro Otlatitlán; ambos fueron bien ricos y gruesos, así de gente como de todo lo demás: va tan ancho este estero como un buen río, y es bien hondo; y aunque lleva harta agua, como va por tierra muy llana, parece que no corre por ninguna parte;

con el mucho pescado que en él hay suben por él tiburones, lagartos, bufeos: hay en este estero sábalos tan grandes como toninas, y así andan en manadas y saltando sobreaguadas como toninas; hay también de los sábalos de España y de aquel tamaño, y los unos y los otros son de escama y manera y nombre los unos como los otros; por este estero suben y se crían en él manatíes o malatíes;

asimismo se ceban en este estero muchas aves de muchas maneras: andan muchas garzas reales y otras tan grandes como ellas, sino que son más pardas y oscuras, y no de tan gran cuello; andan otras aves como cigüeñas, y el pico es mayor, y es una cruel bisarma; hay garzotas, de muchas de las cuales se hacen hermosos penachos, por ser las plumas mucho mayores que las garzotas de España; hay de estas cosas sin número: alcatraces, cuervos marinos; algunas de éstas y otras aves, somorgujándose debajo del agua, sacaban muchos peces. Las otras menores aves que no saben pescar están esperando la pelea que los pescados grandes tienen a los menores, y los medianos a los pequeños, y en este tiempo, como se desbarata el cardumen del pescado, y van saltando los unos y los otros guareciéndose a la orilla, entonces se ceban las aves en los peces que saltan y en los que se van a la orilla del agua; y al mejor tiempo vienen de encima gavilanes y halcones a cebarse en aquellas aves que andan cebándose en los peces, y como son tantas tienen bien en qué cebar: lo uno y lo otro es tan de ver, que pone admiración ver cómo los unos se ceban en los otros, y los otros en los otros, y cada uno tiene su matador.

Pues mirando a la ribera y prados, hay muchos venados y conejos y liebres en grande abundancia, mayormente venados, adonde vienen los tigres y leones a cebarse en ellos: además de esto, de una parte y de otra va muy gentil arboleda, que además de las aves ya dichas, hay unas como sierpes que los indios llaman quaulitizpal, que quiere decir sierpe de monte; a los lagartos grandes llaman sierpe de agua. En las islas llaman a las primeras iguanas. Éstas andan en tierra y entre tierra y agua, y parecen espantosas a quien no las conoce; son pintadas de muchas colores, y de largo de seis palmos, más y menos.

Otras hay en las montañas y arboledas que son más pardas y menores; las unas y las otras comen en día de pescado, y su carne y sabor es como de conejo: éstas salen al sol, y se ponen encima de los árboles, en especial cuando hace día claro.

En este estero y en el río hay otros muchos géneros de aves, en especial unas aves muy hermosas, a que los indios llaman teocacholli, que quiere decir "dios cacholli". Éstas, así por su hermosura como por su preciosidad, los indios las tenían por dioses: toda la pluma que estas aves tienen es muy buena y fina para las obras que los indios labran de pluma y oro; son mayores que gallos de Castilla.

Entre otras muchas especies de patos y ánades, hay también unos negros, y las alas un poco blancas, que ni son bien ánsares ni bien lavancos; éstos también son de precio. De éstos sacan las plumas de que tejen las mantas ricas de pluma; solía valer uno de éstos en la tierra dentro un esclavo; ahora, de los patos que han venido de Castilla y de los lavancos, los tienen los indios para pelar y sacar pluma para tejer; la pluma de los de Castilla no es tan buena como la de los de esta tierra.

En este río y sus lagunas y esteros se toman manatíes, que creo que es el más precioso pescado que hay en el mundo: algunos de éstos tienen tanta carne como un buey, y en la boca se parecen mucho al buey; tiene algo más escondida la boca, y la barba más gruesa y más carnuda que el buey; sale a pacer a la ribera, y sabe escoger buen pasto, porque de hierba se mantiene: no sale fuera del agua más de medio cuerpo, y levántase sobre dos manos o tocones que tiene algo anchos, en los cuales señala cuatro uñas como de elefante, sino que son mucho menores, y así tiene los ojos y el cuero como de elefante; la demás de su manera y propiedades pone bien el libro de la Historia general de las Indias: haylos en este estero, y aquí los arponan los indios y los toman con redes.

De dos veces que yo navegué por este estero que digo, la una fue una tarde de un día claro y sereno, y en verdad que yo iba la boca abierta mirando aquel Estanque de Dios, y veía cuán poca cosa son las cosas de los hombres y las obras y estanques de los grandes príncipes y señores de España, y cómo todo es cosa contrahecha adonde están los príncipes del mundo, que tanto trabajan por cazar las aves para volar las altanerías, desvaneciéndose tras ellas; y otros en atesorar plata y oro y hacer casas y jardines y estanques, en lo cual ponen su felicidad: pues miren y vengan aquí, que todo lo hallarán junto, hecho por la mano de Dios, sin afán ni trabajo, lo cual todo convida a dar gracias a quien hizo y crió las fuentes y arroyos, y todo lo demás en el mundo criado con tanta hermosura; y todo para servicio del hombre, y con todo ello mal contentos; pues que desde una tierra tan rica y tan lejos como es España, muchos han venido no contentos con lo que sus padres se contentaron (que por ventura fueron mejores y para más que no ellos), a buscar el negro oro de esta tierra, que tan caro cuesta, y a enriquecerse y usurpar en tierra ajena lo de los pobres indios, y tratarlos y servirse de ellos como de esclavos.

Pues mirándolo y notándolo bien, todos cuantos ríos hay en esta Nueva España, ¿qué han sido sino ríos de Babilonia, adonde tantos llantos y tantas muertes ha habido, y adonde tantos cuerpos y ánimas han perecido? ¡Oh, y cómo lloran esto las viudas y aun las casadas en España, por los ahogados en estos ríos y muertos en esta tierra, y a los acá olvidados y abarraganados, sin cuidado de volver a sus casas, ni adonde dejaron sus mujeres, dadas por la ley y mandamiento de Dios; otros dilatando su partida, no queriendo ir hasta que estén muy ricos; y los más de éstos permite Dios que vienen a morir en un hospital!

Había de haber para éstos un fiscal que los apremiase con penas; porque más les valdría ser buenos por mal, que dejarlos perseverar en su pecado: no sé si les cabrá parte de la culpa a los prelados y confesores; porque si éstos hiciesen lo que es en sí y los castigasen y reprendiesen, ellos volvieran a sus casas y a remediar a sus hijos.

A los moradores de las islas no les bastan los indios que de ellas han acabado y despoblado, sino buscan mil modos y maneras para, con sus armadas, venir a hacer saltos a la tierra firme: denle cuanta buena color quisieren delante de los hombres, que delante de Dios yo no sé qué tal será.

¡Oh, qué río de Babilonia se abrió en la tierra del Perú! ¡Y cómo el negro oro se vuelve en amargo lloro, por cuya codicia muchos vendieron sus patrimonios, con que se pudieran sustentar tan bien como sus antepasados! Y engañados en sus vanas fantasías, de adonde pensaban llevar con qué se gozar, vinieron a llorar, porque antes que llegaban al Perú, de diez apenas escapaba uno, y de ciento diez; y de aquellos que escapaban, llegados al Perú han muerto mil veces de hambre y otras tantas de sed, sin otros muchos innumerables trabajos, sin los que han muerto a espada, que no han sido la menor parte.

Y porque de mil ha vuelto uno a España, y éste lleno de bienes, por ventura mal adquiridos, y que, según San Agustín, no llegarán al tercero heredero, y ellos y el oro todos van de una color, porque con el oro cobraron mil enfermedades, unos tullidos de bubas, otros con mal de ijada, bazo, y piedra, y riñones, y otras mil maneras y géneros de enfermedades, que los que por esta Nueva España aportan en la color los conocen, y luego dicen: «Este perulero es»; y por uno que con todos estos males (sin el mayor mal, que es el de su alma) aporta a España rico, se mueven otros mil locos a buscar la muerte del cuerpo y del ánima; y pues no os contentasteis con lo que en España teníades, para pasar y vivir como vuestros pasados, en pena de vuestro yerro es razón que padezcáis fatigas y trabajos sin cuento.

¡Oh, tierra del Perú, río de Babilonia, montes de Gelboé, adonde tantos españoles y tan noble gente ha perecido y muerto, la maldición de David te comprendió, pues sobre muchas partes de tu tierra ni cae lluvia, ni llueve, ni rocía! ¡Nobles de España, llorad sobre estos malditos montes! Pues los que en las guerras de Italia y África peleaban como leones contra sus enemigos, volaban como águilas siguiendo sus adversarios, en la tierra del Perú murieron no como valerosos ni como quien ellos eran, sino de hambre, y sed, y frío, padeciendo otros innumerables trabajos: unos en la mar, otros en los puertos, otros por los caminos, otros en los montes y despoblados.

Oído he certificar que, aunque la tierra del Perú ha sido de las postreras que se descubrieron, ha costado más vidas de españoles que costaron las islas y Tierra Firme y Nueva España. ¿Adónde ha habido en tierra de infieles, de tan pocos años acá, tantas batallas como ha habido de cristianos contra cristianos tan crueles como en el Perú, y adonde tantos murieron? Bien señalado quedó el campo de la sangre que allí se derramó, y lo que después sucedió muestra el grande espanto de las crueles muertes.

Porque, como esta batalla se dio en unos campos rasos, adonde no hay árboles ni montes, fueron vistas muchas lumbres algunas noches, y muy temerosas y espantosas voces, como de gente trabada en batalla, que decían: «¡Mueran, mueran, matadlos, matadlos, a ellos, a ellos, préndelo, llévale, no le deis vida!» &c.; y que esto sea verdad muchos españoles que del Perú han venido a esta Nueva España lo han certificado, y también ha venido por testimonio, que quedó aquel lugar adonde fue la batalla tan temeroso, que aun de día no osaban pasar por allí; y los que de necesidad han de pasar, parece que van como espantados y que los cabellos se les respeluzan, sin poder ser otra cosa en su mano.

Mas bastante fue la avaricia de nuestros españoles para destruir y despoblar esta tierra, que todos los sacrificios y guerras y homicidios que en ella hubo en tiempo de su infidelidad, con todos los que en todas partes se sacrificaban, que eran muchos; y porque algunos tuvieron fantasía y opinión diabólica que conquistando a fuego y a sangre servirían mejor los indios, y que siempre estarían en aquella sujeción y temor, asolaban todos los pueblos donde llegaban: ¡cómo en la verdad fuera mejor haberlos ganado con amor, para que tuvieran de quién se servir!

Y estando la tierra poblada estuviera rica, y todos ellos fueran ricos, y no tuvieran tanto de que dar estrecha cuenta al tiempo de la final residencia; pues el mismo Dios dice que por cada ánima de un prójimo darás la tuya y no otra prenda; porque Cristo, como Señor soberano, echa mano de lo bien parado y entrégase en lo mejor, así por el indio que, por el demasiado trabajo que le das, muere en tu servicio o por tu causa, y más si por tu culpa el tal muere sin bautismo; pues mirad que sois sus guardas, y que se os dan en guarda y encomienda, y que tenéis de dar cuenta de ellos y muy estrecha, porque la sangre y muerte de éstos que en tan poco estimáis, clamará delante de Dios, así de la tierra del Perú como de las islas y Tierra Firme; por eso, ande buena olla y mal testamento, que el que no hace lo que debe, su muerte come en la olla; por eso no curéis de saber de dónde viene la gallina sin pagarla, y por qué se traen los conejos y codornices y los otros muchos presentes y servicios, que queréis que vuestra boca sea medida, descuidados de saber el daño que hacen vuestros ganados en las heredades y sementeras ajenas, las joyas al tiempo del tributo demasiado grandes, y mandar que den mantas y alpargatas a los criados y criadas, y den vestir y calzar a los esclavos, y que traigan miel y cera, sal y loza, y esteras y todo cuanto se les antoja a las señoras; y al negro y a la negra demandar esto, es de remediar y sentir que se recibe con mala conciencia, porque todas estas cosas serán traídas y presentadas en el día de la muerte, si acá primero no se restituyen, y no aguardar al tiempo del dar de la cuenta, cuando no se puede volver el pie atrás, ni hay lugar de enmienda.

Ciertamente gran merced hace Dios a los que de esta parte de la muerte los retrae de los pecados y les da tiempo de penitencia y lumbre de conocimiento; a este fin se escriben semejantes cosas, para que despierte el que duerme.

Cuando los españoles se embarcan para venir a esta tierra, a unos les dicen, a otros se les antoja, que van a la isla de Ofir, de donde el rey Salomón llevó el oro muy fino, y que allí se hacen ricos cuantos en ella van; otros piensan que van a las islas de Tarsis o al gran Cipango, adonde por todas partes es tanto el oro, que lo cogen a baldadas; otros dicen que van en demanda de las Siete Ciudades, que son tan grandes y tan ricas, que todos han de ser señores de salva.

¡Oh locos y más que locos! ¡Y si quisiese Dios y tuviese por bien que, de cuantos han muerto por estas partes, resucitase uno para que fuese a desengañar y testificar y dar voces por el mundo, para que no viniesen los hombres a tales lugares a buscar la muerte con sus manos! Y son como las suertes, que salen en lleno y con preseas veinte, salen diez o doce mil en blanco.

CAPÍTULO XII: QUE CUENTA DEL BUEN INGENIO Y GRANDE HABILIDAD QUE TIENEN LOS INDIOS EN APRENDER

El que enseña al hombre la ciencia, ese mismo proveyó y dio a estos indios naturales grande ingenio y habilidad para aprender todas las ciencias, artes y oficios que les han enseñado, porque con todos han salido en tan breve tiempo, que en viendo los oficios que en Castilla están muchos años en los aprender, acá, en sólo mirarlos y verlos hacer, han quedado muchos maestros. Tienen el entendimiento vivo, recogido y sosegado, no orgulloso ni derramado como otras naciones.

Aprendieron a leer brevemente, así en romance como en latín, y de tirado y letra de mano. Apenas hay carta en su lengua, de muchas que unos a otros se escriben, que como los mensajeros son baratos, andan bien espesas; todos las saben leer, hasta los que ha poco que se comenzaron a enseñar.

Escribir se enseñaron en breve tiempo, porque en pocos días que escriben luego contrahacen la materia que les dan sus maestros, y si el maestro les muda otra forma de escribir, como es cosa muy común que diversos hombres hacen diversas formas de letras, luego ellos también mudan la letra y la hacen de la forma que les da su maestro.

En el segundo año que les comenzamos a enseñar, dieron a un muchacho de Tetzcoco por muestra una bula, y sacóla tan a lo natural, que la letra que hizo parecía el mismo molde, porque el primer renglón era de letra grande, y abajo sacó la firma ni más ni menos, y un Jesús con una imagen de Nuestra Señora, todo tan al propio, que parecía no haber diferencia del molde a la otra letra; y por cosa notable y primera la llevó un español a Castilla.

Letras grandes y griegas, pautar y apuntar, así canto llano como canto de órgano, hacen muy liberalmente, y han hecho muchos libros de ello; y también han aprendido a encuadernar e iluminar, alguno de ellos muy bien, y han sacado imágenes de planchas de bien perfectas figuras, tanto que se maravillan cuantos las ven, porque de la primera vez la hacen perfecta, de las cuales tengo yo bien primas muestras.

El tercero año les impusimos en el canto, y algunos se reían y burlaban de ello, así porque parecían desentonados, como porque parecían tener flacas voces; y en la verdad no las tienen tan recias ni tan suaves como los españoles, y creo que lo causa andar descalzos y mal arropados los pechos, y ser las comidas tan pobres; pero como hay muchos en que escoger, siempre hay razonables capillas.

Fue muy de ver el primero que les comenzó a enseñar el canto: era un fraile viejo y apenas sabía ninguna cosa de la lengua de los indios, sino la nuestra castellana, y hablaba tan en forma y en seso con los muchachos como si fuera con cuerdos españoles; los que lo oíamos no nos podíamos valer de risa, y los muchachos, la boca abierta, oyéndole muy atentos, ver qué quería decir. Fue cosa de maravilla, que aunque al principio ninguna cosa entendían, ni el viejo tenía intérprete, en poco tiempo le entendieron y aprendieron el canto de tal manera, que ahora hay muchos de ellos tan diestros que rigen capillas; y como son de vivo ingenio y gran memoria, lo más de lo que cantan saben de coro, tanto, que si estando cantando se revuelven las hojas o se cae el libro, no por eso dejan de cantar, sin errar un punto; y si ponen el libro en una mesa, tan bien cantan los que están al revés y a los lados como los que están delante.

Un indio de estos cantores, vecino de esta ciudad de Tlaxcallán, ha compuesto una misa entera, apuntada por puro ingenio, aprobada por buenos cantores de Castilla que la han visto. En lugar de órganos tienen música de flautas concertadas, que parecen propiamente órganos de palo, porque son muchas flautas. Esta música enseñaron a los indios unos ministriles que vinieron de España; y como acá no hubiese quien a todos juntos los recibiese y diese de comer, rogámosles que se repartiesen por los pueblos de los indios, y que los enseñasen pagándoselo, y así los enseñaron. Hacen también chirimías, aunque no las saben dar el tono que han de tener.

Un mancebo indio que tañía flauta enseñó a tañer a otros indios en Tehuacán, y en un mes todos supieron oficiar una misa y vísperas, himnos, y Magníficat, y motetes; y en medio año estaban muy gentiles tañedores. Aquí en Tlaxcallán estaba un español que tañía rabel, y un indio hizo otro rabel y rogó al español que le enseñase, el cual le dio solas tres lecciones, en las cuales aprendió todo lo que el español sabía; y antes que pasasen diez días tañía con el rabel entre las flautas, y dice cantaba sobre todas ellas.

Ahora he sabido que en México hay maestro que tañe vihuela de arco, y tiene ya hechas todas cuatro voces: yo creo que antes del año sabrán tanto los indios como su maestro, o ellos podrán poco.

Hasta comenzarles a enseñar latín o gramática hubo muchos pareceres, así entre los frailes como de otras personas, y cierto se les ha enseñado con harta dificultad, mas con haber salido muy bien con ello se da el trabajo por bien empleado, porque hay muchos de ellos buenos gramáticos, y que componen oraciones largas y bien autorizadas, y versos exámetros y pentámetros, y lo que en más se debe tener es el recogimiento de los estudiantes, que es como de novicios frailes, y esto con poco trabajo de su maestro; porque estos estudiantes y colegiales tienen su colegio bien ordenado, adonde a solos ellos se enseña; porque después que vieron que aprovechaban en el estudio, pasaron los del barrio de San Francisco de México al otro barrio que se llama Santiago de Tlatilolco, adonde ahora están con dos frailes que los enseñan, y con un bachiller indio que les lee gramática.

Una muy buena cosa aconteció a un clérigo recién venido de Castilla, que no podía creer que los indios sabían la doctrina cristiana, ni Pater Noster, ni Credo bien dicho; y como otros españoles le dijesen que sí, él todavía incrédulo; y a esta sazón habían salido los estudiantes del colegio, y el clérigo, pensando que eran de los otros indios, preguntó a uno si sabía el Pater Noster y dijo que sí, e hízosele decir, y después hízole decir el Credo, y díjolo bien; y el clérigo acusóle una palabra que el indio bien decía, y como el indio se afirmase en que decía bien, y el clérigo que no, tuvo el estudiante necesidad de probar cómo decía bien, y pregúntele hablando en latín:

"Reverende Pater, cuius casus est?". Entonces, como el clérigo no supiese gramática, quedó confuso y atajado.

De los oficios mecánicos que los indios han aprendido de los españoles, y de los que ellos de antes sabían.

En los oficios mecánicos, así los que de antes los indios tenían, como los que de nuevo han aprendido de los españoles, se han perfeccionado mucho; porque han salido grandes pintores después que vinieron las muestras e imágenes de Flandes y de Italia que los españoles han traído, de las cuales han venido a esta tierra muy ricas piezas, porque adonde hay oro y plata todo viene; en especial los pintores de México, porque allí va a parar todo lo bueno que a esta tierra viene; y de antes no sabían pintar sino una flor o un pájaro, o una labor; y si pintaban un hombre o un caballero, era muy mal entallado; ahora hacen buenas imágenes.

Aprendieron también a batir oro, porque un batidor de oro que pasó a esta Nueva España, aunque quiso esconder su oficio de los indios, no pudo, porque ellos miraban todas las particularidades del oficio y contaron los golpes que daba con el martillo, y cómo volvía y revolvía el molde, y antes que pasase un año sacaron oro batido.

Han salido también algunos que hacen guadamaciles buenos, hurtando el oficio al maestro sin él se lo querer mostrar, aunque tuvieron harto trabajo en dar la color dorada y plateada. Han sacado también algunas buenas campanas y de buen sonido; éste fue uno de los oficios con que mejor han salido.

Para ser buenos plateros no les falta otra cosa sino la herramienta, que no la tienen; pero con una piedra sobre otra hacen una taza llana y un plato. Mas para fundir una pieza y hacerla de vaciado, hacen ventaja a los plateros de España, porque funden un pájaro que se le anda la lengua y la cabeza y las alas; y vacían un mono u otro monstruo que se le anda la cabeza, lengua, pies y manos; y en las manos pónenle unos trebejuelos que parece que bailan con ellos; y lo que más es, que sacan una pieza la mitad de oro y la mitad de plata, y vacían un pez con todas sus escamas, la una de oro y la otra de plata.

Han aprendido a curtir cueros, a hacer fuelles de herreros, y son buenos zapateros, que hacen zapatos y servillas, borceguíes, y pantuflos, chapines de mujeres, y todo lo demás que se hace en España. Este oficio comenzó en Michoacán, porque allí se curten los buenos cueros de venados.

Hacen todo lo que es menester para una silla gineta: bastos y fuste, coraza y sobrecoraza. Verdad es que el fuste no le acertaban a hacer, y como un sillero tuviese un fuste a la puerta, un indio esperó a que el sillero entrase a comer, y hurtole el fuste para sacar otro por él, y luego otro día, a la misma hora, estando el sillero comiendo, tornole a poner el fuste en su lugar; y desde a seis o siete días vino el indio vendiendo fustes por las calles, y fue a casa del sillero y díjole si le quería comprar de aquellos fustes, de lo cual creo yo que pesó al sillero, porque en sabiendo un oficio los indios, luego abajan los españoles los precios, porque como no hay más de un oficial de cada uno, venden como quieren; y para esto ha sido gran matador la habilidad y buen ingenio de los indios.

Hay indios herreros, y tejedores, y canteros, y carpinteros, y entalladores; y el oficio que mejor han tomado y con que mejor han salido ha sido sastres, porque hacen unas calzas, y un jubón, y sayo, y chupa, de la manera que se lo demandan, tan bien como en Castilla, y todas las otras ropas que no tienen número sus hechuras, porque nunca hacen sino mudar trajes y buscar invenciones nuevas.

También hacen guantes y calzas de aguja de seda, y bonetillos de seda, y también son bordadores razonables. Labran bandurrias, vihuelas y arpas, y en mil labores y lazos. Sillas de caderas han hecho tantas, que las casas de los españoles están llenas. Hacen también flautas muy buenas.

En México estaba un reconciliado, y como traía sambenito, viendo los indios que era nuevo traje de ropa, pensó uno que los españoles usaban aquella ropa por devoción en la cuaresma, y luego fuese a su casa e hizo sus sambenitos muy bien hechos y muy pintados; y sale por México a vender su ropa entre los españoles, y decía en lengua de indios: «Tic cohuaznequi sambenito», que quiere decir: «¿Quieres comprar sambenito?» Fue la cosa tan reída por toda la tierra, que creo que llegó a España, y en México quedó como refrán: «Ti que quis benito».

De la muerte de tres niños, que fueron muertos por los indios, porque les predicaban y destruían sus ídolos, y de cómo los niños mataron al que se decía ser dios del vino.

Al principio, cuando los frailes menores vinieron a buscar la salud de las ánimas de estos indios, parecióles que convenía que los hijos de los señores y personas principales se recogiesen en los monasterios; y para esto dio mucho favor y ayuda el marqués del Valle que a la sazón gobernaba, y para todo lo demás tocante a la doctrina cristiana; y como los indios naturales le amaban y temían mucho, obedecían de buena gana su mandamiento en todo, hasta dar sus hijos, que al principio se les hizo tan cuesta arriba, que algunos señores escondían sus hijos, y en su lugar ataviaban y componían algún hijo de su criado o vasallo, o esclavillo, y enviábanle acompañado con otros que le sirviesen por mejor disimular, y por no dar al hijo propio.

Otros daban algunos de sus hijos, y guardaban los mayores y los más regalados. Esto fue al principio, hasta que vieron que eran bien tratados y doctrinados los que se criaban en la casa de Dios, que como conocieron el provecho, ellos mismos los venían después a traer y a rogar con ellos, y luego se descubrió también el engaño de los niños escondidos; y porque viene a propósito, contaré de la muerte que los niños dieron a un indio que se hacía dios, y después la muerte que un padre dio a su hijo, y las muertes de otros dos niños indios ya cristianos.

Como en el primer año que los frailes menores poblaron en la ciudad de Tlaxcallán recogiesen los hijos de los señores y personas principales para los enseñar en la doctrina de nuestra santa fe, los que servían en los templos del demonio no cesaban en el servicio de los ídolos, e inducir al pueblo para que no dejasen sus dioses, que eran más verdaderos que no los que los frailes predicaban, y que así lo sustentarían; y por esta causa salió uno de los ministros del demonio (que por venir vestido de ciertas insignias de un ídolo o demonio Ometochtli, y ser su ministro, se llamaba ometoch cotoya, según que aquí se pintará), salió al tianquizco o mercado.

Este demonio Ometochtli era uno de los principales dioses de los indios, y era adorado por el dios del vino, y muy temido y acatado, porque todos se embeodaban, y de la beodez resultaban todos sus vicios y pecados; y estos ministros que así estaban vestidos de las vestiduras de este demonio, salían pocas veces fuera de los templos o patios del demonio, y cuando salían teníanles tanto acatamiento y reverencia, que apenas osaba la gente alzar los ojos para mirarles: pues este ministro así vestido salió y andaba por el mercado comiendo y mascando unas piedras agudas de que acá usan en lugar de cuchillos, que son unas piedras tan negras como azabache, y con cierta arte las sacan delgadas y del largor de un jeme, con tan vivos filos como una navaja, sino que luego saltan y se mellan; este ministro para mostrarse feroz y que hacía lo que otros no podían hacer, andaba mascando aquellas navajas por el mercado.

A esta sazón venían los niños que se enseñaban en el monasterio del río de lavarse, y habían de atravesar por el tianquizco o mercado; y como viesen tanta gente tras aquel demonio, preguntaron qué era aquello, y respondieron unos indios diciendo: «Nuestro dios Ometochtli»; los niños dijeron: «No es dios sino diablo, que os miente y engaña».

Estaba en medio del mercado una cruz, adonde los niños de camino iban a hacer oración, y allí se detenían hasta que todos se ayuntaban, que como eran muchos iban derramados. Estando allí, vínose para ellos aquel mal demonio, o que traía sus vestiduras, y comenzó de reñir a los niños y mostrarse muy bravo, diciéndoles: «Que presto se morirían todos, porque le tenían enojado, y habían dejado su casa e ídose a la de Santa María».

A lo cual algunos de los grandecillos que tuvieron más ánimo le respondieron: «Que él era el mentiroso, y que no le tenían ningún temor porque él no era Dios sino el diablo, y malo engañador». A todo esto el ministro del demonio no dejaba de afirmar que él era dios y que los había de matar a todos, mostrando el semblante muy enojado, para les poner más temor.

Entonces dijo uno de los muchachos: «Veamos ahora quién morirá, nosotros o éste»; y abajóse por una piedra y dijo a los otros: «Echemos de aquí este diablo, que Dios nos ayudará»; y diciendo esto, tiróle con la piedra, y luego acudieron todos los otros; y aunque al principio el demonio hacía rostro, como cargaron tantos muchachos comenzó a huir, y los niños con gran grita iban tras él tirándole piedras, e íbaseles por pies; mas permitiéndolo Dios y mereciéndolo sus pecados, estropezó y cayó, y no hubo caído cuando lo tenían muerto y cubierto de piedras, y ellos muy regocijados decían: «Matamos al diablo que nos quería matar. Ahora verán los macehuales (que es la gente común) cómo éste no era dios sino mentiroso, y Dios y Santa María son buenos».

Acabada la lid y contienda, no parecía que había muerto hombre sino al mismo demonio. Y como cuando la batalla, rompida, los que quedan en el campo quedan alegres con la victoria y los vencidos desmayados y tristes, así quedaron todos los que creían y servían a los ídolos, y la gente del mercado quedaron todos espantados, y los niños muy ufanos diciendo: «Jesucristo, Santa María nos han favorecido a matar a este diablo».

En esto ya habían venido muchos de aquellos ministros, muy bravos, y querían poner las manos en los muchachos, sino que no se atrevieron porque Dios no lo consintió ni les dio ánimo para ello; antes estaban como espantados en ver tan grande atrevimiento de muchachos.

Vanse los niños muy regocijados para el monasterio y entran diciendo cómo habían muerto al diablo. Los frailes no los entendían bien, hasta que el intérprete les dijo cómo habían muerto a uno que traía vestidas las insignias del demonio. Espantados los frailes, y queriéndolos castigar y amedrentar, preguntaron: «¿Quién lo había hecho?» A lo cual respondieron todos juntos: «Nosotros lo hicimos».

Pregunteles otra vez su maestro: «¿Quién tiró la primera piedra?» Respondió uno y dijo: «Yo la eché». Y luego el maestro mandábale azotar diciéndole: «¿Cómo habías hecho tal cosa, y habías muerto hombre?» El muchacho respondió: «Que no habían ellos muerto hombre sino demonio; y que si no lo creían, que lo fuesen a ver».

Entonces salieron los frailes y fueron al mercado, y no vieron sino un gran montón de piedras, y descubriendo y quitando de ellas, vieron cómo el muerto estaba vestido del pontifical del diablo, y tan feo como el mismo demonio. No fue la cosa de tan poca estima, que por sólo este caso comenzaron muchos indios a conocer los engaños y mentiras del demonio, y a dejar su falsa opinión, y venirse a reconciliar y confederar con Dios y a oír su palabra.

En esta ciudad de Tlaxcallán fue un niño encubierto por su padre, porque en esta ciudad hay cuatro cabezas o señores principales, entre los cuales se reduce toda la provincia, que es harto grande, de la cual se dice que salían cien mil hombres de pelea.

Además de aquellos cuatro señores principales, había otros muchos que tenían y tienen muchos vasallos. Uno de los más principales de éstos, llamado por nombre Aexotecatl, tenía sesenta mujeres, y de las más principales de ellas tenía cuatro hijos; los tres de éstos envió al monasterio a los enseñar, y el mayor y más amado de él y más bonito, e hijo de la más principal de sus mujeres, dejole en su casa como escondido.

Pasados algunos días, y que ya los niños que estaban en los monasterios descubrían algunos secretos, así de idolatrías como de los hijos que los señores tenían escondidos, aquellos tres hermanos dijeron a los frailes cómo su padre tenía escondido en casa a su hermano mayor, y sabido, demandáronle a su padre, y luego le trajo, y, según me dicen, era muy bonito, y de edad de doce o trece años.

Pasados algunos días y ya algo enseñado, pidió el bautismo y fuele dado, y puesto por nombre Cristóbal.

Este niño, además de ser de los más principales, y de su persona muy bonito y bien acondicionado y hábil, mostró principios de ser muy buen cristiano, porque de lo que él oía y aprendía enseñaba a los vasallos de su padre, y al mismo padre decía que dejase los ídolos y los pecados en que estaba, en especial el de la embriaguez, porque todo era muy gran pecado, y que se tornase y conociese a Dios del cielo y a Jesucristo su Hijo, que él le perdonaría, y que esto era verdad, porque así lo enseñaban los padres que sirven a Dios.

El padre era un indio de los encarnizados en guerras y envejecido en maldades y pecados, según después pareció, y sus manos llenas de homicidios y muertes. Los dichos del hijo no le pudieron ablandar el corazón ya endurecido, y como el niño Cristóbal viese en casa de su padre las tinajas llenas del vino con que se embeodaban él y sus vasallos, y viese los ídolos, todos los quebraba y destruía, de lo cual los criados y vasallos se quejaron al padre, diciendo: «Tu hijo Cristóbal quebranta los ídolos tuyos y nuestros, y el vino que puede hallar todo lo vierte. A ti y a nosotros echa en vergüenza y en pobreza».

Ésta es manera de hablar de los indios, y otras que aquí van, que no corren tanto con nuestro romance. Demás de estos criados y vasallos que esto decían, una de sus mujeres muy principal, que tenía un hijo del mismo Acxotecatl, le indignaba mucho e inducía para que matase aquel hijo Cristóbal, porque, aquel muerto, heredase otro suyo que se dice Bernardino, y así fue que ahora este Bernardino posee el señorío del padre.

Esta mujer se llamaba Xochipapalotzín, que quiere decir Flor-de-mariposa. Ésta también decía a su marido: «Tu hijo Cristóbal te echa en pobreza y en vergüenza».

El muchacho no dejaba de amonestar a la madre y a los criados de casa que dejasen los ídolos y los pecados juntamente, quitándoselos y quebrantándoselos. En fin, aquella mujer tanto indignó y atrajo a su marido, y él, que de natural era muy cruel, que determinó de matar a su hijo mayor Cristóbal, y para esto envió a llamar a todos sus hijos, diciendo que quería hacer una fiesta y holgarse con ellos; los cuales, llegados a casa del padre, llevolos a unos aposentos dentro de casa, y tomó a aquel su hijo Cristóbal que tenía determinado de matar, y mandó a los otros hermanos que se saliesen fuera; pero el mayor de los tres, que se dice Luis (del cual yo fui informado, porque éste vio cómo pasó todo el caso), éste, como vio que le echaban de allí y que su hermano mayor lloraba mucho, subiose a una azotea, y desde allí por una ventana vio cómo el cruel padre tomó por los cabellos a aquel hijo Cristóbal y le echó en el suelo dándole muy crueles coces, de las cuales fue maravilla no morir (porque el padre era un valentazo hombre, y es así, porque yo que esto escribo lo conocí); y como así no lo pudiese matar, tomó un palo grueso de encina y diole con él muchos golpes por todo el cuerpo hasta quebrantarle y molerle los brazos, y piernas, y las manos con que se defendía la cabeza, tanto, que casi de todo el cuerpo corría sangre.

A todo esto el niño llamaba continuamente a Dios diciendo en su lengua: «Señor Dios mío, haced merced de mí, y si tú quieres que yo muera, muera yo; y si tú quieres que viva, líbrame de este cruel de mi padre».

Ya el padre, cansado, y según afirman, con todas las heridas el muchacho se levantaba y se iba a salir por la puerta afuera, sino que aquella cruel mujer que dije, que se llamaba Flor-de-mariposa, le detuvo la puerta, que ya el padre, de cansado, le dejara ir.

En este sazón súpolo la madre de Cristóbal, que estaba en otro aposento algo apartado, y vino desalada, las entrañas abiertas de madre, y no paró hasta entrar adonde su hijo estaba caído llamando a Dios; y queriéndole tomar para como madre apiadarle, el cruel de su marido, o por mejor decir el enemigo estorbándola, llorando y querellándose decía: «¿Por qué me matas a mi hijo? ¿Cómo has tenido manos para matar a tu propio hijo? Matárasme a mí primero, y no viera yo tan cruelmente atormentado un solo hijo que parí. Déjame llevar mi hijo, y si quieres mátame a mí, y deja al que es niño e hijo tuyo y mío».

En esto, aquel mal hombre tomó a su propia mujer por los cabellos y acoceóla hasta se cansar, y llamó quien se la quitase de allí, y vinieron ciertos indios y llevaron a la triste madre, que más sentía los tormentos del amado hijo que los propios suyos.

Viendo, pues, el cruel padre que el niño estaba con buen sentido, aunque muy mal llagado y atormentado, mandóle echar en un gran fuego de muy encendidas brasas de leña de cortezas de encina secas, que es la lumbre que los señores tienen en esta tierra, que es leña que dura mucho y hace muy recia brasa; en aquel fuego le echó y le revolvió de espaldas y de pechos cruelmente, y el muchacho siempre llamando a Dios y a Santa María; y quitado de allí casi por muerto, algunos dicen que entonces el padre entró por una espada, otros que por un puñal, y que a puñaladas le acabó de matar; pero lo que yo con más verdad he averiguado es que el padre anduvo a buscar una espada que tenía y que no la halló.

Quitado el niño del fuego, envolviéronle en unas mantas, y él con mucha paciencia, encomendándose a Dios, estuvo padeciendo toda una noche aquel dolor que el fuego y las heridas le causaban con mucho sufrimiento, llamando siempre a Dios y a Santa María.

Por la mañana dijo el muchacho que llamasen a su padre, el cual vino, y venido, el niño le dijo: «¡Oh padre! no pienses que estoy enojado, porque yo estoy muy alegre, y sábete que me has hecho más honra que no vale tu señorío». Y dicho esto demandó de beber y diéronle un vaso de cacao, que es en esta tierra casi como en España el vino, no que embeoda, sino sustancial, y en bebiéndolo luego murió.

Muerto el mozo mandó el padre que le enterrasen en un rincón de una cámara, y puso mucho temor a todos los de su casa que a nadie dijesen la muerte del niño; en especial habló a los otros tres hijos que se criaban en el monasterio diciéndoles: «No digáis nada, porque si el Capitán lo sabe, ahorcarme ha». Al marqués del Valle, al principio todos los indios le llamaban el Capitán, y teníanle muy gran temor.

No contento con esto aquel homicida malvado, mas añadiendo maldad a maldad, tuvo temor de aquella su mujer y madre del muerto niño, que se llamaba Tlapaxilotzín, de la cual nunca he podido averiguar si fue bautizada o no, porque hay cerca de doce años que aconteció hasta ahora que esto escribo, en el mes de marzo del año de 39.

Por este temor de que descubriría la muerte de su hijo, la mandó llevar a una su estancia o granjería, que se dice Quimichocán, no muy lejos de la venta de Tecoac, que está en el camino real que va de México al puerto de la Veracruz, y el hijo quedaba enterrado en un pueblo que se dice Atlihuetzia, cuatro leguas de allí y cerca dos leguas de Tlaxcallán. Aquí, a este pueblo, me vine a informar y vi adonde murió el niño y adonde le enterraron, y en este mismo pueblo escribo ahora esto: llámase Atlihuetzia, que quiere decir «adonde cae el agua», porque aquí se despeña un río de unas peñas y cae de muy alto.

A los que llevaron a la mujer mandó que la matasen y enterrasen muy secretamente: no he podido averiguar la muerte que le dieron.

La manera con que se descubrieron los homicidios de aquel Acxotecatl fue, que, pasando un español por su tierra, hizo un maltratamiento a unos vasallos de aquel Acxotecatl, y ellos viniéronsele a quejar, y él fue con ellos adonde quedaba el español, y, llegado, tratole malamente; y cuando de sus manos se escapó dejándole cierto oro y ropas que traía, pensó que le había hecho Dios mucha merced, y, no deteniéndose mucho en el camino, llegó a México y dio queja a la justicia del maltratamiento que aquel señor indio le había hecho, y de lo que le había tomado.

Y venido mandamiento, prendiole un alguacil español que aquí en Tlaxcallán residía; y como el indio era de los más principales señores de Tlaxcallán, después de los cuatro señores, fue menester que viniese un pesquisidor con poder del que gobernaba en México, a lo cual vino Martín de Calahorra, vecino de México, conquistador, y persona de quien se pudiera bien fiar cualquiera cargo de justicia.

Y éste, hecha su pesquisa y vuelto al español su oro y ropa, cuando el Acxotecatl pensó que estaba libre, comenzáronse a descubrir ciertos indicios de la muerte del hijo y de la mujer, como parecerá por el proceso que el dicho Martín de Calahorra hizo en forma de derecho, aunque algunas cosas más claramente las manifiestan ahora que entonces, y otras se podrían entonces mejor averiguar, por ser los delitos más frescos, aunque yo he puesto harta diligencia por no ofender a la verdad en lo que dijere.

Sentenciado a muerte por estos dos delitos, y por otros muchos que se le acumularon, el dicho Martín de Calahorra ayuntó los españoles que pudo para con seguridad hacer justicia, porque tenía temor que aquel Acxotecatl era valiente hombre y muy emparentado, y aunque estaba sentenciado no parecía que tenía temor; y cuando le sacaron, que le llevaban a ahorcar, iba diciendo: «¿Esta es Tlaxcallán? ¿Y cómo vosotros, tlaxcaltecas, consentís que yo muera, y no sois para quitarme de estos pocos españoles?» Dios sabe si los españoles llevaban temor; pero como la justicia venía de lo alto, no bastó su ánimo, ni los muchos parientes, ni la gran multitud del pueblo, sino que aquellos pocos españoles le llevaron hasta dejarle en la horca.

Luego que se supo adónde el padre le había enterrado, fue de esta casa un fraile, que se llamaba Fray Andrés de Córdoba, con muchos indios principales por el cuerpo de aquel niño, que ya había más de un año que estaba sepultado, y afirmanme algunos de los que fueron con Fray Andrés de Córdoba que el cuerpo estaba seco, mas no corrompido.

Dos años después de la muerte del niño Cristóbal vino aquí a Tlaxcallán un fraile domingo llamado Fray Bernardino Minaya, con otro compañero, los cuales iban encaminados a la provincia de Oaxyacac. A la sazón era aquí en Tlaxcallán guardián nuestro padre de gloriosa memoria Fray Martín de Valencia, al cual los padres dominicos rogaron que les diese algún muchacho de los enseñados, para que les ayudase en lo tocante a la doctrina cristiana.

Preguntados los muchachos si había alguno que por Dios quisiese ir a aquella obra, ofreciéronse dos muy bonitos e hijos de personas muy principales; al uno llamaban Antonio; éste llevaba consigo un criado de su edad que decían Juan; al otro llamaban Diego. Y al tiempo que se querían partir díjoles el padre Fray Martín de Valencia:

«Hijos míos, mirad que habéis de ir fuera de vuestra tierra, y vais entre gente que no conoce aún a Dios, y que creo que os veréis en muchos trabajos: yo siento vuestros trabajos como de mis propios hijos, y aun tengo temor que os maten por esos caminos; por eso, antes que os determinéis, miradlo bien».

A esto ambos los niños, conformes, guiados por el Espíritu Santo respondieron:

«Padre, para eso nos has enseñado lo que toca a la verdadera fe; ¿pues cómo no había de haber entre nosotros quien se ofreciese a tomar trabajo para servir a Dios? Nosotros estamos aparejados para ir con los padres, y para recibir de buena voluntad todo trabajo por Dios; y si él fuere servido de nuestras vidas, ¿por qué no las pondremos por él? ¿No mataron a San Pedro crucificándole, y degollaron a San Pablo, y San Bartolomé no fue desollado por Dios? ¿Pues por qué no moriremos nosotros por él, si él fuese servido?»

Entonces, dándoles su bendición, se fueron con aquellos dos frailes, y llegaron a Tepeyacac, que es casi diez leguas de Tlaxcallán. En aquel tiempo en Tepeyacac no había monasterio como le hay ahora, más de que se visitaba aquella provincia desde Huexotzinco, que está otras diez leguas del mismo Tepeyacac, e iban muy de tarde en tarde, por lo cual aquel pueblo y toda aquella provincia estaba muy llena de ídolos, aunque no públicos.

Luego aquel padre Fray Bernardino Minaya envió a aquellos niños a que buscasen por todas las casas de los indios los ídolos y se los trajesen, y en esto se ocuparon tres o cuatro días, en los cuales trajeron todos los que podían hallar. Y después apartáronse más de una legua del pueblo a buscar si había más ídolos en otros pueblos que estaban allí cerca: al uno llamaban Cuaulitinchán, y al otro, porque en la lengua española no tiene buen nombre, le llaman el pueblo de Orduña, porque está encomendado a un Francisco Orduña.

De unas casas de este pueblo sacó aquel niño llamado Antonio unos ídolos, e iba con él el otro su paje llamado Juan. Ya en esto algunos señores y principales se habían concertado de matar a estos niños, según después pareció; la causa era porque les quebraban los ídolos y les quitaban sus dioses.

Vino aquel Antonio con los ídolos que traía recogidos del pueblo de Orduña, a buscar en el otro que se dice Cuautitlán si había algunos; y entrando en una casa, no estaba en ella más de un niño guardando la puerta, y quedó con él el otro su criadillo; y estando allí vinieron dos indios principales con unos leños de encina, y en llegando, sin decir palabra, descargan sobre el muchacho llamado Juan, que había quedado a la puerta, y al ruido salió luego el otro Antonio, y como vio la crueldad que aquellos sayones ejecutaban en su criado, no huyó, antes con grande ánimo les dijo:

«¿Por qué me matáis a mi compañero, que no tiene él la culpa, sino yo, que soy el que os quito los ídolos, porque sé que son diablos y no dioses? Y si por ellos lo habéis, tomadlos allá, y dejad a ese que no os tiene culpa».

Y diciendo esto, echó en el suelo unos ídolos que en la falda traía. Y acabadas de decir estas palabras ya los indios tenían muerto al niño Juan, y luego descargan en el otro Antonio, de manera que allí también le mataron.

Y en anocheciendo tomaron los cuerpos, que dicen los que los conocieron que eran de la edad de Cristóbal, y lleváronlos al pueblo de Orduña, y echáronlos en una honda barranca, pensando que, echados allí, nunca de nadie se pudiera saber su maldad; pero como faltó el niño Antonio, luego pusieron mucha diligencia en buscarlo, y el fraile Bernardino Minaya encargólo mucho a un alguacil que residía allí en Tepeyacac, que se decía Álvaro de Sandoval, el cual, con los padres dominicos, pusieron grande diligencia.

Porque cuando en Tlaxcallán se los dieron, habíanles encargado mucho a aquel Antonio, porque era nieto del mayor señor de Tlaxcallán, que se llamó Xicotencatl, que fue el principal señor que recibió a los españoles cuando entraron en esta tierra, y los favoreció y sustentó con su propia hacienda, porque este Xicotencatl y Maxiscatzín mandaban toda la provincia de Tlaxcallán; y este niño Antonio había de heredar al abuelo, y así ahora en su lugar lo posee otro su hermano menor, que se llama don Luis Moscoso.

Parecieron los muchachos muertos, porque luego hallaron el rastro por do habían ido y adonde habían desaparecido, y luego supieron quién los había muerto; y presos los matadores, nunca confesaron por cuyo mandado los habían muerto; pero dijeron que ellos los habían muerto, y que bien conocían el mal que habían hecho y que merecían la muerte; y rogaron que los bautizasen antes que los matasen.

Luego fueron por los cuerpos de los niños, y traídos, los enterraron en una capilla adonde se decía la misa, porque entonces no había iglesia. Sintieron mucho la muerte de estos niños aquellos padres dominicos, y más por lo que había de sentir el padre Fray

Martín de Valencia, que tanto se los había encargado cuando se los dio, y parecióles que sería bien enviarle los homicidas y matadores, y diéronlos a unos indios para que los llevasen a Tlaxcallán.

Como el señor de Coatlinchán lo supo y también los principales, temiendo que también a ellos les alcanzaría parte de la pena, dieron joyas y dádivas de oro a un español que estaba en Coatlinchán, porque estorbase que los presos no fuesen a Tlaxcallán; y aquel español comunicólo con otro que tenía cargo de Tlaxcallán, y partió con él el interés, el cual salió en el camino e impidieron la ida.

Todas estas diligencias fueron en daño de los solicitadores, porque a los españoles aquel alguacil fue por ellos, y entregados a Fray Bernardino Minaya, pusieron al uno de cabeza en el cepo, y al otro atado, los azotaron cruelmente y no gozaron del oro. A los matadores, como se supo luego la cosa en México, envió la justicia por ellos y ahorcáronlos.

Al señor de Coatlinchán, como no se enmendase, mas añadiendo pecados a pecados, también murió ahorcado con otros principales. Cuando Fray Martín de Valencia supo la muerte de los niños que como a hijos había criado, y que habían ido con su licencia, sintió mucho dolor y llorábalos como a hijos, aunque por otra parte se consolaba en ver que había ya en esta tierra quien muriese confesando a Dios; pero cuando se acordaba de lo que le habían dicho al tiempo de su partida, que fue: «¿Pues no mataron a San Pedro y a San Pablo, y desollaron a San Bartolomé, pues que nos maten a nosotros no nos hace Dios muy grande merced?», no podía dejar de derramar muchas lágrimas.

CAPÍTULO XIII: DE LA AYUDA QUE LOS NIÑOS HICIERON PARA LA CONVERSIÓN DE LOS INDIOS, Y DE CÓMO SE RECOGIERON LAS NIÑAS INDIAS

Si estos niños no hubieran ayudado a la obra de la conversión, sino que solos los intérpretes lo hubieran de hacer todo, paréceme que fueran lo que escribió el obispo de Tlaxcallán al Emperador diciendo: «Nos, los obispos, sin los frailes intérpretes, somos como falcones en muda». Así lo fueran los frailes sin los niños, y casi de esta manera fue lo que las niñas indias hicieron, las cuales, a lo menos las hijas de los señores, se recogieron en muchas provincias de esta Nueva España, y se pusieron so la disciplina de mujeres devotas españolas, que para el efecto de tan santa obra envió la Emperatriz, con mandamientos y provisiones para que les hiciesen casas adonde las recogiesen y enseñasen.

Esta buena obra y doctrina duró obra de diez años y no más, porque, como estas niñas no se enseñaban más de para ser casadas y que supiesen coser y labrar (que tejer todas lo saben, y hacer telas de mil labores; y en las telas, ora sea para mantas de hombres, ora sea para camisas de mujeres, que llaman huipiles), mucha de esta ropa va tejida de colores, porque aunque las llaman los españoles camisas, son ropas que traen encima de toda la otra ropa, y por esto las hacen muy galanas y de muchos colores, de algodón teñido, o de pelo de conejo, que es como sirgo, o seda de Castilla, de lo cual también hacen camas, más vistosas que costosas, la cual, aunque se lave, no recibe detrimento, antes cada vez queda más blanca, por ser teñida en lana.

La seda que en estas partes se hace, aunque hasta ahora es muy poca, es tan fina que aunque la echen en colada fuerte no desdice. La labor que es de algodón no se sufre lavar, porque todo lo que toca mancha, porque el algodón es teñido en hilo. De lana merina de las ovejas hacen muy buenas obras, y los indios hacen mucho por ella. De toda esta obra labraban aquellas niñas.

Después, como sus padres vinieron al bautismo, no hubo necesidad de ser enseñadas, más de cuanto supieron ser cristianas y vivir en la ley de matrimonio. En estos diez años que enseñaron, muchas que entraron ya algo mujercillas se casaban y enseñaban a las otras.

En el tiempo que estuvieron recogidas aprendieron la doctrina cristiana y el oficio de Nuestra Señora, el cual decían siempre a sus tiempos y horas; y aun a algunas les duró esta buena costumbre después de casadas, hasta que, con el cuidado de los hijos y con la carga de la gobernación de la casa y familia, lo perdieron.

Y fue cosa muy de ver en Huexotzinco un tiempo, que había copia de casadas nuevas y había una devota ermita de Nuestra Señora, a la cual todas o las más iban luego de mañana a decir sus horas de

Nuestra Señora, muy entonadas y muy en orden, aunque ninguna de ellas no sabía el punto del canto.

Muchas de estas niñas, a las veces con sus maestras, otras veces acompañadas de algunas indias viejas, que también hubo algunas devotas que servían de porteras y guardas de las otras, con éstas salían a enseñar, así en los patios de las iglesias como en las casas de las señoras, y convertían a muchas a se bautizar y a ser devotas cristianas y limosneras, y siempre han ayudado mucho a la doctrina cristiana.

En México aconteció una cosa muy de notar a una india doncella, la cual era molestada y requerida de un mancebo soltero; y como se defendiese de él, el demonio despertó a otro y puso en la voluntad que intentase la misma cosa; y como ella tan bien se defendiese del segundo como del primero, ayuntáronse ambos los mancebos y concertáronse de tomar de la doncella por fuerza lo que de grado no habían podido alcanzar; para lo cual la anduvieron aguardando algunos días.

Y saliendo ella de la puerta de su casa a prima noche, tomáronla y lleváronla a una casa yerma, adonde procuraron forzarla, y ella se defendió varonilmente, llamando a Dios y a Santa María, y ninguno de ellos pudo tener acceso a ella; y como cada uno por sí no pudiese, ayuntáronse ambos juntos, y como por ruegos no pudiesen acabar nada con ella, comenzaron a maltratarla y a dar de bofetadas y puñadas, y a amenazarla cruelmente; a todo esto ella siempre perseverando en la defensa de su honra.

En esto estuvieron toda la noche, en la cual no pudieron acabar nada, porque Dios, a quien la moza siempre llamaba con lágrimas y buen corazón, la libró de aquel peligro; y como ellos la tuviesen toda la noche, y nunca contra ella pudiesen prevalecer, quedó la doncella libre y entera; y luego a la mañana ella, por guardarse con más seguridad, fuese a la casa de las niñas y contó a la madre lo que le había acontecido, y fue recibida en la compañía de las hijas de los señores, aunque era pobre, por el buen ejemplo que había dado y porque Dios la tenía de su mano.

En otra parte aconteció que, como una casada enviudase, siendo moza, requeríala y aquejábala un hombre casado, del cual no se podía defender; y un día viose él solo con la viuda, encendido en su torpe deseo, al cual ella dijo:

«¿Cómo intentas y procuras de mí tal cosa? ¿Piensas que porque no tengo marido que me guarde, has de ofender conmigo a Dios? Ya que otra cosa no mirases, sino que ambos somos confrades de la hermandad de Nuestra Señora, y que en esto la ofenderíamos mucho, y con razón se enojaría de nosotros, y no seríamos dignos de nos llamar sus confrades ni tomar sus benditas candelas en las manos; por esto sería mucha razón que tú me dejases, y ya que tú por esto no me quieres dejar, sábete que yo estoy determinada de antes morir que cometer tal maldad».

Fueron estas palabras de tanta fuerza e imprimiéronse de tal manera en el corazón del casado, y así le compungieron, que luego en aquel mismo instante respondió a la mujer diciéndole:

«Tú has ganado mi ánima, que estaba ciega y perdida. Tú has hecho como buena cristiana y sierva de Santa María. Yo te prometo de apartarme de este pecado, y de me confesar y hacer penitencia de él, quedándote en grande obligación para todos los días que yo viviere».

Tlaxcallán es una provincia en la Nueva España, y el mismo nombre tiene toda la tierra, aunque en ella hay muchos pueblos. Esta provincia de Tlaxcallán es una de las principales de toda la Nueva España, de la cual, como ya tengo dicho, solían salir cien mil hombres de pelea. El señor y la gente de esta provincia anduvieron siempre con el marqués del Valle y con los españoles que con él vinieron en la primera conquista, hasta que toda la tierra tuvieron de paz y asosegada.

En esta tierra, al pueblo grande que tiene debajo de sí otros pueblos menores, está en costumbre de llamarle provincia; y muchas de estas provincias tienen poco término y no muchos vecinos. Tlaxcallán, que es la más entera provincia y de más gente, y de las que más términos tienen en esta tierra, en lo más largo, que es viniendo de la Vera-Cruz a México, tiene quince leguas de término, y de ancho tiene diez leguas.

Nace en Tlaxcallán una fuente grande a la parte del Norte, cinco leguas de la principal ciudad; nace en un pueblo que se llama Atzompa, que en su lengua quiere decir cabeza, y así es, porque esta fuente es cabeza y principio del mayor río de los que entran en la Mar del Sur, el cual entra en la mar por Zacatollán. Este río nace encima de la venta de Atlancatepec, y viene rodando por cima de Tlaxcallán, y después torna a dar vuelta y viene por un valle abajo, y pasa por medio de la ciudad de Tlaxcallán; y cuando a ella llega viene muy poderoso, y pasa regando mucha parte de la provincia.

Sin éste tiene otras muchas fuentes y arroyos, y grandes lagunas que todo el año tienen agua y peces pequeños. Tiene muy buenos pastos y muchos, adonde ya los españoles y naturales apacientan mucho ganado.

Asimismo tiene grandes montes, en especial a la parte del Norte tiene una muy grande sierra, la cual comienza a dos leguas de la ciudad y tiene otras dos de subida hasta lo alto. Toda esta montaña es de pinos y encinas: en lo alto, los más de los años tiene nieve, la cual nieve en pocas partes de esta Nueva España se cuaja, por ser la tierra muy templada.

Esta sierra es redonda; tiene de cepa más de quince leguas, y casi todo es término de Tlaxcallán. En esta sierra se arman los nublados, y de aquí salen las nubes cargadas que riegan a Tlaxcallán y a los pueblos comarcanos; y así tienen por cierta señal que ha de llover, cuando sobre esta sierra ven nubes, las cuales nubes se comienzan comúnmente a ayuntar desde las diez de la mañana hasta medio día, y desde allí hasta hora de vísperas se comienzan a esparcir y a derramarse, las unas hacia Tlaxcallán, otras hacia la ciudad de los Ángeles, otras hacia Huexotzinco, lo cual es cosa muy cierta y muy de notar.

Y por esta causa, antes de la venida de los españoles, tenían los indios en esta sierra grande adoración e idolatría, y venía toda la tierra de la comarca aquí a demandar aguas, y hacían muchos y muy endiablados sacrificios en reverencia de una diosa que llamaban Matlalcueye, que en su lengua quiere decir camisa azul, porque ésta era su principal vestidura de aquella diosa, pues la tenían por diosa del agua; y porque el agua es azul, vestíanla de vestidura azul.

A esta diosa y al dios Tlaloc tenían por dioses y señores del agua. A Tlaloc tenían por abogado y por señor en Tetzcoco y en México y sus comarcas, y a la diosa en Tlaxcallán y su provincia (esto se entiende que el uno era honrado en la una parte y el otro en la otra); mas en toda la tierra a ambos juntos demandaban el agua cuando la habían menester.

Para destruir y quitar esta idolatría y abominaciones de sacrificios que en esta tierra se hacían, el buen siervo de Dios Fray Martín de Valencia subió allá arriba a lo alto y quemó todos los ídolos, y levantó y puso la señal de la cruz, e hizo una ermita a la cual llama San Bartolomé, y puso en ella a quien la guardase, y para que nadie más allí invocase al demonio trabajó mucho dando a entender a los indios cómo sólo Dios verdadero es el que da el agua y que a él se tiene de pedir.

La tierra de Tlaxcallán es fértil; cógese en ella mucho maíz, frijoles y ají: la gente de ella es bien dispuesta, y la que en toda la tierra más ejercitada era en las cosas de la guerra. Es la gente mucha y muy pobre, porque de solo el maíz que cogen se han de mantener y vestir, y pagar los tributos.

Está situada Tlaxcallán en buena comarca, porque a la parte de Occidente tiene a México a veinte leguas; al Mediodía tiene la ciudad de los Ángeles a cinco leguas, y al puerto de la Vera-Cruz a cuarenta leguas.

Está Tlaxcallán partida en cuatro cabezas o señoríos. El señor más antiguo, y que primero la fundó, edificó en un cerrejón alto, que se llama Tepeticpac, que quiere decir encima de sierra, porque desde lo bajo, por adonde pasa el río y ahora está la ciudad edificada, a lo alto del cerrejón que digo, hay una legua de subida.

La causa de edificar en lugares altos eran las muchas guerras que tenían unos a otros; por lo cual, para estar más fuertes y seguros, buscaban lugares altos y descubiertos, adonde pudiesen dormir con menos cuidado, pues no tienen muros ni puertas en sus casas, aunque en algunos pueblos había albarradas y reparos, porque las guerras eran muy ciertas cada año. Este primer señor que digo tiene su gente y señorío a la parte del Norte.

Después que se fue multiplicando la gente, el segundo señor edificó más bajo en un recuesto o ladera más cerca del río; la cual población se llama Ocotelolco, que quiere decir pinar en tierra seca. Aquí estaba el principal capitán de toda Tlaxcallán, hombre valeroso y esforzado, que se llamó Maxiscatzín, el cual recibió a los españoles y les mostró mucho amor, y les favoreció en toda la conquista que hicieron en toda esta Nueva España.

Aquí, en este barrio, era la mayor frecuencia de Tlaxcallán y adonde concurría mucha gente por causa de un gran mercado que allí se hacía. Tenía este señor grandes casas y de muchos aposentos; y en una sala de esta casa tuvieron los frailes de San Francisco su iglesia tres años, y después de pasados a su monasterio tomó allí la posesión el primer obispo de Tlaxcallán, que se llamaba don Julián Garcés, para iglesia catedral, y llamóla Santa María de la Concepción. Este señor tiene su gente y señorío hacia la ciudad de los Ángeles, que es a Mediodía.

El tercer señor edificó más bajo, el río arriba; llámase el lugar Tizatlán, que quiere decir lugar adonde hay yeso o minero de yeso; y así hay mucho y muy bueno. Aquí estaba aquel gran señor anciano, que de muy viejo era ya ciego; llamábase Xicotencatl. Éste dio muchos presentes y bastimentos al gran capitán Hernando Cortés; y aunque era tan viejo y ciego, se hizo llevar hasta lejos a recibirle al dicho capitán; y después le proveyó de mucha gente para la guerra y conquista de México, porque es el señor de más gente y vasallos que otro ninguno. Tiene su señorío al Oriente.

El cuarto señor de Tlaxcallán edificó el río abajo, en una ladera que se llama Quiahuiztlán. Éste también tiene gran señorío hacia la parte de Poniente, y ayudó también con mucha gente para la conquista de México; y siempre estos tlaxcaltecas han sido fieles amigos y compañeros de los españoles en todo lo que han podido; y así los conquistadores dicen que Tlaxcallán es digna de que su majestad la haga muchas mercedes, y que si no fuera por Tlaxcallán, que todos murieran cuando los mexicanos echaron de México a los cristianos, si no los recibieran los tlaxcaltecas.

Hay en Tlaxcallán un monasterio de frailes menores razonable; la iglesia es grande y buena. Los monasterios que hay en la Nueva España para los frailes que en ella moran bastan, aunque a los españoles se les hacen pequeños, y cada día se van haciendo las casas menores y más pobres. La causa es porque al principio edificaban según la provincia o pueblo era grande o pequeño, esperando que vendrían frailes de Castilla, y también los que acá se criarían, así españoles como naturales; pero, como han visto que vienen pocos frailes, y que las provincias y pueblos que los buscan son muchos, y que les es forzado repartirse por todos, una casa de siete u ocho celdas se les hace grande; porque, fuera de los pueblos de españoles, en las otras casas no hay más de cuatro o cinco frailes.

Tornando a Tlaxcallán, hay en ella un buen hospital y más de cincuenta iglesias pequeñas y medianas, todas bien aderezadas.

Desde el año de 1537 hasta éste de 40 se ha ennoblecido mucho la ciudad, porque para edificar son ricos de gente y tienen muy grandes canteras de muy buena piedra. Ha de ser esta ciudad muy populosa y de buenos edificios; porque se han comenzado a edificar en lo llano, par del río, y lleva muy buena traza; y como en Tlaxcallán hay otros muchos señores después de los cuatro principales, y que todos tienen vasallos, edifican por muchas calles, lo cual ha de ser causa de que en breve tiempo ha de ser una gran ciudad.

En la ciudad y dos y tres leguas a la redonda casi todos son nahuales, y hablan la principal lengua de la Nueva España, que es de náhuatl. Los otros indios desde cuatro leguas hasta siete, que esto tiene de poblado, y aun no por todas partes, son otomíes, que es la segunda lengua principal de esta tierra. Sólo un barrio o parroquia hay de pinomes.

CAPÍTULO XIV: DE CÓMO Y POR QUIÉN SE FUNDÓ LA CIUDAD DE LOS ÁNGELES

La ciudad de los Ángeles, que es en esta Nueva España en la provincia de Tlaxcallán, fue edificada por parecer y mandamiento de los señores presidente y oidores de la Audiencia Real que en ella reside, siendo presidente el señor obispo don Sebastián Ramírez de Fuenleal, y oidores el licenciado Juan de Salmerón, y licenciado Alonso Maldonado, el licenciado Ceinos y el licenciado Quiroga.

Edificose este pueblo a instancia de los frailes menores, los cuales suplicaron a estos señores que hiciesen un pueblo de españoles, y que fuesen gente que se diesen a labrar los campos y a cultivar la tierra al modo y manera de España, porque la tierra había muy grande disposición y aparejo; y no que todos estuviesen esperando repartimiento de indios.

Y que se comenzarían pueblos en los cuales se recogerían muchos cristianos que al presente andaban ociosos y vagabundos; y que también los indios tomarían ejemplo y aprenderían a labrar y cultivar al modo de España; y que, teniendo los españoles heredades y en qué se ocupar, perderían la voluntad y gana que tenían de se volver a sus tierras, y cobrarían amor con la tierra en que se viesen con haciendas y granjerías; y que juntamente con esto, haciendo este principio, sucederían otros muchos bienes.

Y, en fin, tanto lo trabajaron y procuraron, que la ciudad se comenzó a edificar en el año de 1530, en las octavas de Pascua de Flores, a dieciséis días del mes de abril, día de Santo Toribio, obispo de Astorga, que edificó la iglesia de San Salvador de Oviedo, en la cual puso muchas reliquias que él mismo trajo de Jerusalén.

Este día vinieron los que habían de ser nuevos habitadores, y por mandado de la Audiencia Real fueron ayuntados aquel día muchos indios de las provincias y pueblos comarcanos, que todos vinieron de buena gana para dar ayuda a los cristianos, lo cual fue cosa muy de ver, porque los de un pueblo venían todos juntos por su camino con toda su gente, cargados de los materiales que era menester, para luego hacer sus casas de paja.

Vinieron de Tlaxcallán sobre siete u ocho mil indios, y pocos menos de Huexotzinco, y Calpa, y Tepeyacac, y Chololán. Traían algunas latas y ataduras y cordeles, y mucha paja de casas; y, el monte que no está muy lejos para cortar madera, entraban los indios cantando con sus banderas y tañendo campanillas y atabales, y otros con danzas de muchachos y con muchos bailes.

Luego este día, dicha misa, que fue la primera que allí se dijo, ya traían hecha y sacada la traza del pueblo, por un cantero que allí se halló; y luego, sin mucho tardar, los indios limpiaron el sitio, y echados los cordeles repartieron luego al presente hasta cuarenta suelos a cuarenta pobladores, y porque me hallé presente digo que no fueron más a mi parecer los que comenzaron a poblar la ciudad.

Luego aquel día comenzaron los indios a levantar casas para todos los moradores con quien se habían señalado los suelos, y diéronse tanta prisa que las acabaron en aquella misma semana; y no eran tan pobres casas que no tenían bastantes aposentos. Era esto al principio de las aguas, y llovió mucho aquel año; y como el pueblo aún no estaba asentado ni pisado, ni dadas las corrientes que convenían, andaba el agua por todas las casas, de manera que había muchos que burlaban del sitio y de la población, la cual está asentada encima de un arenal seco, y a poco más de un palmo tiene un barro fuerte y luego está la tosca.

Ahora, ya después que por sus calles dieron corrientes y pasada al agua, corre de manera que aunque llueva grandes turbiones y golpes de agua, todo pasa, y desde a dos horas queda toda la ciudad tan limpia como una Génova.

Después estuvo esta ciudad tan desfavorecida, que estuvo para despoblarse, y ahora ha vuelto en sí y es la mejor ciudad que hay en toda la Nueva España después de México; porque, informado su majestad de sus cualidades, le ha dado privilegios reales.

El asiento de la ciudad es muy bueno, y la comarca la mejor de toda la Nueva España, porque tiene a la parte del Norte, a cinco leguas, a la ciudad de Tlaxcallán; tiene al Poniente a Huexotzinco, a otras cinco leguas; al Oriente tiene a Tepeyacac, a cinco leguas; a Mediodía es tierra caliente, están Itzocán y Cuauhquechollán a siete leguas; tiene a dos leguas a Cholollán, Totomiahuacán; Calpa está a cinco leguas: todos éstos son pueblos grandes.

Tiene el puerto de la Vera-Cruz al Oriente a cuarenta leguas; México a veinte leguas. Ya el camino del puerto a México va por medio de esta ciudad; y cuando las recuas van cargadas a México, como es el paso por aquí, los vecinos se proveen y compran todo lo que han menester en mejor precio que los de México; y cuando las recuas son de vuelta cargan de harina, y tocino, y bizcocho, para matalotaje de las naos: por lo cual esta ciudad se espera que irá aumentándose y ennobleciéndose.

Tiene esta ciudad una de las buenas montañas que tiene ciudad en el mundo; porque comienza a una legua del pueblo, y va por partes cinco y seis leguas de muy grandes pinares y encinares, y entra esta montaña por una parte a tres leguas en aquella sierra de San Bartolomé, que es de Tlaxcallán.

Todas estas montañas son de muy gentiles pastos, porque en esta tierra, aunque los pinares sean arenosos, están siempre llenos de muy buena hierba, lo cual no se sabe que haya en otra parte en toda Europa. Además de esta montaña tiene otras muchas dehesas y pastos, adonde los vecinos traen mucho ganado ovejuno y vacuno.

Hay mucha abundancia de aguas, así de ríos como de fuentes. Junto a las casas va un arroyo en el cual están ya hechas tres paradas de molinos, de a cada dos ruedas: llevan agua de pie que anda por toda la ciudad. A media legua pasa un gran río, que siempre se pasa por puentes: este río se hace de dos brazos, el uno viene de Tlaxcallán, y el otro desciende de las sierras de Huexotzinco.

Dejo de decir de otras aguas de fuentes y arroyos que hay en los términos de esta ciudad, por decir de muchas fuentes que están junto o casi dentro de la ciudad, y estas son de dos calidades. Las más cercanas a las casas son de agua algo gruesa y salobre, y por esto no se tienen en tanto como las otras fuentes, que están de la otra parte del arroyo de los molinos, adonde ahora está el monasterio de San Francisco. Estas son muy excelentes fuentes, y de muy delgada y sana agua: son ocho o nueve fuentes; algunas de ellas tienen dos y tres brazadas de agua.

Una de estas fuentes nace en la puerta del monasterio de San Francisco; de estas bebe toda la ciudad, por ser el agua tan buena y tan delgada. La causa de ser mala el agua que nace junto a la ciudad es porque va por mineros de piedra de sal, y estotras todas van y pasan por vena y mineros de muy hermosa piedra, y de muy hermosos sillares, como luego se dirá.

Tiene esta ciudad muy ricas pedreras o canteras, y tan cerca, que a menos de un tiro de ballesta se saca cuanta piedra quisiesen, así para labrar como para hacer cal; y es tan buena de quebrar, por ser blanda, que aunque los más de los vecinos la sacan con barras de hierro y almadana, los pobres la sacan con palancas de palo, y dando una piedra con otra quiebran toda la que han menester.

Están estas pedreras debajo de tierra, a la rodilla y a medio estado, y por estar debajo de tierra es blanda, porque puesta al sol y al aire se endurece y se hace muy fuerte; y en algunas partes que hay alguna de esta piedra fuera de la tierra, es tan dura, que no curan de ella por ser tan trabajosa de quebrar, y lo que está debajo de la tierra, aunque sea de la misma pieza, es tan blanda como he dicho.

Esta piedra que los españoles sacan es extremada de buena para hacer paredes, porque la sacan del tamaño que quieren, y es algo delgada y ancha para trabar la obra, y es llena de ojos para recibir la mezcla; y como esta tierra es seca y cálida, hácese con argamasa muy recia, y sácase más de esta piedra en un año, que se saca en España en cinco.

La que sale piedra menuda y todo el ripio de la que se labra guardan para hacer cal, la cual sale muy buena, y se hace mucha de ella, porque tienen los hornos junto adonde sacan la piedra, y los montes muy cerca, y el agua que no falta; y lo que es más de notar es que tiene esta ciudad una pedrera de piedra blanca de buen grano, y mientras más van descubriendo, a estado y medio y a dos estados, es muy mejor. De esta labran pilares y portadas y ventanas, muy buenas y galanas.

Esta cantera está de la otra parte del arroyo, en un cerro, a un tiro de ballesta del monasterio de San Francisco, y a dos tiros de ballesta de la ciudad. En el mismo cerro hay otro venero de piedra más recia, de la cual los indios sacan piedras para moler su centli o maíz; yo creo que también se sacarán buenas piedras para molino.

Después de esto escrito se descubrió un venero de piedra colorada, de muy lindo grano y muy hermosa: está a una legua de la ciudad. Sácanse ya también, junto a la ciudad, muy buenas ruedas de molino; las paradas de molino que tiene son cuatro, de cada dos ruedas cada uno.

Hay en esta ciudad muy buena tierra para hacer adobes, ladrillo y teja; aunque teja se ha hecho poca, porque todas las casas que se hacen las hacen con terrados. Tiene muy buena tierra para tapias y cercados de tapia; y aunque en esta ciudad no ha habido muchos repartimientos de indios, por el gran aparejo que en ella hay, están repartidos más de doscientos suelos bien cumplidos y grandes, y ya están muchas casas hechas, y calles muy largas y derechas, y de muy hermosas delanteras de casas; y hay disposición y suelo para hacer una muy buena y gran ciudad; y, según sus calidades, y trato, y contratación, yo creo que ha de ser antes de mucho tiempo muy populosa y estimada.

El invierno que hace en esta Nueva España, y las heladas y fríos, ni duran tanto ni son tan bravos como en España, sino tan templados, que ni dejar la capa da mucha pena, ni traerla en verano tampoco da pesadumbre.

Pero por ser las heladas destempladas y fuera de tiempo, quémanse algunas plantas y algunas hortalizas de las de Castilla, como son árboles de agro, parras, higueras, granados, melones, pepinos, berenjenas, etc.; y esto no se quema por grandes fríos y helada, que no son muy recias, sino porque vienen fuera de tiempo;

porque por Navidad, o por los Reyes, vienen diez o doce días tan templados como de verano; y como la tierra es fértil, aunque no han mucho dormido los árboles, ni pasado mucho tiempo después que dejaron la hoja, con aquellos días que hace caliente, vuelven luego a brotar; y como luego vienen otros dos o tres días de heladas, aunque no son muy recias, por hallar los árboles tiernos, llévanles todo aquello que han brotado; y por la bondad y fertilidad de la tierra acontece muchos años tornar los árboles a brotar y a echar dos y tres veces hasta el mes de abril, y quemarse otras tantas veces.

Los que esto ignoran y no lo entienden, espántanse de que en Castilla, adonde son las heladas tan recias, no se hielen las plantas de la manera que acá se hielan. (Esto que aquí digo no va fuera de propósito de contar historias y propiedades de esta tierra, ni me aparto de loar y encarecer la tierra y comarca de esta ciudad de los Ángeles); por lo cual digo que en esta Nueva España cualquier pueblo, para ser perfecto, ha de tener alguna tierra caliente, adonde tenga sus viñas, y huertas, y heredades, como lo tiene esta de que hablamos.

A cuatro leguas de esta ciudad está un valle que se llama el Val de Cristo, adonde los vecinos tienen sus heredades, y huertas, y viñas con muchos árboles, los cuales se hacen en extremo bien de toda manera de fruta, mayormente de granados; y en las tierras cogen mucho pan todo lo más del año, que en tierra fría no se da más de una vez como en España; mas aquí donde digo, como es tierra caliente y no le hace mal la helada, y como este valle tiene mucha agua de pie, siembran y cogen cuando quieren, y muchas veces acontece estar un trigo acabado de sembrar, y otro que brota, y otro estar en berza, y otro espigando, y otro para segar; y lo que más ricas hace estas heredades son los morales que tienen puestos y ponen cada día, porque hay muy grande aparejo para criar seda.

Es tan buena esta vega adonde está este valle que dicen el Val de Cristo, que en toda la Nueva España no hay otra mejor; porque personas que se les entiende y saben conocer las tierras, dicen que es mejor esta vega que la Vega de Granada en España, ni que la de Orihuela; por lo cual será bien decir algo en suma de tan buena como esta vega es.

Esta es una vega que llaman los españoles el Valle de Atlixco; mas entre los indios tiene muchos nombres, por ser muy gran pedazo de tierra. Atlixco quiere decir en su lengua ojo o nacimiento de agua. Es este lugar propiamente dos leguas encima del sitio de los españoles o de Val de Cristo, adonde nace una muy grande y hermosa fuente, de tanta abundancia de agua, que luego se hace de ella un gran río, que va regando muy gran parte de esta vega, que es muy ancha, y muy larga, y de muy fértil tierra: tiene otros ríos y muchas fuentes y arroyos.

Junto a esta grande fuente está un pueblo que tiene el mismo nombre de la fuente, que es Atlixco. Otros llaman a esta vega Cuauhquechollán la Vieja, porque en la verdad los de Cuauhquechollán la plantaron y habitaron primero; esto es adonde ahora se llama Acapetlahuacán, que, para quien no sabe el nombre, es adonde se hace el mercado o tianquizco de los indios; esto aquí es de lo mejor de toda esta vega.

Como los de Cuauhquechollán se hubiesen aquí algo multiplicado, cerca del año 140, ensoberbecidos se determinaron y fueron a dar guerra a los de Calpa, que está arriba cuatro leguas al pie del volcán, y tomándolos desapercibidos mataron muchos de ellos; y los que quedaron retrajéronse y fuéronse a Huexotzinco, y aliáronse y confederáronse con ellos, y todos juntos fueron sobre los de Acapetlahuacán, y mataron muchos más, y echáronlos del sitio que tenían tomado; y los que quedaron se retrajeron dos o tres leguas, el río grande abajo, adonde ahora se llama Coatepec.

Pasados algunos años, los de Cuauhquechollán o Acapetlahuacán, arrepentidos de lo que habían hecho, y conociendo la ventaja que había del lugar que habían dejado al que entonces tenían, ayuntáronse, y con muchos presentes, conociéndose por culpados en lo pasado, rogaron a los de Huexotzinco y Calpa que los perdonasen, y los dejasen tornar a poblar la tierra que habían dejado; lo cual les fue concedido, porque todos los unos y los otros eran parientes, y descendían de una generación.

Vueltos estos a su primer asiento, tornaron a hacer sus casas y estuvieron algunos años en paz y sosegados, hasta que, ya olvidados de lo que había sucedido a sus padres, volvieron a la locura primera y tornaron a mover guerra a los de Calpa; los cuales, vista la maldad de sus vecinos, tornáronse a juntar con los de Huexotzinco y fueron a pelear con ellos, y matando muchos, los compelieron a huir y a dejar la tierra que ellos les habían dado, y echáronlos adonde ahora están, y edificaron a Cuauhquechollán; y porque estos fueron los primeros pobladores de esta vega, llamáronla Cuauhquechollán la Vieja.

Y desde aquella vez los de Huexotzinco y de Calpa repartieron entre sí lo mejor de esta vega, y desde entonces la poseen. A esto llaman los españoles Tochimilco, entiéndese toda aquella provincia, cuya cabeza se llama Acapetlayocán; esta es la cosa más antigua de este valle. Está a siete leguas de la ciudad de los Ángeles, entre Cuauhquechollán y Calpa, y es muy buena tierra y poblada de mucha gente.

Dejadas las cosas que los indios en esta vega cogen, que son muchas, y entre ellos son de mucho provecho, como frutas y maíz, que se coge dos veces en el año, danse también frijoles, ají y ajos, algodón, etc. Es valle adonde se plantan muchos morales, y ahora se hace una heredad para el rey, que tiene ciento y diez mil morales, de los cuales están ya traspuestos más de la mitad, y crecen tanto, que en un año se hacen acá mayores que en España en cinco.

En la ciudad de los Ángeles hay algunos vecinos de los españoles que tienen cinco y seis mil pies de morales, por lo cual se criará aquí tanta cantidad de seda, que será una de las ricas cosas del mundo, y este será el principal lugar del trato de la seda; porque ya hay muchas heredades de ella, y con la que por otras muchas partes de la Nueva España se cría y se planta, desde aquí a pocos años se criará más seda en esta Nueva España que en toda la cristiandad; porque se cría el gusano tan recio, que ni se muere porque le echen por ahí, ni porque le dejen de dar de comer dos ni tres días, ni porque haga los mayores truenos del mundo (que es lo que más daño les hace), ningún perjuicio sienten como en otras partes, que si truena al tiempo que el gusano hila, se queda muerto colgado del hilo.

En esta tierra, antes que la simiente viniese de España, yo vi gusanos de seda naturales y su capullo, mas eran pequeños, y ellos mismos se criaban por los árboles, sin que nadie hiciese caso de ellos, por no ser entre los indios conocida su virtud y propiedad; y lo que más es de notar de la seda es que se criará dos veces en el año, porque yo he visto los gusanos de la segunda cría en este año de 1540, en principio de junio, ya grandecillos, y que habían dormido dos o tres veces.

La razón porque se criará la seda dos veces es porque los morales comienzan a echar hoja desde principio de febrero, y están en crecida y con hoja tierna hasta agosto; de manera que, cogida la primera semilla, la tornan a avivar, y les queda muy buen tiempo y mucho, porque como las aguas comienzan acá por abril, están los árboles en crecida mucho más tiempo que en Europa ni en África.

Hácense en este valle melones, cohombros y pepinos, y todas las hortalizas que se hacen en tierra fría, porque este valle no tiene otra cosa de tierra caliente, sino es el no le hacer mal la helada; en lo demás es tierra muy templada, especialmente el lugar adonde los españoles han hecho su asiento; y así hace las mañanas tan frescas como dentro en México, y aun tiene este valle una propiedad bien notada de muchos, y es que siempre a la hora de medio día viene un aire fresco como embate de mar, y así le llaman los españoles que aquí residen, el cual es tan suave y gracioso, que da a todos muy gran descanso.

Finalmente, se puede decir de este valle que le pusieron el nombre como le convenía al llamarle Val de Cristo, según su gran fertilidad y abundancia, y sanidad y templanza de aires.

Antiguamente estaba muy gran parte de esta vega hecha eriales, a causa de las guerras, porque por todas partes tiene este valle grandes pueblos, y todos andaban siempre envueltos en guerra unos contra otros antes que los españoles viniesen, y aquí eran los campos adonde se venían a dar las batallas y adonde peleaban; y era costumbre general en todos los pueblos y provincias, que en fin de los términos de cada parte dejaban un gran pedazo yermo y hecho campo, sin labrarlo, para las guerras; y si por acaso alguna vez se sembraba, que eran muy raras veces, los que lo sembraban nunca lo gozaban, porque los contrarios, sus enemigos, se lo talaban y destruían.

Ahora ya todo se va ocupando de los españoles con ganados, y de los naturales con labranzas, y de nuevo se amojonan los términos; y algunos que no están bien claros, determínanlos por pleito, lo cual es causa de que entre los indios haya siempre muchos pleitos, por estar los términos confusos.

Volviendo, pues, al intento y propósito digo: que en aquella ribera que va junto a las casas y ciudad, hay buenas huertas, así de hortaliza como de árboles de pepita, como son perales, manzanos y membrillos; y de árboles de cuesco, como son duraznos, melocotones y ciruelos: a estos no les perjudica ni quema la helada.

Y paréceme que debía ser como esta la tierra que sembró Isaac en Palestina, de la cual dice el Génesis que cogió ciento por uno; porque yo me acuerdo que, cuando San Francisco de los Ángeles se edificó, había un vecino sembrado aquella tierra que estaba señalada para el monasterio, de trigo, y estaba bueno; y preguntado qué tanto había sembrado y cogido, dijo: que había sembrado una fanega y había cogido ciento; y esto no fue por ser aquel el primer año que aquella tierra se sembraba, porque antes que la ciudad allí se edificase sembraban la ribera de aquel arroyo para el español que tenía el pueblo de Cholollán en encomienda, y había ya más de quince años que cada año se sembraba.

Y así es costumbre en esta Nueva España que las tierras se siembren cada año, y, no las estercolando, producen el fruto muy bien. En otra parte de esta Nueva España he sido certificado que de una fanega se cogieron más de ciento y cincuenta fanegas de trigo castellano; verdad es que esto que así acude se siembra a mano como el maíz, porque hacen la tierra a camellones, y con la mano escarban y ponen dos o tres granos, y de palmo a palmo hacen otro tanto, y después sale una mata llena de cañas y espigas.

Maíz se ha sembrado en término de esta ciudad que ha dado una fanega trescientas. Ahora hay tantos ganados que en toda parte vale de balde. Labran la tierra con yuntas de bueyes al modo de España.

También usan carretas, como en España, de las cuales hay muchas en esta ciudad, y es cosa muy de ver las que cada día entran cargadas: unas de trigo, otras de maíz, otras de leña para quemar cal, otras con vigas y otras maderas. Las que vienen del puerto traen mercaderías, y a la vuelta llevan bastimentos y provisiones para los navíos.

Lo principal de esta ciudad y lo que hace ventaja a otras más antiguas que ella es la iglesia principal, porque cierto es muy solemne, y más fuerte y mayor que todas cuantas hasta hoy hay edificadas en toda la Nueva España: es de tres naves, y los pilares de muy buena piedra negra y de buen grano, con sus tres puertas, en las cuales hay tres portadas muy bien labradas y de mucha obra.

Reside en ella el obispo, con sus dignidades, canónigos, curas y racioneros, con todo lo conveniente al culto divino; porque, aunque en Tlaxcallán se tomó primero la posesión, está ya mandado por su majestad que sea aquí la catedral, y como tal residen aquí los ministros.

Tiene también esta ciudad dos monasterios, uno de San Francisco y otro de Santo Domingo. Hácese también un muy buen hospital. Hay muy buenas casas y de buen parecer por de fuera, y de buenos aposentos. Está poblada de gente muy honrada y personas virtuosas, que hacen grandes ayudas a los que nuevamente vienen de Castilla, porque luego que desembarcan, que es desde mayo hasta septiembre, adolecen muchos y mueren algunos, y en esto se ocupan muchos de los vecinos de esta ciudad, en hacerles regalos, y caricias, y caridad.

Tiene esta ciudad mucho aparejo para poderse cercar, y para ser la mayor fuerza de la Nueva España, y para hacerse en ella una muy buena fortaleza, aunque por ahora la iglesia basta según es fuerte. Y hecho esto, que se puede hacer con poca costa y en breve tiempo, dormirían seguros los españoles de la Nueva España, quitados de los temores y sobresaltos que ya por muchas veces han tenido; y sería gran seguridad para toda la Nueva España, porque la fortaleza de los españoles está en los caballos y tierra firme, lo cual todo tiene esta ciudad: los caballos, que se crían en aquel valle y vega que está dicho, y la tierra firme, el asiento que la ciudad tiene.

Asimismo está en comarca y en el medio para ser señora y sujetar a todas partes, porque hasta el puerto no hay más de cinco días de camino; y para guardar la ciudad bastan la mitad de los vecinos que tiene, y los demás para correr el campo y hacer entradas a todas partes en tiempo de necesidad.

Y hasta que en esta Nueva España haya una casa fuerte, y que ponga algún temor, no se tiene la tierra por muy segura, por la gran multitud que hay de gente de los naturales; pues se sabe que para cada español hay quince mil indios y más. Y pues que esta ciudad tiene tantas y tan buenas partes, y tantas buenas cualidades, y, con haber tenido hartas contradicciones en el tiempo de su fundación, y haber sido desfavorecida, ha venido a subir y a ser tan estimada, que casi quiere dar en barba a la ciudad de México, será justo que de su majestad el Emperador y Rey don Carlos, su señor y monarca del mundo, sea favorecida y mirada no más de como ella misma lo merece, sin añadir ninguna cosa falsamente; y con esto se podrá decir de ella que sería ciudad perfecta y acabada, alegría y defensa de toda la tierra.

Es muy sana, porque las aguas son muy buenas y los aires muy templados; tiene muy gentiles y graciosas salidas; tiene mucha caza y muy hermosas vistas, porque de una parte tiene las sierras de Huexotzinco, que la una es el volcán y la otra la sierra nevada; a otra parte y no muy lejos la sierra de Tlaxcallán y otras montañas en derredor; a otras partes tiene campos llanos y rasos. En conclusión, que en asiento y en vista, y en todo lo que pertenece a una ciudad para ser perfecta, no le falta nada.

Del árbol o cardo llamado maguey, y de muchas cosas que de él se hacen, así de comer como de beber, calzar y vestir, y de sus propiedades.

Metl es un árbol o cardo que en lengua de las Islas se llama maguey, del cual se hacen y salen tantas cosas, que es como lo que dicen que hacen del hierro. Es verdad que la primera vez que yo le vi, sin saber ninguna de sus propiedades, dije: "Gran virtud sale de este cardo".

Él es un árbol o cardo a manera de una hierba que se llama zábila, sino que es mucho mayor. Tiene sus ramas o pencas verdes, tan largas como vara y media de medir: van seguidas como una teja, del medio gruesa, y adelgazando los lados desde el nacimiento; es gorda y tendrá casi un palmo de grueso; va acanalada, y adelgázase tanto en la punta, que la tiene tan delgada como una púa o como un punzón. De estas pencas tiene cada maguey treinta o cuarenta, pocas más o menos, según su tamaño, porque en unas tierras se hacen mejores y mayores que en otras.

Después que el metl o maguey está hecho y tiene su cepa crecida, córtanle el cogollo con cinco o seis púas, que allí las tiene tiernas. La cepa que hace encima de la tierra, de donde proceden aquellas pencas, será del tamaño de un buen cántaro, y allí dentro de aquella cepa le van cavando y haciendo una concavidad tan grande como una buena olla; y hasta gastarle del todo y hacerle aquella concavidad tardarán dos meses, más o menos según el grueso del maguey; y cada día de estos van cogiendo un licor en aquella olla, en la cual se recoge lo que destila.

Este licor, luego como de allí se coge, es como aguamiel: cocido y hervido al fuego, hácese un vino dulzón, limpio, lo cual beben los españoles y dicen que es muy bueno y de mucha sustancia y saludable. Cocido este licor en tinaja como se cuece el vino, y echándole unas raíces que los indios llaman ocpatli, que quiere decir medicina o adobo de vino, hácese un vino tan fuerte, que a los que beben en cantidad embriaga reciamente.

De este vino usaban los indios en su gentilidad para embriagarse reciamente y para hacerse más crueles y bestiales. Tiene este vino mal olor, y peor el aliento de los que beben mucho de él; y, en la verdad, bebido templadamente es saludable y de mucha fuerza. Todas las medicinas que se han de beber se dan a los enfermos con este vino; puesto en su taza o copa, echan sobre él la medicina que aplican para la cura y salud del enfermo.

De este mismo licor hacen buen arrope y miel, aunque la miel no es de tan buen sabor como la de las abejas; pero para guisar de comer dicen que está mejor y es muy sana. También sacan de este licor unos panes pequeños de azúcar, pero ni es tan blanco ni es tan dulce como el nuestro. Asimismo hacen de este licor vinagre bueno; unos lo aciertan o saben hacer mejor que otros.

Sácase de aquellas pencas hilo para coser. También hacen cordeles y sogas, maromas y cinchas, y jáquimas, y todo lo demás que se hace del cáñamo. Sacan también de él vestido y calzado; porque el calzado de los indios es muy al propio del que traían los Apóstoles, porque son propiamente sandalias. Hacen también alpargatas como las de Andalucía, y hacen mantas y capas: todo de este metl o maguey.

Las púas en que se rematan las hojas sirven de punzones, porque son agudas y muy recias, tanto, que sirven algunas veces de clavos, porque entran por una pared y por un madero razonablemente; aunque su propio oficio es servir de tachuelas, cortándolas pequeñas. Pueden hacer que una púa pequeña, al sacar, la saquen con su hebra, y servirá de hilo y aguja.

Las pencas también por sí aprovechan para muchas cosas. Cortan estas pencas —porque son largas— y en un pedazo ponen las indias el maíz que muelen, y cae allí; que, como lo muelen con agua, y el mismo maíz ha de estar bien mojo, ha menester cosa limpia en que caiga; y en otro pedazo de la penca lo echan después de hecho masa.

De estas pencas hechas pedazos se sirven mucho los maestros que llaman amantecatl, que labran de pluma y oro; y encima de estas pencas hacen un papel de algodón engrudado, tan delgado como una muy delgada toca; y sobre aquel papel y encima de la penca labran todos sus dibujos; y es de los principales instrumentos de su oficio. Los pintores y otros oficiales se aprovechan mucho de estas hojas. Hasta los que hacen casas toman un pedazo y en él llevan el barro. Sirven también de canales y son buenas para ello.

Si a este metl o maguey no le cortan para coger vino, sino que le dejan espigar, como de hecho muchos espigan, echa un pimpollo tan grueso como la pierna de un hombre, y crece dos y tres brazas, y echada su flor y simiente, sécase. Y adonde hay falta de madera sirve para hacer casas, porque de él salen buenas latas, y las pencas de los verdes suplen por tejas. Cuando ha echado su árbol se seca todo hasta la raíz, y lo mismo hace después que le han cogido el vino.

Las pencas secas aprovechan para hacer lumbre, y en las más partes es esta la leña de los pobres: hace muy buen fuego y la ceniza es muy buena para hacer lejía.

Es muy saludable para una cuchillada o para una llaga fresca tomar una penca y echarla en las brasas, y sacar el zumo así caliente: es muy bueno.

Para la mordedura de la víbora han de tomar de estos magueyes chiquitos, del tamaño de un palmo, y la raíz, que es tierna y blanca, y sacar el zumo, y mezclado con zumo de ajenjos de los de esta tierra, y lavar la mordedura, luego sana; esto yo lo he visto experimentar y ser verdadera medicina; esto se entiende siendo fresca la mordedura.

Hay otro género de estos cardos o árboles de la misma manera, sino que el color es algo más blanquecino, aunque es tan poca la diferencia, que pocos miran en ello, y las hojas o pencas son un poco más delgadas: de este que digo sale mejor el vino que dije que bebían algunos españoles, y yo lo he bebido. El vinagre de este también es mejor.

Este cuecen en tierra, las pencas por sí y la cabeza por sí, y sale de tan buen sabor como un diacitrón no bien adobado o no muy bien hecho. Lo de las pencas está tan lleno de hilos que no se sufre tragarlo, sino mascar y chupar aquel zumo, que es dulce; mas si las cabezas están cocidas de buen maestro, tienen tan buenas tajadas que muchos españoles lo quieren tanto como buen diacitrón; y lo que es de tener en más es que toda la tierra está llena de estos metles, salvo la tierra caliente: la que es templada tiene más de estos postreros.

Estas eran las viñas de los indios; y así tienen ahora todas las linderas y valladeras llenas de ellos.

Hácese del metl buen papel: el pliego es tan grande como dos pliegos del nuestro, y de esto se hace mucho en Tlaxcallán, que corre por gran parte de la Nueva España. Otros árboles hay de que se hace en tierra caliente, y de estos se solía gastar gran cantidad: el árbol y el papel se llama amatl, y de este nombre llaman a las cartas y a los libros y al papel amate, aunque el libro tiene su nombre.

En este metl o maguey, hacia la raíz, se crían unos gusanos blanquecinos, tan gruesos como un cañón de una avutarda y tan largos como medio dedo, los cuales, tostados y con sal, son muy buenos de comer; yo los he comido muchas veces en días de ayuno a falta de peces.

Con el vino de este metl se hacen muy buenas cernadas para los caballos, y es más fuerte y más cálido y más apropiado para esto que no el vino que los españoles hacen de uvas.

En las pencas u hojas de este maguey hallan los caminantes agua, porque como tiene muchas pencas y cada una, como he dicho, tiene vara y media de largo, y cuando llueve algunas de ellas retienen en sí el agua, lo cual, como ya los caminantes lo sepan y tengan experiencia de ello, vanlo a buscar, y muchas veces les es mucha consolación.

CAPÍTULO XV: DE CÓMO SE HAN ACABADO LOS ÍDOLOS, Y LAS FIESTAS QUE LOS INDIOS SOLÍAN HACER

Este capítulo, que es el postrero, se ha de poner en la segunda parte de este libro, adonde se trata esta materia.

Las fiestas que los indios hacían, según que en la primera parte está dicho, con sus ceremonias y solemnidades, desde el principio que los españoles anduvieron de guerra, todo cesó, porque los indios tuvieron tanto que entender en sus duelos, que no se acordaban de sus dioses ni aun de sí mismos, porque tuvieron tantos trabajos, que por acudir a remediarlos cesó todo lo principal.

En cada pueblo tenían un ídolo o demonio, al cual principalmente como su abogado tenían y llamaban, y a este honraban y ataviaban de muchas joyas y ropas, y todo lo bueno que podían haber le ofrecían, cada pueblo como era, y más en las cabezas de provincias.

Estos principales ídolos que digo, luego como la gran ciudad de México fue tomada de los españoles, con sus joyas y riqueza, escondieron los indios en el más secreto lugar que pudieron mucha parte del oro que estaba con los ídolos y en los templos, y dieron en tributo a los españoles a quien fueron encomendados; porque no pudieron menos de hacerlo, porque al principio los tributos fueron tan excesivos, que no bastaba cuanto los indios podían arañar ni buscar, ni lo que los señores y principales tenían, sino que, compelidos con iniquidad, también dieron el oro que tenían en los templos de los demonios; y aun esto acabado, dieron tributo de esclavos, y muchas veces, no teniéndolos, para cumplir daban libres por esclavos.

Estos principales ídolos, con las insignias y ornamentos o vestidos de los demonios, escondieron los indios, unos so tierra, otros en cuevas y otros en los montes. Después, cuando se fueron los indios convirtiendo y bautizando, descubrieron muchos, y traíanlos a los patios de las iglesias para allí quemarlos públicamente.

Otros se pudrieron debajo de tierra, porque después que los indios recibieron la fe, tenían vergüenza de sacar los que habían escondido, y querían antes dejarlos pudrir que no que nadie supiese que ellos los habían escondido; y cuando los importunaban para que dijesen de los principales ídolos y de sus vestiduras, sacábanlo todo podrido, de lo cual yo soy buen testigo, porque lo vi muchas veces.

La disculpa que daban era buena, porque decían: «Cuando lo escondimos no conocíamos a Dios, y pensábamos que los españoles se habían de volver luego a sus tierras; y ya que veníamos en conocimiento, dejábamoslo podrir, porque teníamos temor y vergüenza de sacarlo».

En otros pueblos, estos principales ídolos, con sus atavíos, estuvieron en poder de los señores o de los principales ministros de los demonios, y estos los tuvieron tan secreto que apenas sabían de ellos sino dos o tres personas que los guardaban, y de estos también trajeron a los monasterios para quemarlos grandísima cantidad.

Otros muchos pueblos remotos y apartados de México, cuando los frailes iban predicando, en la predicación y antes que bautizasen les decían que lo primero que habían de hacer era que habían de traer todos los ídolos que tenían, y todas las insignias del demonio para quemar; y de esta manera también dieron y trajeron mucha cantidad, que se quemó públicamente en muchas partes; porque, adonde ha llegado la doctrina y palabra de Dios, no ha quedado cosa que se sepa ni de que se deba hacer cuenta.

Porque si desde aquí a cien años cavasen en los patios de los templos de los ídolos antiguos, siempre hallarían ídolos, porque eran tantos los que hacían, que acontecía que cuando un niño nacía hacían un ídolo, y al año otro mayor, y a los cuatro años hacían otro, y como iba creciendo, así iban haciendo ídolos; y de estos están los cimientos y las paredes llenos, y en los patios hay muchos de ellos.

En el año de 39 y en el año de 40 algunos españoles, de ellos con autoridad y otros sin ella, por mostrar que tenían celo de la fe y pensando que hacían algo, comenzaron a revolver y a desenterrar los muertos, y a apremiar a los indios porque les diesen ídolos; y en algunas partes llegó a tanto la cosa, que los indios buscaban los ídolos que estaban podridos y olvidados debajo de tierra, y aun algunos indios fueron tan atormentados, que en realidad de verdad hicieron ídolos de nuevo, y los dieron porque los dejasen de maltratar.

Mezclábase con el buen celo que mostraban en buscar ídolos una codicia no pequeña, y era que decían los españoles: «En tal pueblo o en tal parroquia había ídolos de oro y de chalchihuitl, que es una piedra de mucho precio», y fantaseábaseles que había ídolo de oro que pesaría un quintal o diez o quince arrobas; y, en la verdad, ellos acudieron tarde, porque todo el oro y piedras preciosas se gastaron y pusieron en cobro, y lo hubieron en su poder los españoles que primero tuvieron los indios y pueblos en su encomienda.

También pensaban hallar ídolo de piedra que valiese tanto como una ciudad; y cierto, aunque yo he visto muchos ídolos que fueron adorados y muy tenidos entre los indios, y muy acatados como dioses principales, y algunos de chalchihuitl, el que más me parece que podría valer, no pienso que darían en España por él diez pesos de oro.

Para esto alteraban y revolvían y escandalizaban los pueblos con sus celos, en la verdad indiscretos; porque ya que en algún pueblo hay algún ídolo, o está podrido o tan olvidado o tan secreto, que en pueblo de diez mil ánimas no lo saben cinco, y tiénenlos en lo que ellos son, que es tenerlos o por piedras o por maderos.

Los que andan escandalizando a estos indios, que van por su camino derecho, parecen a Labán, el cual salió al camino a Jacob a buscarle el hato y a revolverle la casa por sus ídolos; porque de esto que aquí digo yo tengo harta experiencia, y veo el engaño en que andan y las maneras que traen para desasosegar y desfavorecer a estos pobres indios, que tienen los ídolos tan olvidados como si hubiera cien años que hubieran pasado.

CARTA DE FRAY TORIBIO DE MOTOLINÍA AL EMPERADOR CARLOS V

S. C. C. M. — Gracia y misericordia y paz a Deo Patre nostro et Dño. Jesucristo.

Tres cosas principalmente me mueven a escribir esta a V. M., y creo serán parte para quitar parte de los escrúpulos que el de las Casas, obispo que fue de Chiapa, pone a V. M. y a los de vuestros Consejos, y más con las cosas que ahora escribe y hace imprimir.

La primera será hacer saber a V. M. cómo el principal señorío de esta Nueva España, cuando los españoles en ella entraron, no había muchos años que estaba en México o en los mexicanos, y cómo los mismos mexicanos lo habían ganado o usurpado por guerra; porque los primeros y propios moradores de esta Nueva España eran una gente que se llamaba chichimecas y otomíes, y estos vivían como salvajes, que no tenían casas sino chozas y cuevas en que moraban. Estos ni sembraban ni cultivaban la tierra, mas su comida y mantenimiento eran hierbas y raíces, y la fruta que hallaban por los campos, y la caza que con sus arcos y flechas cazaban, seca al sol la comían; y tampoco tenían ídolos ni sacrificios, más de tener por dios al Sol, e invocar otras criaturas.

Después de estos vinieron otros indios de tierra muy lejana, que se llamaron de Culhua; estos trajeron maíz y otras semillas y aves domésticas; estos comenzaron a edificar casas y cultivar la tierra, y a desmontarla; y como estos se fuesen multiplicando y fuese gente de más habilidad y de más capacidad que los primeros habitantes, poco a poco se fueron enseñoreando en esta tierra, que su propio nombre es Anáhuac.

Después de pasados muchos años vinieron los indios llamados mexicanos, y este nombre lo tomaron o les pusieron por un ídolo o principal dios que consigo trajeron, que se llamaba Mexitie, y por otro nombre se llama Texcatlicupa; y este fue el ídolo o demonio que más generalmente se adoró por toda esta tierra, delante del cual fueron sacrificados muy muchos hombres.

Estos mexicanos se enseñorearon en esta Nueva España por guerras; pero el señorío principal de esta tierra primero estuvo por los de Culhua en un pueblo llamado Culhuacán, que está dos leguas de México; y después, también por guerras, estuvo el señorío en un señor y pueblo que se llama Azcapotzalco, una legua de México, según que más largamente yo le escribí al conde de Benavente en una relación de los ritos y antiguallas de esta tierra.

Sepa V. M. que cuando el marqués del Valle entró en esta tierra, Dios nuestro Señor era muy ofendido y los hombres padecían muy cruelísimas muertes, y el demonio nuestro adversario era muy servido con las mayores idolatrías y homicidios más crueles que jamás fueron; porque el antecesor de Moctezuma, señor de México, llamado Abicoci (Ahuizotl), ofreció a los indios en un solo templo y en un sacrificio que duró tres o cuatro días, ochenta mil y cuatrocientos hombres, los cuales traían a sacrificar por cuatro calles en cuatro hileras hasta llegar delante de los ídolos al sacrificadero.

Y cuando los cristianos entraron en esta Nueva España, por todos los pueblos y provincias de ella había muchos sacrificios de hombres muertos más que nunca, que mataban y sacrificaban delante de los ídolos, y cada día y cada hora ofrecían a los demonios sangre humana por todas partes y pueblos de toda esta tierra, sin otros muchos sacrificios y servicios que a los demonios siempre y públicamente hacían, no solamente en los templos de los demonios, que casi toda la tierra estaba llena de ellos, mas por todos los caminos y en todas las casas, y toda la gente vacaba al servicio de los demonios y de los ídolos.

Pues impedir y quitar estas y otras muchas abominaciones y pecados y ofensas que a Dios y al prójimo públicamente eran hechas, y plantar nuestra santa fe católica, levantar por todas partes la cruz de Jesucristo y la confesión de su santo nombre, y haber Dios plantado una tan grande conversión de gentes donde tantas almas se han salvado y cada día se salvan, y edificar tantas iglesias y monasterios, que de solos frailes menores hay más de cincuenta monasterios habitados de frailes, sin los monasterios de Guatemala e Yucatán, y toda esta tierra puesta en paz y en justicia…

Que si V. M. viese cómo por toda esta Nueva España se celebran las Pascuas y festividades, y cuán devotamente se celebran los oficios de la Semana Santa y todos los domingos y fiestas, daría mil veces alabanzas y gracias a Dios. No tiene razón el de las Casas de decir lo que dice y escribe y imprime; y adelante, porque será menester, yo diré sus celos y sus obras, hasta dónde llegan y en qué paran, si acá ayudó a los indios o los fatigó.

Y a V. M. humildemente suplico, por amor de Dios, que ahora que el Señor ha descubierto tan cerca de aquí la tierra de la Florida, que desde el río de Pánuco, que es de esta gobernación de México, hasta el río grande de la Florida, donde se paseó el capitán Soto más de cinco años, no hay más de ochenta leguas, que en estos nuestros tiempos y especialmente en esta tierra es como ocho leguas; y los pueblos a V. M. sujetos pasan de aquella parte del río de Pánuco, y antes del río de la Florida hay también muchos pueblos, de manera que aun la distancia es mucho menos.

Por amor de Dios, V. M. se compadezca de aquellas almas, y se compadezca y duela de las ofensas que allí se hacen a Dios, e impida los sacrificios e idolatrías que allí se hacen a los demonios, y mande con la más brevedad y por el mejor medio que, según hombre y ungido de Dios y capitán de su santa Iglesia, dé orden de manera que a aquellos indios infieles se les predique el santo evangelio, y no por la manera que el de las Casas ordenó, que no se ganó más que echar en costa a V. M. de dos o tres mil pesos en aparejar y proveer un navío, en el cual fueron unos padres dominicos a predicar a los indios de la Florida con la instrucción que les dio; y, en saltando en tierra sin llegar a pueblo, en el puerto luego mataron la mitad de ellos, y los otros volvieron huyendo a se meter en el navío, y acá tenían qué contar cómo se habían escapado.

Y no tiene V. M. mucho que gastar ni mucho que enviar de allá de España, más de mandarlo; y confío en nuestro Señor que muy en breve se siga una grande ganancia espiritual y temporal, y acá en esta Nueva España hay mucho caudal para lo que se requiere, porque hay religiosos ya experimentados, que, mandándoselo la obediencia, irán y se pondrán a todo riesgo para ayudar a la salvación de aquellas almas. Asimismo hay mucha gente de españoles y ganados y caballos, y todos los que acá aportaron que escaparon de la compañía de Soto, que no son pocos, desean volver allá por la bondad de la tierra; y esta salida de gente conviene mucho para esta tierra, porque se le dé una puerta para la mucha gente que hay ociosa, cuyo oficio es pensar y hacer mal.

Y esta es la segunda cosa que yo, pobre, de parte de Dios a V. M. suplico.

La tercera cosa es rogar, por amor de Dios, a V. M. que mande ver y mirar a los letrados, así de vuestros Consejos como a los de las Universidades, si los conquistadores, encomenderos y mercaderes de esta Nueva España están en estado de recibir el sacramento de la penitencia y los otros sacramentos sin hacer instrumento público por escritura y dar caución juratoria; porque afirma el de las Casas que sin estas y otras diligencias no pueden ser absueltos, y a los confesores pone tantos escrúpulos, que no falta sino ponerlos en el infierno.

Y así es menester que esto se consulte con el Sumo Pontífice, porque ¿qué nos aprovecharía a algunos que hemos bautizado más de cada trescientas mil almas y desposado y velado otras tantas, y confesado otra grandísima multitud, si por haber confesado a diez o doce conquistadores, ellos y nosotros hemos de ir al infierno?

Dice el de las Casas que todo lo que acá tienen los españoles, todo es mal ganado, aunque lo hayan habido por granjerías; y acá hay muchos labradores y oficiales, y otros muchos que por su industria y sudor tienen de comer. Y para que mejor se entienda cómo lo dice o imprime, sepa V. M. que puede haber cinco o seis años que, por mandado de V. M. y de vuestro Consejo de Indias, me fue mandado que recogiese ciertos confesionales que el de las Casas dejaba acá en esta Nueva España escritos de mano entre los frailes menores, y los di a don Antonio de Mendoza, vuestro virrey, y él los quemó, porque en ellos se contenían dichos y sentencias falsas y escandalosas.

Ahora, en los postreros navíos que aportaron a esta Nueva España han venido los ya dichos confesionales impresos, que no pequeño alboroto y escándalo han puesto en toda esta tierra; porque a los conquistadores y encomenderos y a los mercaderes los llama muchas veces tiranos, robadores, violentadores, raptores, predones; dice que siempre y cada día están tiranizando a los indios.

Asimismo dice que todos los tributos de indios son y han sido mal llevados, injusta y tiránicamente; si así fuese, buena estaba la conciencia de V. M., pues tiene y lleva V. M. la mitad o más de todas las provincias y pueblos más principales de toda esta Nueva España, y los encomenderos y conquistadores no tienen más de lo que V. M. les manda dar, y que los indios que tuvieren sean tasados moderadamente, y que sean muy bien tratados y mirados, como por la bondad de Dios, el día de hoy lo son casi todos, y que les sea administrada doctrina y justicia, así se hace.

Y con todo esto, el de las Casas dice lo ya dicho y más, de manera que la principal injuria o injurias hace a V. M., y condena a los letrados de vuestros Consejos, llamándolos muchas veces injustos y tiranos; y también injuria y condena a todos los letrados que hay y ha habido en toda esta Nueva España, así eclesiásticos como seculares, y a los presidentes y audiencias de V. M.

Porque ciertamente el marqués del Valle, y don Sebastián Ramírez, obispo, y don Antonio de Mendoza, y don Luis de Velasco que ahora gobierna con los oidores, han regido y gobernado muy bien ambas repúblicas de españoles e indios.

Por cierto, para con unos poquillos cánones que el de las Casas oyó, él se atreve a mucho, y muy grande parece su desorden y poca su humildad; y piensa que todos yerran y que él solo acierta, porque también dice estas palabras que se siguen a la letra:

«Todos los conquistadores han sido robadores, raptores y los más calificados en mal y crueldad que nunca jamás fueron, como es a todo el mundo ya manifiesto».

Todos los conquistadores, dice, sin sacar ninguno. Ya V. M. sabe las instrucciones y mandamientos que llevan y han llevado los que van a nuevas conquistas, y cómo las trabajan de guardar, y son de tan buena vida y conciencia como el de las Casas, y de más recto y santo celo.

Yo me maravillo cómo V. M. y los de vuestros Consejos han podido sufrir tanto tiempo a un hombre tan pesado, inquieto e importuno, y bullicioso y pleitista en hábito de religión, tan desasosegado, tan malcriado y tan injuriador y perjudicial, y tan sin reposo.

Yo hace que conozco al de las Casas quince años, primero que a esta tierra viniese; e iba a la tierra del Perú, y no pudiendo allá pasar, estuvo en Nicaragua, y no sosegó allí mucho tiempo; y de allí vino a Guatemala, y menos paró allí; y después estuvo en la nación de Guaxaca, y tan poco reposo tuvo allí como en las otras partes; y después que aportó a México estuvo en el monasterio de Santo Domingo, y en él luego se hartó, y tornó a vaguear y andar en sus bullicios y desasosiegos, y siempre escribiendo procesos y vidas ajenas, buscando los males y delitos que por toda esta tierra habían cometido los españoles, para agraviar y encarecer los males y pecados que han acontecido; y en esto parece que tomaba el oficio de nuestro adversario, aunque él pensaba ser más celoso y más justo que los otros cristianos y más que los religiosos, y él acá apenas tuvo cosa de religión.

Una vez estaba él hablando con unos frailes y decía que era poco lo que hacía, que no había resistido ni derramado su sangre; como quiera que el menor de ellos era más siervo de Dios, y le servían más, y velaban más las almas y la religión y virtudes que no él, con muchos quilates; porque todos sus negocios han sido con algunos desasosegados, para que le digan cosas que escriba conformes a su apasionado espíritu contra los españoles, mostrándose que ama mucho a los indios y que él solo los quiere defender y favorecer más que nadie; en lo cual acá muy poco tiempo se ocupó, si no fue cargándolos y fatigándolos.

Vino el de las Casas siendo fraile simple y aportó a la ciudad de Tlaxcala, y traía tras de sí cargados veintisiete o treinta y siete indios, que acá llaman tamemes; y en aquel tiempo estaban ciertos obispos y prelados examinando una bula del Papa Paulo que habla de los matrimonios y bautismo, y en este tiempo pusiéronnos silencio, que no bautizásemos a los indios adultos; y había venido un indio de tres o cuatro jornadas a bautizarse, y había demandado el bautismo muchas veces, y estaba bien aparejado, catequizado y enseñado.

Entonces yo, con otros frailes, rogamos mucho al de las Casas que bautizase a aquel indio, porque venía de lejos; y después de muchos ruegos demandó muchas condiciones de aparejos para el bautismo, como si él solo supiera más que todos; y ciertamente aquel indio estaba bien aparejado. Y ya que dijo que lo bautizaría, vistióse una sobrepelliz con su estola; y fuimos con él tres o cuatro religiosos a la puerta de la iglesia, donde el indio estaba de rodillas, y no sé qué achaque se tomó que no quiso bautizar al indio, y dejónos y fuése.

Yo entonces dije al de las Casas: «Cómo, padre, todo vuestro celo y amor que decís que tenéis a los indios se acaba en traerlos cargados, y andar escribiendo vidas de españoles y fatigando a los indios; que sola vuestra caridad traéis cargados más indios que treinta frailes; y pues a un indio no bautizáis ni doctrináis, bien sería que pagaseis a cuantos traéis cargados y fatigados». Entonces, como está dicho, traía veintisiete o treinta y siete cargados (que no me recuerdo bien del número), y todo lo más que traía en aquellos indios eran procesos y escrituras contra españoles, y bujerías de nada; y cuando fue allá a España, que volvió obispo, llevaba ciento y veinte indios cargados, sin pagarles nada.

Y ahora procura allá con V. M. y con los del Consejo de Indias que acá ningún español pueda traer indios cargados, pagándolos muy bien, como ahora por todas partes se pagan; y los que ahora demandan no son sino tres o cuatro, para llevar la cama y comida, porque por los caminos no se halla.

Después de esto, acá siempre anduvo desasosegado, procurando negocios de personas principales, y lo que allá negoció fue venir obispo de Chiapa; y como no cumplió lo que acá prometió negociar, el padre fray Domingo de Betanzos, que lo tenía bien conocido, le escribió una carta bien larga, y fue muy pública, en la cual le declaraba su vida y sus desasosiegos y bullicios, y los perjuicios y daños que con sus informaciones y celos indiscretos había causado por doquiera que andaba; especialmente cómo en la tierra del Perú había sido causa de muchos escándalos y muertes, y ahora no cesa allá donde está de hacer lo mismo, mostrándose que lo hace con celo que tiene a los indios.

Y por una carta que de acá alguno le escribe, y no todas veces verdadera, muéstrala a V. M. o a los de su Consejo, y por una cosa particular que le escriben procura una cédula general, y así turba y destruye acá la gobernación y la república, y en esto paran sus celos.

Cuando vino obispo y llegó a Chiapa, cabeza de su obispado, los de aquella ciudad le recibieron —por enviarlo V. M.— con mucho amor y con toda humildad, y con palio le metieron en su iglesia, y le prestaron dineros para pagar deudas que de España traía, y desde muy pocos días los descomulga y póneles quince o dieciséis leyes, y las condiciones del confesionario, y déjalos y váse adelante.

A esto le escribía el de Betanzos que las ovejas había vuelto cabrones, y de buen carretero echó el carro delante y los bueyes detrás.

Entonces fue al reino que llaman de la Verapaz, del cual allá ha dicho que es grandísima cosa y de gente infinita. Esta tierra es cerca de Guatemala, y yo he andado visitando y enseñando por allí, y llegué muy cerca, porque estaba dos jornadas de ella, y no es de diez partes la una de lo que allá han dicho y significado. Monasterio hay acá en lo de México que doctrina y visita diez tanta gente que la que hay en el reino de la Verapaz, y de esto es buen testigo el obispo de Guatemala. Yo vi la gente, que es de pocos quilates y menos que otra.

Después el de las Casas tornó a sus desasosiegos, y vino a México, y pidió licencia al virrey para volver allá a España, y aunque no se la dio no dejó de ir allá sin ella, dejando acá muy desamparadas y muy sin remedio las ovejas y almas a él encomendadas, así españoles como indios.

Fuera razón, si con él bastase razón, de hacerle luego dar la vuelta para que siquiera perseverara con sus ovejas dos o tres años; pues como más santo y más sabio es este que todos cuantos obispos hay y han habido, y así los españoles dice que son incorregibles, trabajara con los indios y no lo dejara todo perdido y desamparado.

Habrá cuatro años que pasaron por Chiapa y su tierra dos religiosos, y vieron cómo, por mandado del de las Casas, aun en el artículo de la muerte no absolvía a los españoles que pedían la confesión, ni había quien bautizase los niños hijos de los indios que por los pueblos buscaban el bautismo; y estos frailes que digo bautizaron muy muchos.

Dice en aquel su confesionario que los encomenderos son obligados a enseñar a los indios que les son encargados, y así es la verdad; mas decir adelante que nunca ni por entresueño lo han hecho, en esto no tiene razón, porque muchos españoles, por sí y por sus criados, los han enseñado según su posibilidad, y otros muchos, adonde no alcanzan frailes, han puesto clérigos en sus pueblos, y casi todos los encomenderos han procurado frailes, así para llevarlos a sus pueblos como para que los vayan a enseñar y a administrarles los santos sacramentos.

Tiempo hubo que algunos españoles ni quisieran ver clérigo ni fraile por sus pueblos, mas días ha que muchos españoles procuran frailes, y sus indios han hecho monasterios y los tienen en sus pueblos, y los encomenderos proveen a los frailes de mantenimiento, y vestuario, y ornamentos; y no es maravilla que el de las Casas no lo sepa, porque él no procuró de saber sino lo malo y no lo bueno, ni tuvo sosiego en esta Nueva España, ni aprendió lengua de indios, ni se humilló ni aplicó a enseñarles: su oficio fue escribir procesos y pecados que por todas partes han hecho los españoles, y esto es lo que mucho encarece, y ciertamente solo este oficio no lo llevará al cielo, y lo que así escribe no es todo cierto ni muy averiguado.

Y si se miran y notan bien los pecados y delitos atroces que en sola la ciudad de Sevilla han acontecido, y los que la justicia ha castigado de treinta años a esta parte, se hallarían más delitos y maldades y más feas que cuantas han acontecido en toda esta Nueva España, después que se conquistó, que son treinta y tres años.

Una de las cosas que es de haber compasión en toda esta tierra es de la ciudad de Chiapa y su sujeto, que después que el de las Casas allí entró por obispo, quedó destruida en lo temporal y en lo espiritual, que todo lo enconó; y plazca a Dios no se diga de él que dejó las almas en las manos de los lobos y huyó:

quia mercenarius est et non pastor, et non pertinet ad eum de ovibus.

Cuando algún obispo renuncia el obispado, para dejar una iglesia que por esposa recibió, tan grande obligación y mayor es el vínculo que a ella tiene que otra profesión de más bajo estado, y así se da con gran solemnidad; y para dejarla y desampararla, grandísima causa ha de haber, y donde no la hay, la tal renunciación más se llama apostasía —y apostatar del alto y muy perfecto estado episcopal— que no otra cosa.

Y si fuera por causa de muy grandes enfermedades, o para meterse en un monasterio muy estrecho, para nunca ver hombre ni negocios mundanos, aun entonces no sabemos si delante de Dios está muy seguro el tal obispo; mas para hacerse procurador en Corte, y para procurar, como ahora procura, que los indios le demanden por protector...

Cuando la carta en que esto demandaba se vio en una congregación de frailes menores, todos se rieron de ella, y no tuvieron qué responder ni qué hablar en tal desvarío; y no mostrará él allá carta de capítulo o congregación de frailes menores.

Y también procura que de acá le envíen dineros y negocios. Estas cosas, ¿a quién parecerán bien?

Yo creo que V. M. las aborrecerá, porque es clara tentación de nuestro adversario para desasosiego suyo y de los otros. V. M. le debía mandar encerrar en un monasterio, porque no sea causa de mayores males, que si no, yo tengo temor que ha de ir a Roma y será causa de turbación en la corte romana.

A los estancieros, calpixques y mineros, llámalos verdugos, desalmados, inhumanos y crueles; y dado caso que algunos haya habido codiciosos y mal mirados, ciertamente hay otros muchos buenos cristianos y piadosos y limosneros, y muchos de ellos casados viven bien. No se dirá del de las Casas lo de san Lorenzo, que, como diese la mitad de su sepultura al cuerpo de san Esteban, llamáronle el español cortés.

Dice en aquel confesionario que ningún español en esta tierra ha tenido buena fe cerca de las guerras, ni los mercaderes en llevarles a vender mercaderías, y en esto juzga los corazones. Asimismo dice que ninguno tuvo buena fe en el comprar y vender esclavos; y no tuvo razón, pues muchos años se vendieron por las plazas con el hierro de V. M., y algunos años estuvieron muchos cristianos bona fide y en ignorancia invencible. Más dice, que siempre y hoy día están tiranizando a los indios. También esto va contra V. M.

Y si bien me acuerdo, los años pasados, después que V. M. envió a don Antonio de Mendoza, se ayuntaron los señores y principales de esta tierra y de su voluntad solemnemente dieron de nuevo la obediencia a V. M., por verse en nuestra santa fe libres de guerras y de sacrificios, y en paz y en justicia.

También dice que todo cuanto los españoles tienen, cosa ninguna hay que no fuese robada; y en esto injuria a V. M. y a todos los que acá pasaron, así a los que trajeron haciendas como a otros muchos que las han comprado y adquirido justamente, y el de las Casas los deshonra por escrito y por carta impresa. Pues, ¿cómo así se ha de infamar por un atrevido una nación española con su príncipe, que mañana lo leerán los indios y las otras naciones?

Dice más, que por estos muchos tiempos y años nunca habrá justa conquista ni guerra contra indios. De las cosas que están por venir, contigibles, de Dios es la providencia y Él es el sabedor de ellas, y aquel a quien su divina majestad las quisiere revelar; y el de las Casas, en lo que dice, quiere ser adivino o profeta, y será no verdadero profeta, porque dice el Señor que será predicado este Evangelio en todo el universo, antes de la consumación del mundo.

Pues a V. M. conviene de oficio darse priesa que se predique el santo Evangelio por todas estas tierras, y los que no quisieren oír de grado el santo Evangelio de Jesucristo, sea por fuerza; que aquí tiene lugar aquel proverbio: «Más vale bueno por fuerza que malo por grado».

Y, según la palabra del Señor, por el tesoro hallado en el campo se deben dar y vender todas las cosas, y comprar luego aquel campo; y pues, sin dar mucho precio, puede V. M. haber y comprar este tesoro de preciosas margaritas, que costaron el muy rico precio de la sangre de Jesucristo, porque si esto V. M. no procura, ¿quién hay en la tierra que pueda y deba ganar el precioso tesoro de ánimas que hay derramadas por estos campos y tierras?

¿Cómo se determina el de las Casas a decir que todos los tributos son y han sido mal llevados, y vemos que, preguntando al Señor si se daría el tributo a César o no, respondió que sí; y él dice que son mal llevados?

Si miramos cómo vino el señorío e imperio romano, hallamos que primero los babilonios, en tiempo de Nabucodonosor Magno, tomaron por guerra el señorío a los asirios, que, según san Jerónimo, duró aquel reino más de mil y trescientos años, y este reino de Nabucodonosor fue la cabeza de oro de la estatua que él mismo vio, según la interpretación de Daniel, cap. 2.º; y Nabucodonosor fue el primer monarca y cabeza de imperio.

Después los persas y medos destruyeron a los babilonios en tiempo de Ciro y Darío, y este señorío fueron los pechos y brazos de la misma estatua: fueron dos brazos, conviene a saber, Ciro y Darío, y persas y medos.

Después, los griegos destruyeron a los persas en tiempo de Alejandro Magno, y este señorío fue el vientre y muslos de metal, y fue de tanto sonido este metal que se oyó por todo el mundo, salvo en esta tierra, y salió la fama y temor del grande Alejandro, que está escrito: siluit terra in conspectu eius; y, como conquistase a Asia, los de Europa y África le enviaron embajadores, y le fueron a esperar con dones a Babilonia, y allí le dieron la obediencia.

Después, los romanos sujetaron a los griegos, y estos fueron las piernas y pies de hierro, que todos los metales consume y gasta. Después la piedra cortada del monte sin manos cortó y disminuyó la estatua e idolatría, y este fue el reino de Cristo.

Durante el señorío de los emperadores romanos, dijo el Señor que se diese el tributo a César. Yo no me meto en determinar si fueron estas guerras más o menos lícitas que aquellas, o cuál es más lícito tributo, este o aquel; esto determínenlo los Consejos de V. M.

Mas es de notar lo que el profeta Daniel dice en el mismo capítulo: que Dios muda los tiempos y edades, y pasa los reinos de un señorío en otro; y esto por los pecados, según parece en el reino de los cananeos, que los pasó Dios en los hijos de Israel con grandísimos castigos; y el reino de Judea, por el pecado y muerte del Hijo de Dios, lo pasó a los romanos, y los imperios aquí dichos.

Lo que yo a V. M. suplico es por el quinto reino de Jesucristo, significado en la piedra cortada del monte sin manos, que ha de henchir y ocupar toda la tierra; de este reino V. M. es el caudillo y capitán; que mande V. M. poner toda la diligencia que sea posible para que este reino se cumpla y ensanche, y se predique a estos infieles, o a los más cercanos, especialmente a los de la Florida, que están aquí a la puerta.

Quisiera yo ver al de las Casas quince o veinte años perseverar en confesar cada día diez o doce indios enfermos llagados, y otros tantos sanos viejos que nunca se confesaron, y entender en otras cosas muchas espirituales tocantes a los indios; y lo bueno es que allá, a V. M. y a los demás sus Consejos, para mostrarse muy celoso, dice: «Fulano no es amigo de indios, es amigo de españoles, no le deis crédito».

Plazca a Dios que acierte él a ser amigo de Dios y de su propia ánima. Lo que allá cela es de daños que hacen a los indios, o de tierras que los españoles demandan acá en esta Nueva España, o de estancias que están en perjuicio y de daños a los indios.

Ya no es el tiempo que solía, porque el que hace daño de dos pesos paga cuatro, y el que hace daño de cinco paga ocho.

Cuanto al dar de las tierras, podría V. M. dar de las sobradas, baldíos y tierras eriales para los españoles avecindados que se quieren aplicar a labrar la tierra, y otros acá nacidos que algo han de tener, y esto de lo que está sin perjuicio. Y, como de diez años a esta parte entre los indios ha habido mucha mortandad y pestilencias grandes, falta muy mucha gente, que donde menos gente falta, de tres partes faltan las dos, y en otros lugares de cinco partes faltan las cuatro, y en otros de ocho partes faltan las siete; y a esta causa sobran por todas partes muchas tierras, demás de los baldíos y tierras de guerra que no sembraban.

Y, habiendo de dar —si V. M. mandare— de los baldíos y tierras de guerra, que estos eran unos campos que dejaban entre provincia y provincia, y entre señor y señor, adonde salían a darse guerra, que antes que entrase la fe eran muy continuas, porque casi todos los que sacrificaban a los ídolos eran los que prendían en las guerras, y por eso en más tenían prender uno que matar cinco; estas tierras que digo no las labraban. En estas hay lugar, si los indios no tuviesen ya algunas ocupadas y cultivadas, pareciendo ser lícito, y podría V. M. darlas con menos perjuicio y sin perjuicio alguno.

Cuanto a las estancias de los ganados, ya casi por todas partes se han sacado los ganados que hacían daño, especialmente los ganados mayores, no por falta de grandes campos, mas porque los traían sin guarda; y como no los recogen de noche a que duerman en corrales, corrían mucha tierra y hacían daño, y para el agostadero les han puesto y señalado tiempo en que han de entrar y salir, con sus penas, que acá por la bondad de Dios hay quien lo remedie, que es la justicia, y quien lo cele tan bien como el de las Casas.

Para ganados menores hay muchas tierras y campos por todas partes, y aun muy cerca de la gran ciudad de Tenuxtitlan México hay muchas estancias sin perjuicio; y en el valle de Toluca, que comienza a seis o siete leguas de México, hay muchas estancias de ganado mayor y menor; asimismo cerca de la ciudad de los Ángeles y en la ciudad de Taxcala, y en los pueblos de Tepeyaca e Itemachalco; y en todos estos pueblos y en sus términos hay muy grandes campos y dehesas donde se pueden apacentar muy muchos ganados sin perjuicio, especialmente ganados menores, que en nuestra España los traen muchas veces cerca de los panes, y el que hace daño págalo.

Acá hay muchos baldíos y muy grandes campos donde podrían, por todas partes, andar muchos más ganados de los que hay; y quien otra cosa dice, es o porque no lo sabe o porque no lo ha visto. Sola la provincia de Taxcala tiene de ancho diez leguas, y a partes once, y de largo quince, y a partes dieciséis leguas, y bordea más de cuarenta; y poco menos tiene la de Tecamachalco, y otros muchos pueblos tienen muchos baldíos, porque de cinco partes de término, no ocupan los indios la una.

Y pues los ganados son tan provechosos y necesarios, y usan de ellos ambas repúblicas de españoles e indios, así de bueyes y vacas y de caballos, como de todos los otros ganados, ¿por qué no les darán lo que sobra y que se apacienten sin perjuicio, pues es bien para todos?

Y pues que ya muchos indios usan de caballos, no sería malo que V. M. mandase que no se diese licencia para tener caballos sino a los principales señores, porque si se hacen los indios a los caballos, muchos se van haciendo jinetes y querrán igualarse por tiempo a los españoles, y esta ventaja de los caballos y tiros de artillería es muy necesaria en esta tierra, porque da fuerza y ventaja a pocos contra muchos.

Y sepa V. M. que toda esta Nueva España está desierta y desamparada sin fuerza ni fortaleza alguna, y nuestro adversario, enemigo de todo bien, que siempre desea y procura discordias y guerras, y de entre los pies levanta peligros; y aunque no fuese más de porque estamos en tierra ajena, y los negros son tantos que algunas veces han estado concertados de levantarse y matar a los españoles, y para esto la ciudad de los Ángeles está en mejor medio y comedio que ningún otro pueblo de la Nueva España, para hacerse en ella una fortaleza; y podría hacerse a menos costa, por los muchos y buenos materiales que tiene, y sería seguridad para toda la tierra.

A los pueblos que V. M. más obligación tiene en toda esta Nueva España son Tezcuco y Tlacuba y México. La razón es que cada señorío de estos era un reino, y cada señor de estos tenía diez provincias y muchos pueblos a sí sujetos, y, demás de esto, entre estos señoríos se repartían tributos de ciento y sesenta provincias y pueblos, y cada señor de estos era un no pequeño rey; y estos señores, luego que los cristianos llegaron y les fue requerido recibiesen la fe, dieron la obediencia a V. M., y Tezcuco y Tlacuba ayudaron a los españoles en la conquista de México.

Los otros señores de la tierra tienen y poseen sus señoríos y tributan a V. M., porque es su rey y señor, y porque les administra V. M. doctrina y sacramentos y justicia, y les tiene en paz, que más les da V. M. que de ellos recibe, aunque el de las Casas no lo quiere considerar.

Los señores de Tezcuco y Tlacuba y México, aun de las estancias sujetas a sus cabeceras, les quitaron y repartieron algunas; y estos se contentarán con que V. M. mande dar un pueblo pequeño o mediano que sirva al señor de Tezcuco, y otro a su pueblo o república, y otro tanto al señor y pueblo de Tlacuba.

Y esto, cuanto a las cosas temporales; y, cuanto a las espirituales, estas ánimas reclaman por ministros; y porque de España han salido y salen cada día muchos religiosos para estas tierras, si V. M. mandase, en Flandes y en Italia hay muchos frailes siervos de Dios muy doctos y muy deseosos de pasar a estas partes y de emplear en la conversión de infieles; y de estas naciones que digo han estado en esta tierra, y hoy día hay algunos siervos de Dios que han dado muy buen ejemplo y han mucho trabajado con estos naturales.

Demás de esto, la iglesia mayor de México, que es la metropolitana, está muy pobre, vieja, remendada, que solamente se hizo de prestado veinte y nueve años ha; razón es que V. M. mande que se comience a edificar y la favorezca, pues de todas las iglesias de la Nueva España es cabecera, madre y señora.

Y así, esta iglesia como las otras catedrales las mande V. M. dar sendos pueblos, como antes tenían, que no había repartimientos tan bien empleados en toda la Nueva España; y de estos pueblos tienen mucha necesidad para reparar, enrasar, trasegar, barrer y adornar las iglesias y las casas de los obispos, que todos están pobres y adeudados.

Pues acá han tenido y tienen repartimientos zapateros y herreros, mucha más necesidad tienen las iglesias, pues no tienen rentas, y lo que tienen es muy poco.

Todo esto digo con deseo de servir e informar a V. M. de lo que de esta tierra siento y he visto por espacio de treinta años que ha que pasamos acá por mandado de V. M., cuando trajimos los breves y bulas de León y Adriano, que V. M. procuró; y habían de pasar acá y traer las dichas bulas el cardenal de Santa Cruz fray Francisco de Quiñones y el padre fray Juan Clapion, que Dios tiene.

Y de doce que al principio de la conversión de esta gente venimos, ya no hay más de dos vivos.

Y reciba V. M. esta carta con la intención que la escribo, y no valga más de cuanto fuere conforme a razón, justicia y verdad; y quedo como mínimo capellán, rogando a Dios su santa gracia siempre more en la bendita ánima de V. M., para que siempre haga su santa voluntad. Amén.

Después de lo arriba dicho, vi y leí un tratado que el de las Casas compuso sobre la materia de los esclavos hechos en esta Nueva España y en las islas, y otro sobre el parecer que dio sobre que si habría repartimiento de indios.

El primero dice haber compuesto por comisión del Consejo de las Indias, y el segundo por mandado de V. M., que no hay hombre humano, de cualquier nación, ley o condición que sea, que los lea, que no cobre aborrecimiento y odio mortal y tenga a todos los moradores de esta Nueva España por la más cruel y más abominable y más infiel y detestable gente de cuantas naciones hay debajo del cielo; y en esto paran las escrituras que se escriben sin caridad y que proceden de ánimo ajeno de toda piedad y humanidad.

Yo ya no sé los tiempos que allá corren en la vieja España, porque ha más de treinta años que de ella salí; mas muchas veces he oído a religiosos siervos de Dios y a españoles buenos cristianos temerosos de Dios, que vienen de España, que hallan acá más cristiandad, más fe, más frecuentación de los santos sacramentos y más caridad y limosna a todo género de pobres, que no en la vieja España.

Y Dios perdone al de las Casas, que tan gravísimamente deshonra y difama, y tan terriblemente injuria y afrenta una y muchas comunidades, y una nación española, y a su príncipe y Consejos, con todos los que en nombre de V. M. administran justicia en estos reinos.

Y si el de las Casas quiere confesar verdad, a él quiero por testigo cuántas y cuán largas limosnas halló acá, y con cuánta humildad soportaron su recia condición, y cómo muchas personas de calidad confiaron en él muchos e importantes negocios, y ofreciéndose guardar fidelidad, diéronle mucho interés, y apenas en cosa alguna guardó lo que prometió; de lo cual, entre muchos, se quejaba el siervo de Dios fray Domingo de Betanzos en la carta ya dicha.

Bastar debiera al de las Casas haber dado su voto y decir lo que sentía cerca del encomendar los indios a los españoles, y que le quedara por escrito, y que no lo imprimiera con tantas injurias, deshonras y vituperios.

Sabido está qué pecado comete el que deshonra y difama a uno, y más el que difama a muchos, y mucho más el que difama a una república y nación. Si el de las Casas llamase a los españoles y moradores de esta Nueva España tiranos, y ladrones, y robadores, y homicidas, y crueles salteadores, cien veces pasaría; pero llamárselo cien veces ciento, más de la poca caridad y menos piedad que en sus palabras y escrituras tiene...

Y además de las injurias y agravios y afrentas que a todos hace, por hablar en aquella escritura con V. M., fuera mucha razón que se templara y hablara con alguna color de humildad.

¿Y qué pueden aprovechar y edificar las palabras dichas sin piedad y sin humanidad? Por cierto, poco.

Yo no sé por qué razón, por lo que uno hizo, quiera el de las Casas condenar a ciento; y lo que cometieron diez, por qué lo quiere atribuir a mil, y difama a cuantos acá han estado y están. ¿Dónde se halló condenar a muchos buenos por algunos pocos malos?

Si el Señor hallara diez buenos en tiempo de Abraham y de Lot, perdonara a muy muchos; como porque en Sevilla y en Córdoba se hallan algunos ladrones y homicidas y herejes, ¿los de aquellas ciudades son todos ladrones y tiranos y malos?

Pues no ha tenido México Tenochtitlan menos obediencia y lealtad a su Rey que las otras ciudades y villas de la Nueva España, y es mucho más de agradecer cuanto más lejos está de su Rey.

Si las cosas que el de las Casas o Casaus escribe fueran verdaderas, por cierto V. M. había de tener mucha queja de cuantos acá ha enviado, y ellos serían dignos de gran pena, así los obispos como prelados mayores y más obligados a oponerse a morir por sus ovejas, y clamar a Dios y a V. M. por remedio para conservar su grey.

Y así vemos que los obispos de esta Nueva España, los buenos perseveran en los trabajos de sus cargos y oficios, que apenas reposan de día ni de noche; y también tendría V. M. queja de los cabildos de esta Nueva España, así de las iglesias como de las ciudades, pues todos son proveídos por V. M. para descargo y regimiento de vuestros vasallos y repúblicas, si no hiciesen lo que deben.

Y la misma queja debería V. M. tener de los religiosos de todas las órdenes que acá V. M. envía, no con poca costa ni trabajo de sacarlos de las provincias de España; y acá les manda hacer los monasterios, y que les den cálices y campanas, y algunos han recibido preciosos ornamentos. Con razón podría V. M. decir: «Pues, ¿cómo todos son canes mudos, que sin ladrar ni dar voces consientan que la tierra se destruya?»

No, por cierto; mas antes casi todos, cada uno en su oficio, hacen lo que deben.

Cuando yo supe lo que escribía el de las Casas, tenía queja de los del Consejo, porque consentían que tal cosa se imprimiese; después, bien mirado, vi que la impresión era hecha en Sevilla, al tiempo que los navíos se querían partir, como cosa de hurto y mal hecho; y creo ha sido cosa permitida por Dios, y para que se sepan y respondan a las cosas del de las Casas, aunque será con otra templanza y caridad, y más de lo que sus escrituras merecen, para que él se convierta a Dios y satisfaga a tantos como ha dañado y falsamente infamado, y para que en esta vida pueda hacer penitencia.

Y también para que V. M. sea informado de la verdad, y conozca el servicio que el capitán don Hernando Cortés y sus compañeros le han hecho, y la muy leal fidelidad que siempre esta Nueva España ha tenido a V. M., por cierto digna de remuneración.

Y sepa V. M. por cierto que los indios de esta Nueva España están bien tratados, y tienen menos pecho y tributo que los labradores de la vieja España, cada uno en su manera. Digo casi todos los indios, porque algunos pocos pueblos hay que su tasación se hizo antes de la gran pestilencia, que no están modificados sus tributos; estas tasaciones ha de mandar V. M. que se tornen a hacer de nuevo.

Y el día de hoy los indios saben y entienden muy bien su tasación, y no darán un tomín de más en ninguna manera, ni el encomendero les osará pedir un cacao más de lo que tienen en su tasación, ni tampoco el confesor los absolverá si no lo restituyese, y la justicia le castigaría cuando lo supiese; y no hay aquel descuido ni tiranías que el de las Casas tantas veces dice.

Porque, gloria sea a Dios, acá ha habido en lo espiritual mucho cuidado y celo en los predicadores, y vigilancia en los confesores; y en los que administran justicia, obediencia para ejecutar lo que V. M. manda cerca del buen tratamiento y defensa de estos naturales. Y en realidad de verdad pasa así esto que digo.

De diez años a esta parte, falta mucha gente de estos naturales; y esto no lo han causado malos tratamientos, porque ha muchos años que los indios son bien tratados, mirados y defendidos, mas hálo causado muy grandes enfermedades y pestilencias que en esta Nueva España ha habido; y cada día se van mucho apocando estos naturales.

Cuál sea la causa, Dios es el sabedor, porque sus juicios son muchos y a nosotros escondidos. Si la causan los grandes pecados e idolatrías que en esta tierra había, no lo sé; empero veo que la tierra de promisión que poseían aquellas siete generaciones idólatras, por mandado de Dios fueron destruidas por Josué, y después se pobló de hijos de Israel, en tanta manera que, cuando David contó el pueblo, lo halló, en las diez tribus, de solos varones fuertes de guerra ochocientos mil, y de la tribu de Judá y Benjamín quinientos mil.

Y después, en el tiempo del rey Asá, de las dos tribus, en la batalla que dio Zara al rey de los etíopes, se hallaron quinientos y ochenta mil hombres de guerra, y fue tan pobladísima aquella tierra, que en sola la ciudad de Jerusalén se lee que había más de ciento y cincuenta mil vecinos; y ahora, en todos aquellos reinos, no hay tantos vecinos como solía haber en Jerusalén, ni como la mitad.

La causa de aquella destrucción y la de esta tierra e islas, Dios la sabe; que cuantos más medios y remedios V. M. y los Reyes Católicos de santa memoria humanamente han sido posible proveer, los han proveído; y no basta, ni ha bastado consejo ni poderío humano para remediarlo.

Gran cosa es que se hayan salvado muchas ánimas y cada día se salvan, y se han impedido y estorbado muchos males e idolatrías, y homicidios, y grandes ofensas de Dios.

Lo que al presente mucho conviene es que V. M. mande dar asiento a esta tierra, que así como ahora está, padece mucho detrimento; y para esto, hartas informaciones tiene V. M., y muy bien entendido lo que más conviene, y en los Consejos de V. M. hay muchas informaciones para, con brevedad, poner el asiento que Dios y V. M. sean servidos; y esto conviene mucho a ambas repúblicas de españoles y de los indios.

Porque, así como en España, para la conservación de paz y justicia, hay guarniciones, y en Italia un ejército, y en las fronteras siempre hay gente de armas, no menos conviene en esta tierra.

Decía don Antonio de Mendoza, virrey de esta tierra: «Si a esta tierra no se le da asiento, no puede mucho durar; durará diez o doce años, y con mucho detrimento; y si mucha priesa se le diere, no durará tanto».

Toda esta tierra está carísima y falta de bastimentos, lo cual solía muy mucho abundar y muy barato todo; y ya que la gente estaba pobre, tenían que comer.

Ahora, los españoles pobres y endeudados, mucha gente ociosa y deseosa que hubiese en los naturales la menor ocasión del mundo para robarlos, porque dicen que los indios están ricos y los españoles pobres y muriendo de hambre.

Los españoles que algo tienen procuran de hacer su pella y volverse a Castilla; los navíos que de acá parten van cargados de oro y plata, así de V. M. como de mercaderes y hombres ricos, y quedan los pobres en necesidad.

Ya V. M. podrá ver en qué puede parar una tierra que tiene su rey y gobernación dos mil leguas de sí; y ya el asiento de esta tierra más conviene a los indios que a los españoles.

Dejo de decir las razones por no ser más prolijo; y para dar asiento a esta tierra sé que V. M. tiene buena voluntad y ciencia y experiencia para el cómo, y no faltan oraciones para que Dios dé su gracia.

Tengo confianza que se ha de acertar y que ha de ser Dios servido con lo que V. M. determinare, y esta tierra remediada.

En el tratado que imprimió el de las Casas o Casaus, entre otras cosas, principalmente yerra en tres: esto es, en el hacer de los esclavos, en el número y en el tratamiento.

Cuanto al hacer de los esclavos en esta Nueva España, pone allí trece maneras de hacerlos, que una ninguna es así como él escribe. Bien parece que supo poco de los ritos y costumbres de los indios de esta Nueva España. En aquel libro que dio, en la cuarta parte, en los capítulos 22 y 23, se hallarán once maneras de hacer esclavos, y aquellas son las que dimos al obispo de México.

Tres o cuatro frailes hemos escrito de las antiguallas y costumbres que estos naturales tuvieron, y yo tengo lo que los otros escribieron; y porque a mí me costó más trabajo y más tiempo, no es maravilla que lo tenga mejor recopilado y entendido que otro.

Asimismo dice de indios esclavos que se hacían en las guerras, y gasta no poco papel en ello; y en esto también parece que sabe poco de lo que pasaba en las guerras de estos naturales, porque ningún esclavo se hacían en ellas, ni rescataban ninguno de los que en las guerras prendían, mas todos los guardaban para sacrificar, porque esta era la gente que generalmente se sacrificaba por toda esta tierra. Muy poquitos eran los otros que sacrificaban, sino los tomados en guerra; por lo cual las guerras eran muy continuas, porque para cumplir con sus crueles dioses, y para solemnizar sus fiestas y honrar sus templos, andaban por muchas partes haciendo guerra y salteando hombres para sacrificar a los demonios y ofrecerles corazones y sangre humana.

Por la cual causa padecían muchos inocentes; y no parece ser pequeña causa de hacer guerra a los que así oprimen y matan a los inocentes, y estos, con gemidos y clamores, demandaban a Dios y a los hombres ser socorridos, pues padecían muerte tan injustamente. Y esto es una de las causas, como V. M. sabe, por la cual se puede hacer guerra.

Y tenían esta costumbre: que si algún señor o principal de los presos en guerra se soltaba, los mismos de su pueblo lo sacrificaban; y si era hombre bajo, que se llamaba macehual, su señor le daba mantas.

Cuanto al número de los esclavos, en una parte pone que se habrán hecho tres millones de esclavos y en otra dice cuatro millones.

Las provincias y partes que el de las Casas dice haberse hecho los dichos esclavos son estas: México, Coatzacoalco, Pánuco, Xalisco, Chiapa, Guatemala, Honduras, Yucatán, Nicaragua, la costa de San Miguel, Venezuela. No fuera malo que también dijera siquiera por humildad de la costa de Paria y Cubagua, ya que fue allá, y cómo le fue allá.

Casi todas las partes que pone son en esta Nueva España. Yo tenía sumadas las provincias y partes que dice haberse hecho esclavos, y antes más que menos —que por no ser prolijo dejo de particularizar— y por todos no llegan a doscientos mil. Y, comunicado este número con otros que tienen experiencia y son más antiguos en la tierra, me certifican que no son ciento cincuenta mil, ni pasan de cien mil.

Yo digo que fuesen doscientos mil: cuanto al número de tres millones, excede y pone de más dos millones y ochocientos mil; y cuanto al número de cuatro millones, pone de más tres millones y ochocientos mil. Y así son muchos de sus encarecimientos, en los cuales a V. M. pone en grande escrúpulo y agravia malamente y deshonra a sus prójimos por carta impresa.

Y este número de esclavos cosa es que se puede saber por los libros de V. M., por los quintos que ha recibido.

Y cuanto al tratamiento, yo de la Nueva España hablo, en la cual ya casi todos están hechos libres. Según lo que tengo entendido, en todo el mundo podrá haber mil esclavos por libertar, y estos cada día se van libertando, y antes de un año apenas queda esclavo indio en la tierra. Porque, para libertarlos, V. M. hizo lo que debía, y aun más, pues mandó que los que poseían esclavos probasen cómo aquellos eran verdaderos esclavos, lo cual era casi imposible, y de derecho incumbía lo contrario; y convino lo que V. M. mandó, porque los menos eran bien hechos.

Dice que en todas las Indias nunca hubo causa justa para hacer uno ni ningún esclavo. Tal sabe. Él dice que el que no ha salido de México ni de sus alrededores, que no es maravilla que sepa poco de esto. El de las Casas estuvo en esta tierra obra de siete años, y fue, como dicen, que llevó cinco de calle.

Fraile ha habido en esta Nueva España que fue de México hasta Nicaragua, que son cuatrocientas leguas, que no se le quedaron en todo el camino dos pueblos que no predicase y dijese misa, y enseñase, y bautizase niños o adultos, pocos o muchos. Y los frailes acá han visto y sabido un poco más que el de las Casas cerca del buen tratamiento de los esclavos: así la justicia de su oficio, como los frailes predicadores y confesores, que desde el principio hubo frailes menores, y después vinieron los de las otras órdenes.

Estos siempre tuvieron especial cuidado de que los indios, especialmente los esclavos, fuesen bien tratados y enseñados en toda doctrina y cristiandad; y Dios, que es el principal obrador de todo bien.

Luego los españoles comenzaron a enseñar y a llevar a las iglesias a sus esclavos a bautizar y a que se enseñasen, y a los casar; y a los que esto no hacían no los absolvían. Y muchos años ha que los esclavos y criados de españoles están casados in facie Ecclesiae.

Yo he visto muy muchos, así en lo de México, Guaxaca y Guatemala, como en otras partes, casados, con sus hijos y sus casas y su peculio, buenos cristianos y bien casados. Y no es razón que el de las Casas diga que el servicio de los cristianos pesa más que cien torres, y que los españoles estiman en menos a los indios que a las bestias, y aun que el estiércol de las plazas.

Paréceme que es gran cargo de conciencia atreverse a decir tal cosa a V. M. y, hablando con grandísima temeridad, dice que el servicio que los españoles por fuerza toman a los indios, que en ser incomparable y durísimo excede a todos los tiranos del mundo, sobrepuja e iguala al de los demonios.

Aun de los vivientes sin Dios y sin ley no se debería decir tal cosa. Dios me libre de quien tal osa decir.

El yerro que se llama de "rescate" de V. M. vino a esta Nueva España el año de 1524, mediado mayo. Luego que fue llegado a México, el capitán don Hernando Cortés, que a la sazón gobernaba, ayuntó en San Francisco con frailes los letrados que había en la ciudad, y yo me hallé presente y vi que le pesó al gobernador por el hierro que venía, y lo contradijo; y, después que más no pudo, limitó mucho la licencia que traía para herrar esclavos, y los que se hicieron fuera de las limitaciones fue en su ausencia, porque se partió para las Higueras.

Y algunos que murmuraron del marqués del Valle, que Dios tiene, y quieren ennegrecer y oscurecer sus obras, yo creo que delante de Dios no son sus obras tan aceptas como lo fueron las del marqués. Aunque, como hombre, fuese pecador, tenía fe y obras de buen cristiano, y muy gran deseo de emplear la vida y hacienda por ampliar y aumentar la fe de Jesucristo, y morir por la conversión de estos gentiles; y en esto hablaba con mucho espíritu, como aquel a quien Dios había dado este don y deseo, y le había puesto por singular capitán de esta tierra de occidente.

Confesábase con muchas lágrimas y comulgaba devotamente, y ponía a su ánima y hacienda en manos del confesor para que mandase y dispusiese de ella todo lo que convenía a su conciencia; y así buscó en España muy grandes confesores letrados, con los cuales ordenó su ánima, e hizo grandes restituciones y largas limosnas.

Y Dios le visitó con grandes aflicciones, trabajos y enfermedades para purgar sus culpas y limpiar su ánima, y creo que es hijo de salvación, y que tiene mayor corona que otros que lo menosprecian.

Desde que entró en esta Nueva España trabajó mucho de dar a entender a los indios el conocimiento de un Dios verdadero y de hacerles predicar el santo Evangelio, y les decía cómo era mensajero de V. M. en la conquista de México; y, mientras en esta tierra anduvo, cada día trabajaba de oír misa, ayunaba los ayunos de la Iglesia y otros días por devoción.

Deparóle Dios en esta tierra dos intérpretes, un español que se llamaba Aguilar y una india que se llamó doña Marina; con estos predicaba a los indios y les daba a entender quién era Dios y quién eran sus ídolos, y así destruía los ídolos y cuanta idolatría podía.

Trabajó de decir verdad y de ser hombre de su palabra, lo cual aprovechó mucho con los indios. Traía por bandera una cruz colorada en campo negro, en medio de unos fuegos azules y blancos, y la letra decía: «Amigos, sigamos la cruz de Cristo, que, si en nosotros hubiere fe, en esta señal venceremos».

Doquiera que llegaba luego levantaba la cruz. Cosa fue maravillosa del esfuerzo, y ánimo, y prudencia que Dios le dio en todas las cosas que en esta tierra emprendió; y muy de notar es la osadía y fuerzas que Dios le dio para destruir y derribar los ídolos principales de México, que eran unas estatuas de más de quince pies en alto; y, armado de mucho peso de armas, tomó una barra de hierro y se levantaba tan alto hasta llegar a dar en los ojos y en la cabeza de los ídolos.

Y, estando para derribarlos, envióle a decir el gran señor de México Motecçuma que no se atreviese a tocar a sus dioses, porque a él y a todos los cristianos mataría luego. Entonces el capitán se volvió a sus compañeros con mucho espíritu, y medio llorando les dijo: «Hermanos, de cuanto hacemos por nuestras vidas e intereses, ahora muramos aquí por la honra de Dios, y porque los demonios no sean adorados»; y respondió a los mensajeros que deseaba poner la vida y que no cesaría de lo comenzado, y que aquellos no eran dioses, sino piedras y figuras del demonio, y que viniesen luego.

Y no siendo con el gobernador sino ciento treinta cristianos, y los indios eran sin número, así los atemorizó Dios, y el ánimo que vieron en su capitán, que no se osaron menear.

Destruidos los ídolos, puso allí la imagen de Nuestra Señora; en aquel tiempo faltaba el agua y secábanse los maizales, y trayendo los indios muchas cañas de maíz que se secaban, dijeron al capitán que, si no llovía, todos perecerían de hambre. Entonces el marqués les dio confianza diciendo que ellos rogarían a Dios y a santa María para que les diese agua, y a sus compañeros rogó que todos se aparejasen, y aquella noche se confesasen a Dios y le demandasen su misericordia y gracia.

Y otro día salieron en procesión, y en la misa se comulgó el capitán; y, como estuviese el cielo sereno, súbitamente vino tanta agua, que antes que llegasen a los aposentos, que no estaban muy lejos, ya iban todos hechos agua.

Esto fue grande edificación y predicación a los indios, porque desde allí adelante llovió bien, y fue muy buen año.

Siempre que el capitán tenía lugar, después de haber dado a los indios noticia de Dios, les decía que lo tuviesen por amigo, como a mensajero de un gran rey y en cuyo nombre venía, y que de su parte les prometía serían amados y bien tratados, porque era grande amigo del Dios que les predicaba.

¿Quién así amó y defendió a los indios en este mundo nuevo como Cortés? Amonestaba y rogaba mucho a sus compañeros que no tocasen a los indios ni a sus cosas, y, estando toda la tierra llena de maizales, apenas había español que osase coger una mazorca; y porque un español llamado Juan Polanco, cerca del puerto, entró en casa de un indio y tomó cierta ropa, le mandó dar cien azotes; y a otro llamado Mora, porque tomó una gallina a indios de paz, le mandó ahorcar, y si Pedro de Alvarado no le cortase la soga, allí quedara y acabara su vida.

Dos negros suyos, que no tenían cosa de más valor, porque tomaron a unos indios dos mantas y una gallina, los mandó ahorcar; otro español, porque desgajó un árbol de fruta y los indios se le quejaron, le mandó afrentar. No quería que nadie tocase a los indios ni los cargase, so pena de cuarenta pesos.

Y el día que yo desembarqué, viniendo del puerto para Medellín, cerca de donde ahora está la Veracruz, como viniésemos por un arenal y en tierra caliente, y el sol que ardía, había hasta el pueblo tres leguas. Rogué a un español, que consigo llevaba dos indios, que el uno me llevase el manto, y no lo osó hacer, afirmando que le llevarían cuarenta pesos de pena; y así me traje el manto a cuestas todo el camino.

Donde no podía excusar guerra, rogaba Cortés a sus compañeros que se defendiesen cuanto buenamente pudiesen sin ofender; y que cuando más no pudiesen, decía que era mejor herir que matar, y que más temor ponía ir un indio herido que quedar dos muertos en el campo.

Siempre tuvo el marqués en esta tierra émulos y contrarios, que trabajaron en oscurecer los servicios que a Dios y a V. M. hizo; y allá no faltaron, que si por estos no fuera, bien sé que V. M. siempre le tuvo especial afición y amor, y a sus compañeros.

Por este capitán nos abrió Dios la puerta para predicar su santo Evangelio, y este puso a los indios en que tuviesen reverencia a los santos sacramentos y a los ministros de la Iglesia en acatamiento.

Por esto me he alargado, ya que es difunto, para defender en algo su vida. La gracia del Espíritu Santo more siempre en el ánima de V. M. Amén.

De Taxcala, 2 de enero de 1555 años.

Humilde siervo y mínimo capellán de V. M.

MOTOLINÍA, FR. TORIBIO.

www.ingramcontent.com/pod-product-compliance
Lightning Source LLC
Chambersburg PA
CBHW050334010526
44119CB00004B/135